正しく生きる

正しく生きる

ケーズデンキ創業者・加藤馨の生涯

立石泰則
Yasunori Tateishi

岩波書店

はじめに

東京駅からＪＲ中央線の特別快速を利用すれば、神奈川県相模原市の相模湖駅までは、高尾駅乗り換えで約一時間二十分で到着する。相模湖駅構内から外へ出ると、大きな観光案内の掲示板が目に入ってくる。

そこには、相模川をせき止めて作った人工湖である「相模湖」周辺の観光施設や名所めぐりのルートが絵図で紹介されている。駅から相模湖に向かって歩けば、十分ほどで神奈川県立相模湖公園がある。県立公園には、ガラスのカスケードや発電機モニュメントなどが展示され、水辺の広場や芝生の広場、噴水のガラスの広場などの憩いの場が用意されている。

湖にかかる相模湖大橋を渡れば、嵐山までの遊歩道が続く。こうしたハイキングコースや登山コースが相模湖及び相模川の周囲にそびえる嵐山や石老山、城山、景信山などに向けて何本も描かれ、紹介されている。また、相模湖では渡し船もあり、ちょっとした船遊びもできそうである。

さらに相模川に沿って旧甲州街道（現・国道二〇号線）が走っており、相模湖駅近くには本陣跡が残されていることからも、江戸時代には参勤交代などに利用された交通の要所で宿場町として栄えていた地域であることが分かる。

聞くところによれば、戦後、相模ダムの建設で相模湖が誕生したのを契機に、この一帯のレクレーション地域化ならびに観光地化が神奈川県を始め関係市町村の協力のもとに進められてきたのだ、と

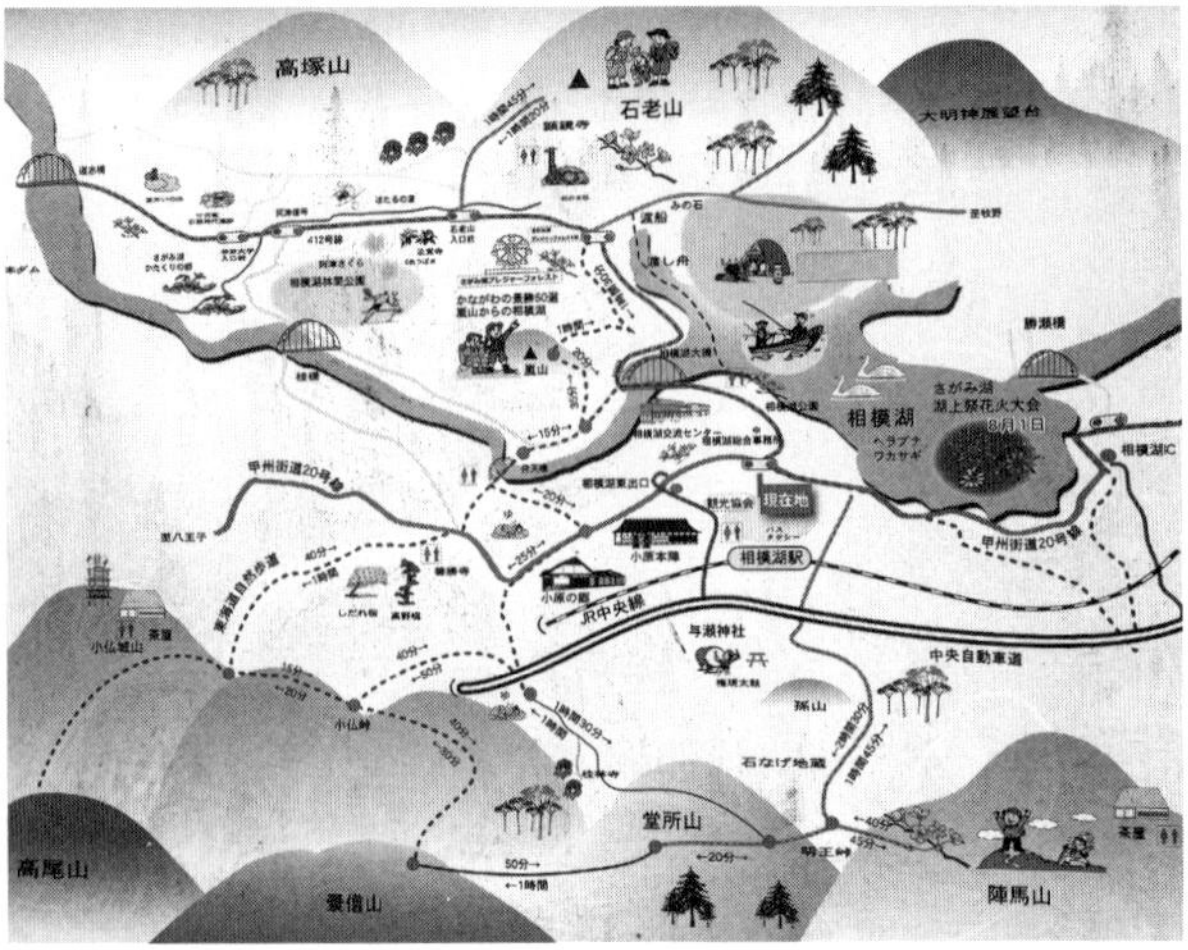

相模湖町の観光地図

いう。その成果は、私の目でもすぐに確認することができた。

二〇二一年春の週末、私を乗せた電車が相模湖駅に近づくにつれ、車内にはハイキングや登山を楽しむ服装の乗客が増え続け、相模湖駅に着く頃には彼らでほぼ満員になったからである。そんな乗客で溢れる車内で、スーツ姿は私だけになっていた。仕事だからやむを得ないとはいえ、ひとり周囲から浮いている姿が自分でもはっきり分かるのは、なかなか辛いものがある。

駅前の国道二〇号線を八王子に向けて、バスで十分ほど行くと「千木良《ちぎら》」と呼ばれる地域に着く。そこは、昭和三十年の「昭和の大合併」で相模湖町が誕生するまでは「千木良村」であった。

バスを降りて周囲を歩くと、平たんな場所が少ないことに気づく。道路にしろ耕作地にしろ、その多くが傾斜地にあったからだ。当然のことながら、耕地面積の小さな農地が点在することになる。小学校も公民館も、傾斜地に張り付くようにして建てられていた。そんな風景を見ながら歩き回っていると、ふと私は農家として生きるには大変な土地だったのだなと思った。

元来、千木良村は相模川に沿って東西に広がる長方形の段丘地帯で、背後には城山や景信山などの山脈が続き、気候は南向温暖であると言われる。ただし、面積の約八割を山林が占め、耕地は狭小であった。しかも稲作には適しておらず、主に麦や粟、稗、里芋などが耕作されていた。

代わって、豊かな森林資源には恵まれた。とくに千木良の良質な木材は各方面で高い評価を受け、需要も高かった。木材は相模川を下って搬送されたが、搬入先には神社や仏閣もあった。そこでの用途のひとつが、神社本殿の棟の飾りとして使われる「千木《ちぎ》」である。なお、千木は棟の両端にX字形に交叉する組み木のことである。

「千木」に使われたことから、千木良の呼び名の由来とする説もあるが、実証されたわけではない。他方、もともと千木には森林の意味があることから、由来をそこに求める説もあるが、いずれにしても定かではない。

その千木良を私が訪ねたのは、家電量販店「ケーズデンキ」を全国展開するケーズホールディングスの創業者、加藤馨の出生地だったからである。そして加藤は、私がインタビューした経営者の中で、初めて評伝を書いてみたいと思った魅力的な人物である。評伝執筆のために加藤はどのような幼少期を過ごし、また彼を育んだ郷里の風土とはどのようなものだったのかを自分の目で確かめ、肌で感じたいと思ったのである。

私が加藤馨に初めて会ったのは、二〇〇九年十月のことだ。そのころ、私はケーズデンキの経営について経済誌で連載しており、加藤へのインタビューは創業の頃の話を聞くのが目的であった。当時の加藤は名誉会長で、すでに経営の第一線からは退いていた。

インタビューでは、加藤は創業期を含めケーズデンキの経営(全般)だけでなく、生まれ育ちから軍隊時代の苦しかった体験なども淡々と語った。さらに私の疑問に対しては、私が得心するまで何度でも繰り返し、あたかも子供に噛んで含めるように説明をしたものだった。その間の加藤は、目上だから創業者だからといって、偉ぶることも相手を威圧するようなところもなかった。むしろ私をインタビューアーとしてではなく、ひとりの人間として接してくれていたように感じた。

何の気負いもなく語る加藤に対し、それまで取材してきた創業者や経営トップと全く違う異質な、いやむしろ不思議な経営者像を思い浮かべるようになっていた。とくに私が強い関心を抱いたのは、加藤の次の言葉である。

「会社は創業者(株主)のものではなく、そこで働く社長以下全員のものです」

当時、戦後の経済成長を牽引した日本企業の原動力のひとつ、「日本的経営」はグローバル経済の時代を迎え「時代遅れ」と見なされ、欧米、とくにアメリカの経営手法が代わって持て囃され出していた。その典型が「会社は株主のもの」という考えである。会社経営の目的は株主に高い利益を還元することであり、そのためには会社自体も他の製品同様売買することを厭うべきではない。つまり、もし売買によって高い利益が得られるのなら、実行しその利益は株主に還元されるべきだというものである。

それゆえ、業績が悪化しその改善策としてコスト削減が必要と大株主である機関投資家が判断したとき、従業員のリストラを躊躇《ためら》う経営者には彼らからの批判は容赦なかったし、それに抗える経営者は皆無と言っていい。たとえば、世界の家電市場を牽引してきたパナソニックとソニーでさえ、万単位での従業員のリストラに踏み切っている。それに対し社会からの批判はあっても、機関投資家は高い評価を与える。

つまり、「株主ファースト」が目指すべき未来の経営というのである。

さらに経営は「監督」と「執行」という二つの機能に分けて考えられ、経営の監督は株主の利益を代表する取締役会が担い、経営の執行は従来のような取締役でなく執行専門の役員が担当する新しい経営体制作りが求められた。同時にコーポレートガバナンス（企業統治）の立場から、取締役会の人員構成では社外取締役が社内取締役よりも多数を占める改革も課題となった。なお、国の後押しもあって「会社は株主のもの」という考えに基づく最適な経営組織としてアメリカで生まれた「委員会等設置会社」への移行が有力な日本企業で取り沙汰されるようになったのも、この頃である。

当初私は、日本的経営を負の遺産と捉えアメリカ的経営に未来を見出そうとする風潮に違和感を抱きつつも、日本企業がグローバル経済化する世界で生き残っていくには避けられないことなのかも知れないと納得しようとしていた。

そのような時に加藤馨にインタビューする機会を得、彼の「会社は……、そこで働く社長以下全員のものです」という言葉に出会うのだ。まさに加藤は「株主ファースト」を真正面から否定し、いわば「社員ファースト」を掲げたのである。私は困惑しつつも、加藤の言葉に「解」を見出したいと思うようになっていた。

たとえば、ケーズデンキには、売り上げのノルマはない。当然、社員がノルマ達成のため長時間労働を強いられて疲弊することもない。また管理職であっても、他の家電量販店で見られる社員よりも早く出勤し、最後に店を出るようなこともない。まさに「社員ファースト」の店舗運営、経営である。

しかも、他の家電量販店よりも業績が劣っていることもなく、むしろ逆に創業以来六十年以上もの長きにわたって増収増益を達成、成長し続けてきていた。つまり、加藤馨とケーズデンキによって、企業は「株主ファースト」の経営でなくても十分に成長・発展できることが実証されたのである。私が加藤馨の言葉に「解」を求めたゆえんである。

それとともに、加藤の経営思想が広く社会に知られるべきだと考え、彼の評伝を執筆したいと思うようになっていったのだった。しかしそのチャンスは、いっこうに訪れる気配すらなかった。

当時のケーズデンキの置かれた状況を、改めて振り返ってみると――。

たしかにケーズデンキは長年増収増益を続けてきた優良企業ではあったが、家電量販店業界でメディアを始め社会の耳目を集めていたのは、業界トップのヤマダ電機だった。ヤマダ電機は「年商三兆円」を掲げて、売り上げ拡大を狙って全国各地で出店攻勢をかけていた。そのさい、価格競争という名の「安売り合戦」を仕掛け、その強引な商法が問題視されることも少なくなかった。

ヤマダ電機の攻勢の対象となったのは、地域の家電販売店(いわゆる「町の電気屋」)や地場の家電量販店などである。そして安売り合戦が引き起こす悲喜こもごもの出来事はメディアで取りあげられ、ニュースとして流された。そのとき、話題の中心に座るのは、決まってヤマダ電機であった。家電流通や家電量販店業界で起きていること、起きることなどを知るには、ヤマダ電機の動向から目が離せなかったのである。その意味では、家電流通はヤマダ電機を中心に回っていたと言える。

一方、ケーズデンキの売上高はヤマダ電機の三分の一程度で、業界でのランクは四〜五位である。ただし両社の売上高の差は、加藤馨の経営に従えば、当然の帰結でもあった。加藤の考えは会社が長く続く、つまり成長し続けることが大切で、売上高の伸びはその結果に過ぎなかった。それゆえ業界トップを目指すこともなく、トップの座が次々に入れ替わり、ヤマダ電機になった時も、とくに気に止めるようなことはなかった。

その意味では私が加藤馨の評伝を執筆して刊行されるまでには、まだ「機が熟していなかった」のである。そのため私は、機が熟するのをひたすら待つしかなかった。

加藤馨との最後のインタビューから十年が過ぎようとした二〇一九年夏、株主第一主義が根付くアメリカの企業社会で大きな変化が起きつつあった。アメリカの主要企業二百社の経営トップが会員である経営者団体『ビジネス・ラウンドテーブル』が、それまでの主張「企業は主に株主のために存在する」を否定し、株主第一主義の見直しを宣言したのである。八月十九日に発表された「企業の目的に関する声明」には、《どのステークホルダー(株主や顧客、従業員など企業の利害関係者)も不可欠な存在である。私たちは会社、コミュニティ、国家の成功のために、その全員に価値をもたらすことを約束する》とあった。つまり、会社は株主だけのものではなく、顧客や従業員、取引先、地域社会も含めた全員のものであると認めているのだ。

この声明には、ＪＰモルガンやアマゾン、アップル、ＧＭのＣＥＯなど百八十一名の経営トップが名を連ねていた。そのことからも、株主の利益を最優先してきたアメリカ型の企業経営が大転換を迫られることは明らかであった。そして日本のアメリカ型経営の信奉者たちにとっても、他人事では済まされない。アメリカで起きたことは、必ず日本でも同じ事が起きるからである。

翌二〇二〇年三月、関経連会長の松本正義(住友電工会長)は、朝日新聞とのインタビューでビジネス・ラウンドテーブルの声明の背景を探るため渡米して経営者の団体や投資家、研究者など広範囲の人たちに意見を求めたことを明らかにし、そのうえで「会社は株主だけのものではない」と、それまで日本で幅を利かせていた株主第一主義の経営に対し異論を唱えている。さらには《私に限らず日本の主な企業人は、米国型の企業統治を過度に崇拝する現状には、違和感を感じていると思います》と言及していた。

十年という年月を経てアメリカや日本で起きつつある株主第一主義からステークホルダー第一主義への転換は、私に日本の企業社会が加藤馨の経営思想を、日本という国が彼の生き方を受け入れられる時代を迎えたと教えているようであった。つまり機が熟し、私が加藤馨の評伝を執筆する時が訪れたのである。

目次——正しく生きる

はじめに

III　新しい道 239

カバー装画　平野健太郎

Ⅰ　戦争に翻弄された人生

第一章　岐　路

東西に細長い千木良の地形は、東京都多摩地方(現・八王子市)と山梨県都留地方に接し、相模川に沿って絶壁状になっている。その千木良の段丘地帯は、平地が続いているように見えるが、実際は八つの谷や沢で南北に形成されている。当初はその沢ごとに住民が小さな集落を作って暮らしていた。しかも少ない平地を、旧甲州街道が二分する形で走っている。

肥沃な土地が少ない千木良では、農業だけで暮らしていくことは難しく、移り住んで来る人も少なかった。しかし江戸後期から農業の傍ら現金収入を求めて養蚕が始まり、明治に入ると盛んになっていく。というのも、富国強兵を掲げる明治政府が進めた殖産興業のひとつに繊維産業が含まれていたからである。その結果、繊維産業はのちに日本の輸出産業の約五〇パーセントを担うまでになる。

とくに絹業は、江戸末期には「養蚕」と「製糸」、「織物」の工程が三分化し、それぞれ事業として明治時代には確立していた。そして生糸の輸出先として最大かつ最重要市場は、アメリカであった。

千木良でも養蚕業は盛んになり、それにともない移り住む住民の数も増えていった。江戸時代には数十程度だった戸数は、明治時代には百をはるかに超えていた。もともと養蚕業は農家の副業であったが、千木良では桑畑が全耕地面積の半分を占めるほど養蚕業が盛んになり、農家にとって副業はむしろ農業の方になっていた。

その頃の千木良の人々の暮らしは、春から秋にかけては養蚕に専念し、冬場は千木良の良質な材木の搬出や製炭に従事することで成り立っていた。多くの住民にとって、養蚕業と林業は現金収入が得られる生活の糧であった。

明治二十二(一八八九)年四月、明治政府の市町村制の施行により、行政組織としての「千木良村」が誕生し、住所表記は「神奈川県津久井郡千木良村」になった。ようやく千木良は、小さな集落から「村」としての体裁が整うのである。その後は養蚕業を中心に成長していくが、当時はまだ電気も水道も通っていなかった。

そのような環境にあった千木良村で、家電量販店「ケーズデンキ」を全国展開するケーズホールディングスの創業者・加藤馨は大正六(一九一七)年五月五日、加藤定一・カメ夫妻の三男として生まれた。ちなみに、馨は五人兄弟(兄二人、姉二人)の末っ子で、長女・カクとは十二歳、長男・操とは八歳とかなりの年齢差があった。

ここで年齢差の理由を含め加藤家について、少し説明をしておきたい。

馨の母・カメは、松岡伝兵エ・リキ夫妻の長女として生まれた。そして千木良村の加藤家に嫁ぐが、相手は次男の加藤重太郎だった。重太郎は妻・カメとの間に長女・カクを授かるが、明治三十八年九月にカクが生まれてまもなく前年に勃発した日露戦争に召集されて戦病死してしまう。さらに加藤家を不幸が襲う。加藤家の長男・八十吉が急逝したのである。八十吉には子供がいなかったため、加藤家の血を引く娘のカクが「加藤家」存続のため将来、家督を相続することが決まるのだ。

それまでは、未亡人のカメが嫁から戸主へと立場を代えて、娘のカクを家督相続者として育てながら加藤家を守っていくという重責を担うことになった。しかも加藤家は自作農だったので、農作業等で人手が足らない場合は人を雇うか、親戚からの手伝いに頼るしかなかった。だが、そのような状態がいつまでも続けられる訳はなかった。誰の目から見ても、カメが加藤家を維持していくには男手が必要なのは明らかだった。もちろん、そのことはカメも重々承知していた。

夫・重太郎の逝去から三年目の明治四十一(一九〇八)年二月、カメは再婚相手を世話する人があって、沢井村(現・相模原市緑区の北部)から石井弥兵エ・アキ夫妻の次男・定一を婿養子として迎え入れる。二人が結婚したとき、カメは三十二歳、定一は二十七歳であった。

戦前の日本の家族制度は、民法で規定された「家制度」で成り立っていた。「家」は戸主と家族で構成され、ひとつの家はひとつの戸籍に登録されていた。戸主には強い権限、「家」の統率権限が与えられ、たとえば家族の結婚は戸主の同意がなければ許されなかった。そして当時の社会では、「家」単位ですべてが考えられ動いていたため、家の存続は最優先課題であった。

カメの再婚で「加藤家」の存続を危ぶむものは当面なくなったものの、加藤家の今後は松岡家と石井家の両家によって支えられることになった。カメは定一との間に三男一女をもうけ、五人の母親となる。それにともない、長女・カクには四人の異父弟妹が誕生し、末っ子の馨とはかなりの年齢差が生じるのである。

カメの夫となった定一は、馨によれば、身体が頑健で朝早くから田畑を見回るとともに夜暗くなるまで働く、村で評判の働き者だったという。また、定一は他人の世話も厭わない心優しい性格だったので、千木良村の人たちからのいろんな頼み事にも嫌な顔をひとつしないで応じていた、ともいう。

その頼み事のひとつに、耕作地の売買の仲介があった。村人の中には、生活に困って畑を売り出す人もいたが、小さな村に不動産屋などあるはずもなく、いきおい面倒見の良い定一にその代わりを頼むようになった。定一は、雨天などで外での作業ができない日を選んでは、土地を買いそうだと見込んだ農家を訪ねては売却話をまとめたのだった。

依頼された土地が売れたことを幼い馨が知るのは、十二月に入って天井から吊された鮭を見つけた時である。というのも、父・定一は売買の斡旋を無料で行っていたため、契約が成立すると依頼者は手数料代わりに一升瓶の日本酒を持参して感謝の気持ちを伝えるとともに、十二月にはお歳暮として新巻鮭を贈っていたからである。つまり吊された鮭の数が一本なら、その年は土地の売買がひとつ成功したことであり、二本なら二件の契約が成立したことを意味した。

定一は千木良村の困った人たちを助けて感謝されるが、千木良村の生活環境の改善に対しても大いに貢献している。その代表的なものは、千木良村の水道事業を成功に導いたことである。

千木良村では井戸水の出が悪く、一五メートルという深い井戸を掘っても水量は少なかった。そのため住民は、不自由な生活を強いられていた。そうした生活環境を改善するチャンスとなったのは、定一が入手してきた国と県からの助成金制度に関する情報である。当時、国と県は水道事業を奨励しており、費用の七〇パーセントを助成金という形で負担するというのである。

さっそく定一は村の住民みんなに声をかけ、話し合いの場を持った。その場で定一は、水道を引く事業には国と県から助成金が出ることを説明するとともに、水道管の敷設工事には千木良村の住民が作業員として従事すれば、自分たちは現金収入を得ながら、村は水道事業を進められるというメリットを説いたのだった。しかも工事期間は、仕事の少ない冬場に予定された。

住民の負担が最小限で済み、しかも仕事の少ない冬場に現金収入が見込めるという定一の水道事業計画は、千木良村にとっても村人にとっても願ったり叶ったりだったろう。すぐに千木良村としての水道事業への取り組みが始まり、水道管の敷設工事は実行に移された。完成後、村ではどの家庭も井戸水を汲む手間がなくなり、その分の負担が軽くなったことを素直に喜んだ。また農家にとっても、畑に十分な水を与えられるようになったことは朗報であったろう。ただし水道を引いたと言っても、水源は山の湧き水でそれを水道管で村まで流す、いわば簡易水道のようなものであった。なお、この水道は戦後まで長らく利用された。

千木良村の水道事業を成功に導いたことで、加藤定一は村のちょっとした有名人になった。定一が「目的を決め、それに沿って計画を立てたうえで人を説得し、多くの人をひとつの事に取り組ませ、彼らを指導しとりまとめる」能力の持主であることを実証したからである。その意味では、定一は「人の上に立つ資質」があったと言えるだろう。

その半面、加藤定一は「商才」と「先見性」も兼ね備えていた。

前述した通り、千木良村では養蚕業と林業(木材と製炭)が村人の大切な現金収入である。しかし製炭して作られた木炭の価格は、春先には需要が減るため値下がりし、十月頃から重要が増えて高騰した。木炭の価格の変動は毎年、その繰り返しの連続であった。

そこに目を付けた定一は、春先の木炭価格が安い時に二百俵(一俵一五キロ)ほど買い付けては倉庫に保管し、需要が高まった秋になると売りに出して高い利益を得るという商売を始めていた。それによって、加藤家には安定した現金収入がもたらされるようになっていたのである。

また養蚕業に対しても、定一の見方や対応は他の多くの村民と違っていた。

千木良村では全耕作地の半分以上を桑畑が占めるほど養蚕業は盛んになるが、定一は養蚕ではなく他に現金収入の道を探っている。馨が物心ついた頃には、加藤家は鉄砲百合の球根(百合根)を栽培する専業農家になっていた。それも千木良村で、唯一の百合根の栽培農家であった。

たしかに鉄砲百合の球根は欧米では人気が高く、高値で取り引きされていた。そして当時、鉄砲百合を含む百合根の欧米向けの輸出は、その殆どが横浜港からであった。そのことから、百合根の産地が輸出港の横浜に近い関東近郊にあったことは、誰もが容易に想像できることだ。しかしそれらの情報を定一がどこで知り得て、さらに鉄砲百合の球根を入手するとともにその栽培方法を取得した経緯は分かっていない。馨自身も父・定一から鉄砲百合の球根栽培を始めた理由とその経緯は聞かされていない、という。

千木良村から東京方面に出るにしても、当時はバスなどの公共交通機関が整備された時代ではなく、多くの村民が利用したのは馬車である。交通アクセスの悪い時代に定一が、日々の仕事を休んでまで関東近郊の各地に出向いては情報を仕入れて回っていたとは、とても考えにくい。

いずれにしても、加藤定一の選択の是非は、結果で問われるしかない。それによって、定一が百合根の栽培農家としての将来性をどのように見ていたのか——自ずと明らかになるだろうし、加藤家が置かれていた当時の生活環境も分かるであろう。

その前に、日本の百合および百合根栽培について少し触れておく。

明治の初めまで日本には十数種類の百合が自生していたが、そのうち農家が栽培していたのは食用目的の百合根で、それも一種類だけであった。つまり日本では、もともと百合根は食用だったのである。

ところが、江戸時代に来日したオランダ人医師・シーボルトやスウェーデンの植物学者・ツンベルクたちが日本の百合の美しさを欧米に紹介すると、むしろ観賞用としての評価が欧州各地で高まっていく。とくに明治六(一八七三)年に開催されたウィーンの万国博覧会に鉄砲百合を始め代表的な日本の百合が出品されたことで、多くの来場者の目に触れることになり、爆発的な人気を呼ぶことになったのだ。

そうした海外での日本の百合の高い評価を受けて、日本でも食用から観賞用としての見直しが進むのである。いわゆる百合根の商品化に拍車がかかったのだ。明治時代に百合根の輸出が拡大した理由である。

日本の百合の中でも、真っ白な花を咲かせる鉄砲百合は、とくに欧米での人気が高かった。というのも、もともと白い百合はキリスト教では聖母マリアの純潔のシンボルとして神聖な花として扱われていたため、イースター(復活祭)やクリスマスを始め冠婚葬祭、教会の儀式や祭日の聖花として欠かせない花になっていたからである。

もともと欧州で使われていた白い百合は、地中海沿岸地域原産の「マドンナリリー」である。しかし日本から鉄砲百合が輸入され始めると、次第にマドンナリリーに代わって使われるようになり、やがて両者の立場は逆転する。

長兄・操氏と加藤家の百合根畑

こうした欧米からの鉄砲百合の需要の高まりに応じる形で、明治三十年代には輸出港のある横浜近郊、つまり神奈川県に栽培種の産地が出来るのである。その意味では、加藤定一の選択には、たしかな「先見性」があったと言える。

さて定一の選択によって、加藤家の暮らしは楽になったであろうか。

末っ子の馨を除く四人の兄姉たちが高等小学校を卒業後、全員上級学校に進学していることを考慮するなら、百合根の栽培農家になったことで加藤家の家計に財政的な余裕をもたらしたこと、つまり経済的な基盤を強化したことは間違いないであろう。ありていにいえば、暮らしが豊かになった、金持ちになったのである。

また、馨の幼少時の生活からも加藤家の豊かな暮らしぶりは想像できる。

加藤馨は生まれついた頃から虚弱体質で、それが母・カメの悩みの種であった。そこでカメは、馨の身体を丈夫にしたいという一念から毎日玉子料理を食べさせ、週に二回は牛乳を飲ませる食生活を小学生の頃まで続けさせている。その甲斐あって、馨は小学生時代に同級生と比べても見劣りしない体格になった。

いまでこそ、卵と牛乳は低価格で栄養価の高い食材だが、戦前までは一般庶民にとってなかなか口にすることが出来ない高価な食材であった。そのような高級食材が加藤家では普段の食事に出されていたわけだから、かなり豊かだったことが分かる。

百合根で稼いだ利益を数字で具体的に表すことが出来れば、加藤家の豊かな暮らしぶりをもっと身近に感じられるのだが、そうした記録は残されていない。ただ加藤馨が書き残した『回顧録』(二〇〇六年五月)には、次のような記述がある。

《この頃、私の父は(中略)鉄砲百合を村で一人作ってましたのが当たって、大層高く売れて五、〇〇〇円(今の物価では四、〇〇〇万円位)になり、村中の評判になり》

四千万円の儲けが年商なのか、それとも利益を積み上げてきた結果なのか——どちらであるかは回顧録の記述からは分からないが、百合根の栽培が加藤家にかなりの利益をもたらしていたことは十分に理解できる。

加藤定一は目先の利益(養蚕業)に目を奪われることなく自分が置かれた環境を冷静に判断し、その上でさらに将来性のある事業(百合根栽培)を見出し実現する能力を兼ね備えていたと言えるだろう。時代とともに変化する環境から自分の未来を読み取るという意味では、定一には間違いなく「先見性」があった。

一方、馨の母・カメの実家は千木良村の旧家で、カメは商売人だった父親からソロバンと帳簿付けを習う。加藤家に嫁いでからは、畑仕事や家事を手伝う人たちに支払う手間賃の帳簿付けをしていた。また定一が百合根の栽培を始めると、その収支決算を毎年行い、一年間に得られた利益を把握・管理することに努めた。つまりカメは加藤家の家計を守るとともに、定一の仕事を会計面からサポートしたのである。

人望も厚く先見性に富んだ父親と数字に強い母親のもとで、加藤馨は育てられたのである。ちなみに、馨が長じるにつれ数字に明るくなるのは、幼い頃に母親からソロバンを習ったことと無関係ではあるまい。


千木良村に電気が通るのは大正十一(一九二二)年、加藤馨が五歳の時である。加藤家では、電灯は座敷と食事をする部屋の二室にしか付けられなかった。それ以外の倉庫や作業場などは従来通り、ランプの使用が続いた。暮らしが豊かな加藤家でも二灯しか付けられなかったのは、インフラ整備が不十分な時代に電気を引くにはきわめて高額な費用がかかったからである。

それでも千木良村に電気が通ったことは、村の今後の発展を考慮するなら大きな朗報であったろう。しかしその半面、千木良村は村の存亡を左右する出来事に二度にわたって遭遇する。

ひとつは、翌大正十二年九月一日午前十一時五十八分に発生した東京を中心とした首都圏から静岡東部にまで及ぶ大地震、つまり推定十万五千人の死者・行方不明者を出した関東大震災である。

千木良村の加藤家では、ちょうど家族全員で昼食の食卓を囲んでいた時だった。家屋が激しく揺れ始めその大きさに驚いた加藤一家は、家族全員ですぐさま家の外へ逃げ出すことで難を逃れる。しかし山崩れで二軒の家屋が埋まり、逃げ遅れた五人が死亡するという痛ましい事故も起きていた。さらに大地震による激しい揺れは、村中の家という家をすべて十五度ほど傾けてしまう。しかも余震が続いたため、村の被害を目の前にしてもすぐには何もできなかった。

余震は、一週間ほど続いた。その間は家屋内で休むことは憚られたため、加藤家では雨戸と畳を自宅前の畑に持ち出し座敷代わりにして過ごした。

関東大震災の被害に対し世界中から救援物資が届けられるとともに、首都改造の良いチャンスとばかりに巨額な再建資金が投入され、ちょっとした建設バブルが生まれることになった。一方、交通アクセスも悪く、段丘地帯にある千木良村には救援物資も再建資金もすぐには届かなかった。傾いた家屋の修理・修繕や歪んだ道路の修復などは、全村民が力を合わせて一軒一軒、一カ所づつ対応していくしかなかった。

そうした村の再建の日々がひと段落ついた十二月初め、加藤家に救援物資として毛布が一枚配給された。馨が触ると、子供ながらも上質な毛布であることはすぐに分かった。聞けば、アメリカからの救援物資という話であった。

関東大震災から半年が過ぎ、ようやく日常生活を取り戻しつつあった大正十三(一九二四)年四月、加藤馨は「千木良村立尋常高等千木良小学校」に入学した。ちなみに、長たらしい校名になっているのは、明治政府の学制改革が続いたためである。

明治十九年の小学校令で尋常小学校(四年制で義務教育)と高等小学校(四年制)が設置される。高等小学校とは、尋常小学校を卒業した者がさらに程度の高い初等教育を受けるための上級学校である。当初は高等小学校に進む者は多くなかったが、年々増え続けほぼ全員が進学するようになると、尋常小学校に高等科を併置することが奨励されるようになった。つまり、高等科を併置した尋常小学校が

「尋常高等小学校」なのである。

その後、義務教育が四年から六年に延長されたのを受けて、尋常高等小学校では義務教育である尋常科六年、高等科二年の八年制になった。それゆえ、加藤馨が入学した尋常高等千木良小学校も八年制である。

馨が小学三年生のとき、大正天皇が崩御され、昭和の時代が始まる。そして昭和五年、千木良村の存亡を左右する二つ目の出来事が発生する。それは、昭和五年から六年にかけて日本経済を危機的状況に陥れた「昭和恐慌」である。

もともと昭和恐慌は、前年(一九二九年)十月にニューヨーク株式市場が大暴落して世界恐慌へと拡大したさい、日本にも波及したものだ。とくに日本では、農村が甚大な損害を被っていた。千木良村では、生糸の価格が半値まで大幅下落したため、生活出来ない養蚕農家が続出していた。というのも、生糸の最大の輸出国であったアメリカが大不況に見舞われ、生糸の需要が激減したからである。売れない生糸が市場に滞留すれば、価格は下落するしかなかった。

養蚕業に依存する千木良村にとって、養蚕農家から生活困窮者が増え続ければ、いずれ「村」としての存続自体が危くなりかねない。そのような千木良村にあって、加藤家だけが、それまでと変わらぬ生活を続けていた。というのも、加藤家は千木良村で唯一の百合根の栽培農家で、生糸の価格下落の影響を受けなかったからだ。鉄砲百合の球根の最大の輸出先は生糸と同じアメリカだったが、鉄砲百合の需要は観賞用で主に冠婚葬祭やキリスト教関係の儀式などの飾りとして利用されたため、不況の最中であっても売れ行きや価格が大きな影響を受けるようなことはなかった。

不況下でも変わらぬ加藤家の暮らしは、村中の評判になった。そのうち日が暮れると毎日のように、多くの村人が入れ替わり立ち替わり、定一を訪ねて来るようになったのだった。彼らの目的は、鉄砲百合の球根栽培の方法とその商売について、定一から詳しい話を聞くことであった。彼らもまた、百合根の栽培農家になることで安定した暮らしを手に入れたいと思ったのである。

加藤定一は訪ねてくる村人に対して分け隔てなく、鉄砲百合の球根栽培に関することはすべて教えた。さらに種子球(植え付け用の球根)の入手先や百合根の買い付け業者の紹介、仲介も厭わなかった。

そうした定一のサポートもあって、昭和恐慌の翌年、昭和六(一九三一)年から千木良村では、多くの村人たちが鉄砲百合の球根栽培を始めるのである。しかし百合根の栽培農家として、定一のように成功した人はきわめて少なかったという。

たしかに鉄砲百合は純白の花びらの美しさから欧米では高い人気を誇り、その球根は高値で取り引きされてきた。その意味では、鉄砲百合の球根栽培は利幅の大きい魅力的なビジネスだと言えるかも知れない。しかしその半面、栽培農家として成功するために越えなければならないハードルも、きわめて高かった。

鉄砲百合の球根栽培では、一般的に「分球」と呼ばれる方法が使われている。分球とは、球根の周囲に付く木子《きこ》と呼ばれる小球根を採取し、それを地面などに植え付けるやり方である。その木子を球根にまで育てるのが、定一ら栽培農家の仕事である。

次に栽培農家に育てられた球根は輸出を手がける園芸会社に買い付けられ、横浜港から海外へ、とくに需要の多いアメリカと英国へと輸出される。そして輸出先で球根を購入した個人や園芸会社、造園会社等によって再度植え付けられ、鉄砲百合の純白の花が咲くのである。

ただし木子から球根にまでするには、三年はかかる。つまり、昭和六年から鉄砲百合の球根栽培を始めても、利益を手に出来るのは三年後の昭和九年なのである。苦しい生活から早く抜け出したいと考えて百合根の栽培を始めたにもかかわらず、解決の見通しはすぐには立たないのだ。しかもその間も生活費はかかるし、種子球である木子の仕入れなど百合根栽培に必要な費用が追加される。収入は減っているのに出費は増えるのだ。つまり、最初の三年間をどうしのぐかという切実な問題があったのである。

また、鉄砲百合は「連作障害」を起こしやすい植物である。連作障害とは、毎年同じ場所に植え続けると病害虫から大きな被害を受けたり、発育不全を起こし収穫量が減ることなどである。その対策としては三年ごとに土を入れ替えるか、あるいは別の場所に植え付けるしかない。

さらに鉄砲百合の球根が高値で取り引きされるためには、園芸会社からの要求に応えた球根作りをしていることが不可欠であった。たとえば、球根の大きさや形、色合いなどに関する詳細な要求である。それは同時に、ユーザーからの条件でもあった。開花させたとき、ユーザーにとって鉄砲百合の花びらが予想通りの大きさや色、形をしていることが購入の条件だからだ。つまり高値が付くのは、大きくて充実した球根なのである。

しかも園芸会社とは直取引なので、栽培農家には駆け引きも厭わない対応が必要になってくる。というのも、園芸会社は品質の良い商品を安く仕入れて利幅を多くしようとするが、逆に栽培農家は高値で売りたいからである。ただし園芸会社は、仕入れのプロである。そのプロを相手に交渉を有利に進めようとするなら、ある程度の商才は必要である。つまり栽培農家は、高品質な商品を作るだけではなく商売の勉強もしなければ、成功者にはなれなかったのである。

大きな球根に育てるには、何ごとにも労を惜しまず手早く取り組む必要があった。鉄砲百合の球根は乾燥に弱いので、日照りなどで土が乾いた時にはすぐに水を与えなければならないし、球根を植え付ける時には、土をよく耕して腐葉土を混ぜるなど肥料の工夫も大切である。また鉄砲百合の球根は、鱗片と呼ばれる小さな葉のようなものが幾重にも重なって出来ているが、その鱗片は球根を保護する半面、増えすぎると形の良い大きな球根が育ちにくいという問題を抱えていた。それゆえ、こまめに間引くことが求められた。

鉄砲百合は、球根の栽培に長い期間を必要とする植物である。そしてその球根の「商品化」には細やかな配慮と素早い対応が欠かせなかった。それらをビジネス面から再考するなら、長期的な視点と綿密な計画が成功への重要なポイントであることが分かる。

それは、千木良村で唯一の百合根の栽培農家であり、その成功者である加藤定一の取り組みに象徴される。

定一は、前述した通り、養蚕農家のように生活が困窮したことから鉄砲百合の球根栽培を始めたわけではない。現状に安住することのない定一は日頃から情報収集に努め、養蚕業よりも鉄砲百合の球根栽培に将来性を見たからこそ、村で初めての取り組みに果敢にも挑戦したのである。もちろん、開始から三年間は収入が見込めないことも分かっていただろうから、その間のやりくりも考えたうえでの挑戦であった。さらに事前に栽培方法を学ぶとともに、定一は種子球の入手先や買い付け業者を見つけるなど用意周到な準備を重ねている。

そして、そんな定一を財務面からサポートしたのは妻のカメである。カメは鉄砲百合の球根栽培に関わる収支を得意の帳簿付けで可視化させ、それによって「どんぶり勘定」ではなく、定一が的確に実態を把握し判断出来るようにしていた。

このように加藤定一・カメ夫妻の取り組みを少し振り返るだけでも、「長期的な視点」に立つ、「綿密な計画」に裏付けされたものであることが分かる。その意味では、定一の成功は当然だったと言えるかも知れない。

しかし定一は、鉄砲百合の球根栽培での成功を大きく、つまり事業として拡大しようとはしなかった。いや、その意欲さえ感じられなかった。たとえば、連作障害を起こしやすい鉄砲百合の球根栽培を拡大しようとすれば、積極的に土地を借りたり購入して栽培地を増やす必要がある。しかし定一には、そのような行動を採った痕跡は見当たらなかった。むしろ彼は、逆の行動を採っている。

長男・操と次男・實の二人は農業従事者の育成を目的とした実業学校「農学校(三年制、現・農業高等学校)」に進学しているが、卒業後の進路では長男・操には家の仕事を手伝わせたものの、次男・實には本人の自由意志に任せている。

なお次女・キミは、横浜にあった神奈川県女子師範学校(現在の教育大学に相当)に進学し、卒業後は小学校の教員になっている。

父・定一の子供たちに対する対応について、末っ子の馨はこう回想する。

「うちの親父も農業には将来性があまりないから、子供たちはサラリーマンにしたいと言っていました」

鉄砲百合の球根栽培で豊かな暮らしを手に入れたにもかかわらず、定一が「農業には将来性があまりない」と口にするのは、おそらく漠然とした危機感からではない。妻・カメの帳簿付けで一家の収支を可視化しているので、それを通して百合根の栽培農家としての将来に疑問を抱いたのではないか。それも、千木良村あげて鉄砲百合の球根栽培に乗り出している最中にである。

鉄砲百合は九州南部(奄美諸島)から沖縄にかけて分布する、日本固有の百合の品種である。前述したように鉄砲百合の球根の産地は当初、輸出港がある横浜に近い関東近郊に限られていた。ところが、欧米での需要が高まるにつれ産地の中心が南へと移っていく。とくに関東産の球根に対し、奄美諸島や沖縄諸島などで栽培された球根は温暖な自然条件もあって二〜三カ月早く出荷出来るのだ。欧米で需要が集中するクリスマスや復活祭の時期に合わせて、余裕をもって輸出できるメリットがあったのである。

そのため園芸会社などの買い付け業者は、奄美諸島や沖縄諸島に球根の産地を開拓育成していく。その結果、昭和に入ると関東産の球根が長年の栽培で病虫害などが多くなり、球根の品質を維持出来なくなってしまったこともあって球根の中心産地は九州へ、さらに鹿児島と沖縄へと移動していくのだ。とくに主要な球根産地のひとつとなった鹿児島県南島地域の沖永良部島産の鉄砲百合は「永良部百合」の名前で海外でも親しまれた。

そうした背景を知らなくても、加藤定一は百合根の取り引き状況――収支の帳簿から球根の単価下落や取扱量の減少傾向など――を具体的に把握することで強力なライバルの登場を予測したであろうし、その一方で千木良での球根栽培が下り坂に入りつつあることも承知していたのであろう。親なら誰もが子供の幸せを願うものであるから、定一が我が子に農業をさせるよりも、むしろサラリーマンにしたいと考えたのは当然である。

加藤定一のもっとも優れている点は、現状に安住しないことである。たとえ百合根の栽培農家として成功しても、その成功にいつまでも満足することはなかった。むしろその成功が内包する新たな問題を見つけ出し、解決することで未来を切り開こうとした。それを繰り返し行えるから、定一はいつも前向きだった。

長期的な視点と緻密な計画性の持主で、チャレンジ精神溢れる父親と彼をサポートする数字に明るい母親のもとで、加藤馨は大切に育てられた。馨もまた、父親に似て向上心が強く、勉強熱心な子供であった。

加藤馨が千木良小学校の高等科二年に進んだとき、学校長から呼び出しを受ける。優秀な成績を修めていた馨が最終学年を迎えたので、卒業後の進路を案じてのことだった。校長によれば、成績優秀者は学校の推薦を受けられること、その推薦があれば県立の師範学校に無試験で入学できる制度があるという。その推薦を受ける資格が馨にはあるから、師範学校に進んで将来は学校の教師になりなさいと勧めたのである。さらに父・定一にもその旨を伝え、よく話し合ってから返事するように言われたのだった。

校長からの申し入れは、息子をサラリーマンにしたいと考えていた定一には渡りに船であった。すぐさま定一は、校長に師範学校への学校推薦を願い出た。二人の大人の考えや判断で決まっていく自分の進路、将来を、本人の馨はどのように理解し受け止めていただろうか。

加藤馨の述懐——。

「ちょうど、私の二番目の姉(キミ)が教師になるため師範学校に通っていました。当時は三年生でしたが、父は姉が師範学校に入ったのなら、私も師範学校へ入れようと思ったようでした。ですから、私が学校の先生になりたいと思ったというよりも、そういう農業以外の道が開けていたということです」

こうして馨は、鎌倉にある神奈川県師範学校への入学が決まるのだ。他方、馨の小学校卒業後の進路が決まった昭和六年は、千木良村で多くの人たちが鉄砲百合の球根栽培に取り組み始めた年でもある。加藤家には鉄砲百合の球根栽培の教えを求めて多くの村人が訪れ、栽培時期には再び種子球(木子や鱗片)を求める彼らの来訪で賑わった。千木良村の風景は変わり、馨の生活も変わろうとしていた。千木良村にとっても加藤家にとっても、昭和六年は転機の年であった。

年明け早々の昭和七年一月十五日、加藤定一は早朝から体調が思わしくなく、午前八時頃に倒れてしまう。そして意識が戻らないまま、四時間後の昼過ぎには帰らぬ人となったのだった。死因はくも膜下出血で、定一は五十一歳という若さだった。

加藤家は突然、働き手の中心を失うことになった。たしかに長男の操も、父・定一と一緒に働く大切な働き手ではあったが、その実情はまだまだ父の仕事の「お手伝い」程度に過ぎなかった。というのも、父・定一の元で学んでいるから、球根作り自体は問題なく操一人でも行えたであろう。しかし前述したように、鉄砲百合の球根ビジネスは「作る」ことより「売る」ほうがはるかに難しい。買い付け業者との取引価格をめぐってシビアな駆け引きがあるからだ。

それゆえ商売経験のまったくない長男・操が、買い付け業者と対等に取り引きを行えるとは到底考えられない。つまり鉄砲百合の球根栽培で、父・定一と変わらぬ収入を確保することはあり得なかったのである。

大黒柱を失った加藤家の暮らし向きは日々、悪化していくしかなかった。父・定一の葬儀からしばらくしたころ、馨は母・カメから座敷に呼ばれて、こう諭されたのだった。

「こういう事情だから、お前も(師範)学校へ行くのを諦めて、どうかうちの仕事(球根栽培)の手伝いをしてください」

次男の實は前年に二十歳になり、徴兵検査を受けて合格していた。その年の六月一日には朝鮮の羅南に駐屯していた歩兵第七十三連隊第七中隊に入営することが決まっていたため、母・カメが實を頼るわけにはいかなかったのだ。加藤家には、男手は十四歳の末っ子・馨しか残されていなかった。

馨には選択肢はなく、母親・カメの願いを聞き入れるしかなかった。

それに加藤家には、師範学校に在学中の次女・キミと馨の二人分の学費を出せるほどの経済的余裕はもはやなかった。馨は加藤家の経済状態を理解していたので入学しても勉強が続けられないのなら、彼にとって上級学校進学には何の意味もなかった。

頭（理屈）で理解しても心（感情）が受け入れようとはしないことは、よくあることである。加藤馨もまた、師範学校への進学の断念も家業を手伝うことになった理由も十分に承知していても、五人兄弟の中でもっとも成績優秀な自分一人だけが上級学校へ進めなかった現実をなかなか受け入れられなかったのではなかろうか。

父・定一が逝去したとき、馨はわずか十四歳だった。

幼少期は病弱だったこともあって、両親の手厚い保護のもとで育てられた。長じてからも父・定一は、父権を振りかざして強制するような古い父親でなく、どこまでも馨の自主性を重んじ息子の向学心のなせるままにしてきた。率直にいえば、苦労らしき苦労もなく十四歳まで育ってきたのが馨なのである。

その馨にとって、小学校卒で家業の農業を手伝うことは千木良村から出ない、いや出られないことを意味していた。家業を手伝わなくてもよくなったとしても、小学校卒の学歴しかなければ、村の外でまっとうな職に就けるはずはなかったからだ。

父・定一の死は、ある意味、馨の明るい未来を閉ざすものでもあった。

閉ざされた未来に安住するのか、もしくは明るい未来を取り戻すのか――どちらを選ぶにせよ、千木良村で家業を手伝っている限り、その答えは出ない。加藤馨は、初めて人生の岐路に立っていたのだった。

第二章　職業軍人をめざす

加藤定一の死後、加藤家の暮らしは一変していく。

家業である農業（鉄砲百合の球根栽培と野菜栽培）は、父・定一を手伝っていた長男・操が継ぐことになったが、母・カメは末っ子の馨にも進学を断念させて一緒に働かせることにした。というのも、働き盛りだった定一の代わりが、まだ「手伝い」程度の経験しかない長男・操に務まるとは思えなかったからだ。カメにすれば、せめて兄弟二人で力合わせ家業をなんとか守り通したいという願いにも似た思いからだったであろう。そのとき、操は二十三歳、馨は十四歳であった。

昭和七年三月二十五日、加藤馨は千木良村立尋常高等千木良小学校を卒業した。翌四月からは長兄・操と一緒に畑に出て働き始める。家業を継いだ操は、鉄砲百合の球根栽培の傍ら野菜の栽培を行っていたからだ。

馨は、その頃のことをこう回想する。

「兄が親父の仕事を手伝っていたとはいえ、（父親に）くっついて百合根を作っていただけでしたから、（一人では）仕事のやり方がうまくいかないわけです。経験の問題もありましたし、親父がやっていたようにはいかなかった。早い話が百合根を作るよりも売るほうが難しいんですよ。その経験が、畑仕事を手伝っていただけの兄にはなかったんです。ですから、やっと暮らせる程度の収入しか入ってこなくなったのです」

たしかに操の力量不足の面はあったろうが、それ以上に鉄砲百合の球根栽培をひとつのビジネスとして考えたとき、大きな転換点だったことも事実である。

前述した通り、鉄砲百合は連作障害が起きやすい植物であり、土を代えるなどの対応策をとっても同じ場所からでは品質の良い百合根をいつまでも収穫することは難しい。一方、園芸会社など買い付け業者は、新たな球根産地の開拓を目指し南下していた。最終的には、鉄砲百合の自生地である鹿児島南部や沖縄諸島を重要な球根産地に育て上げていく。つまり新たなライバルの登場で、鉄砲百合の球根ビジネスは競争が激しくなるのだ。当然、取り引きは買い手主導になりがちになる。

加藤家の鉄砲百合の球根ビジネスが急に振るわなくなったのは、操の力量不足と新たな球根産地の登場という二つのマイナス要因が重なったためである。いやむしろ、後者の方が影響力が大きいかも知れない。

いずれにしても、加藤家は以前のように鉄砲百合の球根栽培から大きな収入を得られなくなったのである。

鉄砲百合の球根栽培は十月から十一月にかけて木子など種子球の植え付けを行い、翌年の春には青々とした新芽の畑が目の前に広がる。その合間をぬって、操と馨の二人で野菜栽培に力を注ぐ。加藤家の日常は、その繰り返しである。

それは馨にとって先の見えない日々であり、母・カメにとっては馨だけを上級学校へ進学させられなかった悔いの日々でもあった。加藤家の生計を担ってきた夫であり父である定一が死んでしまった以上、仕方がないことだと分かっていても、なかなか受け入れられない二人であった。

そんな加藤家にあって、久々の朗報は長男・操の結婚であったろう。縁あって、操は近所に住む働き者との評判が高かった女性を嫁にもらう。それは同時に、それまで操の仕事を手伝っていた馨がいなくても人手が足りるようになったことを意味した。

そんな折り、隣町の良家から馨を養子に欲しいという話が舞い込む。母・カメは、上級学校進学を断念させたことで馨を不憫に思っていたこともあって、この養子話に乗り気になっていく。経済的に恵まれた養子先であれば、馨を上級学校に行かせてもらえるだろうし、いい暮らしもできると考えたからである。

他方、馨は不安を募らせていた。養子に行けば、経済的に恵まれた生活が待っていることは馨にも分かっていた。しかし男子の養子は跡継ぎになることでもあるから、何ごとも「家」の存続が最優先される。それゆえ、自分の意志に反しても養子先の要望等に従わなければならないことも少なくない。当時、「男は養子に行くと頭が上がらなくなる」といわれたものだが、馨もそのことを気にしていたのである。

このままだと母・カメは、馨の気が進まない養子話を進めてしまう恐れがあった。そんなカメの行動を思い止まらせたのは、次男・實の助言であった。

昭和十一年の初夏、次兄の實は勤務していた朝鮮総督府があるソウルから、父の墓参のため五年ぶりに帰省していた。じつは實は兵役義務を終えて除隊した後も、日本に戻らないで朝鮮に留まり、朝鮮総督府の農業試験所に職を得ていたのだ。つまり、官吏になっていたのである。

突然の父の死を、二十一歳になったばかりの實が十分に受け止められなかったとしても無理もないことで、むしろたったひとりで初めて朝鮮に渡って、見知らぬ土地に駐留する部隊に入営することは、どれほど心細かったであろうか。そんな自分の置かれた状況の中で、父の急逝で上級学校への進学を諦めて長兄とともに農業に従事することになった末っ子の馨を不憫に思ったものの、どうすることも出来なかった。それゆえ、馨が畑仕事で苦労している話を故郷の親類から知らされるたびに「すまないことをした」と感じ、何とかしなければと思っていたのだった。

そこで實は墓参後、久しぶりに会う母・カメとそれまでの積もり積もった話をした。しかし二人の思いは同じだったようで、末っ子の馨の今後のこと、将来についてが話題の中心であった。二人がどのような話を行ったかは定かではないが、馨の『回顧録』によれば、實は(馨に)もう農業の手伝いを止めさせて将来のある仕事に就かせないと、これから先は大変なことになると母・カメを説得したようである。

實の言う「これから先は大変なことになる」とは、何を指しているのだろうか。

實の赴任地・朝鮮(ソウル)の隣国・中国では、年々、日本軍の侵攻が激しさを増していた。千木良村全体で鉄砲百合の球根栽培が始まった昭和六年は、関東軍が柳条湖事件を口実に満州全体(中国東北部)を占領して満州事変を引き起こしていた。さらに翌年三月には日本軍が後ろ盾になって満州民族に親日政権の満州国を樹立させるなど、中国本土の戦火は拡大の一途を辿っていたのだった。

そうした日本軍による侵略行為は当然、国際的な批判を巻き起こした。それに対し、日本は「反発」で応じ、国際連盟を脱退してしまう。さらに日本が中国侵攻を進めたことで日中戦争は泥沼化し、アメリカを始め中国に利権を持つ欧米諸国との関係は悪化する一方となっていき、世界から孤立していくのだった。

朝鮮総督府にいる加藤實には、日本軍の侵攻が満州に止まることなく中国全土に及ぶことは分かっていたはずである。それにともない、中国に駐留する日本軍の強化も日程に上ってくることも承知していたはずである。つまり實は、今後の日本が軍主導の国、軍人がすべてを支配する国になっていくと見ていたのである。

加藤馨の『回顧録』には、軍人国家を前提に進路を決めたという記述がある。

《その頃は日本は中国と日支事変をおこして戦って軍国主義になりかけて居たので、軍人志望で軍に入ると軍の学校に入って将来将校になる道があるとの事で私は軍人を志望しました》

馨は、軍人を選択した根拠を《将校になる道があるとの事で》と伝聞で書いているが、伝聞先は明らかにしていない。しかし進路を決めた経緯から推測すれば、おそらく次兄の實であると考えていいであろう。實は馨に対し、これからは軍人の時代になるからと職業軍人の道を勧めたものと思われる。

当時は、馨のように小学校卒の学歴の者が千木良村の外へ職を求めた場合、警察学校に入学して巡査になるか、職業軍人になるしかなかった。その意味では、實の助言は馨には受け入れやすいものであったろう。

他方、母親のカメは実家に軍人を志望して憲兵大尉になった馨の従兄弟がいたので、馨にも軍人になるのなら陸軍を選ぶように希望した。馨は母親の希望を受け入れ、陸軍を志願することにしたのだった。

ここで、戦前の日本の徴兵制と兵役について簡単に触れておく。

戦前は成人男子には二年間の兵役義務が課せられていた。

満二十歳を迎えた男子は、四月から七月にかけて全国的に行われる徴兵検査を受けなければならなかった。徴兵検査には学力検査はなく身体検査のみである。検査結果は五種類に分類され、甲種が合格者の中でも現役として即入営できる最適格者である。ただし平時はそれほど多くの人員を必要としないため、甲種合格が多数の場合、全員が入営できたわけではなかった。その際には、合格者の中からさらに選抜して入営者を決めていた。ちなみに、入営は翌年の一月である。そして二年間の現役を終えると、いったん除隊して予備役になった。

他方、加藤馨は徴兵令によらない現役志願兵になった。

現役志願兵とは、年齢が十七歳以上で、かつ徴兵適齢(二十歳)未満の男子が現役を志願することである。つまり、徴兵令の対象年齢ではないが、入営を希望する男子に対し「志願」という形で道を開いたものである。

加藤馨は、次兄の實が帰省した昭和十一年の五月に満十九歳になったばかりだった。それから三カ月後の八月、志願兵として入隊検査を受け、無事合格を果たしている。こうして職業軍人への扉を叩くことになるのだが、職業軍人とは下士官(伍長、軍曹、曹長)以上のことだから、入営後は下士官になるための試験に合格する必要があった。

加藤馨は、入営前後のことをこう説明する。

「私が住んでいた神奈川県は、第一師団の管轄でした。第一師団は神奈川県と山梨県を管轄にしていましたので、私は甲府の部隊(本部)に出向き(昭和十二年)一月十日に入隊しました。そこで二月十日まで暫時的な訓練を受けたあと、「甲府第四十九連隊」に配属されたのです。第四十九連隊はソ連(現・ロシア)と満州国の国境警備が任務でしたので、連隊の本隊はすでに満州へ移動していました。それで現地で合流するため(配属日の十日に)広島の呉港から出発しました」

第四十九連隊の駐屯地は満州北部のソ満国境近くの「北安鎮《ペーアンチン》」から二キロほど離れた場所で、そこに日本軍は煉瓦造りの二階建ての兵舎を建てていた。なおペーアンチンは、その周辺では一番大きな街であった。

加藤馨の駐屯地での生活は八カ月余りに及ぶが、彼が最初に驚かされたのは満州の厳しい寒さである。駐屯地に着いたのは二月半ばだが、一番寒い日には気温が零下三十八度まで下がった。それまで経験したこともない寒さに震え上がったという。

駐屯地で初年兵として三カ月の教育訓練を受けたのち、加藤馨は一等兵に進級した。そして馨は、のちに彼の経営哲学を生み出すことになる貴重な経験をする。

そのころ、満州国とソ連の間で、しばしば国境紛争が起

満州駐屯時代の馨氏

きていた。その年の六月には、ソ連軍が満州国との国境であるアムール河の小さな島を占領するという行動に出たため、それに対抗してソ満国境警備の第四十九連隊に出動命令が出されたのである。さっそく第四十九連隊では、連隊長以下全員(約五百名)が現地に急行したのだった。

現地に到着した時には、かなりの強行軍だったこともあって、連隊全員が疲労困憊してしまい、口もきけない状態であった。その日の夜は現地近くの中国人の集落で野営したものの、連隊長以下全員が疲れから死んだように眠り込んでしまい、途中で目覚めた者は誰ひとりとしていなかった。一晩中誰も起きてこないため、歩哨の交代も満足に出来ないほどだった。

加藤馨も午後十時から歩哨に立ったが、二時間の交代時間を過ぎても誰も現れなかったため、そのまま歩哨を続けるしかなかったという。不眠不休で歩哨を続けられるほどの体力は加藤にも残されていなかったので、寝たり起きたりの歩哨ではあったが、なんとか明け方までひとりで務めたのだともいう。

加藤馨の述懐――。

「(疲労困憊して寝込んでしまった夜に)もしソ連軍が攻めてきたら、我が部隊は全滅するところで

した。この日のように、死ぬよりも苦しい一日を体験して疲労困憊してしまったら、人間は何も出来ないままダメになると悟りました。ですから、それ以降の軍人生活では、この教訓を守りました」

要するに、戦う目的で現地に向かっているのに、いくら早く着いても強行軍で疲労困憊させて戦えなくしたら部隊を派遣した意味がない、本末転倒であるというのだ。このことから、加藤は「無理をさせる、無理をする」ことの愚を学んだのである。

その後、ソ連軍が撤退したため戦火を交えることなく、加藤が所属する第四十九連隊も駐屯地に戻って行く。

ソ満国境から戻ってしばらくした昭和十二(一九三七)年の夏、第四十九連隊で陸軍教導学校の学生募集が行われた。陸軍教導学校とは、歩兵科の下士官の養成を目的とした教育機関である。つまり、職業軍人を育成する軍学校である。

教導学校に入学するには、まず上等兵であること、次に連隊長から選ばれて隊内教育を一年間施される必要があった。いわば、この三つが入学資格に相当するものだ。しかし戦争の拡大とともに下士官が不足したこともあって、それほど厳守されなくなっていったようである。

たとえば、加藤馨も入営後一年未満にもかかわらず、しかも一等兵のまま応募し簡単な面接だけで教導学校入学を許可されているからだ。なお、第四十九連隊からは加藤を含め四十五名が愛知県の豊橋陸軍教導学校への入学が決まった。入学予定日は十月一日で、加藤たちは満州の現地を九月二十日に出発した。

ただし出発の前夜、加藤たち四十五名は全員、一等兵から上等兵へと繰り上げ進級している。この対応は、さすがに入学資格の「上等兵」を無視するわけにはいかず、辻褄合わせをしたというところ

帰省した加藤馨氏(後方・左)と母・カメさん(前方・左)

であろう。

　九月二十五日、加藤たちは甲府の連隊本部に到着した。入学までには日があったので一時帰省が認められ、加藤馨は入営後初めて千木良に帰る。母・カメは末っ子の突然の帰郷に最初は驚いたものの、すぐに家族全員で馨の無事を喜び、帰郷を歓待したのだった。馨によれば、家族も挨拶にきた近所の人も、馨が入営から九カ月しか経っていないのに上等兵に進級していたことをしきりに不思議がった、という。

　加藤馨は十月一日、豊橋陸軍教導学校に入学する。

　修学期間は一年間で、精神教育を中心に軍事学や普通学(一般教養)を学ぶとともに下士官としての服務に必要な術科訓練などを受けることになっていた。そして修学期間を無事終えて卒業すると、すぐに下士官に進級するのである。

　しかし加藤たちは、豊橋陸軍教導学校を卒業することは出来なかった。というのも、陸軍予備士官学校が豊橋の教導学校に「併設」されることが決まったからである。ただし併設は形式的なもので、教導学校の施設全体を予備士官学校がそのまま利用することになっていたので、実質的な新設であった。つまり、予備士官学校の新設は教導学校の廃止を前提としており、新設と廃止を同時に進めることが日本陸軍の新たな方針だったのだ。

その方針転換の背景には、中国との戦争が中国全土に広がり、それにともない陸軍幹部である将校（士官学校卒の職業軍人）の数が不足し始めたという事情があった。そこで将校不足を補う目的で、高学歴の現役兵から予備役将校（非常時の将校）となる甲種幹部候補生を選び出し、彼らに集合教育を施す機関として新設されることになったのが陸軍予備士官学校（修学期間約八カ月）というわけである。

なお、不足し始めていたのは将校だけではなかった。兵の数も同様に戦火が中国全土に拡大するとともに不足し出していた。殆どの兵は二年間の兵役義務を終えると除隊して予備役になっていたが、日本陸軍では逆に「除隊即日再召集」という形で召集を常態化させることで不足を補うようになっていた。つまり兵役期間を、無条件に長期化させたのである。また教導学校廃止に伴う下士官の養成は、各地の部隊での実地教育へと次第に移行していったのだった。

豊橋陸軍教導学校の学生約二百名は全員、入学から二カ月後の十二月一日に熊本陸軍教導学校へ転校した。なお当時は、教導学校は仙台と豊橋、熊本の三カ所に設置されていたが、予備士官学校の併設が決まっていたのは仙台と豊橋の二校だった。

熊本の教導学校は、旧熊本城内の小高い場所にあった。そのため、加藤馨は毎日、寄宿舎から坂を登り降りしての通学となった。

教導学校の授業は午前中に学科、午後からは軍事教練か体操教育が行われた。日課としては午前五時起床、七時から八時が朝食、九時から十二時まで学科の授業、十二時から午後一時までが昼食時間である。午後一時から学校の授業が再開し、五時には終わる。午後六時から七時までが夕食時間で、点呼のある午後九時までは自由時間になっていた。点呼が終わった午後九時十五分から十一時までが自習時間で、以後は就寝である。

学校の授業は日曜祭日は休みだったが、敷地内は起床時間の午前五時から授業が終わる午後五時まで徒歩が禁止されていた。その間の移動に際しては、「駆け足」が課せられていたのである。

加藤馨は下士官候補生に選ばれた約二百名の同級生と比べて、自分の体力が劣っていることを自覚していた。それなのに、もし彼らに負けまいとして無理をしてしまったら、強行軍でソ満国境に駆けつけて疲労困憊し戦うどころではなかった第四十九連隊と同じ過ちを犯すことになる。加藤は「無理をする、させる」ことの無意味さを知り、どう対処すればいいかを学んでいた。

加藤馨は日々疲れが溜まっていく自分の身体を癒やすため、適切なタイミングで必要な休憩を取ることにした。点呼後の午後九時十五分以降の自習・自由時間と、学校が休日の午前中を横になって身体を休める時間にあてたのだ。これによって、体力不足をなんとかカバーし、卒業まで何の問題もなく学生生活を送ることが出来たのだった。

翌昭和十三年三月二十一日、加藤馨は熊本陸軍教導学校を卒業する。

ただし修学期間の一年は、教導学校の施設を予備士官学校に転用する流れの中で、約半年に短縮されていた。しかしこの半年間の共同生活を通じて、加藤馨は第四十九連隊の同期四十四名と深い結びつきを感じるようになったようだ。同じ釜の飯を食った者同士、いわば「戦友」と呼び合える関係が作られていったのだった。

加藤を含む同期の四十五名は、卒業と同時に甲府の連隊本部に帰った。そのさい、四十五名は満州の原隊に戻る者と、新たに「北支派遣軍」として編成される歩兵第百四十九連隊に配属される者とに分けられることになった。北支派遣軍とは、前年勃発した支那事変(日中戦争)によって戦闘が激化した北支(中国北部。現・華北)地域への派遣を目的とした部隊である。加藤馨は、その第百四十九連隊への配属が決まる。

そして加藤は、下士官の一番の下の位である伍長に進級した。念願の職業軍人になったのである。

その後、満州の原隊に戻った同期は太平洋戦争末期に行われたフィリピンの「レイテ島の戦い」に動員され、その多くが戦死したことを加藤はあとで知らされる。同期の配属先が二つに分けられたことで、それが生死の境になるなどとは加藤を始め誰も予想だにしなかったであろう。もし自分が原隊復帰組であったら、レイテ島の戦いで戦死していたかもしれない——そう思うと、加藤は戦争で死ぬも生き残るも紙一重で、それに大した理由がないことを改めて実感させられるのだった。

甲府に戻ってから半年後の九月、新しく歩兵第百四十九連隊が編成される。

加藤馨は連隊本部の配属(暗号係)となり、軍曹に進級する。そのとき、新しい連隊の副官から加藤は呼び出されて、暗号技術の習得を命じられている。

というのも、第百四十九連隊を始め北支に出征する部隊は、現地での部隊間の連絡が機密保持の点からすべて暗号電報に切り替わることになり、その解読と作成のできる人材の確保が急務だったからである。そのための要員教育が、東京の第一師団麻布第三連隊で二週間の予定で行われることになっていた。

その副官は暗号技術の習得について、加藤馨にこう厳命した。

「(東京の第一師団での)研修に参加する者は、私の連隊ではお前ひとりだ。連隊で暗号を学ぶのも、お前が初めてだ。だから、ただ習ってきただけではダメだ。二週間の研修の間にすべて覚えて帰って来い。そしてみんなに教えろ。それが、お前を選んだ理由だ。後で(教えようとして)分からないでは困るんだ」

加藤馨は当初、副官のあまりにも強い口調に困惑したという。

「最初は、私が出来るかどうかも聞きもしないで勝手に指名しておいて強い事を言われるので、困った仕事を命じられたと思いました。ただ北支に新しく派遣される各部隊から一名づつ集められて行われる研修だと分かりましたので、これは責任重大だと思い決心しました。ただ東京での研修は、私が思ったよりも難しくありませんでした。二週間の研修を終えたとき、安心して甲府に帰ることが出来ました。研修で使用した資料は機密扱いでしたのですべて返却しました。私は、副官から言われたように全部、私の頭の中に入れて帰りました」

研修を終えたとき、加藤は副官が自分を選んだ理由は「連隊の下士官の中で(自分が)一番物覚えが良いと判断されたのだ」と感じたという。おそらく陸軍教導学校時代の彼の優秀な成績も考慮されたうえでの判断であったろう。

加藤馨は東京の研修から戻ってまもない十月初め、連隊本部暗号班長を命じられる。

この人事は、加藤が戦場で戦死する確率を格段に低くした。というのも、普段は暗号班長として連隊本部に止まり、その場を離れることは許されなかったからである。ただし連隊長が戦場へ赴く時は、加藤も暗号班長として同行した。連隊長の出動に際しては、師団本部から連隊へ前もって電報が入る。

加藤馨自身は暗号班長に抜擢されたことについて、こう回想している。

「私は北支の戦線に二年半従軍しましたが、戦死しないで生き残ることが出来たのは暗号班長になったからです。私が生き残った主因だと思っています」

昭和十三年十一月初め、歩兵第百四十九連隊は北支に派遣される。

目的地は、山東省済南市から北へ二〇キロほど離れた臨清県という街で、その周囲は一〇メートルを超える城壁で囲まれ、人口は約四万人であった。当時の山東省の省都である済南市の人口が約三十万人だから、臨清県は比較的小さな街である。

臨清県を囲む城壁には、東西南北に「城門」と呼ばれる大きな門があった。この城門が城壁の内と外を繋ぐ出入り口で、朝に開門し夕方には閉門した。いったん閉門したら、外から城壁内に入ることは出来なかった。

加藤馨は、連隊の一員として「城壁」を初めて見た時をこう回想している。

「日本に居た時は「城壁」がどういうものか分かりませんでした。ただ垣根みたいなものだと聞いていましたので、それなら一メートルか一・五メートルぐらいの高さなのかと思っていました。ところが、(臨清県に来て)実際に見たら、高さが一〇メートル以上もある煉瓦造りでした。しかも城壁の頂上の幅は、日本軍が使っていた一番小さな野砲、いまなら一回り小さな軽自動車が通れるくらいの広さがあったんです。そのうえ、城壁の下部(土台部分)の幅は七~八メートルもあるんですよ。城壁は簡単には破れないと聞いていましたが、城壁を見ると大砲の弾が一発や二発あたったところで傷ができるぐらいだと思いましたから、「なるほどなあ」と納得しました」

加藤の所属する第百四十九連隊は城壁の外に作られた居留地に駐屯し、警備隊の任務にあたった。戦う敵は主に共産軍、中国共産党の軍隊「八路軍」である。共産軍の動きについての情報が入ると、師団本部から連隊に出動命令が下って、部隊が現地に向かうという日々であった。

連隊本部の暗号班長時代，21歳の馨氏

連隊本部での暗号班長としての仕事は、毎日送られてくる暗号電報の解読である。暗号電報はすべて数字で表されており、その数字から前もって決められた当日の数字を引いて得られた数字を手持ちの暗号書で日本文に直すのである。たまに送られてくる数字が違って部下に解読できない時がある。そんな時には何とか解いて見せて、暗号班長の手腕を発揮する。加藤馨によれば、解読に苦労することはあっても解読できなかったことはなかった、という。その他にも、乱数表を使った暗号電報もあった。

連隊本部で仕事をする限り、加藤は戦死のリスクを心配することなく、暗号電報を解読する生活に専念すればよかった。しかしそのような日々は、長くは続かなかった。翌昭和十四年五月、ノモンハン事件が起きたのである。

本来は満州国とモンゴルの国境紛争なのだが、両国の軍隊が五月十二日に国境のノモンハン付近で武力衝突を起こしたさい、両国の後ろ盾である日本とソ連による戦闘へと転化したことで戦火が拡大していったのだった。八月には満州国に駐留していた関東軍はソ連軍の近代的兵器と装備の前に大敗を喫することになるが、二十日に起きた第二十三師団の壊滅はその象徴である。

加藤馨は暗号班長として師団から送られてくる暗号電報をすべて解読していたので、ソ連軍との戦闘状況、戦況の実態は正確に把握していた。

加藤の回想――。

「他言することは禁じられていましたから誰にも言いませんでしたが、ノモンハン事件で日本軍は大敗しました。日本軍は(戦死傷者が)二万人、やられたんです。(戦闘は)日本軍の勝ち目はまったくありませんでした。というのも、ソ連軍の装備が日本軍と違って最新鋭だったからです。たとえば、ソ連軍の戦車は装甲が厚くて、日本軍の戦車を攻撃する速射砲の弾丸では命中してもへこむぐらいでした。ソ連軍の戦車がまいらないから、(日本軍は)戦いようがないわけです。それで(日本軍は)撤収し、ソ連とモンゴルの軍隊も満州国に攻め込まなかったから、日本は助かったのですよ。もし攻め込まれていたら、満州国はぺしゃんこになっていました」

さらに加藤は、日本軍が採用したソ連軍の戦車への新たな攻撃作戦を語気を強めて批判する。

「ソ連軍の戦車に対抗するため、うちの連隊でも演習の仕方が変わったんですよ。要するに、日本兵が地雷を持って小さなタコツボ(塹壕)に身を潜め、ソ連の戦車が傍まで来たら地雷を(戦車の)キャタピタラ目がけて投げつけるというものです。(投げた地雷が)キャタピラにぶつかって爆発させることに成功すれば、キャタピラが壊れるのでソ連の戦車は走れなくなります。そこを日本軍が攻撃する――そういう作戦に出たんです。それ以外に、当時の日本軍にはソ連の戦車と戦う方法がありませんでした。でもね、地雷を投げる兵隊は、よほどうまくやれなければ自分が死んでしまいます。そのとき、日本軍は(兵士の)人命軽視が甚だしいと思いましたね。そんなバカなことが、あったんです」

加藤馨は、父親の急逝によって上級学校への進学を断念しなければならなかった。小学校卒の加藤が自分の将来を切り開くべく選んだのは、職業軍人になることだった。しかし日本軍(上層部)が兵士の命を粗末に扱う現実を目の当たりにしたとき、加藤は職業軍人に自分の将来を託すことに強い不安と疑問を抱くようになったのだった。

一方、大本営はノモンハン事件における関東軍の大敗北から「軍備の強化・増強」の必要性を再認識し、とくに陸軍航空部隊の強化・増強を急がせていた。そのために全歩兵部隊に要員の提供を命じた。ちなみに大本営とは、日本軍(陸海軍)を支配下に置く天皇直属の最高統帥機関である。当初は戦時中に設置されていたが、支那事変(日中戦争)の頃には戦時以外にも設置されるようになっていた。

加藤が所属する第百四十九連隊には、要員の提供に対し師団本部から二名が割り当てられた。連隊では志願者を下士官から募集したが、ひとりしか現れなかった。これには、連隊本部は困ってしまい、対応に苦慮していた。

そこで加藤馨が、手をあげる。

「私も連隊本部で暗号班長を二年半やっていましたからね、そろそろ飽きも来ていましたので「(航空隊へ)行き手がいないのなら、私が行きましょう」と申し出たのです。そうしたら副官から「お前は暗号班長だから、行っちゃダメだ」と言われてしまいました」

ところが、師団司令部の暗号班に加藤馨を異動させる旨の内示が連隊本部に届く。加藤の上官にあたる将校は、加藤を呼び出し「どちらにしても(加藤を)連隊に置いておけないのなら、お前の好きなようにしてやる」と希望を聞いてきたので、これ幸いにと加藤は「航空通信隊へ出してください」と願い出たのだった。

かくして、加藤馨は歩兵科から航空兵科への転科に成功するのである。そしてこの転科が加藤に戦死することなく無事帰国させるとともに、戦後の生活の立て直しとその後の成功をもたらすことになるのだが、当時の加藤には思いもよらぬことであったろう。

昭和十六(一九四一)年四月一日、加藤は歩兵第百四十九連隊から朝鮮の平壌にある第三十七飛行場大隊へ転勤する。飛行場大隊は、航空部隊の支援部門で整備・補給などを担当した。第三十七飛行場大隊で加藤は通信隊要員として配属され、同時に下士官の最上位である曹長に進級した。なお、効率的な運用のために航空部隊を「空」(飛行部門)と「地」(支援部門)に分ける方式は、ノモンハン事件でソ連との航空兵力の差を思い知らされた日本軍がそれを補う目的で考え出したものだ。

余談だが、加藤が去った第百四十九連隊は終戦間際にフィリピン方面に派遣され、向かう途中の台湾沖で魚雷攻撃を受けて艦が沈没してしまい、乗船していた兵士のほとんどが亡くなったという。

加藤馨は、第三十七飛行場大隊では連隊から一緒に転勤してきた伍長と通信隊要員として働いた。その加藤が満州国の牡丹江(街)近くの飛行場で仕事をしていたとき、水戸の陸軍航空通信学校への入学が決まったという知らせが入る。陸軍航空通信学校とは、前述した航空部隊を飛行部門(空)と支援部門(地)に分けたことに基づき、地上から航空戦力を支援する通信技術の充実を図るため、航空通信に関する教育と研究等を専門に行う目的で設置された軍学校である。加藤には、航空通信隊の下士官として求められる学術を習得する必要があったし、彼もまた希望していたのである。

陸軍航空通信学校の入学予定日は、十二月二十五日になっていた。さっそく加藤は飛行場での仕事を切り上げ、十二月五日には満州を離れて朝鮮経由で水戸へ向かった。その間の十二月八日の未明、日本軍がハワイの真珠湾を奇襲攻撃し日米開戦が、つまり太平洋戦争が始まっている。日本の戦争は中国大陸や東南アジアから広く太平洋にまで及び、その戦線は拡大の一途を辿るのだ。

加藤馨は十二月十九日に日本本土に到着するが、水戸へ向かう前に故郷の千木良村に立ち寄り、入校前日まで滞在している。そして加藤は、十二月二十五日に陸軍航空通信学校に入学した。同級生は八十名だった。陸軍航空通信学校は当初、水戸陸軍飛行学校内に開設されたが、すぐに茨城県東茨城郡吉田村(現・水戸市住吉町)の新築施設に本校と本部を移転している。その後、分校にあたる「教育隊」が各地に作られた。

加藤馨が入学した陸軍航空通信学校は、移転先の吉田村に設置された本校である。加藤は本校での約八カ月の修学期間を通じて、航空兵科下士官としての相応しい技量を身に付ける。翌昭和十七年八月二十五日には航空通信学校を卒業するが、同日付で「航空通信隊付け」にされる。というのも、新しく編成される第六飛行師団の通信隊要員に考えられていたからだ。なお加藤によれば、通信学校で学んだ八カ月が戦後電気店を開業する決め手となった、という。

十月初め、加藤馨は編成される第六飛行師団の通信隊に配属された。そして同月下旬、赤道近くのニューブリテン島(現・パプアニューギニア)最大の都市「ラバウル」に向けて東京・芝浦港を出航したのだった。潜水艦からの魚雷攻撃を避けてジグザクに航行したため、目的地であるニューブリテン島の到着までに四日間も要してしまう。

十一月一日、ラバウルには飛行場が二カ所にあったが、その二つの飛行場から約二キロ離れた場所に、第六飛行師団通信隊本部が設置される。そして加藤は、通信隊本部で送信(業務)を担当した。しかし約十カ月に及ぶ通信隊本部での業務は、それまで加藤が抱いていた太平洋戦争に対する認識を次第に変えさせていくものであった。

「私はラバウルに来るまでは、日本軍が米軍に対してそれほど劣勢だとは思っていませんでした。でも日本軍の(各地での)敗北を伝える電報が、通信隊本部に次から次へと毎日のように入ってきたのです。それで私は、「この戦争は、負け戦なんだ」と思うようになりました」

またラバウルにいても、加藤は日本軍の劣勢を十分に肌で感じたし、自分の目でも確かめることが出来た。

「アメリカ軍の大型爆撃機B17や24は、毎晩のように三機編隊でやって来ては日本軍の飛行場を爆撃しました。アメリカの大型爆撃機は一万メートルの上空から爆撃するのですが、迎え撃つ日本軍の高射砲は発射した弾丸が七〇〇〇メートルくらいまでしか届きません。日本軍の戦闘機も八〇〇〇メートルくらいまでしか上れないので、爆撃機を迎撃できません。ですから、私がラバウルに居た十カ月の間に、日本軍は(アメリカの爆撃機を)一機も撃墜することは出来ませんでした」

さらに、日本軍最大の基地といわれるラバウルでも、物資不足という問題があった。とくに食料不足は深刻だった。米はタイ米しかなく、野菜は乾燥野菜で味噌も乾燥味噌(粉末)であった。それらは毎日の食事に使われ、週二回程度の割合で塩漬けした豚肉の料理が出された。少ない量と偏った栄養では、体力の維持さえ難しい。加藤たちは痩せ細っていった。そんな食生活の中で唯一の楽しみは、煙草好きな原住民が軍配給の煙草と交換するために持ち込む美味しいバナナとパパイヤだった。

第六飛行師団通信隊がラバウルに派遣される約十カ月前、昭和十七(一九四二)年一月二十三日、日本軍は南方作戦に基づきオーストラリアが委任統治していたニューブリテン島を制圧し、同時に日本海軍航空隊がラバウルに侵攻し、陸海軍航空部隊の重要拠点にしていた。なお、のちに陸海軍の各航空隊の総称として「ラバウル航空隊」と呼ばれるようになる。

南方作戦とは、日本軍による太平洋戦争開戦を含む侵攻作戦のことである。その目的は香港やマニラ、シンガポールにある米英の重要軍事拠点を壊滅させて、東アジアから米英勢力を一掃することであり、日本の国力向上のためにスマトラやジャワ、ボルネオ、マレーシアなどの重要資源地帯を奪うことであった。

日本は第一次世界大戦後、戦勝国としてドイツの殖民地だったトラック諸島(現・ミクロネシア連邦のチューク諸島)を委任統治領にしていた。そのトラック諸島を、日本軍の中国大陸侵攻とともに関係が悪化した欧米列強に対する日本海軍の一大拠点にしていた。たとえば、アメリカの殖民地だったフィリピンとアメリカ太平洋艦隊の母港である真珠湾を結ぶライン上にトラック島は位置しており、地政学的な意味でも重要な役割を持っていた。また、環礁で太平洋の荒波を防ぐ広大な内海を抱えて、泊地能力が高く評価されていた。「日本の真珠湾」とも「太平洋のジブラルタル」とも呼ばれたゆえんである。

つまり、ラバウルはトラック島に建設された日本海軍の基地を防衛し、アメリカとオーストラリアの連絡(網)を妨害するうえでの重要拠点になっていたのだ。それゆえ、日本は陸海軍でオーストラリア軍とイギリス軍に立ち向かい勝利したのち、ラバウルを重要拠点化したのである。

加藤馨がラバウルに到着した時には二カ所しかなかった飛行場は、たしかに加藤が居る間に五カ所に増え、そのうちの北飛行場と南(第四)飛行場が陸軍航空隊の専用として使用された。加藤たち師団通信隊は、その二つの飛行場を拠点に展開する陸上航空隊をサポートしたのである。

しかし加藤馨にすれば、ラバウルが持つ地理的かつ戦略的な重要性を理解すればするほど、逆に自分の目の前に広がる「ラバウルの現実」はとうてい受け容れ難いものであったろう。父・定一譲りの先見性と合理的な思考の持主の馨にとって、ラバウルを制圧・拠点化するのなら、その後の敵の反撃に備えることは当然のことである。なのに、敵の爆撃機を撃ち落とすべき高射砲の弾が届かない、迎撃する戦闘機も同じ高度まで上昇できないなど技術的な問題は解決されないまま、つまり新しい兵器の開発や戦闘能力の改善などが解決されずに放置されてきていたのだ。

日本軍はノモンハン事件でソ連軍に大敗したが、ここラバウルでも同じ過ちが繰り返されていたのである。戦う相手の主要兵器の性能を事前に把握することなく戦争を始めたこと、そして戦争を始めた後も有力な対抗兵器の開発を目指すのではなく、安易な精神論と思いつきとしか言い様がない兵士の命を軽んじるやり方を強行した。加藤馨は、現実から何も学ばないし、学ぼうとしない日本軍上層部の姿勢を改めて認識させられたのだった。

加藤馨は、職業軍人になることを目標にして日本軍に志願した。しかし彼の心の中で職業軍人に対する憧れが、日本軍上層部への疑問と不信から薄らぎつつあった。そのような環境のなか、加藤は第六航空師団通信隊で八名の部下を抱える曹長として多忙な日々を送っていた。ちなみに、曹長は最上位の下士官である。

翌昭和十八年八月、通信隊の隊長から加藤は呼び出され、こう命令されたのだった。

「この通信隊で士官学校の受験資格があるのは加藤、お前ひとりだ。だから、九月にある航空士官学校の学生科の入学試験を受けろ」

日本陸軍の規則では、現役で曹長進級から一年以上の者には陸軍航空士官学校への受験資格が与えられた。加藤馨は、ちょうど曹長に進級してから一年が経った頃であった。上官の命令には従うしかなかったが、士官学校受験の準備もしていなかったし、その心構えも出来ていなかった加藤には合格できる自信はなかった。一方、通信隊の隊長は加藤に受験勉強の時間を与えるため、試験当日まで閑職に回した。

加藤馨の述懐――。

「受験しましたら、私が考えたよりも問題は易しかったです。戦場の部隊に出す問題ですから、常識的なものばかりでした。私は、ほとんど満点だったと思います。そうしましたら、受験からすぐでしたが、師団司令部の副官から呼ばれてこう言われたのです。

「うちの師団から三十二名が受験したが、あなたは一番の成績でした。（師団としても）一番として推薦するから、必ず合格する。受からないということは絶対にないから、ただ病気の場合は（成績が良くても）ダメになるから、くれぐれも健康には注意してくれ。あとは、合格通知が来るのを待っていればいいから」

副官から身体を大切にして待つように言われたとき、内心とても嬉しくなったことを覚えています。たしかに、南方はいろいろ病気が多かったから」

ラバウルがあるニューブリテン島周辺は熱帯地域で、マラリアからアメーバー赤痢、天狗熱、腸チフスなど熱帯性の感染症が多く発生していた。それらに感染して命を落とす人も少なくなかったから、師団副官が注意するのも無理はなかった。

ところで加藤が合格通知を待っている間に、大本営からの命令で第六飛行師団司令部のニューギニア島ウエアクへの移転が決まる。それにともない開設される通信基地にラバウルから大型無線機を運び込むことになったが、その運搬の責任者に加藤が指名されたのだった。

「ラバウルの通信隊本部には、「対空一号無線機」という日本陸軍では大きいほうの無線機が置いてありましたが、それ以上に大きな無線機、当時の陸軍で一番大型の「地一号無線機」が仕舞ってあったんです。それも、(一台の無線機を)約四十個に梱包して保管されていました。それを通信隊からは私一人で、七名の工兵隊と一緒にウエアクまで運ぶことになったのです」

ニューギニア島は、ラバウルのあるニューブリテン島の傍に位置し、グリーンランドに次ぐ世界で二番目に大きな島である。その北岸に位置するウエアクには、ニューギニア島最大の日本軍の航空基地が建設されていた。ラバウルからウエアクまで直線距離なら、まさにすぐ「隣り」である。しかし日本軍はその地域の制空権も制海権もすでに失っていたため、加藤たちがラバウルからウエアクまで無事かつ安全に大型通信機を運ぶには、少し遠回りをする必要があった。

まずラバウル港から五〇〇〇トン級の貨物船で出航し、日本の委任統治領だったパラオに向かう。パラオでは海上トラックと呼ばれた五〇〇トン級の貨物船に積み替えて目的地のウエアクに向けて出航する。小型船に積み替えるのは、底が浅いほうが敵の潜水艦の魚雷などにあたらないという理由からであった。また、潜水艦や敵機に発見されないためには海岸沿いに船を走らせる必要があった。このようにして、パラオからまる二日かかってウエアクに到着したのだった。

そして工兵隊が大型無線機を陸揚げしたのち、加藤の指示で大きな木の下まで運んで、搬送作業は完了した。それから加藤が師団司令部に大型無線機のウエアクの到着と設置準備が整ったことを報告し、彼の任務は終わった。あとは、後続部隊の到着を待って大型無線機を組み立て設置するだけである。

ところが、加藤馨は後続部隊を待つ間に大型無線機の設置に対し、疑問を抱くようになる。

「ウエアクに無事着いたのはいいけど、最初に驚いたのはすでに毎日二回、夜明けと夕方にアメリカ軍の小型爆撃機や艦載機による爆撃や銃撃を受けていたことです。空襲があるたびに、私たちは防空壕に逃げ込むだけでした。というのも、こちらには反撃しようにも(攻撃機に対抗する有効な)武器がなかったからです。グラマンという艦載機が空襲に来ていましたが、アメリカの空母から飛び立ち、ウエアクの基地に爆弾を落とし銃撃して帰っていくだけでした。そんなところに「地一号」という陸軍最大の大型無線機を組み立て設置したところで、たちまち攻撃目標になり爆撃されてぺしゃんこになるだけじゃないかと思いました」

さらに加藤は、大本営の理不尽な命令を批判する。

「私が大本営の命令をずいぶん疑問に思っていたのは、(ウエアクのような)本来なら撤退したほうがいい場所に前進の命令を出すことです。しかもウエアクはラバウルよりも食糧の補給事情がさらに悪くて、到着の三日目からは食事の量を三分の一にまで減らされてしまいました。私は後続部隊が来るまでは任務がありませんでしたので本部の手伝いをしていただけでしたが、それでも腹が減って腹が減って仕方がありませんでした。椰子の実の古くなったものを拾ってきて、中の白い部分を食べたりしていました。兵隊さんは山にタロイモがあるというので取りに行って食べたりしていましたけど、そんなところに部隊を前進させてどうなっちゃうんだろうと思いました」

ウエアク到着から五日目の朝、ラバウルの第六飛行師団司令部から航空士官学校の入試合格を知らせると同時に、ただちに士官学校入学を命じる電報が加藤馨に届いた。部下を残してひとり帰国することに躊躇いがあったものの、その日の午後二時頃にラバウルに向けて連絡飛行機が出発するのでそれに乗るようにと命令されたため、加藤はそれに従ってラバウルに戻ってきた。すると、ただちにトラック島に向かう巡洋艦に乗船し、トラック島に着いたら別の船に乗り継いで帰国するようにとの師団司令部からの命令が待っていた。

加藤馨はラバウルを離れてから五日目の九月二十四日、広島の呉軍港に到着した。その足で故郷の千木良村に向かい、母・カメや長兄の操たち家族に元気な顔を見せてから十月一日の士官学校入学に備えることにしたのだった。

加藤馨がウエアクを去った一カ月後、アメリカ軍とオーストラリア軍による総攻撃が始まり、航空基地の日本軍は全滅した、という。

ウエアクのあるニューギニア島からオーストラリア大陸は目と鼻の先である。ニューギニア島が日本と連合国による激しい攻防戦の場となったのは当然である。しかも制空権と制海権を失った日本軍は食糧などの補給が途絶え、日本軍将兵は飢餓や熱帯雨林の厳しい自然環境とも戦わなければならなかった。ちなみに、ニューギニア島に上陸した日本の将兵は約二十万人、そのうち戦後生還できたのは二万人に過ぎなかった、と言われる。

加藤馨は、それまで経験した日本軍の無謀な戦いぶりをこう振り返る。

「大本営で考えることと第一線の状態が、あまりにも違い過ぎるんですよ。第一線のほうも、負け戦なのに「負けた」という報告をあまりしていないでしょうから、悪いのかもしれませんけどね。(太平洋戦争は)最初のうちは日本軍が有利で、アメリカ軍など連合国側が油断している時には勝っていましたけど、正攻法では勝ったことはありません。私のところに来る電報で、それが分かります」

さらに加藤は、日本軍の戦況の実態を自身の経験に沿ってこう語る。

「(昭和十八年頃までは)一般国民は大本営がいい加減な発表をするから、(太平洋戦争が)負け戦だとは思っていませんでした。でも、私がラバウルに居た時でも「今日は飛行機が三十機出て、十八機しか戻ってこない」とかが普通でした。だいたい出撃しても、半分近くは敵に(撃墜されるなど)やられていました。ガダルカナルの戦いも(同じで)、帰国した曹長から話を聞きましたが、それはひどいものでした。敵と戦おうにも、敵が見えなかったというんです。艦砲射撃や空爆などで爆弾が空から雨のように降ってくるため、米兵の姿が見えなかったというんです」

最新の近代兵器の開発や、それを大量生産する量産技術の改善を続けるアメリカ軍を始めとする連合国側と従来の兵器の改良に止まる日本軍とでは、戦争の長期化とともに戦力の差が拡大していかざるを得なかった。そして日本軍の劣勢は、誰の目にも明らかになりつつあった。

すでに日本の敗戦を確信していた加藤馨は、帰国後の生活や日本陸軍の将校としての将来をどう考えていたのであろうか。いや、敗戦後の日本をイメージすることが出来ていたのであろうか。

第三章　起　業——新しい人生のスタート

加藤馨は昭和十八(一九四三)年九月二十四日、広島の呉軍港に着いた。灼熱の熱帯地方のラバウルから厳しい寒さの冬を迎える初秋の日本に戻ってきたのである。加藤はあまりの気温差の激しさに自分の体力が付いていけるか、少し不安になった。

入学する陸軍航空士官学校は、埼玉県入間郡豊岡町(現・入間市)にあった。入学式が十月一日なので前日に豊岡町入りすることにして、故郷の千木良村に立ち寄ることにしたのだった。

千木良村の生家の暮らしは、加藤が日本陸軍に入営するため故郷を離れた頃と比べてさらに厳しいものになっていた。というのも、加藤家の最大の収入源であった鉄砲百合の球根ビジネスは、太平洋戦争の開戦とともに最大の市場であったアメリカと英国への輸出がストップしたため、完全に行き詰まってしまっていたからである。

加藤馨は改めて、アメリカとの戦争による経済的な影響を身近に感じたのだった。加藤家では、それまでの蓄えと野菜の栽培を細々と続けていくことで、なんとか暮らしを維持していた。母・カメは末っ子・馨の無事を素直に喜び、士官学校入学を祝った。馨は生家での家族の温かい出迎えに、心身が癒やされていくことを感じた。しかし馨は、生家に一晩泊まっただけで長居しなかった。馨にすれば本来なら、もう少し生家に泊まりたかったであろうが、入学式の前日までに埼玉県・豊岡町に入るためには、翌朝には千木良村を出発しなければならなかった。

十月一日、加藤馨は陸軍航空士官学校に入学した。

入学者は四百八十名で、加藤は第一中隊第三区隊の所属となった。一区隊四十名で、四区隊で中隊(百六十名)を構成し、三中隊(四百八十名)作られた。学校とはいえ、士官学校はまさに軍隊なのである。この四百八十名の「学生」が、加藤の航空士官学校での同期になる。

航空士官学校の授業の進め方は、すでに経験した熊本の陸軍教導学校と同じで、午前中に講義、午後からは演習もしくは体操(教練)が行われた。午前中の講義では普通学と呼ばれる一般教養(国語や地理など)は市中の高校(旧制)の教諭が担当し、軍事学は陸軍中佐が教官を務めた。

毎日の日課も教導学校とほぼ同じで、午前五時の起床にはじまり、点呼・ラジオ体操・自由時間後の七時から八時までが朝食、そして九時から十一時五十分までが講義である。昼食時間を経て午後一時から四時までが演習などである。その後は自由時間・夕食・自習時間等を経て消灯になる。

ただし、航空士官学校と前回の教導学校とでは、修学期間に大きな違いがあった。それは戦争の激化によって、本来は一年間の修学期間が半年に短縮されたことである。

その対応に苦慮したことについて、加藤馨はこう回想している。

「一年の予定を半分の六カ月に短縮しましたから、(午後の演習等の)訓練が過酷になったのです。しかも担当の教官が若い将校なものですから、元気がいいというか、張り切ってしまい、こんなにも教練をやらなくてもいいのにと思うぐらい、(加藤ら学生に)やらせるんですよ。だから私は、もともと身体が華奢なほうでしたので、身体が疲れて疲れてもうどうしようもないほどでした」

そこで加藤は卒業を第一に考えて、休養をとるように心がけたという。

「とにかく私は、成績はどうでもいいから病気にならないで卒業することばかり考えていました。日曜日の午前中は朝の点呼が終わると、いつも寝ていました。午後は点呼のあとの自由時間はなにもせずに横になるなどして過ごしました。平日は午後の教練が終わるとクタクタでしたから夜の点呼のあとは自習時間なのですが、学習室には行かずにすぐに寝るようにしていました。とにかく時間が出来たら、時間を作っては身体を休めるようにしました。それと暑い南方から来ましたから、埼玉の冷たい風は身体に堪えました」

加藤は繰り返し、いかに健康の維持が難しかったか、病気しないために身体を休めるのにはどのような工夫をしたか、を語った。埼玉の寒さが悩みの種で、身体がなかなか寒暖の差に対応できなかったとこぼしもした。

そうした努力の甲斐あって、加藤は病気らしい病気をすることもなく翌昭和十九年三月二十五日の卒業式を迎えることができた。ただその前日、区隊長は加藤ら第三区隊所属の全員を呼んで在学中の成績についての説明を行った。

そのさい、区隊長は加藤に対して、こう苦言を呈した。

「第六飛行師団から(入学試験で)一番で入校したのに、どうして卒業時には百五番まで下がってしまったのだ。いくらなんでも、成績が悪すぎるぞ」

区隊長は加藤が勉学を疎かにした、怠けたと考えて叱咤したのであろう。あるいは成績優秀者を預かったにもかかわらず、在学中の監督不行き届きで成績を悪化させたという評価を下されたくないと考え、理由を問い質したかったのかも知れない。

それに対し、加藤は「南方の暑い地から来たせいか、こちらの寒さがとくに堪えましてとにかく病気をしないように気をつけましたため、勉学に専念できませんでした」と成績悪化の理由を率直に語り、了解を得たのだった。

ところで、加藤馨たち航空通信隊の二十名は航空士官学校卒業と同時に、水戸の陸軍航空通信学校で一カ月間の補習教育を受けることになった。というのも、航空士官学校は士官として必要な全般的なことを教えても、学科には加藤たちに欠かせない航空通信に関する専門科目がきわめて少なかったからである。その科目を補うため、航空通信学校で改めて学び直す必要があったのだ。

加藤馨にとって、水戸の陸軍航空通信学校は「勝手知ったる」場所である。下士官の時に歩兵科から航空兵科に転科したさい、航空通信学校で八カ月間学んでいたからだ。一カ月の補習教育を終えると、加藤たち通信隊の二十名は五月一日付けで航空兵少尉に任命された。ただし、加藤を含む三名は「陸軍航空通信学校付」を命じられ、その後の八カ月間を教官として勤務することになる。彼ら三人以外は、原隊に復帰した。

その経緯について、加藤はこう語る。

「水戸の航空通信学校でテストを受けて合格したため、私はそこの通信学校の教官になってしまったんです。生徒が卒業と同時に教官を命じられたわけですよ。それで士官学校を出たのに、私は戦場に出なくても済んだため、(命が)助かったんです」

それまでも戦地では何度か命拾いをしているが、いずれも戦場を加藤が離れた後で起きたことである。しかし教官になったことで、戦場そのものに出向く機会がなくなったのである。ちなみに、加藤のいう「テストを受けて合格」は教官になるための試験をわざわざ受験したという意味ではなく、卒業試験等の結果で成績上位の三名が教官に適しているとして選ばれたのが現実であろう。そうでなければ、「教官になってしまったんです」とは言わない。

航空通信学校には教官として通うのだから、校外に下宿する必要があった。そのさい、陸軍のツテで水戸市の郊外にある常照寺を紹介される。加藤馨は、寺の離れの茶室(四畳半の和室と一畳半の水屋)を借りて下宿することにした。

常照寺は、江戸以前にあった吉田城跡(現在の水戸市元吉田町)の台地に建てられた臨済宗大徳寺派に所属する、山号を仏日山《ふつにちさん》というお寺である。そのため、寺の周囲には土塁や空堀が今も残っている。元々は、二代目水戸藩主の徳川光圀が廃城となっていた吉田城の跡地に京都大徳寺の仰堂和尚を迎えて創建する予定だったが、計画途中で二人が没したため、のちにその意図を継いだ和尚が仏日山常照禅寺として創建したものである。それ故か、寺には珍しく茶室が設けられていた。

ところで、常照寺の一室から加藤馨の一人暮らしが始まるわけだが、加藤は家計について大枠の使い道を決め、それを記帳している。

- 教官の月給は手取りで五十八円八十銭(額面六十円)。
- 常照寺の下宿代(朝夕食込み)が三十八円。
- 通信学校の昼食代金が二十七銭で、二十五日の利用で六円七十五銭。
- 日曜日の昼は外食で一カ月一円二十五銭。
- 毎月の貯金が五円。
- 小遣いなど自由に使えるお金が七円八十銭。

固定費が四十六円で、差し引き十二円八十銭を貯金と小遣い等に振り分けたのだ。

一カ月の給料の使い道を見ていると、加藤馨が先見性と計画性に長けた父・定一と、数字に明るい母・カメの「血」を引いていることが分かる。たとえば、母・カメは詳細な帳簿付けで鉄砲百合の球根ビジネスの状況を可視化したが、それに基づいて父・定一は緻密で具体的な計画を立てることが出来たし、将来を予測するうえでも大いに参考になった。その意味では、二人の才能が揃っていたから、加藤家の家業である百合根のビジネスは順調だったのである。

可視化された馨の一カ月の使い道には、「毎月の貯金」の項目がある。馨は昭和十七年十月にラバウルに派遣されたとき、通信隊で受ける数多の電報から「アメリカとの戦争は負け戦だ」と思うようになったと述懐している。

たしかに半年以上前の四月十八日には、アメリカ軍は日本本土に初空襲を行っていた。空母から発艦した中型爆撃機B―25が十六機、東京や川崎、横須賀、名古屋などを爆撃したのだ。そこへラバウルの経験が重なれば、加藤でなくても日本の敗戦を覚悟したであろう。

それから二年後の昭和十九年の戦況はさらに悪化し、もはや日本の敗戦が迫っていることは加藤にも分かっていたはずである。なのに「貯金」をするのは、おそらく戦後の暮らしをすでに考えていたからではないか。

もちろん、敗戦がいつ、どのような形で訪れるかなどは、加藤には皆目見当もつかなかったであろう。だが、戦争が終わっても日々の暮らしにお金が必要なことは、何ら変わりはない。それゆえ、たとえ漠然とであれ、その日のための備えを「貯金」という形でしたのではないか。

何ごとも具体的に考える、つまり「可視化」して問題点を洗い出し適切に対処するには「計画性」と将来を見通した「先見性」が欠かせない。まさにそのことを、加藤馨は教官の一カ月の給料の使い道で模索したのであろう。

元台町の常照寺から勤務先である住吉町の陸軍航空通信学校までは、徒歩なら水戸街道（ないし江戸街道）へ出て吉沢町まで上って左折すれば、小一時間で辿り着く。自転車を利用した場合は、三十分もかからないであろう。

陸軍航空通信学校に勤めだしてから約半年後の秋も深まったころ、加藤馨は学校の材料敞に勤務する若い女性を見初める。その若い女性は、川澄芳江といって女学校を出て材料敞で働き出したばかりの十九歳であった。ちなみに、材料敞とは器材の修理や補給、管理などを行う部署のことである。

加藤馨によれば、川澄芳江との出会いと印象は、次のようなものである。

航空通信学校の仕事で材料敞に出向いた時に芳江に出会い、《見るからに元気の良い方で体格もよく二、三度逢う中に結婚しようかと思い》(『回顧録』)、上司にあたる大尉に問い合わせたところ、芳江は「品性に優れ、人柄も良い」という高い評価であった。

上司からの高い評価に気を良くしたのか、加藤は芳江の自宅の住所を上司から教えてもらうと、早速手紙を出したのだった。しかし加藤の意気込みに反して、芳江からの返事はなかなか来なかった。催促の手紙を書こうかと思うようになったとき、ようやく芳江からの返事が届く。二週間が過ぎていたが、芳江からの手紙には加藤との付き合いを承知する旨が書かれていた。

川澄芳江との結婚話が順調に進む一方、航空通信学校の勤務は、同期と二人で協力して下士官への通信教育に多忙な日々であった。年が明けて昭和二十年に入ると、加藤は友人や知人から戦争の趨勢を――本当に日本は勝っているのかと、問い質されることが増えていった。しかし軍から日本が戦争に負けているなどといった話を外部にしてはならないと厳命されており、加藤はその都度、苦しい説明に終始するしかなかった。

たしかに加藤の友人や知人が大本営発表が信じられなくなり、不安に陥る正当な理由はあった。前年の十一月二十四日には、アメリカ軍が日本空爆のため新たに開発した大型爆撃機B―29による本土初空襲が行われていたからだ。それもマリアナ諸島に巨大な航空基地を建設したうえで、そこから百機を超えるB―29を飛ばして東京を空爆するという本格的なものであった。翌昭和二十年三月十日には、B―29による「東京大空襲」と呼ばれる大爆撃が行われ、十万人を超える死者が記録される惨劇が起きている。以後、東京を始め大阪や名古屋などの主要都市がB―29による大規模な空襲を繰り返し受けることになる。

そのような日本の敗戦が色濃い最中の四月十八日、加藤馨は川澄熊三・みつ夫妻の長女・芳江と吉田神社で結婚式を挙げるのだ。しかし婚姻届は、すぐには出されなかった。結婚式から四カ月後、つまり終戦から一週間後の八月二十二日に提出し受理されている。

ここに加藤馨の新妻・芳江とその家族に対する思いやりを感じる。加藤は戦後の暮らしをすでに考えて行動していたと思われるが、日本の敗戦によって下級将校とはいえ、職業軍人に対してどのような責任が問われるかは結婚時には分かっていなかった。そのため、職業軍人の家族及び親戚として川澄家にまで処分等が及ばないようにするため、婚姻届の提出を一時保留したものと思われる。

19歳の花嫁・芳江さんと陸軍中尉の馨氏

一方、戦況の悪化にともない、陸軍の航空関係の学校では従来の教育および研究から戦力を目的とした組織に編成、つまり軍隊化されて行くようになった。加藤が勤務する陸軍航空通信学校でも、四月末には「水戸教導航空通信師団」に改編され、責任者の校長は師団長に呼称が変わった。また、分校にあたる教育隊も再編されている。

加藤馨は、結婚式の翌五月一日に航空兵中尉に進級した。

五月三日には、通信学校の一部で行われていた電波兵器教育の関係者と資材をもとに、新しく陸軍電波兵器練習部が編成される。その電波兵器練習部が長岡教育隊の跡地に設置されると、加藤は通信学校の同期の将校四名とともに転勤を命じられたのだった。なおここでいう電波兵器とは、要するにレーダーのことである。

陸軍では「方向探知機」と呼ばれており、敵機の来襲をいち早く発見する最新兵器として期待されていた。その最新兵器の開発に成功したことで、操作等の訓練を行うことが電波兵器練習部の目的であった。しかし加藤によれば、日本軍が開発した方向探知機は性能が悪すぎて、終戦まで実用化されることはなかった、という。

ところで、加藤馨は結婚後、常照寺の下宿を引き払い、妻・芳江の実家の離れを新居にした。常照寺と芳江の実家は目と鼻の先の距離なので、航空通信学校への通勤時間はそれまでと殆ど変わらなかった。しかし長岡村(現・東茨城郡茨城町)の電波兵器練習部は航空通信学校よりもさらに東京寄りに位置しており、自宅から徒歩ではそれまでと比べて約三十分は余計に時間はかかった。

加藤は電波兵器練習部では情報係将校を命じられ、軍(参謀本部)や水戸教導航空通信師団本部から来る命令や戦争の情報を伝えることが主要な仕事になった。しかし戦争の情報を伝えるもなにも、アメリカ軍の本土空襲は激しさを増す一方で、もはや大本営発表で戦況の悪化を隠すことは出来なかった。水戸市でも八月一日深夜の大型爆撃機B—29約百機の来襲によって、一千五百人以上の死傷者を出すとともに市内の六〇パーセント以上を焼失していた。八月六日に広島、九日には長崎に相次いで原子爆弾が投下される。

八月十五日正午、昭和天皇の「大東亜戦争終結ノ詔書」(ないし「終戦の詔書」)がラジオから流れる。昭和天皇がアメリカなど連合軍が示したポツダム宣言を受諾する旨を明らかにした、いわゆる「玉音放送」である。これによって、多くの国民は日本の敗戦を知ることになるのだ。
加藤馨によれば、八月十五日の玉音放送で日本の敗戦を知らされても、彼の周囲には戦争に負けて残念という人は少なく、大部分の人は戦争が終わって良かったと感じていた、という。さらに、加藤はこう書き残している。
《私が逢った人の中には負けて残念という人は一人も居りませんでした。国民は大本営の発表が無くてもこの戦争は負けと思っていたのですが、若し負ける等と公衆の前で言うと治安維持法にふれて逮捕されるので国民は我慢しておりました。如何に今のように言論の自由がない社会がみじめなものかが解ります》(『回顧録』より)
加藤馨は日本の敗戦を知った時の国民の反応を紹介しているが、むしろ彼らの言葉を借りて自分の本音を吐露していると言っても過言ではない。それまでも戦場で理に適わない大本営などからの命令を経験したことで、太平洋戦争が勝ち目のない戦いであることは分かっていたからだ。さらに、言論の自由がない軍国主義の当時の社会を職業軍人の加藤が批判しているのは、きわめて興味深い。
また、別のメモ(一九九三年九月付)では、加藤はもっと赤裸々に本音を語っている。
《八月十五日天皇の命令に依り大東亜戦争は日本軍の無条件降伏となり戦争は終わった。其の瞬間、安どと表面は無念と複雑な気持ちになった。当時は日本は軍国主義で天皇独裁の国家であったから国民は言論の自由が全くなく天皇に一言でも反対する言葉を使うとすぐ逮捕されると言う全くばかばかしい国であった。今(一九九三年八月)の北朝鮮も独裁国家であるがそれよりも一廻りひどい国だったと思う。その為国民は戦争が終わって良かったと思って居ても言葉では残念だと反対のことを言わないと生きて居れない国であった》
加藤馨にとって、ノモンハン事件で経験した兵士の命をあまりにも軽く扱う日本軍上層部、いや日本軍の体質とそれと同期させられた日本社会は息苦しく、耐えがたいものであったろう。日本の敗戦が分かっていてもそれを口外することをいっさい禁じられ、ウソとは言わないまでも事実を隠し続けなければならなかった彼にとって、立場上やむを得なかったとしても自分の心に正直でなかった、正直に生きてこなかったことは否定できない。そのことに対し、残された人生の中でどのような折り合いを付けていくかが、彼なりの戦争の総括であり、戦後の清算だったのかも知れない。

八月十五日以降、加藤たち電波兵器練習部の将校は、大本営から毎日送られてくる命令に従って敗戦処理を淡々と行うだけであった。翌十六日には、下士官と兵士を全員、故郷に帰しているが、その際には各人に支給されていた衣類はすべて持たせている。

部隊に残ったのは、隊長以下十八名の将校だけであった。十八名の食事等の世話は、長岡村から通ってくる十名ほどの女性が担当した。なお、いち早く大本営が出した命令は、武器や弾薬類を一室に集めて、いつでもアメリカ軍に引き渡せるようにしておくというものであった。

仕事らしい仕事もなく、ただただ大本営からの指令を待つ日々——。

そんな日々の中で、加藤馨に強い印象を残した指令があった。それは、日本軍の武器や弾薬を秘匿しそれを使って再起を図る、つまり連合軍に反旗を翻して武装蜂起するような真似は決してしてはならないという強い命令であった。終戦前までは、やれ本土決戦だ、やれ徹底抗戦だなどと勇ましい事ばかり言い立てていた大本営からは想像もつかない命令であったろう。それゆえ、加藤も驚いたというか、信じられなかったに違いない。

玉音放送から約一カ月後の九月十三日、加藤たち将校にも大本営から復員命令が出される。将校の復員にあたっては、隊長と副官の二人を残して残りの加藤ら十六名は、それぞれ家路につくことになった。そのさい、退職手当として各自一千円(当時、米一俵・六〇キロが五百円)を支給される。日本軍人としての加藤の八年九カ月は、米二俵の価値という訳である。

なお、アメリカ軍から将校としての戦争責任を問われて逮捕された場合、つまり死刑判決を受ける可能性がある時には自殺するようにと軍医から各人に致死量の青酸カリが入った一包を渡されていたが、使うような事態にはならず、加藤は三年後に畑に埋めてしまった、という。あくまでも私の推測だが、そもそも加藤にはどのような状況になっても自殺する意志はなかったのではないか。

というのも、兵士の命を粗末に扱う日本軍上層部、それも連合国から解体される日本軍に戦後の自分の人生まで指示されたくなかったであろうし、玉音放送から一週間後に川澄芳江との婚姻届を出したのも戦後の世の中をもっと前向きに捉えていたに違いないからだ。つまり、加藤馨は戦前よりも敗戦後の日本社会のほうに明るい未来を感じていたのである。


日本の敗戦、日本軍の解体、そして復員……このことは同時に、職業軍人だった加藤馨にとって「失業」を意味した。復員で新居にしていた妻・芳江の実家の離れに戻ったものの、休む間もなくすぐに働く必要があった。というのも、将校時代に十分な蓄えが出来たわけではなく、新婚夫婦の二人分の生活費を稼ぐ必要があったからだ。しかも敗戦後、インフレが激しくなり物価が急騰し、国民生活は逼迫し始めていた。

しかし戦後の荒廃のなか、親戚や個人のツテを頼って必死に就職先を探したものの、なかなか見つからなかった。そのころ、各県には就職を世話する公共機関「職業紹介所」（現在のハローワークに相当）が設立されていた。加藤馨は、週二回の割合で職業紹介所に通って就職先を探した。

「しかしいろいろ探しても、どこの会社も採用してくれませんでした。職業紹介所にも何度も通いましたが、（就職先の）紹介さえしてくれませんでした」

途方に暮れる加藤のもとに、通い始めてから一カ月ほど経ったある日、職業紹介所の職員が「所長がお会いしたい、と申しております」と連絡してきた。加藤は、てっきり「いい就職先が見つかり、それを紹介してくれるのでは」と思い込んでしまう。そして期待に胸を膨らませて、さっそく職業紹介所を訪ねたのだった。

しかし所長は、加藤を別室に招いて意外な事実を打ち明けた。

「加藤さん、ここに張り出すわけにはいかないから貼っていないのだけれども、じつはあなたのような経歴の人には就職先を斡旋してはならないという(占領軍からの)命令が来ているんです。職業紹介所のような公的機関は職業軍人に対し就職先を斡旋してはならないことになっています。そのような命令が(私どものところへ)来ている以上は、あなたが何度(職業紹介所に)通われても斡旋するわけにはいかないんですよ。あとは、自分で何か商売でも始めるしかありません」

たしかに、そういうご時世なら所長のアドバイス通り、加藤は「何か商売でも始めるしかない」と思い立つものの、その何かがいまひとつ浮かばなかった。そこで、近所に住む加藤よりも一年先輩の元軍人の知人に話を聞きに行くことにした。というのも、彼は個人で新聞販売店を始める準備をしていたからだ。彼に商売を始めるにあたって、いろいろと聞いておきたいことも加藤にはあった。

話の合間に加藤がふと「ラジオ店をやろうかと思っています」と話すと、その先輩は持っていたラジオの配線図を取り出し、貸してくれたという。加藤は、そのラジオの配線図を見て「私がいままで扱ってきた無線通信機に比べて(ラジオは)とてもやさしい構造(仕組み)だったので、これならとラジオの修理屋を始める決心をしました」と起業の経緯を語った。

ただし当面は、自宅を事務所代わりに仕事を始めることにした。というのも、出店するにもお金もなければ、出したい場所も見つけていなかったからだ。宣伝らしきことは、妻・芳江の実家の前の通りに手書きの「ラジオ修理」の看板を出したくらいだった。それでも週に二～三台はラジオ修理の注文があったが、この収入だけで夫婦二人が暮らしていくにはとても足りなかった。どう頑張っても、最低限の生活を送るのがやっとだった。

注文が増えないのは、加藤の修理技術が劣っているとか、評判が悪いといった理由からではなかった。ひと言で言えば、人通りが極めて少ないこと、客がいないことである。というのも、妻の実家は高台にあって、看板を置いた場所を実家の前の「通り」と書いたが、正確に言えば生活道路だったからだ。それも幅の狭い坂道なので、通勤時間帯を除けば、ほとんど人通りはなかった。つまり商売をするには、もっとも不向きな場所なのである。

そんなことは、加藤馨も十分承知していた。ただ店舗等の購入資金がないため、当面は立地の良い貸店舗を見つけるまでは、そこで開業することにしたのである。しかし肝心の貸店舗探しは難航した。最初は水戸市内で探したものの、八月一日の水戸空襲で市内の約六割が焼失してしまい、焼け野原状態にあったため貸店舗どころか満足に住める家自体が不足していたのだ。

やむを得ず、加藤は市外にも目を向ける。

水戸市のすぐ隣の勝田町(現・ひたちなか市)から二〇キロほど離れた友部町(現・笠間市)、そして約二六キロ離れた石岡町(現・石岡市)まで自転車で探し回ったものの、相応しい貸店舗を見つけることは出来なかった。いや、たとえ「これは」と思う物件を見つけたとしても、加藤が家主に話を持ちかけたとたん、神奈川県出身の彼の言葉遣いが地元・茨城と違うため「旅の人(＝県外の人間)には貸さない」とすぐに断られてしまうのだ。いくら加藤が「家内は水戸の人間です」と弁明しても、受け容れてはもらえなかった。

当時の水戸市内や県内の主要な町では、県外の人間に店舗等を貸して家賃を踏み倒されたり、家賃を滞納されるケースが少なくなかったようで、それが加藤に災いしていたのである。それでも加藤は辛抱強く、勝田・友部・石岡を中心に茨城県内を探して回ったものの、加藤に貸しても良いという家主はとうとう最後まで現れなかった。気がつけば、貸店舗探しで一年が過ぎていた。

そこで加藤馨は、水戸市内に相応しい物件がないか、もう一度探すことにした。

じつは加藤には、前々から気になっていた物件がひとつあった。妻・芳江の実家から生活道路を五〇〇メートルほど歩くと、幹線道路の水戸街道(現・国道六号線)に出るが、すぐ傍には薬王院というお寺の入り口がある。その参道の入り口の並びに、屋根と柱しかない二階建ての家屋が一軒あった。まさに「ボロ家」という言葉が相応しい物件だったが、この「ボロ家」に加藤が惹かれたのは、何よりも人通りの多い場所にあったことである。

というのも、水戸街道は江戸時代から戦後しばらくは、水戸と江戸(東京)を結ぶ主要な幹線道路であり、とくに江戸時代は現在の東京都足立区の千住から水戸市内までの各所には宿場町が栄え商人や旅人などの往来で賑わい、明治維新以降も変わらず利用されたため人通りの絶えない街道のままであったからだ。つまり、薬王院に近い水戸街道沿いに出店すれば、多くの来店客が見込めると加藤は考えたのである。

ただし難点が、ひとつだけあった。それは、前述した通り、とても人が住めるような家ではなかったことだ。それで一度は諦めた物件であったが、市外の石岡まで足を伸ばしても貸店舗が見つからない以上は、このボロ家を借りて何とか人が住めるようにするしかないと加藤は考え直したのだった。

なぜ屋根と柱だけの借家が存在したかといえば、戦後の日本はあらゆる物資が不足しており、空き家と分かった借家は近所の住民たちが燃料代わりに使うため羽目板を一枚、また一枚とはいで持ち去ったからである。当然、屋根と柱しかないような借家など借りる人はいないから、空き家のまま残されることになる。

そこで加藤は、借り手が誰もいない借家なら地元の人間ではない自分でも貸してくれるのではないか、何度も通って頼めば貸してくれるかもしれないと期待したのである。しかしそんな加藤の期待は、家主に会った瞬間、打ち砕かれてしまう。

「家主さんは私が「旅の人」だと分かると、信用できないと言って貸してくれないわけです。いくら家内は水戸の人間ですと説明しても、ダメでした。そのとき、私が二十八歳で、家主は六十八歳のお爺さんでした。そのお爺さんは昔の独特な人で、悪い言葉でいえば、とても欲張りでした。それで私は、家主さんを訪ねるたびに手ぬぐいを一本とか、石鹸を一個とか、必ず手土産を持っていきました。当時は物のない時代でしたから、うちでも人に品物をあげられる余裕なんてありません。それでも家内の実家から融通してもらって、いろんな物を持って行きました」

加藤馨が二十回以上も通っていると、家主も少し対応を変えてきた。

「通っているうちに世間話をするようになったのですが、家内の実家が借家から近いことや私が航空通信学校の教官をしていたことが分かってから、少し心を開いてくれるようになりました。これは、シメたと思いました」

一方、加藤馨は強欲な家主に対し、好条件を提示する準備をすでに整えていた。

たとえ屋根と柱だけの家を借りられたとしても、そのままでは住むことはできない。そこで加藤は事前に、大工仕事の経験がある義父の川澄熊三に実際に家を見てもらい、人が住めるように修理をしたら費用がいくらかかるのか、見積もってもらっていた。義父の見立てでは、三万から三万五千円の修繕費が必要というものだった。

さらに加藤は、家主が所有する他の三軒の借家の家賃を調べていた。とくに加藤が貸し出しを希望する家の隣の借家は、一カ月三十円の家賃であった。

頃合いを見計らって、加藤は改めて家主に条件を提示した。

「(一カ月の)家賃七十円で借りましょう。修繕費も全額、私が負担します」

これほどまでの好条件を、あの欲張りな家主が見逃すはずはなかった。家主は二つ返事で応じた。さっそく加藤は、借家の修繕にとりかかった。正確にいえば、大工仕事に慣れた義父にすべてを任せたのである。修繕といっても、盗まれた羽目板や畳などを借家に搬入してどうにか人が住めるようにした程度の作業であった。それでも羽目板やクギなど材料代の実費だけで三万五千円もかかった。実際の作業は義父が無償で行い、材料など実費の三万五千円は加藤が義父から借りて支払った。

貸店舗探しを始めてから一年半後の昭和二十二(一九四七)年三月六日、加藤馨は水戸市元台町五丁目にラジオ(受信機)の販売・修理を目的とした個人商店「加藤電機商会」を起業した。九坪(約三〇平方メートル)の住居と三坪(約一〇平方メートル)の店舗からなる二階建ての建物は、加藤家の新居でもあった。

なお、開業にあたって買い求めた店の看板や机、棚などにかかった設備費二万円と運転資金の一万円の合計三万円は、故郷・千木良村の長兄・操からの借金で賄った。三万円の借金に応じた理由について、操の子息・純久はこう述懐している。

「(祖父の定一が)亡くなったとき、自分は二十歳ちょっと超えたぐらいで、馨はまだ小学生だったからな……と父はよく言っていました。たぶん、(馨の)父親代わりのつもりで、ずっといたんだと思います。だから、三万円も貸したのでしょう。戦後は鉄砲百合で儲かっていたのですが、預金封鎖で何万円も損をしたと父はこぼしていましたから、三万円の時は家計もまだ楽ではなかったと思います」

純久のコメントを、少し補足説明する。

日本の敗戦によって、鉄砲百合の球根の欧米向けの輸出が再開されたことで、加藤家の暮らし向きは戦中よりも改善されていた。戦前のように鉄砲百合の球根栽培の専業で生活できるようになったからだ。その一方で、敗戦にともない、物資不足から物価高や現金を手元に置くため預金の引き出しが集中的に起こるなどの要因から激しいインフレが続いた。そのインフレ抑制のため、日本政府は昭和二十一年二月十六日に新円切り換えを発表し、その翌日の十七日から旧円の市場流通を止めるため預金封鎖を行ったのだ。簡単に言えば、市場に流通する日本円を制限する、つまり減少させることで円の価値を高めてインフレを抑制しようとしたのである。

そのため、旧円はすべて銀行に預けさせられることになり、預金を下ろす時には政府が決めた金額を新円で引き出すことになった。一世帯の月の引き出し額を五百円以内に制限したことから「五百円生活」といった流行語まで生まれた。その結果、多くの国民は、所有していた旧円が紙くず同然になり、資産を大きく減らすことになった。一方、戦時中の軍費調達のため大量の国債を刷っていた日本では、それを一番多く引き受けたのは戦前に紙幣の発行権を持っていた日本銀行である。つまり戦後は、日本銀行が刷った大量の「旧円」が市中に溢れていたのだ。その旧円が紙屑同然になれば、旧円で巨額の債務を抱えていた日本政府は救われるというわけである。

いずれにしても日本が当時、厳しい経済状況下にあり、その影響で庶民の生活も辛い時期であったことは間違いない。そのような環境下で、加藤電機商会は加藤本家と川澄家に支えられてスタートしたのである。

開業までの一年半の間に、加藤馨と芳江夫妻には長男・修一が誕生し、三人家族になっていた。戦後の混乱がまだ残るなか、多くの国民にとって焦土と化した日本でどう生きていけばいいのかと思案

加藤夫妻と長男・修一氏(元台町の最初の店舗の前)

していた時期であった。そんな状況下で開業にこぎ着けた思いを、加藤はこう回想している。

「開店したとき、修一はまだ十一カ月でした。それに開店といっても、九〇センチ×一八〇センチのトタン板に『加藤電機商会ラジオ修理店』と書いてある看板を店先に掲げただけでした。ただ何とか家族三人が生活できれば、それだけでいいという思いで必死でした」

妻と二人で始めた小さな「ラジオ屋」であったが、加藤電機商会は加藤馨の確かな修理技術と誠実な対応が口コミで広がり、短期間で人気店になった。

その理由のひとつは、明朗会計に徹したことである。

加藤電機商会では、ラジオ(受信機)の販売以外にも乾電池や携帯電灯、電球なども販売していたが、販売から得られる利益はそれほど多くなかった。というのも、戦後の一時期まで極度の物資不足から戦前の戦時経済下で実施されていた配給制度が残され、大きな利益が期待されたラジオも配給商品になっていたからである。ラジオは三カ月に一度、二~三台の配給があるだけで、予約したお客が購入すれば、それで商売としてのラジオの販売は終わった。

そうなると、加藤電機商会の商売の中心はラジオの販売よりも修理が中心にならざるを得なかった。

そしてその転換は、時代のニーズに沿ったものであった。なぜなら、戦前・戦時中は軍需が最優先されていたため、民間商品のラジオが故障しても部品がないなどの理由でほとんど修理されることがなかったからだ。つまり、故障したままのラジオが市中に大量に残されていたのである。それゆえ、ラジオ修理の需要は、加藤が当初予想したよりもはるかに多かった。

そのころ、町の電気店がラジオを修理したさい、その代金を口頭で「いくらです」と請求すれば、それが適正な価格の修理代と見なされた。たとえ、その金額に不満があったとしても、お客は黙って支払うしかなかった。というのも、お客側には、適正な修理代金か否かを判断する術がなかったからである。そのため、電気店によって修理代金に差が生まれていた。

それに対し加藤馨は、修理代金を請求する時には必ず部品代と自分の手間賃などを記載した明細伝票と、取り替えた古い部品も一緒にお客に渡すようにしていた。これによって、不透明な修理代請求に対するお客の不信感を一掃したのだった。

この明細伝票で修理代金を請求する方法によって、加藤電機商会は多くのお客から好感を持って迎えられることになった。何か特別な宣伝をしたわけではなかったが、明朗会計の評判はお客の口から口へと次第に広がっていき、まもなく加藤電機商会にはラジオの修理依頼が殺到するようになった。その頃には、月に平均七十台の修理依頼があり、月商は約七千円にもなった。親子三人の生活費が月に三千円だったたから、加藤家の暮らし向きはかなり良くなったと言える。

もうひとつは、無料の修理サービスを行ったことである。

ラジオ修理の依頼は店舗への持ち込みが普通だったが、時には「(店まで)持って行けないので自宅まで修理に来て欲しい」という客からの依頼もあった。そのような時には、加藤がお客の自宅まで出向いて、ラジオの修理にあたった。そして修理を終えると、必ず「あとひとつ、修理して欲しいものがあれば、タダで直しますよ」と申し出たのだった。すると、お客は喜んで修理が必要な家電製品を持ってきた。

修理の要望で多かった製品は、アイロンのコード類であった。コードが傷んだり、あるいは切れてアイロンが使えなくなったので直して欲しいというのである。お客が修理して欲しい製品類をもってくると、加藤は約束通り、無料で直した。この修理無料サービスも、お客から大好評だった。

わざわざお客の自宅まで訪ねる出張修理なのだから、二回目の修理は無料ではなく割引料金でもかまわないから有料にすべきではないか。有料であれば電気店にとって効率の良い商売にもなるし、お客にとっても二度手間が省けて好ましいのではないか――という素朴な疑問が私にはどうしても拭えなかった。

そこで私は、自分の疑問を加藤にぶつけたところ、すぐに「タダだから、(お客さんに)喜んでもらえる」という答えが返ってきた。そして彼は、言葉を継いだ。

「ラジオの修理代しか考えていなかったのに、話の流れで他の修理も頼み、余分な修理代を払うことになったら、お客さんには何かしらの不満が残るものでしょう。そうしたら、また修理などの仕事を(加藤電機商会に)次も頼んでくれるでしょうか。タダで修理してあげて「本当に助かった」とお客さんが思い、そして(加藤電機商会を)親切な店だと信用していただければ、次からも(仕事を)頼んで来られるでしょうし、途絶えることなく商売は続くと思ったんです」

加藤のお客のことを第一に考えた商売と彼の温厚な人柄もあって、加藤電機商会は順調に業績を伸ばしていった。そして妻の実家と千木良の長兄から借りたお金を返済するとともに、いくばくかの蓄えもできるようになった。開業の翌年には次男・幸男が誕生し、家族も増え、加藤家は人並み以上の暮らしができるようになっていた。

それでも加藤馨には、ひとつ悩みがあった。

「まあまあ暮らせるようになりましたのでひと安心していましたが、その頃に私が気にしていたのは、私の兄弟が(元台町の)自宅を訪ねてくることでした。もし兄弟の誰かひとりでも私の自宅を見たなら、「なんで馨の家は、こんなボロ家なんだ」と思われるのではないかと考えると嫌で嫌で堪りませんでした。幸いなことに誰も訪ねて来ませんでしたから、良かったなと思いました。もし来ていたら、「どうしてこんなボロ家に住んでいるんだ」とさんざん言われたと思います。それほど、私の自宅はボロ家だったのです」

それほどの「ボロ家」に法外な家賃と過度な負担を求めた家主の姿勢は、立場の弱い人間の足下を見た許しがたい商売と言わざるを得ないものだ。そう思わないのかと加藤に問い質すと、彼は笑みを浮かべながら、こう否定したのだった。

「もし(元台町の借家が)ちゃんとした家だったら、「旅の人」の私なんかには貸してくれませんよ。誰も借りないボロ家に私がたくさんの家賃を払う話をしたから、大家さんも仕方なく貸したんです。だから、私がいつも言うのはボロ家が幸いしたと。その家で商売を始めて、高い家賃や経費以上の利益を得ることが出来ました。そしていま(大手家電量販店に成長)があるのです。それも(ボロ家を)貸してくれたから、出来たことなんです。大家さんには感謝しています。そこには四年三カ月住みましたが、その間に家賃の値上げは一度もありませんでした」

元台町時代の芳江夫人

収入が増えても、必要なものがすべて買えたわけではなかった。前述したように、戦後の一時期まで深刻な物不足に対応するため戦前の配給制度が残されていた。主食の米も配給で決められた量しか買えなかった。しかし配給では、四人家族の加藤家が必要とする量の半分しか購入できなかった。その不足分を、加藤は義母・川澄みつの実家の農家から物々交換で入手していた。水戸市外にある茨城町の義母の実家には、二カ月に一度の割合で訪ねることにしていた。

米以外の不足する食糧、たとえば野菜類は義父から百五十坪の畑を借りて、白菜や大根、サツマイモ、カボチャなどを作って補った。野菜畑を耕すのは、電力不足から週に二日設けられていた休電日をあてた。収穫が多かった時には、近所の借家の人たちに多すぎた分をお裾分けして喜ばれた。

戦後の加藤家の暮らしは、空襲や敵の来襲の心配がない平穏な日々であった。配給では不足する食糧は、いろんな方法で入手することが出来た。そんな暮らしの中で、加藤馨は改めて「平和」の尊さを実感させられていた。

加藤電機商会の商売も順調だったそのとき、加藤馨のもとに朗報がもたらされた。それは、水戸街道の始まりにあたる備前堀付近の空き地が売りに出されているというものであった。水戸市の繁華街は当初、備前堀付近にあった。ちょうど幹線道路である水戸街道に対し、真横に広がる形で繁華街を形成していた。戦前には路面電車も走っていた。

戦後は水戸駅の再開発とともに次第に繁華街の中心は移動していくことになるが、加藤馨に話が持ち込まれた頃は、まだ水戸街道も備前堀付近の賑わいも「現役」そのものであった。そこへの進出が成功するかどうかは、経営者・加藤馨にとって、つまり加藤電機商会にとって大きな転機であった。

II　正しい生き方

加藤馨は、昭和二十五(一九五〇)年九月十九日、根積町(現・柳町一丁目)に売りに出されていた宅地六十四坪を一坪千三百円の八万三千二百円で購入した。購入資金は、加藤家のすべての預貯金を集めたものだった。それほど、加藤にとっては今後の店舗経営のうえで魅力的な立地だったのである。繁華街から通り一つ挟んだ場所にあることを考慮するなら、加藤でなくても商売人なら欲しかった土地であろう。

そんな大切な情報を加藤にもたらした人物について、加藤は彼流の交際術ともいうべき持論を披露したうえで、こう紹介するのであった。

「世の中の人付き合いでは、良い人だけと付き合って悪い人と付き合わないのはマズイんですよ。良い人は良い人なりに、悪い人は悪い人なりに付き合うことが大切なんです。それはなぜかというと、私がここ柳町の土地六十四坪を買えたのは、ここにこういう売り地がありますよと教えてくれた人がいたからです。でもその人は悪い人でした。(のちに)人を殺して刑務所にはいって、そこで死んだような人ですから」

さらに、言葉を継ぐ。

「そんな悪い人が、元台町で商売をしていたら、店に乗り込んできて「加藤さん、ここに良い土地があるよ」と教えてくれたんです。教えてくれたから、ここ柳町の土地を買えたのです。その人とは深い付き合いがありませんでしたが、その人の自宅に一度、ラジオの修理に行ったことがあったんです。どうやって、私を見つけたのか知りませんが」

当時、不動産屋の中には、免許を持たない者を「下働き」として使うところが少なくなかった。下働きをする者は様々だが、買い手を見つけてきて土地が売れると販売価格五パーセント程度を仲介料として支払われていたと言われる。戦後の仕事がない時代には、その意味では、多くの人はフリーランスであった。

「だから」と、加藤は締めくくる。

「大勢の人と付き合わなければダメなんですよ。あの人は悪い人だから付き合わない、この人は良い人だから付き合うといった人付き合いをしていたら、世の中の知識が広がらない、情報が入ってきません。つまり、見聞が広がらない、不十分のままになってしまうと思いますね」

加藤によれば、その後も別の人の紹介で、土地を二カ所ほど購入したという。

いわば「加藤流の人付き合い術」は、社会で生きていくうえで避けて通れない人との交流での心構えを説いているものだが、はたしてそれだけであろうか。

加藤馨の人生観に強い影響を与えたのは、八年九カ月に及んだ軍隊生活である。当初加藤は、職業軍人になることを目指して日本陸軍に入営した。しかしノモンハン事件で経験した兵隊の命を粗末に扱う日本軍(上層部)の姿勢・体質に疑問を抱く。その後も、撤退すべきような場所へ前進の命令を出し、その命令に従って進軍した部隊が全滅したことを何度も経験している。加藤自身もラバウルからウエアクへ大型通信機を搬送する途中の海上で、アメリカ軍の爆撃機の攻撃を受け、被弾はまぬがれたものの直近に爆弾が落ちて命拾いするなどの経験をしている。

つまり、八年九カ月の軍隊生活とは、加藤にとって、兵隊の命が、一個人の命が粗末に扱われ、そして失われていった時代なのである。そのような環境に対する反発からか、加藤には人間の命を粗末にしない、ひとりの人生を大切にするという強い思いが育まれていったように思える。

たとえば、加藤は「悪い人」を「悪い」という理由だけで付き合いを止めることは間違っていると説くが、それはどんな人間でも見限らない、見捨てないというのと同じ意味である。見捨てられた戦友たちを見送ることしか出来なかった加藤にとって、戦後の平和な時代には二度と起こってはならないことであったろう。

そうした「見捨てない」対応は、後述するように、加藤電機商会が店員を雇うようになってからもっと顕著に見られるようになる。

出店場所に相応しい土地を入手したものの、加藤馨には肝心の住居兼店舗の建設費用を用立てる目処は全くついていなかった。当時の住宅建築の坪単価は、約二万円が相場であった。六十四坪の土地に二十坪の住居兼店舗を建てるとしたら、その建築費用は約四十万円になる。それだけの大きな金額になると、元台町の借家の時のように川澄の義父や千木良の長兄を頼るわけにはいかなかった。

どうしたものかと思案する日々が続いたが、十月に入ってまもないある日、新聞の朝刊に掲載されたひとつの記事に目が止まる。そこには、昭和二十五年五月一日に成立し、六日に公布された「住宅金融公庫法」と、それに基づいて設立された日本政府の全額出資による特殊法人「住宅金融公庫」(二〇〇七年三月に廃止)の目的とその業務について書かれていた。簡単に言えば、住宅金融公庫とは、政府系金融機関のひとつである。

住宅金融公庫法には、その目的として《住宅金融公庫は、国民大衆が健康で文化的な生活を営むに足る住宅の建設に必要な資金で、銀行その他一般の金融機関が融通することを困難とするものを融通すること》が掲げられていた。つまり、資金力の弱い個人が長期にわたって利用する住宅ローンは、戦後まもない当時の民間金融機関にとってリスクが高いため広く国民に融資することは難しいので、国が代わって低金利でかつ長期のローンに応じるというものである。

さらに、住宅建設費の最大限七五パーセントの貸し付けを行うことや、木造住宅の場合はその償還期間が十五年以内であることなど具体的な条件も紹介されていた。そして住宅金融公庫への貸し付け申込みの受理や審査、資金の貸し付け等の業務は地方銀行など地元の金融機関に委託されることも書かれていた。

加藤馨の回想——。

「新聞を見たとき、私は「いい法律が出来て良かったなあ」と思いました。これで、お金が借りられると思い、芳江にも(借金の)相談をしました。さっそく翌朝、(水戸市)南町の常陽銀行本店を訪ねました。出てきた窓口の人によると、その人も私と同じ前日の新聞で(住宅金融公庫のことを)知っただけで、政府からの正式な通知が来るまでは詳細が分からないから対応できないということでした。こうした政府からの通知が銀行までに届くには、四十日ほどかかるといわれました。その窓口の係の人は、通知がきたらすぐに知らせるからというので、(連絡先として)「名前と住所」を書いて帰りました」

加藤馨は銀行からの連絡を首を長くして待つものの、一カ月過ぎてもまったく音沙汰がなかった。心配になった加藤が問い合わせのため常陽銀行本店を再訪しようかと考えていた矢先の十一月末、銀行から加藤に宛てた葉書が届く。政府からの通知が届いたのであろう。葉書の内容は、住宅金融公庫への貸し付けの申込みを受け付ける業務を開始したことを知らせるものであった。

さっそく翌日、加藤は常陽銀行本店を再訪した。窓口の係は、貸し付けの申込みに必要な書類を何種類も加藤に手渡したうえで、さらに自分で用意する必要がある決算資料等も伝えたのだった。加藤は忙しい日々の仕事の合間をぬって必要な書類を整え、提出の準備を進めた。その一方で、出来るだけ建築費用を抑えるとともに、住居としても店舗としても機能的で使いやすい造りにするべく思案していた。そして加藤が出した結論は、住居として十坪、店舗に八坪の合計十八坪の平屋建てにすることだった。これだと、建築費用の相場は三十六万円である。

十二月初旬、加藤馨は住宅金融公庫への貸し付け申込みに必要な書類を揃えて、常陽銀行本店を訪ねた。顔馴染みになった窓口の係は加藤が二番目の申込み者であること、そして締め切りは十二月二十日で、茨城県に割り当てられた貸付枠は十二戸であることも教えてくれた。つまり、申込みが十三戸以上の場合には抽選になり、その抽選に外れたら、住宅金融公庫からの融資は受けられないというのだ。

締め切りの翌日の十二月二十一日、加藤馨は申込みの戸数を知りたくて常陽銀行本店を訪ねたところ、窓口の係は加藤の顔を見るなり、「加藤さん、全員借りられるよ」と声をかけてきたのだった。聞けば、締め切りまでの申込みは十一戸しかなかったのだという。その時のことを、加藤は「これで家を建てることが出来ると思い、こんな嬉しいことはありませんでした」と述懐する。

加藤馨は住宅金融公庫から二十二万円を借り入れ、さらに六十四坪の土地を担保に地元の金融機関「茨城無尽株式会社(後の茨城相互銀行)」が十万円を融資してくれることになった。土地の取得金額よりも融資金額が多いのは、将来の土地の値上がりを見込んでの担保評価であった。それでも建築費用の三十六万円には四万円ほど足らなかった。

そこで不足分の四万円を、加藤はなんとか店の資金を遣り繰りして作ることにした。加藤が思いついた手早く稼ぐ商売のひとつに「電球の薄利多売」があった。

戦前から戦後しばらくの間、電球といえば、東芝の「マツダランプ」がその代名詞的な存在であった。当然、シェアも品質も他社を圧倒していた。その牙城に戦前から挑んでいたのが、のちに「経営の神様」と謳われる松下幸之助が率いる松下電器産業(現・パナソニック)だった。ただし、松下製品は電球がよく切れるなど品質はよくなかった。それでも「一社が独占している市場は良くない。松下電器をライバル企業に育ててください、応援してください。それまでに品質も負けないくらいよくしますから」といって松下幸之助は町の電気店や小売店などに協力を求めた。

戦後も蛍光灯がない時代には両社の電球の販売競争は続くが、それ以上に戦禍の傷手から十分に回復していない国民にとって、消耗品である電球であっても、欲しいモノを自由に買えるほど経済的な余裕はなかった。そのため、電球製品もメーカー各社には大量に滞貨していた。つまり、町の小さな電気店であっても、電球を大量に仕入れやすくなっていたのである。

加藤馨は東芝から電球を一個二十五円で二千個仕入れて、メーカーが決めた小売価格の四十円で販売した。つまり、一個につき十五円の儲けである。しかし加藤は、速く売り捌いてその利益を建築資金に充てたいと考えていたので、子供を使ってひと工夫したのだった。

「子供が電球を買いに来たら、キャラメル一箱(六粒入り)をオマケに付けたのです。ただし、キャラメル一箱が十円しましたから、儲けは五円にしかならない。たしかに五円しか儲からないけど、子供は学校でキャラメルをオマケでもらったことを喋るでしょう。あそこの電気屋は電球を買いに行ったら、キャラメルをくれると。それが口コミで広がりましてね。たくさんの子供が電球を買いにきましたよ。それで二千個もあった電球が、たちまち売り切れてしまい、すぐに一万円も儲けられたわけです。そういう工夫や資金繰りをして、なんとか建築費用の三十六万円を作ったのです」

翌昭和二十六(一九五一)年六月十五日、水戸市の根積町に住居兼店舗の十八坪の自宅が落成した。加藤家は五日後の二十日に元台町の借家から引っ越し、店舗の移転も無事終えることが出来た。そして六月二十六日には、加藤電機商会・根積町店として開店したのだった。

加藤馨は、その頃のことをしみじみと述懐する。

「十八坪の家ができた時は、本当に嬉しかったですね。その頃は、子供は二人になっていましたが、「ああ、本当に良かった」と心から思いましたよ。いま振り返ってみても、その時が一番嬉しかった。これから何とかやっていけるという思いもあって「ほっ」とした気持ちになったのでしょうね」

初めての自前店舗・根積町店

根積町店の店先(左から馨，修一，幸男の各氏と芳江夫人)

加藤電機商会として元台町から根積町へ移転・新店オープンしたからといって、そのための記念セールや宣伝等を特別にするようなことはなかった。たとえば、現在では新規開店の際によく見られる大量の新聞への折り込み広告や、チラシの配布などもまったく行わなかった。また当時は、そういう広告宣伝をしない時代でもあった。

加藤馨が根積町店新規オープンに際して行ったことは、店の前に開店を知らせる紙を張り出したことだけである。それでも、繁華街の近くということもあってか、元台町時代とは比べものにならないほど多くの客が来店したのだった。それは元台町時代に比べて月の売上高が約三倍(月商十万円)になったことで実感できたし、改めて加藤に立地の大切さを教えることになった。

予想以上の根積町店の盛況によって、加藤電機商会は人手不足に陥る――。

「それ(元台町時代)までは、家内と二人で(店の商売を)やっていましたでしょう。ところが、(根積町店では)急に忙しくなったものですから、とても家内と二人ではやれなくなってしまったのです。早急に従業員を雇う必要がありました。そこで、職業安定所に二人ほど求人をお願いしたんです」

こう加藤馨は当時を振り返るが、かつて自分が職を求め拒否されたところへ、その自分が逆に求人を依頼するようになるとは、思ってもいなかったであろう。ちなみに、加藤が求人募集したとき、かつての紹介所は新たに設置された「公共職業安定所」(通称・職安。愛称・ハローワーク)に取って代わられていた。

しかし新しい職業安定所でも、加藤が望むような人材はなかなか得られなかった。というのも、無名で小さな個人商店に過ぎない加藤電機商会に入社してくるのは、ほとんどが「訳あり」の人間ばかりだったからだ。しかも求人募集に応じてきたのは、ほとんどが学歴は中卒の失業者であった。

それには、戦後間もない当時の環境にも原因があった。

その頃は、まだ茨城県内には有力な企業も大手企業も存在していなかったため、肝心の求人募集自体がほとんどなかったのだ。そのため優秀な人材は職を求めて県外へと流れていき、他方、学歴もなくそれほど優秀ではない人たちはそのまま失業者として県内に取り残されることになった。

そうした環境下もあって、加藤電機商会の人材募集には、加藤が満足するような応募者はひとりもいなかった。それでも、まさか応募者全員を不合格にするわけにはいかなかった。加藤と妻・芳江の二人だけでは、店の仕事はあまりにも忙し過ぎて対応できなくなっていたからである。

加藤馨は、人材不足に悩まされた根積町店の当初の状況を、こう回想する。

「こう言っては何ですが、ウチのような小さな店に来る人に満足な人はいません。来るのはみんな、中卒者の仕事がない人ばかりでした。だけども私は、最初の頃は居ないよりもマシだと考えて、そんな人たちを頼んでなんとかやってきたわけです。それに実際に「居れば」、どんな人でも自分の給料分は働くんですよ。だから、払う賃金に応じた仕事をしてくれたら上出来なのです。もし給料分以上の働きをしてくれたら、その時は賞与でもなんでも奮発してやればいい。そういう考えでした」

しかし店に「居ない」場合は、加藤の考えではどうすることもできない。つまり、従業員が「居なくなった」=出社しなくなった場合、である。その難問に対して、加藤はどのような対応をしたのであろうか。その前に、加藤電機商会で行われた採用試験について少し説明しておく。

採用にあたって、加藤電機商会では筆記試験と面接を行っている。そのさい、筆記試験の問題作りから採点、そして面接までのすべてを加藤馨がひとりで担当した。筆記試験は、社会一般の常識問題と知能テストのような問題の二つで構成されていた。

なお加藤馨は、採用した従業員が定年前に退社した場合、彼らの履歴書から採用試験の結果、そして人事評価や加藤による人物評価などを記載した資料を保存していた。定年まで勤め上げた社員の資料を保存の対象にしていなかった理由はいまもって不明だが、保存された資料には加藤の興味深い試みと反省の跡が残されていた。

常識問題のトップは茨城県の人口を問うものだったが、正解者はきわめて少なかった。自分たちが暮らす茨城県に住む人たちの概数を知っておくことは、加藤にとってまさに常識の中の「常識」であったろう。

二番目の問いでは、列挙した言葉から「一番正しいと思う」ものを選択させている。

一、正直は一生の損
二、人の運命は生まれながら規《きま》って居るものです。
三、幸福な人生は自らの努力で創り出すものです。

もちろん、正解は「三」である。そして殆どの者が正解していた。三つの言葉から分かるのは、加藤馨が求めていた理想の人材像である。彼によれば、人間が生きていくうえでもっとも大切なのは「正直」であること、そして目的に向かって「努力する」人間であろうと努めることである。

その後は、いずれも簡単な漢字の書き取りや文章問題、計算問題が続く。そして再び社会に関する問題に戻り、最後は人間の能力の評価に関する問題で終わる。その中から、とくに注目すべき問いとして最後の十番目を選ぶ。

十番目の問いは、人間の能力として次の六項目を挙げ、優先順位を付けなさいというものであった。

・体力
・智力
・腕力
・誠実
・努力
・協調心

正解は一番が「努力」で、二番目が「誠実」である。一番目の正解者は多かったが、二番目はきわめて少なかった。おそらく「誠実」を能力と見ることに違和感を感じたためであろう。残念ながら、優先順位をすべて当てた者はほとんどいなかった。優先順位の一番目が「努力」で次が「誠実」というのは、加藤馨が人物評価の際に何を重要視しているかが分かって興味深い。

もうひとつの筆記試験の問題を「知能テスト」のようなものだったと前述したが、率直にいえば、加藤馨独自の知能テストと言うべきだったかも知れない。

加藤が作った知能テストは、十五問すべてが文章もなければ数字もない絵や図柄で作られていた。しかも最初の絵図は未完成で、左から右へと進むにつれて絵図は順次完成に近づき、最後の六ステップ目で完成する。ただし六ステップ目は空白になっており、受験者が正解と考える絵図をそこに描くという問題である。全十五問を解くために与えられた時間は五分である。

このテストの目的は、瞬時に問題を見極めて適切な判断を下し、そして実行することを求めるものだと思われる。つまり、店頭などでお客に接したさい、お客の要望に対し適切に判断し、すぐに対応できるか、その能力の有無を計るのが狙いであったろう。

この知能テストを見て、加藤馨とのインタビューで抱いてきた疑問がひとつ解けたように感じた。というのも、インタビューで加藤がしばしば「頭がいい」とか「悪い」とか、「頭の良い人だった」という言葉を口にするため、私は当初彼を学歴を重視する経営者なのかと思ったが、話を聞くにつれむしろ逆で学歴よりも実際の能力を高く評価する経営者であることが分かり矛盾を感じていたからだった。加藤が作った知能テストの目的は、学歴では測れない真の能力、彼のいうところの「頭のいい」人材を見つけることだったのではないかと私には思えたのである。

じつはそう思えたのは、加藤が残した回顧録にあったある記述を思い出したからだ。加藤が暗号班長として満州に駐留していたころ、彼の五名の部下全員が大学生であった。というのも、暗号係の仕事は他と比べてもとくに難しいという判断から、連隊本部が高学歴者を集めたからだった。加藤の部下となった彼らは、在学中に徴兵年齢に達しそして兵役の延期願いが叶わず召集された大学二年生と三年生である。

学歴が高等小学校卒の加藤馨にとって、大学生はまさに「頭のいい」人間だったに違いない。明治時代には、大卒者の学士様は「末は博士か大臣か」と謳われたものだ。大正生まれの加藤ではあるが、大卒者に対する憧れや畏怖する気持ちは残っていた年代である。それゆえ、部下の大学生の仕事ぶりには大いに期待したことであろう。しかし回顧録には、まったく違った現実が綴られていた。

《この班の部下は東京の大学生で(中略)早大一名、日大二名、明大一名、拓大一名で五名でした。この中で早大の浜田一等兵(後で上等兵になる)は能力よくとても仕事が早く出来て私を助けました。拓大生はダメでした。之は(中略)学校のレベルの差と思いました》(『回顧録より』)

加藤によれば、大学生の部下と一緒に仕事をして「大学生」の名に値する働きをしたのは、早大生の浜田ひとりだったというのである。加藤は「学校のレベルの差」と書いているが、要は「大学には格差」があるという当たり前のことを追体験したのである。とくに出来なかった学生の大学名を挙げているが、早大生以外は大学生の名に値しないという意味では、それほどの違いは感じなかったのではないか。

このような経緯を踏まえると、加藤馨は「頭のいい」社員を採用するために腐心し、その結果として自分で知能テストを作ることを思いついたのではないか。そのように考えるのは、基礎学力としての学歴を評価しその必要性は認めても、加藤馨が実際に信頼していたのは「実学」に他ならないからである。

いずれにしても、加藤馨が「人を雇う」こと、社員の採用でそれまで考えていたことを試したことは確かであろう。

しかしそこまで考え抜いて実施した採用試験であっても、前述したように合格者全員が加藤の満足できる人材であったわけではない。たとえ満足できなくても、必要最低限の人手を確保するために妥協したり、あるいは将来性を見込んで下駄を履かせての採用もあったからである。

そうした事情もあって当初は、採用したばかりの新人社員がある日突然、出社しなくなることも珍しくなかった。そんなとき、加藤馨は出社しなくなった理由や事情等を直接聞くために相手からの連絡を気長に待ったものである。しかし待てども一向に音沙汰がない場合には、社員の自宅住所へ「解雇通知」を送付した。

出社しなくなるケースも様々で、採用試験に合格し指定された出社当日、つまり初出勤日から無断欠勤する新人社員もいたし、一週間から二週間で無断欠勤するケースが比較的多かった。中には、初給料日の数日前から出社しなくなる理解し難いケースもあった。辞めるにしても連絡もしない、最低限の手続きもしないまま、ただただ「無断欠勤」を続けることで「退職」していくやり方は、社会常識を欠いたものだし、社会人として失格である。

しかし加藤馨は、そうした新人社員の非常識な行動に対しても、頭から全否定することはなかった。というのも、解雇通知は無断欠勤とその後の不誠実な対応を理由に解雇する旨を伝えるだけでなく、勤務実態があれば、その分の賃金を支払う用意があることも知らせていたからである。

具体的に言うなら、月給を日割り計算しそれに勤務日数を加味して支払うべき賃金額を算出し、その賃金は店の近くに出向く用事があった時などに立ち寄って受け取ること、それまでは店で保管しておくことが記載されていた。

ここには、加藤馨の人間観というか人間の評価の仕方が明確に現れている。間違いや過ちを犯せば、それを指摘し断固対処するが、評価すべき面――この場合は勤務実態の有無――があれば、それは別途正しく評価する姿勢である。つまり加藤にとって、過ちを犯したからといって、評価すべき面まで無視することは間違いなのである。

ちなみに、保存されていた中途退職者のリストには、最終的な人事評価が一人ひとりの良さと課題点を列挙したうえで「◎」と「○」、「△」、「×」の四種類の印で表されていた。もちろん、初出勤日から無断欠勤した社員などは「×」の評価だが、それ以外の家庭の事情などで円満退社した社員の場合、とくに◎を付けた社員に対しては優秀さと会社への貢献を讃えるとともに退社を惜しむ言葉が添えられていた。

このようなエピソードからも推測できるのは、加藤馨が人間を多様な側面を持ち、幸せになるためには努力を惜しまない存在であると確信していたことである。

個人商店など小さな店であれば、無断欠勤をして連絡を絶つなどの非常識な行動を社員がとれば、クビにするとともに会社への「迷惑料」などと称して加藤が配慮した未払い賃金の支払いなど無視したであろう。またそれが、大きな問題になることもなかった。無断欠勤を続けた挙げ句連絡を絶つような非常識な人間が、未払い賃金の支払いを求めて会社に連絡してくることは殆どないからだ。

しかし加藤馨にとって、たとえ未払い賃金を払わないことが問題にならなくても、それは許されることではないし、決して正しいことではない。相手が誰であれどんな状況であれ、間違いは間違いであり、正しいことをするべきなのである。つまりこれは、加藤の生き方の問題でもあったのだ。その後も加藤は、社員の評価規準や採用方針を変えることはなかった。

加藤電機商会は職業安定所を通じて必要な人材を採用していったが、失敗を繰り返しながらも次第に従業員の定着率を高めることに成功し、安定するようになった。従業員の数も二人から四人になり、四人が六人へと順調に増えていったのだった。

昭和三十(一九五五)年一月、故郷の千木良村は、いわゆる「昭和の大合併」で内郷村など三町村と合併して「相模湖町」に生まれ変わる。「千木良村」という村名は、消滅したのである。他方、加藤馨が元台町の借家で加藤電機商会を開業した八年前の昭和二十二年には、ダム建設のために相模川をせき止めた人造湖「相模湖」が完成している。相模湖町という新しい町名は、まさに千木良地区を始め相模湖周辺一帯の町興しを期待して付けられたといっても過言ではない。

そうした機運が生まれたのも戦後復興が順調に進み、日本経済の回復が視野に入ってきたからに他ならない。そのキッカケを与えたのは、昭和二十五年六月に勃発した朝鮮戦争によって日本にもたらされた莫大な軍事的な需要、いわゆる「朝鮮特需」である。朝鮮特需によって、日本は低迷していた景気を急速に回復させることが出来たのだ。しかし敗戦で壊滅的な打撃を受けた日本が、他国のこととはいえ、同じ戦争によって戦後復興を助けられるという現実は皮肉としか言いようがない。

朝鮮戦争勃発から四年後の昭和二十九年末には、それまで日本が経験したことのない好景気という意味で名付けられた「神武景気」が始まる。日本の景気回復の条件が整い、日本全体に活力が生まれつつあった環境のもとで、加藤電機商会や故郷・千木良村は昭和三十年を迎えるとともに「時代の変化」への対応を迫られていたのだ。

それは千木良村では「相模湖町」としての再生であり、加藤電機商会では従業員の定着とともにさらなる発展のための態勢づくりである。そのころ、面識のあった水戸税務署の職員が退職して税理士を開業していた。その彼が根積町店を訪ねてきて、加藤馨に加藤電機商会を個人商店から法人組織に改めるようにアドバイスしたのである。

元水戸税務署職員によれば、商売が順調な時にこそ法人化すべきだし法人化で将来もっと発展できるようになるというのである。そして彼は、法人化のメリットを二つ挙げたのだった。

ひとつは個人商店(個人事業主)よりも法人(組織)のほうが経費や事業税など税制面で有利であること、もうひとつは法人のほうが社会的信用が高いことである。とくに社会的信用が高くなれば、金融機関からの融資が受けやすくなるし、法人でないと取り引きしない相手との取り引きが可能になって事業の拡大にも繋がる。

加藤馨は法人化の話に得心し、さっそく準備を始める。そしてその年の十月、有限会社加藤電機商会(資本金六十万円)を設立したのだった。加藤が代表取締役社長を務めるとともに、妻の芳江も取締役に就任した。さらに二カ月後の十二月には、資本金を倍の百二十万円に増資している。

法人化後の順調な業績の伸びを考えるなら、加藤馨にとって、有限会社・加藤電機商会の設立は経営者としての大きな転機であったといえる。さらに言うなら、戦後復興の途上にあった日本にとっても、GDP(国内総生産)が戦前の水準を上回り、国民所得も戦前の一・五倍の水準を達成した昭和三十年は「転機の年」であった。

では日本政府は、経済が回復してきた「昭和三十年」の状況をどう分析・把握し、どんな将来を展望していたのであろうか。その手がかりを、ここで『昭和三十一年　年次経済報告』(経済企画庁、現・内閣府)、いわゆる「経済白書」に求めてみる。

経済白書の「前書き」の項目には、経済企画庁長官の声明が掲載されていた。当時の経企庁長官・高碕達之助の名と昭和三十一年七月十七日の日付とともに、「経済白書発表に際しての経済企画庁長官声明」というタイトルが付けられていた。

《戦後十年日本経済は目ざましい復興を遂げた。終戦直後のあの荒廃した焼土のうえに立って、生産規模や国民生活がわずか十年にしてここまで回復すると予想したものは恐らく一人もあるまい。国民所得は、戦前の五割増の水準に達し、一人当りにしても戦前の最高記録昭和十四年の水準を超えた。工業生産も戦前の二倍に達し、軍需を含めた戦時中の水準をはるかに上回っている》

高碕は、戦後復興がわずか十年で達成されたことを数字で示すとともに、とくに昭和三十年の経済発展は過去のそれらと比較しても遜色のない偉業であると力説する。

《ことに最近その実績が明らかにされた昭和三十年度の経済発展にはまことにめざましいものがあった。国際収支の大幅黒字、物価騰貴も信用膨張も伴わない経済の拡大、オーバー・ローンの著しい改善と金利の低下、このような三拍子揃った理想的な発展は、私の五十年の産業生活から判断しても、日露戦争の戦勝に国民の意気が大いに揚がっていた明治四十二年と、第一次大戦の勃発によってわが国経済の一大飛躍の端緒を啓いた大正四年とにわずかにその例が求められるだけである。(中略)世界の与論は、世界第二位の輸出増加率を示した昨年の日本経済の姿を、世界経済の奇蹟と称せられた西独経済の発展に比すべきものとして目をみはっている》

そのうえで、いやそれ故に将来への「危機感」も明らかにする。

《この力強い発展はわれわれ日本国民の前に一つの新しい課題を程示している。如何にすればこの素晴らしい発展を持続し、いまだこの経済繁栄の恩恵に浴していなかった国民の一部の人々をその成果に均霑せしめることができるかという問題がこれである。中小企業の振興、遅れた地域の開発、あるいは社会保障の充実等になすべきことが多い。(中略)財政の基盤としての国民所得の発展の維持をはからねばならない。何故ならば、パイの一切れの大きさは包丁の切り方によるばかりでなく、パイそれ自身の大きさに依存するからである》

今後も経済的な繁栄を維持・発展させるためには、すべての国民に富の分配が「均霑《きんてん》」、すなわち誰もが等しく利益を享受できることが肝要というのだ。国民の所得を増やすことは、財政の基盤強化に繋がるからだ。例えば、それは戦後復興を掲げて基幹産業である重厚長大の大企業に対し政府からの援助・支援を重点的に行ってきたが、これからは中小企業振興にも同様に対応することであり、すべての国民に対し健康保険や年金等の社会保険を始めとする社会保障を充実させることである。

そして日本が今後も経済成長を鈍化させないために進むべき道、そのベクトルを次のように提示する。

《その方向を一口にいえば、日本の経済構造を世界の技術革命の波に遅れないように改造してゆくことである。世界はいま、原子力とオートメーションによって代表される技術革命の波頭にのっている。我国においてもすでに産業設備の近代化等にこの時流に遅れまいとする動きがはじまっている。(中略)われわれはこの流れに積極的に棹さして日本の生産構造のみならず、貿易構造も、消費構造も新しく改編する意力を振るい起さねばならない》

明確に書かれていないが、文面から推察するに「技術立国」を目指すことが世界と肩を並べて生きる日本の道だと考えているようである。その技術革命の象徴を「原子力」と「オートメーション」にするところに技術革命の未熟な実態が連想される。なお、原子力とは核開発ではなく発電所などの平和利用を指し、オートメーションは消費時代に備えた生産効率を目指した大量生産技術のことであろう。

しかもそれらは、明治維新に匹敵する「第二の維新」と呼ぶべき大事業になると高碕は強調するとともに、その困難さに怯んで努力を怠るとアジア諸国は日本に「追いつき追いこすであろう」と警告するのだ。

経企庁長官の「声明」は、いわば総論である。

その総論から私たちは当時の日本政府が「昭和三十年」をどう位置づけ、切り開くべき日本の未来をどう描いていたか、を理解した。では次に、本論での分析と今後の展望を見てみよう。

『昭和三十一年度版経済白書』の「結語」には、次のような一節がある。

《それ(戦後復興——筆者註)は日本国民の勤勉な努力によって培われ、世界情勢の好都合な発展によって育まれた。しかし敗戦によって落ち込んだ谷が深かったという事実そのものが、その谷からはい上がるスピードを速やからしめたという事情も忘れることはできない》

「結語」は、戦後復興をわずか十年で達成した理由をふたつ挙げる。ひとつは日本国民の勤勉性で、もうひとつが朝鮮特需など「世界情勢」によってもたらされた恩恵である。そして戦後復興のスピードを加速させた日本固有なものとして、さらに「落ち込んだ谷が深かった」ことを挙げている。

「結語」のいう「落ち込んだ谷の深さ」とは、焦土と化した戦後の日本ではあらゆるモノが不足し、それらを求める人間の欲望の強さのことである。とくに食糧不足は、戦争末期から終戦直後のしばらくの間は深刻であった。誰もがひどい空腹感に襲われ、強い飢餓意識から「とにかく腹一杯食べたい」という思いに支配されていた。

有り体に言うなら、腹一杯に食べられるなら何でもするという強い飢餓意識こそが、戦後復興を加速させた一因であるというのだ。しかし昭和三十年になると、すっかり状況は一変してしまったと認識を改めるように求めている。喩えていうなら、腹一杯になるなら素うどんで満足していた人たちが、もっと豊かな食事を求める時代へと変わってきているというのだ。

《戦後の一時期に比べれば、その欲望の熾烈さは明らかに減少した。もはや「戦後」ではない。我々はいまや異なった事態に当面しようとしている。回復を通じての成長は終わった。今後の成長は近代化によって支えられる。そして近代化の進歩も速やかにしてかつ安定的な経済の成長によって初めて可能となるのである》

昭和三十一年度版の経済白書は、《もはや「戦後」ではない》というフレーズで一躍有名になった。ただし多くの場合、戦後復興を短期間に果たしたという高揚感のもとで語られるが、文面は戦後復興の余韻に浸る時はすでに終わっているという警告に近い。むしろ《異なった事態》を迎え、次の成長のための「近代化」を加速する決意を促している。

そしてその近代化とは何か――。

《近代化――トランスフォーメーション――とは、自らを改造する過程である。その手術は苦痛なしにはすまされない。明治の初年我々の先人は、この手術を行って、遅れた農業国日本をともかくアジアでは進んだ工業国に改造した。その後の日本経済はこれに匹敵するような大きな構造改革を経験しなかった。そして自らを改造する苦痛を避け、自らの条件に合わせて外界を改造(トランスフォーム)しようという試みは、結局軍事的膨張につながったのである》

自らを構造改革できなかったが故に、日本は戦争へ突入してしまうしかなかったのだと指摘したうえで、その改革の痛みを恐れることなく「近代化」に踏み出すことが日本と国民に永続的な繁栄をもたらすことになると主張する。まさに「昭和三十年」は、日本の将来にとって大きな転機となる年だったのである。

昭和三十一年度版経済白書でとくに留意したい点は、社会保障の充実と国民所得の発展・維持が掲げられていることである。そしてそれらは、加藤馨にとって、加藤電機商会の運営と発展に大きく寄与するものであった。じつは昭和三十年に加藤電機商会を法人化したものの、会社として健康保険などの社会保険を利用することが出来なかった。というのも、法律で利用できるのは従業員数が十名以上の会社に限られていたからだ。有限会社として設立したとき、加藤電機商会の従業員数は六名程度であった。

しかし経済白書に掲げられた「社会保障の充実」は、具体的には「国民皆保険」という大きな流れを作り、昭和三十五年までには法律も改正され従業員数五名以上であれば健康保険を利用できるようになったのだった。さらに厚生年金や失業保険などに関する法律も同様に整備され、それらも加藤電機商会では利用できるようになっていく。

そうした福利厚生面の充実を受けて、加藤馨は求人の対象を従来の中卒から高卒へ、それも新卒へと切り替えていくことにしたのだった。

「昭和三十五年から(社会保険が)利用できるようになって、それまでと違って比較的求人が難しくなくなったんです。そこで、求人(の中心)を中卒から高卒に切り替えることにしたんです。理由は、やはり高卒の人のほうが利口だからです」

加藤馨は高卒採用に切り替えた理由をこう語るとともに、近くの水戸第三高等学校という女子校(現在は男女共学)に採用の打診に出向いた時の様子も話してくれた。

「そこの学校へ私が求人(募集)に行ったとき、出てきた求人係の先生から「加藤さん、お宅では休日は幾日あるんだ」と聞かれましたので「一週間に一度です」と答えました。するとその先生から「それじゃ、ダメだ。いまの高校生は休日の多い会社(への就職)を希望するから」と言われました」

だからといって、「じゃあ、休日を増やします」と即答できるわけもなく、その場を黙って去るしかなかった。しかし加藤は、高校生の希望を労働意欲の欠如の表れなどと単純視することはしなかった。逆に父・定一譲りの先見性から将来必ず「休日の多い会社」が大勢を占める時代が来ると見なし、その実現に向けて試行錯誤を続けた。

第三高校訪問から数年後、加藤はひとつの「解」に辿り着いた。

「それで私は、休日を増やすために(休日が)「年間百日」という制度を作りました。つまり二週間に一度は二日休めるようにしたんです。いまでいう隔週二日制ですね。そこで学校で「年間百日を休日にします」ということで求人したら、程度の良い人が(加藤電機商会へ)順調に来るようになったんですよ」

他方、加藤電機商会では高卒者を順調に採用できるようになってからも、中卒者の採用を止めることはなかった。

その理由を、加藤馨はこう説明する。

「それまで居た人(従業員)を(高卒者と入れ替えるために)無理矢理クビにするようなことはしませんでした。ただ(家電)製品の中心がラジオからテレビへと移り、テレビ全盛の時代になったら(修理等の)仕事が難しくなりました。もちろん、従業員にもテレビの勉強をさせましたが、やはり熱心な人とそうでない人がいるわけです。それで(店の仕事に)付いて行けない人が出てきました。合わなくなった人が出てきますと、その人たちは自然と自分で辞めて行くか、自分で新しい仕事を始めるようになりました。つまり、それとともに高卒の従業員と入れ替わったのです」

さらに、加藤は言葉を継ぐ。

「私は、本人が悪いことをしない限り、採用した人間を絶対にクビにはしません。それまでも実際に、クビにしたことはありませんでした。不正なことをしなければ、たとえ(修理等の)難しい仕事が出来なくなっても、勤勉な人であれば、どこか他の部門で働かせるようにしていました。いまでもウチの会社では、そうやっていますよ」

加藤馨は、加藤電機商会を法人化した前後から求人募集のさい、給料を相場の二割から三割ほど高めにしていた。なお高校新卒の求人の場合は、初任給を二割ほど高くして募集を行っていた。

このような賃金相場を崩す求人募集は、他社からのクレームなどが殺到したのではないかと心配したが、加藤は意に介する風もなく給料を高めにした理由をこう説明した。

「私は、能力に比例した賃金を支払うという考え方なんです。能力に合った賃金を払わないと、いい人は会社を辞めて行ってしまいます。ですから、私が社長の時は、新卒の給料を他社よりも二割ほど高くしましたし、中途採用は職業安定所と新聞広告とで高めの給料で人材募集していました。逆に優秀な人を安い賃金で働かせようとすれば、いい人は居なくなり、また入っても来なくなります。一番悪いやり方は、能力の低い人を安い給料で集めることです。これだと会社が回りません。それに対し給料を高めにしましたら、比較的優秀な人が入ってくるようになりました」

高めの給料に惹かれて転職してきたひとりに、十八歳の青年だった圷道和《あくつみちかず》がいた。圷は水戸市立第二中学校を卒業後、市内の町工場に就職していた。しかし働き出してから間もなく、彼は転職を考え始める。

その理由について、圷はこう説明する。

「町工場の仕事は流れ作業になっていて、毎日毎日、ただただ同じ作業を繰り返すだけでした。仕事は単調でしたし、飽きも出てきました。これじゃ、どうしようもないと思っていましたとき、新聞にありました(加藤電機商会の)求人広告を見たんです。もともと電機(製品)が好きで、小学生の時にラジオを組み立てていましたから。それで、(加藤電機商会の)求人に応募して(合格したので)入りました」

加藤馨とは、面接の時に初めて会ったという。その時に町工場に勤務していること、もし採用してくれるなら工場を辞めて加藤電機商会に入社する旨を伝えた。合否は後日伝えると言われたため、坏はそれまで工場勤務を続けながら待つことにした。

しかし合否の連絡は、なかなか来なかった。面接を受けて一カ月が過ぎたころ、ようやく加藤電機商会の店員が坏の自宅まで合格を伝えに来たのだという。ただ坏自身は、合格の連絡が遅れたことに対してあまり気にとめなかった。というのも、会社を辞めたわけではなかったし、ダメモト気分で入社試験を受けていたことも彼の心の負担を軽いものにしていたからだ。

昭和三十三(一九五八)年四月、坏道和は有限会社・加藤電機商会に入社した。

最初の数カ月は「見習い」として、先輩店員の手伝いを始め雑務全般を何でもやらされたという。

その「見習い」が終わったころ、坏は加藤に呼ばれ、松下電器産業(現・パナソニック)の本社がある大阪・門真で行われる「テレビ教室」(テレビの構造や技術などすべてを学ぶ研修)に出席するように言い渡される。

「先輩(店員)を差し置いて(私が)松下のテレビ研修を約一カ月間受けることになったとき、嬉しかったですね。出発するとき、旦那さん(加藤馨を指す——筆者註)から大阪出張の経費として現金十五万円を渡されました。その当時の私の給料が五千円から六千円でしたから、(年収の二年分以上の)大金にびびったものです。なにしろ初めてみる金額でしたから、どうしたものかと思いました」

圷によれば、加藤から選ばれた理由や格別なミッションはなかったというが、加藤もまた先輩店員を差し置いて新人の圷を選んだ理由を明らかにしていない。

もし抜擢される可能性を考えるなら、ひとつは圷自身も認める電機(製品)好きであること、もうひとつは中学生時代の成績で「図画工作」が五段階評価の「5」だったことである。他の教科の評価がおおむね「4」であったのに対し、図画工作だけが「5」だったことから加藤は圷の手先の器用さを評価したものと考えられる。そして最後は、圷の「見習い」期間中の仕事に対する姿勢や態度等を高く評価したのであろう。

もちろん経営者の立場から店の運営を考えると、ラジオからテレビへと花形製品が移っていく環境も抜擢の判断に影響したことは想像するに難くない。テレビの技術は当時の家電の中では最先端技術であり、その先端技術で作られた製品が受像機としてのテレビなのである。つまり、テレビの技術革新は今後も進むことは明らかで、その進化に対応できる柔軟な頭脳を持ち、新しい修理技術を積極的に学ぶ若い人材が不可欠だったということだ。その意味では、当時の加藤電機商会には松下主催の「テレビ教室」に参加させる条件を持つのは圷しかいなかったし、加藤馨の判断は適切だったのである。

ところで、加藤馨が大阪出張の経費を「十五万円」と見積もった理由も不明だが、おそらく「万が一」の場合を考えて余分に渡したものと思われる。予想される大阪出張の当時の費用は、宿泊代(食費別)は研修に招待した松下電器の負担だから、水戸・大阪間の往復運賃と大阪滞在中の食費、そして雑費などである。それら必要経費の合計は、当時の物価を考慮しても、十万円もかからなかったであろう。

見たこともない大金に「びびった」坏であるが、その半面、加藤の配慮に感謝していたと当時の心境を語る。

「(加藤が)それだけ私のことを信用してくれたんだなと思い、たいへん有り難かったです。ただ水戸から大阪までは、夜行特急で約八時間もかかります。その間、泥棒にあって大金を盗まれたら大変なので起きていました。正直、恐くて寝ていられませんでした。帰りも夜行特急を利用しましたが、(経費が)十万円も残っていましたので盗まれるのが恐くて、また眠れませんでした」

大阪滞在中は研修と宿舎での勉強に忙しくて、とても外へ遊びにいく余裕などなかったと坏は釈明するとともに、松下のテレビ研修の様子をこう話す。

「研修には、全国の(家電)販売店から(派遣された)五十名ほどが参加していました。研修会場では、テレビの仕組み(構造)から修理の仕方などまでテレビのすべてを教わりました。たとえば、テレビの故障でこういう症状の時は、悪い箇所はここなのでその直し方はこうすればいい、とか具体的に教えてくれました。研修が終わると、資格試験がありましたので、その勉強で大変でした。この試験は研修内容を理解するとともに、テレビの修理に必要な技術を習得しているかどうかを見るものでした。私は合格しましたので、すぐに水戸に帰りました」

坏によれば、出張から戻って出社した当日からテレビの修理に行かされたという。修理に向かった先のテレビの故障は、その原因の多くが真空管によるものであった。というのも、真空管は切れやすい、いわば消耗品だったからだ。坏は松下の研修で習った通りの手順で、新品の真空管を故障したそれと取り替えたが、作業自体は終わっても修理の目的を達成したとは言い難い面があった。

坏が入社した昭和三十三年ごろ、水戸でテレビ番組を視聴できるのはＮＨＫと民放二社の三局しかなかった。しかも一日の放送時間は、四時間程度だった。そのためお客から「テレビが映らなくなった」などの修理依頼の連絡が入っても、駆けつけた時には視聴していた番組が終わっていたということが多かった。つまり、番組の放送時間が短いため、せっかくテレビを映るようにしても間に合わなかったのだ。

そのような修理にともなう新たな問題を知った加藤馨は、圷にはたとえ修理の依頼がなくても、テレビを購入したお客のもとを定期的に訪ねてテレビの状態をチェックするように命じたのだった。当時のテレビは、製品としての完成度はまだ低く故障するのが普通だったからだ。かくして加藤の指示のもと、加藤電機商会では普段から定期的にテレビの状態をチェックすることで、購入者が好きな放送番組を最後まで視聴できるように努めたのである。

もちろん、加藤電機商会の努力だけでは、如何ともし難い問題もあった。

当時は電力事情も悪く、昼と夜とでは電圧が一〇ボルトもの差があった。そのため、昼間は美しいテレビ映像を見ることが出来ても、夜になればテレビ画面の映りが悪くなったし、ひどい時には映らなくなることもあったという。

ところで、圷道和は加藤電機商会「社長」の加藤馨を「旦那さん」と呼ぶ。従業員が六名程度の小さな会社だから、親しみを込めた呼び方、愛称なのかも知れないが、他の会社の勤務経験もある圷の発言に違和感を感じ、改めて加藤との関係を、職場だけでなく個人的な面も含め質してみた。

「ひと言で言うなら、「父親代わり」みたいな存在でした。私の父は先の戦争で戦病死していましたので、幼少の頃から大人の男性との付き合いはほとんどありませんでした。ですから、(成人男性と)どうやって接したらいいのか分かりませんでした。とくに父親と同じ年配の人と話しをするのが嫌でした。でも(加藤電機商会に)入ってから、旦那さんからいろいろ教わったり叱られたりしているうちに、話せるようになりました」

さらに、こうも言う。

「旦那さんから(私の)「ありがとうございます」の言葉には感謝の念が出ていないと何度もいわれました。「お前の《ありがとうございます》は、口先だけだ。それでは、ダメだ。感謝の念を表す《ありがとうございます》でなければ、力にならない。感謝の念が(顧客を再訪させる)力になるのだ」とさんざん言われました。旦那さんに注意されながら、私も繰り返し言葉に感謝の念を込める努力をしていくうちに、なんとか旦那さんから感謝の念が出ていると認めてもらえるようになりました」

加藤は他にも、お客に丁寧な言葉遣いをすることや、挨拶する時には頭をきちんと下げることなど接客態度を改めて指導していた。その一方で、筆順を含め楷書で正しい字を書くことなど社会人として最低限のマナーを身に付けることも求めている。

圷の話から分かるのは、加藤馨は経営者としてだけでなく、ひとりの先達として社会生活に必要な「躾け」を同時に行っていたということである。それゆえ、圷が加藤に対して「父親代わり」という感情を抱くのも、そう実感したのは当然なことであった。

加藤馨は、何をするにしても従業員に「解」を与える前に、まず自分の頭で考えることを求めた。その狙いは学校と違って実社会では「解」がひとつではないことを学ばせるとともに、指示された以上のことを自分で考え行動できる人間に育てることであった。

たとえば、圷道和にいまなお強い印象を残している加藤の指示がある。

圷が勤め始めたころ、加藤電機商会の半径一キロ圏内には同業の家電販売店(電気店)が六軒も営業していた。そして六軒の電気店はいずれも家電製品を定価の二割引きで販売していた。ちなみに、定価とはメーカーが決めた小売価格のことである。当時はいまと違って、小売価格はメーカーが決めた時代であった。

一方、加藤電機商会では、割引は定価の一五パーセントが限界で、それ以上は応じないのが加藤馨の方針であった。来店客には「安さ」は最大の魅力であり、電気店にとっては最大の武器である。当然、来店客の流れは「安い」方へと移っていく。坏たち店員は思案の末、加藤に他店と同じ定価の割引きを申し入れたものの、一蹴されてしまう。そして逆に、加藤から「宿題」を出される。

「旦那さんは、安売り競争はしないという考えでした。それで(製品が)売れなくなっても良いと何度も言われました。逆に、(他店の)二割引と一五パーセント引きの差、この差を埋めることを考えろ、と言われました。それで、どうやったら差を埋めることが出来るかといろいろ考えましたが……、分かりませんでした」

さらに坏は、加藤の「安売り競争はしない」という強い意志を感じさせられた、こんなエピソードも紹介する。

「(根積町店の)お客さんには(加藤の)兵隊仲間も多かったのですが、旦那さんは戦友だからという理由で特別扱いされることはありませんでした。(割引きは)他のお客さんと同じ一五パーセントで変わりません。(根積町店は)どのお客さんに対しても全員、割引きは一五パーセントでした。旦那さんは、お客さんにはとても公平な人でした」

ところで坏道和は、加藤から「差を埋めることを考えろ」と言われたものの、「解」を見いだせないまま日々の仕事に追われていた。ただし大阪まで勉強に行ったテレビでは、仕事らしい仕事は少なかった。というのも、テレビが高額商品だったからである。根積町店では、テレビは月に一台ないし二台ぐらいしか売れなかった。そのため当然、修理依頼も他の製品と比べてもきわめて少なかった。

日本初の国産テレビを早川電機工業(現・シャープ)が昭和二十八(一九五三)年に発売したとき、一四インチの白黒テレビの価格は十七万五千円で、サラリーマンの平均年収に相当する金額であった。つまり、一般のサラリーマンが気楽に買える商品ではなかったのだ。それから五年後の昭和三十三年には、同型の白黒テレビの価格は七万円までに値下がりした。しかしそれでも、坏の年収とほぼ同額だったし、サラリーマンの平均年収の約半額に相当する価格であった。家電製品としてのテレビは、依然として庶民にとって高嶺の花であることに変わりはなかったのだ。ちなみに、同年のテレビの世帯普及率は、約一〇パーセントに過ぎなかった。

では、どのような人たちが高額商品であるテレビを購入していたかといえば、地元で医院や病院を経営する医師や商売を手がける自営業者などいわゆる「お金持ち」と呼ばれる人たちである。また、集客を目的とした事業に利用するためにテレビを購入する会社や団体などもあった。しかし彼らは、店舗を訪れて売り場の店員から高額なテレビを購入するようなことはしない。彼らが相手にするのは店主か、家電販売店の責任者だった。

加藤電機商会・根積町店では、実際にテレビ販売で対応するのは店主で社長の加藤馨である。そして加藤にテレビの購入が見込まれる客を紹介するのは、出張修理サービスに出向いた店員たちである。

前述したように、根積町店の半径一キロ圏内には競合する電気店が六店舗も営業していた。しかし「出張修理サービス」を実施していた電気店は、加藤電機商会・根積町店の一店だけである。加藤馨は元台町で電気店を開業した時から出張修理を始めていたが、それは「商売は一回で終わるものではない」という彼の信念に基づくもので、同時に「(次も)買うなら加藤電機で買いたい」と思うお客を増やすためであった。

それゆえ、加藤馨は出張修理に出向く坏道和ら店員に対し、普段から「お客様に修理代が高いと思われないような修理サービスをするように」と指導していた。いくら出張修理が便利なサービスであっても、お客が予想したよりも高額な修理代だと感じたら、次から修理の依頼は来ないだろうし、根積町店で買い物することも少なくなるか、買い物自体を止めてしまうことも考えられたからだ。

そうした指導を日頃から受けていた圷たちは、修理後も修理内容を丁寧に説明するとともに、客からのどんな質問にも嫌な顔をひとつせずに分かりやすく答えるように心がけるようになった。当然、お客と会話する時間は増えたし、話題もまた修理に限らず人気の家電製品から家電製品全般へと広がり、さらには雑談を交わすまでになっていた。

ある日、圷が出張修理に出かけた先でいつも通りに丁寧な説明を心がけていると、新製品の話からテレビの話題へと移った。さらに話をしていくと、お客はテレビに関心があるものの、購入に踏み切れないでいることが分かった。

店に戻ると、圷は加藤に出張修理先でのことを話した。

「旦那さんに、あそこはテレビを買うかも知れませんよと伝えました。そうしたらその日の夕方には、旦那さんはスクーターに乗って、その家へテレビを売りに行かれました」

こうして加藤電機商会では、出張修理サービスと連携しながら確実に高額製品であるテレビの売り上げを伸ばしていったのだった。加藤馨は他店との割引競争に背を向け、地道に商売を続けることに専念した。

そこに、追い風が吹く。

昭和三十三年十一月二十七日、宮内庁は皇太子・明仁親王(当時、現・上皇)と民間出身の正田美智子との婚約を発表した。前年の夏に二人は軽井沢で開催された親善テニス・トーナメントに出場したことで出会い、皇太子が美智子を見初めたことから「テニスコートの恋」とメディアが競って取りあげたこともあって国民的な関心事となった。とくに美智子が初めて民間出身の皇太子妃になるため、新聞・テレビ以外のメディア、週刊誌などの雑誌も「昭和のシンデレラ」や「世紀のご成婚」などのタイトルで特集を組んで積極的に取りあげたことで「ミッチーブーム」と呼ばれる社会現象を生じさせることになった。

そして国民がもっとも興味を持ち注目したのは、翌昭和三十四年四月十日に皇居で行われた「結婚の儀」(いわゆる結婚式)のメインイベントとなった「ご成婚パレード」である。このパレードは皇居から渋谷区常磐松にあった東宮仮御所までの八・八キロメートルの目抜き通りを、皇太子夫妻を乗せた四頭立ての馬車が走るというものだ。そのパレードの様子を、NHKを始め民放各局が午後二時半から約五十分にわたって実況生中継するというので、松下電器や東芝などのテレビメーカー各社は競って「ご成婚パレードをテレビで見よう」と宣伝し、テレビの一般への普及を図ったのだった。

ご成婚パレード当日、NHKと民放各局はテレビカメラを百台揃えるとともに、放送要員を一千人動員して実況生中継にあたった、という。パレードの沿道には五十三万人もの国民が集まり、テレビ中継の視聴者は一千五百万人にものぼった。ちなみに、NHKの受信契約数(いわゆる普及率)は、前年五月の百万件からパレードの一週間前の四月三日には倍増の二百万件を突破していた。また、テレビの世帯普及率も二三・六パーセントと急伸し、前年の二倍以上にもなっていたほどだった。

「ご成婚」効果で、加藤電機商会・根積町店も恩恵に与っていた。

圷道和は、根積町店でのテレビの売れ行きをこう回想する。

「(平成天皇の)結婚前は月に一台か、売れても二台ぐらいでした。それが(昭和三十三年十一月二十七日の)ご成婚の発表以降は売れ行きが良くなり、翌年の結婚式が近づいた頃には月に四～五台以上は売れるようになっていました。結婚式が終わったあとも、テレビの売れ行きが悪くなるようなことはなかったです」

「追い風」を取り込みながら、たしかに加藤馨は、根積町店の商売を順調に発展させていっているようである。

他方、安売りを仕掛けてきた周囲の電気店六店舗には、ちょっとした変化があった。「安売り競争」に背を向けた加藤電機商会を除く六店で価格競争した結果、二店が閉店を余儀なくされていたのだ。だからといって、その二店のお客が根積町店に流れてくることはなかった。というのも、根積町店の来店客数が増えることはなかったからだ。むしろ「安売り」が始まって以降、来店客数は減ったままで一度も回復することはなかった。しかしそれでも、根積町店の商売は順調だった。

考えられるのは、根積町店では、来店客が次々と得意客や常連客になっていったということである。率直に言えば、根積町店のファンになり、家電製品を購入する場合は必ず根積町店で買う客に変わったのだ。加藤馨の目指した「(家電製品を)買うなら加藤電機がいいと思ってくれるお客」だけが増えたのである。

家電販売店を取材していると、しばしば「お客には三種類しかない」とか「三種類のお客しかいない」といった文言を耳にする。その三種類の客とは、まず一番目が「金に付く客」で、二番目に「人に付く客」、最後の三番目は「店に付く客」である。一番から入って三番目の客をつかむことが、商売繁盛のコツだという。

一番目は、値段さえ安ければ、どんな店でもかまわないと考える客である。それゆえ、少しでも価格の安い店を見つければ、それまで通っていた店から乗り換える。その繰り返しで安さを求めるため、得意客や常連客にはなりにくい。

二番目は、応対した店員の言葉遣いや接客態度を気に入り、その店員を贔屓にする客である。つまり、お客との信頼関係は店員個人との間のものであって、店や運営する会社にはない。お気に入りの店員がいる間はその店で購入するものの、辞めたり転勤して店からいなくなったら来店しなくなる客である。

最後の客は、次のようなケースである。

来店のキッカケは店の安売りセールだったかも知れないが、対応した店員の接客態度を気に入り通いだし、そのうちに店全体の雰囲気や別の店員の対応などに対しても好感を抱くようになって、最終的に店および店を運営する企業までも信用するに至るお客である。つまり、その店のファンになってしまったのである。そうなれば、他店には目移りしなくなるし、固定客となって通ってくれるようになる。

加藤電機商会・根積町店では、創業者の加藤馨の方針を頑なに守り通した結果、来店客の多くをファンに変えることが出来たのである。

馨氏と初めての社用車「マツダR360クーペ」

加藤電機商会の順調な発展は、数字で具体的に知ることが出来る。

有限会社として法人化した昭和三十年は、資本金六十万円で社員数は六名であった。それが「ミッチーブーム」を経て昭和三十六年には、資本金は二百十万円に増資され、社員も十名に増えていた。さらに三年後の昭和三十九年には、前年から増改築中であった自宅兼店舗の根積町店は、鉄筋コンクリートの三階建てに生まれ変わる。店舗面積は四十五坪に拡大し、業員数は社員の他にもパート等までも含めると二十名程に急増していた。

一方、入社六年目を迎えた圷道和は、着実に事業を拡大していた加藤電機商会からの転職を考えるようになっていた。その理由を、圷はこう説明する。

「(開発競争を通じてテレビの品質が向上したことで)テレビの故障が減って修理依頼がほとんどなくなったんです。しかもテレビ以外の出張修理サービスの仕事では、旦那さんが新しく入ってきた後輩に行かせたのです。私は店番ばかりになって、退屈で仕方ありませんでした。やはり、外へ出る仕事が好きでしたから、(転職して)外で仕事がしたかった」

圷道和は年配の男性と話すことが「嫌だった」と語っていたのが、加藤電機商会入社後は加藤馨の丁寧な指導――圷によれば「お客さんとの付き合い方を(加藤から)学んだことが自分の財産」だという――で、営業マン向きの人間に変わってしまったようだ。そうした成長に対し、圷には加藤の指導や根積町店での仕事のお陰であるという認識はあった。が、それ以上に加藤電機にはもはや自分の居場所はないという強い思いが、彼を転職へと向かわせたのであろう。

松下本社でテレビの研修を受けた圷は、たしかに根積町店ではテレビ修理の第一人者だったに違いない。そしてそれが彼の自信の源になっていたはずである。しかしテレビの修理自体が少なくなる時代になった以上、新しい活躍の場を求めるのは当然である。圷は、それを他社の「営業職」に求めたのだった。

翌昭和四十年五月、圷道和は加藤馨に加藤電機商会を退社して転職する旨を申し出るため、彼の部屋を訪ねる。そのさい、圷には忸怩たる思いがひとつあった。

「じつは、(退社を申し出る)前年に念願の自分の家を建てたのですが、その時に旦那さんから祝い金として二十万円をいただいたのです。すでに転職を考えていた時なので、祝い金を黙って貰っていいものか迷いましたが、「貰えるものは貰え」という卑しい気持ちが私の心にあったのでしょうね」

一方、加藤馨が圷に「祝い金」を贈ったのには、いわゆる「新築祝い」としてだけではなく格別な理由があった。

加藤は経営者として、入社後の社員の仕事ぶりや生活態度を注意深く見守っていた。採用した社員がずっと勤めることは少なく、途中退職するのが普通であった。入社後すぐに辞める者もいれば、どうしても仕事に慣れなくて退職を余儀なくされる者もいる。そんな中で、仕事や職場にも馴染み勤続年数が一年から二年の社員を選んでは、加藤自らが社員の自宅を訪ねる、いわゆる「家庭訪問」を実施していた。

家庭訪問では、加藤馨は社員の両親や親代わりに対し、その社員が店でどのような仕事に携わっているかなどの説明をするとともに、彼の働きぶりを褒めたのだった。そのうえで彼の働きが会社の業績向上にたいへん貢献していると感謝の念を表すことも忘れなかった。そして最後には、加藤電機商会に今後も末長く勤めて欲しい旨を伝えるのだった。

加藤の「家庭訪問」には、目的がもうひとつあった。

それは、社員の家庭の状況をできる限り正確に把握しておくことである。というのも、社員に長く勤めてもらうには、障害になりそうな問題を早く見極めて対処しなければならないからである。たとえば、家族の加藤電機商会に対する不満などである。もし両親が勤務先に不満を持っていれば、転職されるリスクがある。そのリスクを回避するには、両親の不満の原因を知ることであり、解消に誠意を持って対応することである。

また、社員がどのような将来の希望を持っているかを探ることである。

その希望が転職などで移った他社でなくても叶えられるものであれば、早急に対応すればリスクは解消する。それには、職場では話しにくいことであっても、家庭なら意外と話しやすい面があるため、家庭訪問は加藤にとって絶好の情報収集の場だったのだ。

圷道和の場合、父親が戦病死していたため、母親が女手ひとつで子供たちを育てなければならなかった。圷家は持ち家ではなく、父の死去後は叔父を頼って彼から借りた家に住んでいた。ただし加藤馨は、保存していた履歴書の採用者記入欄に「小さなバラック」と借家の状態を書いている。恵まれない住環境で暮らしていたのである。

圷は三人兄弟の長男で、下には妹と末っ子の弟がいた。加藤の家庭訪問時、妹は中学を卒業して市内の小さな商店で働いていた。弟は中学生で、母親は働いていなかった。つまり、長男の圷は大黒柱として、母親を始め家族の期待を一身に背負っていたのである。そんな圷の将来の希望にも、加藤は耳を傾けたはずである。

加藤は採用者記入欄に「結婚出来る迄に何とかして家を建てなければならない」と書いている。借家から出て持ち家に家族で住むというのは、大黒柱として圷道和が必ず叶えなければならない悲願であったろう。加藤の記述からも持ち家建設に賭ける圷の必死な思いが伝わってくる。

圷は、その悲願を入社六年で達成する。「祝い金」とは、その努力を高く評価し今後も加藤電機商会でいい仕事をして欲しい、長く勤めて欲しいという加藤馨の期待と要望がないまぜになって表出したものであろう。それゆえ、二十万円の「祝い金」は加藤にとって特別なものであった。

圷道和が加藤電機商会を退社する旨を告げたとき、加藤馨は退社自体は認めたものの、それに至るまでの経緯が人の道に外れることであり、恥ずかしいことだと戒めた。さらに人間としての信用を失う行為であり、社会で生きて行けなくなると諭すのだった。

ただし加藤は圷の間違いを非難するだけでなく、その解決策も提案していた。

それは、内定先に事情を話して加藤電機商会の退社を半年延ばし、冬のボーナスで祝い金の二十万円を返すことであった。つまり、耳を揃えて二十万円をすぐに返すのが本来の筋ではあるが、祝い金はすでに使ってしまって手元にはないだろうから、自分で働いて稼いだ金で返却しろというのである。

このやり方では、坏には新たな負担はほとんど生じない。いわば、加藤の「親心」である。

坏は加藤の提案に従い、加藤電機商会を半年後に退社した。その間に加藤電機商会で働いた金で二十万円を返却し、転職先で営業マンとして再スタートを切ったのだった。その後、根積町店の前を通ったとき、坏と分かれば、加藤の妻・芳江は「寄って行きなさい」と声をかけてきた。立ち寄った時に加藤が居れば、一緒に話もした。加藤夫妻がなんのわだかまりも持たずに接してくれていることは、坏にも十分に分かった。

加藤夫妻の誠実な対応が嬉しい半面、それゆえに自分の過ちの罪深さを改めて思い知るのであった。坏によれば、加藤夫妻に会うたびに「本当に申し訳ないことをした」「本当に済まない」という気持ちが強くなっていったという。

坏道和は加藤馨の信頼や厚意を裏切ったわけだから、加藤がもっと怒りを顕わにしても何ら不思議ではない。退社したからもう関係ないと坏を見捨てたとしても、誰からも非難されることはないであろう。しかし加藤は、そうした坏を非難するような言動はいっさい行わなかった。

保存されていた中途退職者のファイルには、坏道和が入社の際に提出した履歴書が残されている。加藤は、その履歴書の余白に気づいたことを書き留めてきていた。たとえば、坏が松下が主催した「テレビ教室」に出席した日付と期間や運転免許証を取得したこと、挨拶の仕方を注意したことなど細々したことまで記入されていた。しかし坏の退社をめぐる経緯については、その記述がまったくなかった。坏の退社を半年延期させて祝い金を戻させた、という加藤の意図についても何の説明もなされていなかった。

その代わりに坏の在職中の評価には、大きな二重丸「◎」が付けられていた。

人は誰もが間違いを犯す。だからといって、その一点を捉えて相手を全否定しないのが加藤馨の生き方であり、過ちを認め反省した相手に対しては従来と変わらぬ態度で接するのが加藤の人生哲学なのである。

第五章　ナショナルショップへの加入と離脱

日本では、昭和三十（一九五五）年から昭和四十五（一九七〇）年頃までの十五年間を「高度経済成長期」と呼ぶ。とくに昭和三十五年七月に首相に就任した池田勇人が掲げた「国民所得倍増計画」に基づく諸政策によって、日本政府が実質的な国民総生産（GNP）をわずか約六年で、そして国民一人あたり実質国民所得を約七年で倍増させたことは、その後の成長体制の整備に大いに貢献した。

そのようにして経済的繁栄の時代が切り開かれたことで、日本の高度経済成長期は年平均一〇パーセントという驚異的な経済成長を遂げることが出来たのである。そしてその高成長の一翼を担ったのが、「家電ブーム」なのである。たとえば、昭和三十年の家電生産額は三百九十億円に過ぎなかったが、五年後の昭和三十五年には三千七百億円にも拡大していた。年率五七パーセントという高成長を達成したのである。

昭和三十一年度版経済白書が「もはや「戦後」ではない」と指摘したように、国民は戦前から続いた飢餓感から解放され、人間らしい生活を求めるようになった。それは、日々の暮らしに「豊かさ」が実現され、肌身で感じられることだ。その欲望に応えたのが電気洗濯機であり、電気冷蔵庫であり、電気掃除機であり、受像機としてのテレビなど一連の家電製品なのである。とくに「三種の神器」と呼ばれたテレビと冷蔵庫、洗濯機の三製品は、大ヒット商品となって家電ブームを牽引した。

一般庶民にとって、自宅に家電製品が増えることは日々の暮らしが良くなっていることを実感させたし、それは「今日より明日、明日よりも明後日はもっと良くなる」と未来に希望を抱かせてくれることでもあった。

こうして急速に立ち上がっていく家電市場に対し、家電メーカー各社は一般消費者の貪欲な需要に応えるための量産体制を整えていった。それは量産体制を支える販売体制の確立、つまり流通機構(問屋、小売店)の系列化を目指すことでもあった。

一般消費者相手のビジネスでは、売れ行きを予想することは難しく、生産量を大きく間違えれば、それは製品不足による商機の喪失か、逆に不良在庫を抱え込むリスクとなって返ってきた。そのようなリスクを回避するには、何よりも自社製品だけを販売する系列の小売店を出来るだけ多く確保することである。系列小売店が増えれば、最低でも最初の生産量を系列店数から始められる。たとえば一万店舗の系列店を確保すれば、一万点+アルファから生産量を決めることが出来るようになるからである。

系列店が増えれば増えるほど、メーカーは安定した増産計画を立てられたし、利益を確かにすることができた。それゆえ、メーカー間の流通機構の系列化競争は熾烈なものにならざるを得なかった。いわば、先手必勝だったのである。

一方、「卸売り」の問屋(販売会社)や「小売り」の家電販売店(町の電気店)では、家電メーカー各社の家電商品を平等に取り扱う傾向にあった。そこに「家電ブーム」の到来で、家電流通を取り巻く様相は一変する。家電メーカー各社は競って新製品を市場へ送り出し、昭和三十四年頃から流通機構の系列化が加速したからである。

流通機構の系列化は「卸売り(問屋)」から始まったが、その先陣を切ったのは戦前から販売網を強化してきていた松下電器産業(現・パナソニック)である。

昭和三十三年、松下電器は家電メーカー各社の製品を平等に扱っていた問屋に対し、松下製品の「専売」(松下製品だけを仕入れること)を要請した。形式は「要請」ではあったが、応じない場合は容赦なく取り引きを中止したため事実上の「強制」であった。その一方で、松下電器は「要請」に応じた問屋とは共同出資という形で、新たに「販売会社」(問屋)を立ち上げ、販売エリアや取扱製品の範囲を明確にするなど地域別、製品別の強力な販売網を構築していったのだった。

そのうえで着手したのが、「小売り」の系列化である。

松下電器では、松下の系列に入った家電販売店(町の電気店)を松下製品の取扱量によって区分けした。松下製品しか扱わない家電販売店を「ナショナルショップ」と呼んで、もっとも手厚い援助を施した。次が松下製品を中心に取り扱う「ナショナル店会」、最後は松下製品を多めに扱う「ナショナル連盟店」の三段階にランク付けしたのだ。なお松下からの主な援助は、店内改装費や広告宣伝費の補助、松下からの店舗運営に関する経営指導などである。

このような系列店の選別化とランク付けによって、松下電器は系列小売店の育成に力を注ぐことで強大な販売網を確立していくのである。ちなみに、松下の系列店は全国津々浦々にまで展開し、最大で約五万店舗にも及ぶ。それに対し、コンビニ業界トップのセブン-イレブンでさえ国内の店舗数は約二万一千店舗強に過ぎないことを考慮するなら、松下の系列販売網の圧倒的な強さを容易に理解できる。まさに「販売の松下」と呼ばれたゆえんである。

その結果、松下電器では新製品の生産を、系列店に一台ずつ置くとして最低でも五万台からスタートできるようになったのである。これによって、松下製品は発売当初から他社製品よりも強い価格競争力(低価格)を持ち得たのである。

もちろん、松下電器の系列化の動きに対し、同業他社が手をこまぬいていたわけではなかった。三洋電機や早川(現・シャープ)、八欧(後のゼネラル)など家電メーカー各社も松下に追随したものの、系列化への着手の遅れはいかんともしがたく、その差を埋めることは最後まで出来なかった。そのため、松下の販売体制と比べて他の家電メーカーのそれが見劣りするのは、やむを得なかった。

他方、日立や東芝、三菱電機など大手電機(重電)メーカーも、家電ブームに惹かれて家電事業に新規参入して来た。重電メーカーとは、発電所関連で使用する発電機や変圧器等の電力設備や、生産財として使われる大型電気機械を「重電製品」と呼んでいたことに由来する名称である。つまり重電メーカーの主たる顧客は、国や企業などの法人で、一般消費者相手ではなかった。

それゆえ、販売網の確立・強化は、家電メーカー以上に緊急の課題であった。しかし重電メーカーの出足は、家電メーカー各社以上に鈍かった。なお、重電三社が松下以外の家電メーカー各社と互角に戦えるようになるのは、昭和三十年代後半からである。

昭和三十年代の水戸市内の家電販売店の状況を、加藤馨はこう回想する。

「(系列店政策で)いつもリードしていたのは、松下でした。ですから、茨城(県内)や水戸(市内)の系列店は、松下だけでした。つまり、松下の系列店しかなかったということです。それ(昭和四十年代に入って)からは、一年おきぐらいに三洋電機とか日立、東芝とかの系列店が出来てきましたが、その時でも松下は別格でしたね」

当然、加藤電機商会に対しても松下電器から系列店への誘いはあった。水戸市内で有力な繁盛店に成長していた加藤電機商会にとっても、今後も商売を有利に進めるためには系列店入りは避けられなかった。ただ、加藤馨は松下の系列店入りに際して、自分自身が何か得心するものが欲しかった。

松下電器では当時、系列店以外の家電販売店でも松下製品の売り上げが特に多い店には、系列店と同じように「優良店」として表彰する制度があった。優良店として認められれば、大阪・門真の松下電器本社で行われる表彰式に招待された。

加藤馨は、優良店として加藤電機商会が松下本社に招待された時のことをこう回想した。

「松下電器は毎年、各県から売上高が多いショップ店を、優良店を合わせて約五千店ほど選んで大阪の本社に招待していました。そしていろいろとご馳走を出したり、勉強会をするわけです。期間は二日間ですが、勉強会が終わった頃に松下幸之助さんが現れて二時間ほど話をするんだよ。その話の趣旨に私は共鳴したんです。これは松下電器が一番真面目な会社でいいと。それで、松下のショップ店になると決めたんですよ」

さらに、どんなところに共鳴したかを語る。

「幸之助さんの話で一番良かったのは、価格の過当競争をなくそうと努力されていたことです。もちろん、当時でも激しい価格競争はあったんですよ。でも松下は、なるべく過当競争を避けて他のところで競争するように仕向けていたのです。ダンピング競争や過剰な値引きなどしないで、ちゃんと利益を取ってお互い儲けるために他のところで競争しましょうということです。それが、(加藤にとって)一番良かった」

松下の系列店への優遇策については、こうも言う。

「松下電器は、ショップ店を優遇するわけですよ。仕入れ価格を一パーセントとか二パーセントとか安くするわけです。だから、(系列に)入らないと損なんですよ。そういう優遇策もあったから、(加藤電機商会は)ナショナルショップになりました。優遇策の中で一番良かったのは、前年度よりも売上高が多いと松下電器から「特別奨励金」というお祝い金が出たことです」

昭和三十九(一九六四)年二月、加藤馨は所在地の都市区画整理事業に合わせて、住居兼店舗の根積町店を三階建ての鉄筋コンクリートに建て替える。そのさい、売場面積を八坪から四十五坪へと大幅に拡大させたのだった。そして同時に、根積町店を松下電器の系列店「ナショナルショップ」に衣替えし、新しい第一歩を踏み出すのである。

ただしこの増改築に関しては、妻の芳江は大反対だったという。詳細な理由は不明だが、夫の事業の急拡張に一抹の不安を覚えたのかも知れない。なお子息の修一によれば、馨は「これより大きな建物は二度と建てないから、今回だけは認めてくれ」と芳江に懇願し、やっと許しを得たのだという。

増改築した新しい根積町店の売場面積四十五坪は、当時のナショナルショップの中でも広いほうで大型店舗に相当した。しかし加藤馨は、店舗が大きくなっても従来から取り扱っていた電球や電池類などの小物雑貨の配送サービスを止めることはなかった。「顧客第一」を信条とした加藤電機商会の商法は、地元では「サービスが良い店」としての評価を高めるとともに根強い人気を保つことに貢献していたからだ。

加藤電機商会がナショナルショップとして第一歩を踏み出した昭和三十九年は、その半面、日本全体が大不況に襲われ、大型倒産が相次いだ年でもあった。いわば加藤馨と加藤電機商会は、その混乱の渦に我が身を投げ出す形になった。

本来なら昭和三十九年は十月に開催される東京オリンピックに合わせて、いろんな事業が進められており、誰もがオリンピック景気で潤うはずであった。しかし日本経済を取り巻く環境は、そう単純な状況にはなかった。

家電業界は家電ブームにのって昭和三十三年から毎年三〇パーセントもの高成長を続けていたが、

三階建てに改築された根積町店

その勢いも昭和三十六年をピークに次第に鈍化し始めていた。昭和三十八年には対前年比の伸び率は一〇パーセントを切り、誰の目にも家電ブームが終わりつつあることは明らかであった。

じつは家電ブームを終わらせたのは、家電業界自身であった。

家電事業に出遅れていた重電三社(日立、東芝、三菱電機)は、昭和三十年代半ばから豊富な資金力に物を言わせて本格的な設備の拡充と販売網の整備に乗り出し、先行していた家電メーカーと十分対抗できるまで力を付けていたのだ。その結果、重電三社は家電メーカー各社と激しい販売競争を繰り広げることになった。

たとえば、家電ブームを牽引した「三種の神器」のひとつ、テレビの市場シェアをメーカー各社ごとに比較してみれば、一目瞭然であった。

昭和三十年のテレビ市場では、早川(シャープ)が二四・五パーセントでトップ、二位が松下電器の一六・九パーセント、三位が八欧の一四・九パーセント、そして三洋電機の六・〇パーセントを加えると家電メーカー四社で六二・三パーセントを占める。

それに対し、重電メーカーでは東芝の九・七パーセントが最高で、三菱電機は四・二パーセントに過ぎなかったし、日立はテレビの生産それ自体をまだ行っていなかった。いわば、家電専業メーカーの時代だったのだ。

しかし昭和三十七年になると、様相は一変する。

テレビを含む家電市場におけるメーカー別のシェア占有率を見ると、トップは松下電器の二四・〇パーセントだが、二位には東芝の一八・〇パーセント、三位に日立の一四・〇パーセント、そして四位に三菱電機の一〇・〇パーセントが続く。つまり、上位を重電三社で独占してしまっているのだ。

それに対し、松下以外の家電メーカー各社は、五位の三洋電機の八・八パーセントを始め六位に早川の五・一パーセント、七位にビクターの三・五パーセントという具合に下位グループに名を連ねる。

ある意味、家電ブームは家電メーカーと重電メーカーによる激しい販売競争の産物とも言える。その販売競争を支えたのが、メーカー各社による相次ぐ設備投資、つまり量産体制の拡充である。まさに大量生産大量販売の結果なのである。

そしてそれは、もうひとつの結果――家電製品の全国的普及も――もたらしていた。たとえば、翌昭和三十八年の家電製品の「三種の神器」の世帯普及率を見ると、テレビ(モノクロ)は八九パーセント、電気洗濯機が六六パーセント、電気冷蔵庫も四〇パーセントと高い普及率を記録していたのだ。

つまり昭和三十八年以降は、家電業界の成長が鈍化し始めても当然であったし、むしろ買い換え需要しか期待できないことが予想されたのである。それゆえ生産調整をするなどして供給を減らす必要があった。しかし家電メーカーも重電メーカーも、そうはしなかった。逆に増産体制を強化し、アクセルを踏み続けたのである。

というのも、翌昭和三十九年十月に開催される東京オリンピックによる需要を大きく見込んでいたからだ。とくにテレビに関しては、メーカー各社は大幅な売上増を期待していた。多くの国民がオリンピックを視聴するためにテレビを買い求めると予測していたのだ。メーカー各社はなぜか、自社だけは世帯普及率の影響を受けないと考え、どのメーカーも増産体制を見直さなかったのである。

さらに、もうひとつ思惑があった。

カラーテレビという画期的な新製品の登場である。カラーテレビ放送は昭和三十五年から始まり、二年後にはカラーテレビも普及し始める。もちろん、モノクロテレビと比べてその普及のスピードは緩やかであった。それでもオリンピックを、カラーテレビ普及のための大きなビジネスチャンスにしたいという思惑がメーカー各社にはあった。つまり、「東京オリンピックをカラーテレビでも見よう」というわけである。

しかもモノクロテレビと違ってカラーテレビは、まだ高額商品であった。同じ一四インチでもモノクロテレビが約六万円だったのに対し、カラーテレビは約二十万円。オリンピック人気で売れ行きに弾みがつけば、コストダウンにもつながるし、カラーテレビの普及価格といわれた「一インチ一万円」の実現にも近づく。

とはいえメーカー各社にとって、オリンピック商戦での主力商品が値頃感のあるモノクロテレビであることに変わりはなかった。

要するに、東京オリンピックという大きな商機に目がくらみ、家電業界が過剰な設備投資と販売合戦を繰り広げた結果、市場は買い換え需要しか期待できない状態に陥っているにもかかわらず、どのメーカーも自社の利益しか考えず生産調整等の適切な対応をとろうとしなかったのである。

そこに追い打ちをかけたのが、政府の強烈な金融引き締め政策である。政府は、オリンピック・ブームに沸いて過熱気味だった景気を抑え込みにかかったのだ。その結果、景気は一気に冷え込み、不況ムードが漂い始めたのだった。そして家電業界は、過剰な設備と需要の停滞で大打撃を被ることになった。

ただし重電メーカーは「重電」という本業が堅調だったため、家電事業の不振を吸収するだけの余裕があった。他方、家電メーカーの中でも業界トップの松下電器は、もっとも大きな打撃を被っていた。昭和三十九年五月の前期決算で、松下電器は戦後の再建を果たした昭和二十五年以来初めて減収減益に陥っていたのだ。当然のことだが、松下の強力な販売網を支えてきた販売会社(問屋)や代理店でも、市況の悪化から赤字を計上するところが続出していたのだった。

ここでメーカーの過剰生産によって、問屋や代理店、家電販売店(町の電気店)が倒産や廃業など苦境に立たされた背景と原因を簡単に説明しておく。

東京オリンピック需要を期待して増産を続けたモノクロテレビだが、昭和三十九年に入っても販売見込み台数を大きく割り込み続け、六月頃にはメーカー及び流通段階で百二十万台もの在庫を抱え込む事態になっていた。そのころ、大手メーカー一社で業界全体のテレビ出荷台数を生産できるほど過剰な設備になっていたと言われていたほどだ。

こうしたメーカー側の過剰生産のツケは、まず流通側に回されることになる。というのも、メーカー各社が売れ行きに関係なく問屋(系列の販売会社や代理店)に生産したテレビを引き取らせたからだ。これが、いわゆるメーカーによる「押し込み販売」である。販売会社や代理店は独立会社の形をとっているものの、ほとんどがメーカーからの出資を受け容れて系列化されたり、資金援助を受けるなど手厚いサポートを受けているため、メーカーの意向には逆らえなかった。

それゆえに販売会社等は、売れる見込みのない大量のテレビ製品を言われるままに引き取るしかなかった。それでもメーカーからの高率のリベートによって、たとえ小売店に仕入れ値で卸したとしても十分な利益が得られる仕組みになっていたため、当面は問題が表面化することはなかった。

そのため販売会社等は小売店への卸値を大幅に引き下げて、時には仕入れ値を割り込む価格で大量のテレビを捌こうとしたのである。各地の家電販売店では当然、卸値が下がった分だけ従来の小売価格よりも安い値段を付けて、仕入れたテレビをすべて売り切ろうとした。その結果、各地で異常な乱売合戦が繰り広げられることになった。

とはいえ、いくら「安売り」競争に走ったところで、需要を超える供給があれば、商品を売り切ることは難しい。売れ残った商品は、在庫として販売会社等の倉庫に眠るしかない。

結局、販売会社や代理店にとって、たとえメーカーから高率のリベートが与えられても「押し込み販売」で受け入れた大量のテレビ製品は、不況と需要が一巡した環境にあっては在庫になるしかなかったのである。つまり、販売会社等は経営難に陥ったのだ。

他方、系列の家電販売店も事情は同じであった。

販売店など問屋からいくら廉価に仕入れることが出来たとしても、不況で景気が冷え込み需要も低迷している環境で大量に仕入れたテレビがそのまま売れるはずはなかったからだ。地域の家電販売店も、販売会社など問屋と同様に経営難に苦しめられ、転廃業が続いていた。

こうした家電業界の厳しい経営環境にあって、業界トップの松下電器では会長に退いていた創業者の松下幸之助が強い危機感から、一時的とはいえ「営業本部長代理」に就任する新しい経営体制を敷いていた。

その新しい経営体制下で特筆すべきことは、東京オリンピックを目前に控えた七月九日から三日間、松下電器が全国の系列の販売会社・代理店の社長を招いて「全国販売会社代理店社長懇談会」を開催したことである。

懇談会の会場となった熱海のニューフジヤホテルには、販売店・代理店百七十社の社長と松下側からは松下幸之助を始め社長以下全役員、全事業部長、全国の営業所長が集合した。会場は約二百七十名の出席者で埋まった。この懇談会が、のちに「熱海会談」と呼ばれ、松下電器の歴史に名を残す有名なイベントになる。

なおこの会談を計画し、そして開催させたのは松下幸之助その人である。

幸之助の狙いは、危機感の薄い社長以下全役員と営業部門幹部に対し、松下製品を販売している営業現場の疲弊、その実情を直接教えることであり、その一方で販売会社や代理店には松下本社への溜まりに溜まった不満を吐き出させることであった。

そうすることで両者間にあった不信感やわだかまりの解消に努めるとともに、問題解決のために松下電器と彼らが一致団結して対処できる態勢を作ることが、幸之助の最終的な目的であった。

懇談会は、初日から松下側と流通側の非難の応酬で紛糾した。

というのも、販売会社・代理店百七十社のうち黒字経営だったのは二十数社に過ぎず、多くは赤字経営から借金地獄の渦中にあった。なかには、資本金五百万円で一億円の欠損を計上していた会社もあったほどだった。そうした窮状があるにもかかわらず、松下電器は何ら有効な手段を講じようとしなかったというのが販売会社・代理店の不満であり、松下の責任を追及する根拠であった。

それに対する松下側の反論は、少数とはいえ黒字経営を実現している販売会社・代理店もあるのだから、赤字など経営悪化の原因はその会社の努力不足に過ぎないというものであった。これでは、取り付く島もない。

懇談会の会期中、両者の主張は互いの責任を追及して平行線を辿るだけであった。その中で、東京のある代理店の社長が松下幸之助に直談判した内容は、まさに問題の本質をつくものだった。

「会長さん(松下幸之助——筆者註)、よく聞いて欲しい。われわれ松下の代理店は、いま同士討ちをしている。なるほど地区販売店(系列小売店)の数は増えて、販売網は隅々まで行き渡ったともいえる。しかしそう見るのは、会長さん、メーカー側の見方だ。実際の販売を受け持つわれわれとして見たら、こんなありがた迷惑なことはない。百万円の売り上げのある地域に四つも、五つも店ができたら、一店当たりの売り上げはいくらになるか。われわれは、メーカー側の無理な押し込みにも応じて、なるべく多く売ろうと努力している。しかし実情は、同じ顧客の取り合いだ。われわれの敵は東芝や日立ではなくナショナルだ。会長さん、あなたはわれわれの窮状を本当に知っているのか」

松下電器では当時、自社製品を次のようなルートで流通させていた。

松下電器・各事業部→日本各地に設立された松下電器の営業所→問屋(販売会社や代理店)→系列小売店を含む地域の家電販売店→一般消費者。

ただし、問屋には「正式に」決められた営業地域がなかった。たとえば、東京の販売会社が遠く離れた北海道の松下の系列小売店に卸すことも可能であった。ただ暗黙の了解事項として、東京の販売会社は東京地区を営業の対象とし、わざわざ遠く離れた北海道などで商売はしないと受け止められていた。しかも系列の小売店も、自分の判断で仕入れ先を自由に決められることになっていた。

しかし「背に腹は代えられない」のは誰も同じで、自分の商売が危うくなれば、誰も「暗黙の了解」など気にしなくなる。例えば、東京の大手販売会社では、松下からの「押し込み」製品を大量に引き受け、高率のリベートを武器に格安の卸値で遠く離れた北海道や九州の各地区の系列小売店に卸すようになっていたのだ。そうなると、その地区の販売会社の取り引きに支障をきたすようになる。いつも松下製品を卸していた系列小売店が東京の販売会社よりも卸値が高いと仕入れなくなったからである。

このようにして松下電器では、系列販売会社同士、そして系列店同士の争いが全国各地で繰り広げられていたのだった。

松下を始めとするメーカーによる流通の系列化は、どこまでもメーカーの都合によって進められたため、流通の自主性を否定し奪うものであった。その結果、メーカーの過剰生産を流通側から止めることも、メーカーからの「押し込み」に抵抗することもできなかった。この自主性を奪ったことこそが、乱売合戦を生み出す大きな原因のひとつに繋がるものなのである。

全国販売会社代理店社長懇談会の最終日、壇上に立った松下幸之助はメーカーとしての松下電器の非を全面的に認め、そして詫びた。

「みなさんに対する適切な指導、指導という言葉は悪いかもしれないけれど、こうしたらどうですか、ああしたらどうですかというお世話の仕方に、やはり十分なものがなかったと思う。不況なら不況で、それをうまく切り抜ける道が必ずあったはずです。それができなかったことは、やはり松下電器のお世話の仕方が十分でなかったせいで、心からお詫び申し上げたい。昔、松下電器が初めて電球を作った時、売れない電球でも松下がそんなに力を入れるなら売ってあげようと、みなさんは大いに売ってくださった。松下の電球はそれで一足飛びに横綱になり、会社も盛大になった」

さらに、従来の販売体制の見直しと改革を約束したのだった。

「今日、松下があるのは本当にみなさんのおかげだと思う。それを考えると、私の方はひと言も文句を言えた義理ではない。これから心を入れ替えて、どうしたらみなさんに安定した経営をしてもらえるか、それを抜本的に考えてみましょう。それをお約束します」

松下幸之助は、百七十社の販売会社・代理店の社長との「お約束」を三つの改革という形で実現した。

ひとつは「地域販売制度」の導入である。

これは、系列の問屋がどの地域の系列店にも自由に卸していたことを禁止するとともに、系列の小売店に対しても仕入れ先を指定し、従来のような小売店が自己判断で仕入れ先を決めることなどないようにしたものである。しかも松下の指示に従わない場合には、容赦なく松下との特約関係を打ち切るなど断固とした措置を講じたのだった。

さらに、従来の系列店を三つにランク付けする制度を改め、松下製品だけを取り扱う専売店、つまりナショナルショップだけを改めて「系列店」とした。これによって、従来の系列店舗数約五万店は約二万七千店舗まで激減することになったものの、松下と系列店の結びつきはより強固なものになった。というのも、系列店を絞ったことで松下からの資金援助や経営指導などが従来以上に手厚く施されたからである。

とくにナショナルショップの店主たちは、松下幸之助が提唱した松下と系列店との「共存共栄」という新しい経営理念に強い共感を覚え、幸之助に対するロイヤリティを高めたのだった。このような信仰に近い信頼感は、同業他社のメーカーとその系列店との間では見られないものであった。

二つ目は「事業部直販制」の導入である。

前述した松下製品の流通ルートから「営業所」を外して、松下の事業部と販売会社・代理店の直取引に改めたものである。それによって、流通経路の簡素化とともに事業部が生産から販売まで一貫して責任を持つようにしたのだった。また同時に、事業部には問屋を通じて消費者の声がすぐに反映させられるようになった。

最後の三番目が「月賦販売制度」の改革である。

松下の系列店では、松下製品を現金だけでなく月賦(ローン)でも購入することが出来た。ただしローン業務は当時、全国各地に展開していた約五十社の系列の月賦販売会社が担当していた。そして月賦販売会社はローン代金の回収業務以外にも、松下製品の販売も行っていた。つまり、松下の系列店には系列の販売会社等から仕入れる正規ルートの他にも、月賦販売会社から同じ松下製品が流れてきていたのである。

この二つの仕入れルートを系列店が持つことは、小売店側から見れば、同じ松下製品が同時に卸されることであり、手間が煩雑化し負担が増えるだけのことであった。そこで松下幸之助は、系列の月賦販売会社を、いまのクレジット会社に衣替えさせて代金の回収業務に専念させたのである。これによって、系列小売店では月賦販売をしても現金販売と同じことになり、代金の未回収というリスクはなくなることになった。

次に松下幸之助が着手したのは、全国各地に乱売合戦を招いた最大の原因であるメーカーによる過剰生産問題の解決である。当時の家電業界には、日立・東芝・三菱の重電三社と三洋・早川・松下の家電メーカー三社の首脳たちが定期的に集まって、情報交換を始め業界全体の問題を話し合う懇談会が開催されていた。東京・虎ノ門のホテルオークラを定席にしていたことから「オークラ会」の呼び名が付けられていた。ちなみにオークラ会の生みの親は、松下幸之助である。

そのオークラ会の席上で松下幸之助は、過剰生産がもたらした乱売合戦、過当競争を改めなければ業界の将来は危うくなると訴え、業界全体による生産調整の必要性を主張したのだった。あくまでも自主的な生産調整のため、その実行には大手主要メーカー六社が集まるオークラ会での満場一致の賛成が不可欠であった。まもなく家電業界では、メーカー各社が足並みを揃えて生産調整に乗り出す。それにともない、乱売合戦や過当競争に終止符が打たれたのだった。

いずれにしても、乱売合戦や過当競争をもたらしたのはメーカーの過剰生産だが、それを解決する力がメーカーにしかなかったこともまた事実である。つまり、それほどメーカーによる流通支配は強固だったのである。

しかしそれが今後も続く保証は、どこにもなかった。

その理由のひとつは、すべてのメーカーが松下電器と同じような徹底した系列の見直しと販売体制の強化策を実行できたわけではなかったからである。もうひとつは、業界全体の生産調整等によって「昭和四十年不況」を乗り切り、再び高度成長期を迎えると家電製品の販売チャネルが多様化し始めたことである。

高度経済成長とともに訪れた大衆消費社会にあって、戦後の生まれの「スーパー」の急成長には著しいものがあった。とくに総合スーパーを目指したダイエーは主力の生鮮野菜類の他の商品も積極的に取り扱うようになり、家電製品では「メーカーからの価格決定権の奪取」をスローガンに「安売り」を始めていた。当然、家電メーカー各社との間で軋轢を生じさせることになった。

中でも業界トップの松下電器では、定価販売を維持する系列店「ナショナルショップ」を守るためダイエーとの対決姿勢を打ち出し、ダイエーに対し松下製品の出荷停止の措置をとったほどであった。とはいえ、販売チャネルの多様化という社会の変化や時代の流れを、松下電器を始め家電業界がいつまでも食い止められるはずはなかった。

一方、加藤電機商会は根積町店の新装開店を機にナショナルショップとして新しいスタートを切ったが、前述したように、いきなり過剰生産による乱売合戦の渦中に身を置くことになった。松下の系列販売会社・代理店やナショナルショップの多くが赤字経営などで苦しめられたが、加藤電機商会も同様の影響を受けたのだろうか。もし受けたとしたら、どのような対策を講じたのであろうか――。

結論から先に言えば、過剰生産からくる乱売合戦の影響はほとんど受けなかった。むしろ逆で、加藤電機商会は創業以来の増収増益を継続し、相変わらず「サービスの良い店」として人気を博していたのだった。

もともと加藤馨は「安売り」など価格競争を商売の邪道だと考えており、周辺の競合店が安売り競争を仕掛けてきても応じなかった。また店員に対しても、安くしないと買わないというお客には「無理して売らなくてもいい、売れ残ってもかまわない」と教えていたため、乱売合戦に巻き込まれようもなかった。

周辺の店舗が「安売り」に走ろうが、業界が乱売合戦に動揺していようが、加藤馨と加藤電機商会は何の影響も受けなかったし、そもそも無縁なことであった。というのも、その頃までには加藤電機商会・根積町店には「サービスは良いのだけども、（値段が）高い店だからね」という評価が得意客の間にすっかり定着してしまっており、そもそも大幅な値引きを期待するお客が来店することはなかったからだ。ただし価格が高いと言っても、定価の一五パーセント引きで販売しており、加藤馨と加藤電機商会が暴利をむさぼっていたわけではない。一五パーセント引きに「安さ」を感じないほど、乱売合戦がひどかったということである。

だからといって、加藤馨が松下電器を始めとするメーカーの過剰生産やそれらによって引き起こされた乱売合戦に対し、無関心であったわけではない。父親譲りの先見性を持つ加藤は当然、松下を始めメーカーの動向には注意を怠らなかった。

ナショナルショップに加入したのは、創業者・松下幸之助の経営理念に共鳴したからだが、実際の窓口となる松下の営業所との間では商売のあり方等をめぐって次第に「すれ違い」を感じるようになっていた。いくら創業者の幸之助が系列店との「共存共栄」を掲げたところで、営業所から訪れる営業マンは所詮、サラリーマンに過ぎない。売り上げ（系列店との取り引きの拡大）を伸ばし、本社の覚えを良くしたいと願うものだ。本社の顔色を窺うのは、サラリーマンの習い性というわけである。

それゆえ、加藤馨からこんな批判の言葉も出てくる。

「松下がダメなのは、店舗を作るのにはお金がかかりますから、それよりも手っ取り早いやり方としてセールスマンを大勢雇って彼らに訪問販売をさせるということをやってたんですよ。こういうことを、松下はずっと長くやってきました。でも松下の考えは間違っているんです」

さらに、松下の間違いの原因を指摘する。

「なぜ(松下の考えが)間違っているかというと、お店で(商品を)売るのとセールス(訪問販売)に出て売るのとでは、(求められるスキルが)まったく違うからです。セールスに出ると分かりますが、お客さんというのは余計なことを喋るんですよ。私も四〜五年ほどセールスに出ていましたが、(店主の)私に対してでも人をバカにしたような物言いをするお客さんはたくさんいましたよ。それでもセールスでは、それを笑ってすませて腹を立てないようにする、そのうえでいろいろ雑談を交わして帰って来なければなりません。しかしそう出来るまでには、相当な鍛錬が必要なんですよ。それを(松下は)、高校を出てきたばかりの十八歳やそこらの店員にやらせろ、というのです。だから私は、そんなことは出来っこないと反対するんです。それをやらせろ、というのは松下の方針がそもそも間違っているのです」

最後に加藤は、これからの地域の家電販売店のあるべき姿について語る。

「やはり(家電販売店の)営業は店舗を大きくして、そこの売場に品物を潤沢に並べて来店者に気に入った商品を買っていただくことが大切なのです。そうでないと、販売店は大きくなれません。それは、創業以来の私の持論でした。これに関しては、松下とはずいぶん話し合ったけど、(訪問販売重視の松下とは)どこまでも平行線でしたね」

じつは一度、加藤馨は松下のアドバイスもあって、売り上げを上げるためにセールスマンを雇ったことがあった。

「そのとき、もっとも売った人と逆にもっとも売れなかった人で売上高を比べたら二対一ぐらいの差が出てしまったんですよ。だからといって、売れない人に「なぜお前は、(売れる人の)半分の売り上げしかないんだ」と言ってもしようがない。それが、能力の差なんですから。だから、数値目標を掲げることは、あまりよくないと思いましたね」

きわめて婉曲な言い回しではあるが、加藤は一度は試したものの、セールスマンを使った「売り上げ至上主義」のデメリットを再認識させられたのだ。そのデメリットとは、店員の評価を数字(売り上げ)で決めてしまう風潮が店内に醸成されることである。そうなれば、店員はみな目先の売り上げに汲々としてしまい、加藤が目指す「店づくり」の障害になるからだ。

加藤馨は「商売は一回だけで終わるものではない」という。つまり、「(家電製品を)買うなら、この店が良い」、あるいは「この店で買いたい」と来店客が思ってくれる親切な接客、どこまでも顧客の利益を最優先した接客を心がけさえすれば、必ず再訪するようになるから商売は続いていくと加藤は考えるのだ。

たとえば、他店で行わない出張修理サービスを続けてきたことも、またその際に一点だけとはいえ、無料で故障している製品を修理したことも、目先の利益よりも顧客の立場になって考えて彼らの利益を優先させたものである。それによって、加藤電機商会は「親切でサービスの良い店」という評判を得て、その信用で顧客からの注文が途切れることのない繁盛店になったのである。

そのような考え、姿勢を店員にまで徹底させるためには、販売のプロであるセールスマンの評価基準――売り上げという数値目標――は、加藤電機商会には無用の長物どころか障害になりかねない。それゆえ、加藤馨は売上増が計算できる「販売のプロ」セールスマンの採用を止めたのである。

松下電器(営業所)との「すれ違い」は、もうひとつあった。

昭和四十年不況を乗り越えた家電業界は、その年の十一月から始まる「いざなぎ景気」に乗って再び快進撃を始める。いわゆる「第二次家電ブーム」の到来である。

その主力製品として期待されたのが、カラーテレビである。しかし発売当初の二一インチが五十万円と高額な価格になったことやカラー放送時間の短さがネックとなって、東京オリンピックでも予測したほどは売れなかった。多くの国民にとって、オリンピック観戦はモノクロテレビで十分だったのである。

しかし昭和四十一(一九六六)年に普及価格である「一インチ一万円」を実現すると、カラーテレビは順調に売れ出すようになる。もちろん、その背景には池田内閣の所得倍増計画に基づく諸政策によって、国民の所得が急増していたという事情があった。さらに昭和四十三年には、日本はGNP(国民総生産)でドイツを抜いて、アメリカに次ぐ世界第二位の経済大国になるのだ。

大幅な所得の向上によって、日本国民の「豊かさを求める」気持ちはさらに貪欲になっていき、暮らし全体にまで及ぶ。そうした世相をつかんだメディアは、豊かな暮らしの象徴として「カー、クーラー、カラーテレビ」の三つの製品を取りあげて「新・三種の神器」ないし「3C」と呼んで喧伝したのだった。家電ブームのような好景気の再来を期待してメディアが煽ったのである。

消費社会へと変貌する世の中にあって、また第二次家電ブームを迎えて、加藤馨は加藤電機商会の将来図をどう描いていたのだろうか。

その頃の水戸市内では、電機メーカー各社は系列店の出店を終えていた。しかし出揃ったメーカー各社の系列店の中でも、ナショナルショップは店舗数でも販売力でも圧倒的な強さを誇っていた。言い換えるなら、水戸市内では家電製品の販売競争は、ナショナルショップ同士の戦いを中心に展開していたのだ。

そのような状況を、加藤は変えたいと思った。

「水戸市では松下の系列(網)が一番強かったから、市内には系列店もたくさん出来ていたわけです。つまり、互いに同じ製品でいつも戦うような形になってしまっていました。でもそうじゃなくて、(他社の製品も含めて)いろいろ製品を売っていたら、お客さんも多くなるわけですよ。いくら松下の系列店が多いといっても、松下の商品を買う人は多くても(水戸市内の全消費者の)五〇パーセントです。残りの五〇パーセントは、松下のお客さんではないわけですよ。でもいろいろ売っていれば、残りの五〇パーセントも松下のお客さんにできるようになります。お客さんを増やすためには、(松下以外の製品を売る)混売店にしなければやっていけない時代になったのです」

加藤馨はナショナルショップを続けながら、他社製品の販売をしないと家電販売店は繁盛しないし、大きくなれないというのだ。かつて松下には「専売店」のナショナルショップ以外にも「混売」を認めたナショナル店会やナショナル連盟店と呼ばれる系列店があった。それらは「熱海会談」後に廃止されたが、その復活に家電販売店の生き残り策を見出したのである。

当然、松下電器(営業所)は、加藤の考えに大反対だった。

「どうしても松下は、系列店が余所(他メーカー)の製品を売ると松下からの仕入れが減ると考えるんですよ。でも私は、違うと。余所の分は余計に売れて、松下(製品)の売り上げが減るわけじゃないと説明したんです。実際(松下の系列を止めた後)、私が言った通りでした。だけども、とにかく私が他社の製品を扱うことが、松下にすれば面白くなかったんです」

加藤と松下(営業所)の話し合いは、当初の他社製品も扱わせて欲しいというビジネスの問題が「専売」に固執する松下の感情論に支配されたため、行き詰まるしかなかったというわけである。しかし加藤にすれば、店の発展のためには松下の言うがままに現状を追認してはいられなかった。店を大きくし社員の暮らしを守るためには、早く混売に踏み切るしかないと考えていたからだ。

昭和四十一（一九六六）年十月、松下電器は恒例の「ナショナルショップ経営講習会」を大阪・門真市の本社で開催した。加藤馨もその経営講習会に参加するため、水戸から門真市に出向いた。そのさい、宿泊先のホテルで、栃木県の有力ナショナルショップ店「ヌマニウ電機」の社長、沼生実と同室になった。

その沼生が加藤に対し、ある勉強会への参加を誘ったのである。

「加藤さん、今度「東日電」という勉強会が出来たんだ。一緒に入らないか」

そう言うと、沼生は東日電がどういう組織で、どこの家電販売店が参加しているか、どのような勉強をしているかなどを詳細に説明したのだった。そのとき、沼生と加藤が共有した危機意識は「専売店では先が見えている。店を大きくするには、混売を始めるしかない」というものだった。自分と同じ考えのショップ店の社長がいることに意を強くした加藤は、「じゃあ、入りましょう」と即断したのだった。

加藤馨は大阪から戻ると、すぐに東日電加盟の手続きを行い、年明けの昭和四十二年一月から正式に加入した。

ちなみに東日電とは、昭和三十八年三月に設立された「全日本電気大型店経営研究会（全日電）」の下部組織である。東日電は当時、年商一億円以上で大型店舗を構えていた地域の家電販売店、たとえば千葉県鴨川町（現・鴨川市）の杉山電器や群馬県前橋市の栗間電機、栃木県宇都宮市のヌマニウ電機などが有力な加盟店であった。

全日電は、各地で大型店舗を展開し系列に入らず独自の道を歩んでいた家電販売店（混売店）が、高度経済成長期に台頭してきたスーパーに対抗するために互いに協力して今後の家電販売店のあり方を研究する目的で作られた組織である。全日電結成を主導したのは「関西の雄」と呼ばれた星電社の社長、後藤博雅である。全日電結成時には代表的な大手の家電販売店十二社が参画し、半年後にはさらに十社が加わって合計二十二社となっている。なお、この全日電が後の「日本電気専門大型店協会（略称・NEBA）」の母体となるものである。

その後、各地域で全日電と同じような趣旨の研究会を立ち上げたいという気運が高まったため、下部組織が順次結成されることになった。それが、全国を八地域に分けて作られた北日電や東日電、中日電などの地域ブロック組織である。加藤馨が参加した勉強会「東日電」は、関東地区を対象にしたそのひとつである。

東日電加入後、加藤馨は月に一度、東京で行われる勉強会に出席するため水戸から通った。毎回欠かさず出席することを心がけていたものの、どうしても無理な場合には、東京の大学に進学していた長男の修一を自分の代理として出席させた。

熱心に通った東日電の勉強会で、加藤馨は厳しい販売店の現実を学ぶ。

「一番勉強になったのは、今後は「商売をするうえで、価格競争を避けてはやっていけない。価格競争を避けては通れない」という現実を学んだことです。たしかにマージンを高くして売れば儲かりますが、マージンを高くすればするほど（価格が高くなって）逆に売れなくなります。それなら、なるべく経費がかからない、経費が少なくて済むローコストの経営をめざすしかないと思いました。仕入れ値が高くても経費が安くすめば、低価格で売っても利益は確保できますからね。それで、（加藤電機商会では）ローコスト経営を目指すことにしたわけです」

一方、東日電入りは、松下電器との間に深刻な軋轢を生んでいた。

じつは全日電には勉強会や研究会を通じて参加企業の体質強化を図るという一面と、共同仕入れと独自の商品開発を行うことで全国的な協業化組織の建設を目指すという別の一面もあった。ありていにいえば、全日電はボランタリーチェーンの機能も持つ組織だったのである。それゆえ、全日電チェーンや東日電チェーンとも呼ばれていた。

ちなみに、ボランタリーチェーンとは、加盟した家電販売店は店名を含め独自の経営を行うことが認められる一方で、商品の仕入れや販売促進、物流などの共同化によって助け合う組織、いわば協同組合みたいなものである。

加藤馨が東日電入りを決断したことで、加藤電機商会は全日電チェーンを通じて松下製品以外の家電商品を自由に仕入れることが出来るようになったのだ。それまでも加藤電機商会では松下以外の製品を仕入れて販売していたが、種類も品数も少なかったため松下電器の水戸営業所も黙認していたという経緯があった。というのも、加藤電機商会が茨城県下の有力なショップ店で、しかも松下製品の売り上げにもほとんど影響がなかったからである。

しかし加藤電機商会が全日電(東日電)チェーンから本格的に他社製品を仕入れるようになれば、松下(の営業所)にとって、もはや黙認することはできない。東日電チェーンを利用することは、加藤電機商会がナショナルショップ(松下の専売店)をやめて「混売店」になると宣言したも同然だからだ。

東日電加入から約半年後の八月、実際に加藤電機商会が混売を本格化させると、加藤馨に対して松下の営業担当者からの執拗な引き留めが始まった。茨城県の有力店である加藤電機商会がナショナルショップから離脱すれば、県内の他のショップ店の動向にも影響を及ぼしかねなかったからだ。

それゆえ松下は、引き留めに際しては恫喝に近い「説得」も辞さなかった。

「松下からの嫌がらせは、いろいろありました。ナショナルショップを止めたら、(経営がおかしくなって)店が潰れてしまうぞとか、ときには「それなら今度から売値(仕入れ価格)を上げるぞ」とかなど、いろいろ言われました。でもね、それは口先だけのことです。たとえば、仕入れにしても取引高に応じて何パーセントの割引きをするという松下との契約があったわけですから、それを無視して特定の会社だけ売値を高くするというわけにはいかないですよ」

さらに、こう言葉を継ぐ。

「東日電の勉強会でも、これからは（家電販売店は）いろんなメーカーの製品を売らなければ発展しない、もう専売店ではダメだという結論なんですよ。私の考えも同じでしたから、松下からの嫌がらせも気になりませんでした。それでナショナルショップをお終いにして、堂々とどこからも仕入れられる、どこのメーカーの製品も扱える混売店になったんです」

混売店へ，家電量販店へ踏み出した根積町店

その年の秋には、加藤電機商会・根積町店ではナショナルショップの看板をそのままに新たに他社の看板も掲げるようになった。松下の系列店「専売店」から「混売店」への転換を明らかにしたのである。

ところで、加藤馨が松下の系列店網からの脱退を決断したのは、たしかに混売店でなければ家電販売店の発展が見込めない世の中になったからであろう。しかし同時に、それだけが脱退の理由であろうかという素朴な疑問も私には生まれていた。

加藤馨がナショナルショップに加入したのは、創業者・松下幸之助の考えや経営理念に共鳴したからである。もしその共鳴には揺るぎがないとするなら、加入の経緯と脱退の理由の間に矛盾は生じないであろうか。

そのような疑問を私が抱いたのは、加藤馨がナショナルショップに加入した当初のことを語ったとき、ふと漏らした「ただ悪いことも、松下にはありました」という言葉がずっと気になっていたからである。

その「悪いこと」とは、加藤によれば、「仕入れ代金の取り立ての期間が(同業他社と比べて)一番短かった」ことだという。そのため、松下が指定した期間を守れない家電販売店は、ナショナルショップから脱落、つまり止めてしまうしかなかったというのだ。

松下電器は系列店との「共存共栄」を謳いながらも、内部では激しい生き残りを賭けた競争を家電販売店に強いていたのである。そこに加藤馨は、松下幸之助が語った経営理念「共存共栄」との乖離を感じたのかも知れない。

あの「熱海会談」は加藤電機商会がナショナルショップに加入した年の七月に開催されているが、会談後には系列店政策の見直しが行われ、松下電器は仕入れ代金の支払いについて次のように決めている。

一、取引は月末現金払いとする。現金支払い分に対しては三パーセントのリベートを付ける。
一、手形は六十日まで認め、利息はとらない。
一、手形が六十日以上のものに対してはペナルティとして三パーセントをいただく。

加藤の回想――。

「当時は、家電販売店にはお金の余裕がなくて六十日の手形で仕入れ代金を払うところが多かった。でも松下は、それを六十日早く現金で支払うと三パーセントの報奨金を付けたんです。それは、二カ月で三パーセントの金利がつくようなものです。それで私は、銀行から金を借りて現金で支払わなければ損だと思いました。銀行の(貸し付け)金利は、当時は年間八パーセントぐらいでしたので、二カ月で三パーセントは年利に直すと一五パーセントでしょう。銀行で借りて払っても、儲けはあるわけです。そのとき、私の信用で地元の銀行からお金を借りてきて、商品の仕入れ代金を月末に現金で支払いました。そういう風にしてきましたので、うちは比較的順調に発展しましたね」

その一方で、手形払いのショップ店の立場も思いやる。

「私のように現金で仕入れ代金を払える人と払えない人とでは、差が付いてしまうわけですよ。三パーセント貰う人と貰わない人では、わずか六十日で売り上げが三パーセント近くも違えば、それは大きな差となります」

ましてや三パーセントをもらえないどころか、ペナルティとして逆に三パーセントの支払いを求められるナショナルショップは「大きな差」どころか、置き去りにされてしまった感じであろう。

その意味では、松下の新しい系列政策は、共存共栄を目指すことよりも系列店をふるいにかけて選別することに重きを置いていたと言えるかも知れない。

このような松下によるナショナルショップの選抜を経験していくうちに、加藤馨には松下の経営そのものに対しても疑問を抱くようになっていった。

後に加藤馨の後を継ぐ長男の修一は、父親の幸之助に対する評価が変わったことを知る少ないひとりである。

「うちが量販(家電量販店)に変わる頃だったと思いますが、親父は「松下幸之助も良いことを言っているけど、間違っている。松下の利益と小さな電気屋さん(ナショナルショップ)全部合わせた利益を比べたら、松下のほうが多い。これは、良くない。町の電気屋さんはみんな小さいのだから、合計した利益が松下よりも多いくらいでないとダメだ。これは、松下のやり方がおかしい」というようなことを言い出しました」

これは、松下の系列政策は幸之助が掲げた「共存共栄」を実現していないし、もともと実現を目指していたかも疑わしいと正面からの批判である。それが出来たのも、加藤が言うように「ナショナルショップでやってきましたが、だからといって松下教の信者ではありませんでした」からであろう。

加藤馨と加藤電機商会が松下の系列店、ナショナルショップから離れるのは、会社のあり方や進め方など経営思想からして必然だったのである。

第六章　世代交代と「我が社の信条」

昭和四十二(一九六七)年秋、加藤電機商会・根積町店では、ナショナルショップの看板をそのままに他の家電メーカーの看板も掲げるようになった。ナショナルショップのまま「混売店」への転換を宣言したのである。当然、松下電器から混売を止めるようにと様々な説得が試みられたものの、加藤馨の決断を変えることは出来なかった。

だからといって、松下電器には強制的に止めさせる策はなかった。というのも、ナショナルショップが他のメーカーの製品を取り扱うことに対し当時は、ペナルティなどの処分そのものがなかったからである。

さらには松下側にも、加藤電機商会をナショナルショップから脱退させたくない理由があった。それは、加藤馨が当初から主張した「混売を始めても松下製品の売り上げは減らない」ことを実証していたことである。混売を始めてから根積町店の売り上げは急伸したものの、松下製品の販売量は減るどころかむしろ増えていたのだ。自社製品をたくさん売ってくれる系列店を手放したくないのは、松下に限らずどの家電メーカーでも同じなのである。加藤電機商会は、茨城県下のナショナルショップの中でもとくに優良店だったからなおさらだったろう。

次男の幸男（後のケーズホールディングス専務）は、その頃の松下（営業所）との混売をめぐる、こんなエピソードを紹介する。

「ナショナルショップのとき、三菱（電機）のカラーテレビを欲しいというお客さんがいて、実際に三菱のテレビは品質が良くお客さんの人気も高かったので、親父（加藤馨）は店頭に並べて売ろうとしたんだ。そうしたら、松下がショップリベート（報奨金）をあげませんよと言ってきた。それに対し、親父は「それでかまいませんよ」と松下の脅しに屈しなかった。親父の考えは「お客様の欲しいもの（製品）を並べて売ることが、小売業」だったから、自分の意思を曲げなかった」

その結果について、こう語る。

「親父が三菱のカラーテレビを店頭に並べて売りに出したところ、お客さんたちの間で評判になってたくさん売れました。そうしたら、松下が態度を豹変させて「（出さないと言った）ショップリベートも出しますから、内緒で目立たないように（混売を）やってもらえませんか」と言い出したんだ。そのとき、これはメーカーの本音、真理だなと思いました。結局、メーカーは儲かっている店（系列店）は手放したくない。捨てられるはずがないじゃないですか」

こうして加藤電機商会は、根積町店で混売を本格化させたものの松下の営業所からの黙認は続くことになった。つまり、実態は混売店でありながら、形式上は専売店（ナショナルショップ）のままだったのだ。

一方、加藤馨は、東日電の勉強会に通って将来の小売店経営に必要なことを学び続けた。混売店経営の次は訪問販売から店頭販売への本格的な切り替え、その際の経費を抑えた効率経営の実現など学ぶべきことは山積していた。

加藤馨が気にしていたのは、水戸市内にも危惧していたスーパーやディスカウントストアなどの大型店舗が進出していたことである。たとえば、昭和四十四(一九六九)年頃までには、総合スーパーのダイエーや西友、百貨店の丸井などの大型店舗が相次いで出店してきていた。

その中でもとくに加藤が腹に据えかねたのは、ダイエーが家電製品の「安売り」攻勢を仕掛けてきたことだ。同じ松下製品であっても、ダイエーと加藤電機商会・根積町店では販売価格に格段の開きが出てしまっていたのである。これでは、加藤電機商会で同じ製品が売れるはずがなかった。

どうして、そのようなことが起きるのか。考えられるのは、ダイエーが加藤電機商会よりもはるかに安い仕入れ値を実現していることである。つまり、ダイエーは大量仕入れによって卸値を他店よりも安くさせているのではないかという疑いである。

加藤馨は、松下電器の水戸営業所にクレームを入れた。

「それで、松下にも文句を言ったんだ。「ダイエーさんがあんな値段で売っていたら、困る」と。そうしたら、「ダイエーは少し違うんだ。水戸の松下の販売会社(問屋)はダイエーには売っていない。どこか他から(松下製品を)仕入れてきているんだ」と言うんですよ。それで、これ(ダイエーなど大型店舗)と競争していくには、われわれもある程度は(店舗の)規模を大きくするしかしようがないと思いました」

これからの家電販売店は、製品を大量に仕入れて割安な価格で大量に売る大型店舗でなければ生き残れない、と加藤は考えるようになったというのだ。つまり、根積町店を拡大できない以上、規模拡大には支店を出すしかなかった。

「支店を出すにしても、店を作って従業員を連れて行き商品を並べれば、それで済むという単純なものではありません。それだと、第一に支店の管理ができません。支店の管理などは、営業経験のない(東日電の)講習会の先生に訊いてもあまり知りませんから、役に立ちません。自分の目で確かめるしかありませんでした」

と、加藤馨は上京してはダイエーなどの大型店舗の視察を繰り返した理由を説明する。遠くは関西にまで足を伸ばしたこともあった。なお東京では、東京電機大学の学生だった長男・修一を道案内を兼ねて同伴させることも少なくなかった。

さらに、加藤は説明を続ける。

「大きな店(の視察)で一番参考になったのは、第一家庭電器(東京)や星電社(大阪)などでした。見学に行った店では、やり方(オペレーション)をよく見ましたし、そこの店長からも管理の仕方を始めいろいろと教わりました。そのような勉強を続けまして、こうしたらいいんだという自分のやり方を割り出していったわけです」

このようにして加藤馨は、ダイエーなど大型店に対抗するために東日電の勉強会や講習会を活用するだけでなく、自ら足を運んでは他店の見学や調査を行うなどの勉強を続けたのである。そのようなとき、長男の修一が東京電機大学を卒業と同時に、加藤電機商会に入社してくるのだ。

加藤修一は、父親が創業した会社に入った経緯をこう説明する。

「私は理系ですが、父親と一緒に東日電の勉強会に参加したり、父親が出席できない時には代理で出たりしているうちに(家電販売店という)商売に対し次第に関心を抱くようになったのです。とくに勉強会の講師を務めていた経営コンサルタントの藤田(昭)先生の「これからの家電産業の未来は明るい」という話を聞いたとき、まだ学生だったにもかかわらず、すぐにでも(加藤電機商会に)入りたいと思ったほどでした。父親の跡を継ぐかどうかで迷っていた私の背中を押したのは、間違いなく藤田先生のこの話でした。私が入社した昭和四十四年四月頃は、(加藤電機商会は)年商一億円ぐらいの、従業員数も二、三十人ほどの会社でした。当時の業界トップは星電社で、年商は約六十億円でした」

一方、加藤馨は、長男・修一の入社をどう受け止めていたであろうか。彼もまた父親として、息子に継がせることは当然だと考えていたのであろうか。

それに対し、加藤馨は当時の気持ちを率直に語る。

「修一は東京の大学生の時代、私と一緒に東日電の集まりなんかに出たりしましたし、私の代わりに東日電の会合に出席したこともありますよ。でも本人は、跡を継ぎたいとか商売に関心があるとか、私には何も言わなかったけどね。ただその頃は、自然に親の跡を継がなければならないような仕組みになっていたんです。まあ私が、そうなるように仕向けていたのですが。それに、こんなことを言うとあれだけども、（加藤電機商会には）大学を出たような優秀な従業員はまだいなかったんですよ。社長になれる優秀な人材がいなかったから、長男が跡を継ぐしかなかった。社長になるしかなかった」

さらに、こう持論を述べる。

「会社は個人（創業者）のものではないから、次の社長を社長の息子がしなければいけないとは考えていません。その考えはいまも変わりませんし、実際に（社内外で）そう言っています。だから、会社を一番いい方向へ持って行ける人が、次の社長になればいいと思っています」

加藤馨は、会社を発展させる人物であれば、創業家と関係なくても社長に就任すべきだというのである。逆にいえば、自分も次の社長をそうしたかったが、相応しい人材が社内にいなかったため、長男を後継者にするしかなかった。それも強制するのではなく自然と跡を継ぐ気持ちになるように「仕向けた」というのである。つまり、東日電の勉強会に参加させたり、ダイエーなどの大型店舗に視察に同行させたことなどは、彼なりの帝王学の教授であったのであろう。

加藤修一は地元茨城県の名門進学校である県立水戸一高を経て、東京電機大学工学部電気通信工学科に進んでいる。高校時代は、英語や国語など暗記が欠かせない学科の成績はまったく振るわなかった。とくに英語は大の苦手で、百点満点のテストなどで五点や十点といったきわめて低い点数しか取れないことも少なくなかった、という。他方、論理的な思考が求められる数学や物理などは得意とした科目であった。その論理的な思考は大学では別の面でも活躍したようで、競輪の必勝法を確率論などに基づいて研究していたというエピソードも残されている。

修一は新人時代に加藤電機商会自慢の出張修理サービスやテレビアンテナの設置、あるいは訪問販売などの外回り、営業活動を一通り経験させられているが、彼によれば、アンテナの設置が一番得意だったという。

修一が得意としたテレビアンテナの設置には、部下だった井川留雄（元ケーズホールディングス役員）によれば、他店では見られない固有な方法が使われたという。

「昔の電気屋は、テレビのアンテナを設置するさい、どの方向に向けるかをカンで決めていたんです。だから、どうしても映りのいいテレビと悪いものがあった。でも修一さんは、デシベルの測定器などを使って正しい方向を決めていました。たとえば、この方向だと何デシベルあるから絶対に映りがいいといって、高さなどの調整をしました。つまりウチでは、修一さんがアンテナ立てを機械化していたんです。そのころ、たしか修一さんは「映りの悪いテレビがありましたら、加藤電機商会で直します」といったチラシを作って配っていました。もちろん、松下に限らずどこのメーカーのテレビも直されました」

理系の修一らしく、ヤマカンではなく数値化による合理的な判断でテレビアンテナの方向を決め、適切な設置を行えるようにしたのである。この方法に従えば、誰もが正しい方向にテレビアンテナを容易に設置できるようになる。修一の考えに基づいて、テレビアンテナの設置という作業の効率化が図られたのである。

ここでテレビアンテナの設置について、少し補足説明をする。

テレビ局が放送する番組(映像)は、電波(電気信号)として各地の中継局を経て一般家庭などのテレビ(受像機)に届けられる。そのさい、送られてくる電波を正確に受信しなければ、綺麗な映像は得られない。しかしアンテナには指向性があり、アンテナの向きによっては電波を正確に受信できない。アンテナの正しい向きを特定することこそが、綺麗な映像を見るための大前提なのである。

ありていにいえば、強いテレビ電波が発信されている方向を特定することだ。それには電波の強さや質、雑音などを数値で表すことが出来れば、容易に特定できる。その電波の強さを表す単位がデシベルなのである。つまり、加藤修一は専用の測定器を使って電波の強さをデシベルで表示し、可視化したのである。

何ごとも合理的に考える加藤修一らしいエピソードである。

修一は次期社長として学ばなければならないことは多かったが、彼に対して父・馨が手取り足取り教えるようなことはなかった。仕事に追われる多忙な毎日の馨には、その余裕がなかったとも言えるし、あるいは教わるのを待つのではなく自分で学べるものは進んで学ぶように仕向けていたのかも知れない。

加藤修一の回想――。

「入社して間もないころ、ちょうど「これから、どうやったらいいのかな」と思った時に本屋で見つけたのが『小売業成長の秘密』(川崎進一編集、渥美俊一著)でした。この本にはスーパーの経営からチェーンオペレーションまで、小売業の基本がすべて書かれていました。普段は勉強しない私が、大切な箇所にはちゃんとアンダーラインを引きながら読んだものです。だから私の(小売業に対する)考えは、基本的にチェーン理論なんです」

ちなみにチェーンオペレーションとは、十一店舗以上の店を経営している小売業者や飲食店の会社、つまりチェーンストアの経営手法のひとつである。商品の仕入れや販売促進、在庫管理、要員の配置、財務などの業務を「本部」が一括管理するとともに、本部主導による標準化された店舗運営のもと各店舗が販売（営業）に特化することで全体の効率化を図っていくシステムである。

例えば、セブン-イレブンなどのコンビニエンス・ストアは、チェーンオペレーションで運営される典型的な経営形態の企業である。店内レイアウトに始まって品揃えや商品の陳列などが標準化されるため多店舗展開の際にコストを抑制するとともに、本部と各店舗による業務の分担によってローコストの店舗運営が可能になる。

修一は新人時代には経理学校にも通って貸借対照表や損益計算書などを学び、財務関係の勉強にも励んだ。そのさい、加藤電機商会の三年間にわたる利益計画（案）書を作成している。

作成にあたって、修一は「会社はどういう状態で成長していけばいいのだろうか」という視点から立案することにした。売上高が年率二五パーセントで増加していくことを前提に計画すると、入社した年の売上高が一億円だから十年後には十億円、二十年後には約百倍の百億円、三十年後には約一千倍の一千億円になる。

では、この計画を達成するためには、どのような経営をしていくべきなのか。

ひと言で言うなら、好不況に左右されずに成長していく経営である。好況の時には周囲の雰囲気に押されて無理な投資や目新しいことに飛びつくなど目先の売り上げに気をとられないことであり、不況時には逆に業績向上のための手段を積極的に講じることである。つまり、計画に基づいた成長スピードの維持が肝要なのである。その意味では、彼にとって「計画されないものは実現しない」ことと同じなのである。

このように加藤修一もまた、祖父の定一や父・馨がそうだったように、情報収集を怠らず未知なことを積極的に学び、将来に備えるという合理的な思考の持ち主だったことが分かる。さらに、その合理的な思考に基づいて将来を見据える先見性も、同様に兼ね備えていた。

加藤修一の入社から二年後の昭和四十六(一九七一)年五月、加藤電機商会は「カトーデンキ」に商号を変更する。そして十二月には、修一は早くも取締役営業部長に就任している。社長である父・馨とともに会社の経営に取締役として参画する時がきたという判断でもなされたのであろうか。

しかも翌昭和四十七年三月には、次男の幸男までがカトーデンキに入社している。加藤馨は、カトーデンキを同族経営の会社にしたいと考えたのだろうか。それだと、加藤の経営観に反するのではないか——という疑問が私の頭から離れなかった。そこで私の疑問を提示したうえで、加藤馨に次男・幸男の入社の経緯を問い質した。

営業部長の頃の加藤修一氏とソニーの二人の創業者・井深大氏，盛田昭夫氏(1973 年).

「私の二人の息子は、能力には相当な差があったんですよ。それで、弟のほうは工業高校に入れたんです。入れたら、工業高校が東京電機大学の推薦入学の指定校になっていたんですよ。工業高校からは推薦で電機大学へ二人ほど入れると聞きました。弟は推薦をもらって無試験で電機大学に入ってしまった。同じ大学で長男が三年生で、弟が一年生になったわけです。弟は、気の良い男でね。本当は、経理の学校に行かせたほうが良かったと思っていますが、兄と同じ大学に入ってしまいましたからね。それで、会社の中で一緒にやって貰うしかないと思いました」

そう説明すると、加藤馨はさらに言葉を継いだ。

「弟には大学卒業後、商業の勉強をさせるために松下商学院に一年行かせました。それを終えたあと、会社に入れたんです。だけども、どこでも同じですが、兄弟は同じ仕事をさせたらダメなんです。必ずケンカになりますから、同じ会社に入れたら別々の、違う仕事をさせなければいけないんです。だから、弟は管理のほうの仕事をさせました」

はっきりと言葉にはしなかったものの、加藤馨は次男の幸男には自分や長男・修一とは違う別の道を歩ませたかったようである。それゆえ、兄と違って改めて商売の勉強をさせる必要性を感じ、松下商学院に一年間預けることにしたのであろう。

当の幸男自身は、入社までの経緯をこう語る。

「(家業が)町の電気屋で、そこそこ大きな店だったし、オヤジが一生懸命働いていたので(自分も)手伝いたいと……。水戸工業(高校)に進学したのは、水戸一高が当時の私の学力では合格スレスレで、漠然とですが電気関係に(将来)進みたいと思っていたからです。だからといっても滑り止めというわけではなく、当時の水戸工業の電気科はレベルが高く評判も良かったからです。でもそのとき、二つ年上の兄が東京電機大学に入ったんです。それで初めて東京電機大学のことを知って、オレも同じ大学に行きたいと思ったのです。でもそのまま受験しても、受験科目の内容と工業高校で勉強する教科は全く違いますから役に立ちません。それで高校卒業後、一年から二年は予備校に通って受験勉強をしようと覚悟したんです」

しかし、そんな幸男に朗報がもたらされる。

入学してしばらくした頃に、茨城県で水戸工業高等学校だけが東京電機大学への推薦入学の枠を持っていることを知らされるのである。しかも推薦枠は、一名であった。さっそく幸男は、担任の教諭に東京電機大学に進学希望であることを伝えに行く。というのも、学校から推薦を貰うには全校生徒を対象にした選抜会議で合格する必要があったからだ。それもあって、幸男は早めに、そして何度も担任に対し東京電機大学進学の希望を強く訴えたのである。

その甲斐あってか、二年生の三学期には担任から選抜会議で合格し、学校推薦を得られた旨が伝えられる。

「予備校で受験勉強することも覚悟していましたので、学校推薦されることを聞いた時はラッキーと思いました。友だちや周囲からは羨ましがられたというか、「お前、いいな」と妬まれました。兄と同じ大学に通うことになって、兄は(東京の)東小金井の大学の寮に入っていましたが、三年生になるので同じ(現・JR東日本の)中央線沿いの西荻窪にアパートを借りて移りました。それで私も、兄と同じように大学の寮に入ったというわけです」

大学時代の二人の学生生活の様子はよく知らないが、兄弟愛を彷彿とさせるエピソードをひとつだけ知っている。それは、兄・修一の大学卒業に関連したものだ。多くの大学と同じように、東京電機大学でも英語は卒業に必要な必修科目になっている。しかし兄・修一は、英語が大の苦手である。そこで、英語が得意な弟・幸男が英語の試験当日にサポートしたというのである。真偽のほどが定かではないのは、確認しても二人ともただ笑うだけだからだ。

加藤幸男は昭和四十六年三月に兄と同じ東京電機大学工学部(電気通信工学科)を卒業するが、前述したように、そのまま入社には至っていない。

そのとき、幸男は父・馨から次のように声をかけられたという。

「オヤジから「お前は勉強が足りないから、松下商学院へ行ってこい」と言われて、一年間勉強してきました。商学院での授業の中心は、松下製品や商売の勉強よりも人間としてのあり方、道徳や倫理に近いものでした。商売を始める前に、人間として必要なことを学んだという感じでした」

ちなみに、加藤馨や幸男の言う「松下商学院」とは、正式には「松下電器商学院」のことである。松下電器商学院は、後継者難に悩むナショナルショップの店主たちが創業者の松下幸之助に救済を直訴したところ、その訴えに応えて昭和四十五年五月に設立されたショップ店の後継者育成を目的とした学校である。松下電器商学院では、家電製品の専門知識や技術だけでなく人間性を高める目的で「徳育・知育・体育」の三位一体の教育が実践されていた。なお、二〇〇一(平成十三)年四月一日から「松下幸之助商学院」に名称を変更している。

他方、二人の息子の目には、父・加藤馨の姿はどのように映っていたであろうか。

その前に最初の店、元台町に加藤電機商会を開業した頃の家族四人の暮らしぶりを知る手がかりを紹介したい。一九九一(平成三)年から翌九二年にかけて加藤馨が受け取った手紙にあった一文の記述である。

《私の実家は元吉田町一里塚ですが、中学は水戸三中へ通いました。(中略)高校は水戸一高なので、また台町を三年間通いました。六年間徒歩でした。

そのため、当時の貴店(元台町の店——筆者註)の前を通るたびに、会長さんをはじめ、奥様、子供さん(男児二名)の顔は毎日のように拝見していました。

上の息子さんが、当時三〜四才位で、下の息子さんとは二〜三才違い位だったと思います。つまり私より一〇才位下になるのが長男さんだったと思います(これは昭和二五年ころのことです)。現在地(根積町、現・柳町一丁目——筆者註)へ移転される少し前でした。

とにかく、息子さんがお父さんにそっくり似ていたのです。

当時の貴店は、入り口が高い敷居で、中が土間だったと思います。ラジオ等が並んでいました。会長さんが、中で仕事をしており、奥様が店の清掃をしており、二人の息子さんが敷居をまたいで、のりこえ、出たり、入ったりして遊んでいました》

さらに手紙の主は、親類の歯科医院で加藤馨と歯科医の二人が意気軒昂に互いに将来の夢を語っていた場面を覚えていた。

《会長さんが来られて、歯科の先生に

「私はいつまでも元台町にいるつもりはない。別の場所へ出て、必ず店を大きくしてみせますよ」

と言っておられました。

すると歯科の先生も

「うん、実は私も同じ考えだよ。別の処へ土地を求めて開業するつもりだ」》

開業して三年から四年目の頃だと思われるが、借家とはいえ家族四人が一つ屋根の下で幸せに暮らす様子が分かるとともに、加藤馨のラジオ屋から始めた商売に家族の将来をかける意気込みが読み取れて興味深い。

二人の息子が物心ついたころ、彼らの目には、いつも朝早くから夜遅くまで働く両親の姿が映っていた。炊事や洗濯、自宅の掃除などの家事全般は、母・芳江に代わって親戚の女性などが行っていたという。というのも、店をうまく切り盛りしていくには、両親が二人とも仕事に専念する必要があったからである。

「だから、オヤジが家庭を顧みることはなかったね。夕食はお袋と兄の三人で済ませ、オヤジは一人で食べていました。店は夜の十時まで開けていましたので、すぐにお客さんに対応するためだと思います。時には夜の七時頃に食事をしたあと、テレビを付けっぱなしのまま、新聞紙を丸めて枕にして九時頃には寝入ってしまうこともありました。そういう姿を見ているから、オヤジは休まずコツコツ仕事をするんだなと思いました」

と、幸男は当時を回想する。だが同時に、違う一面も指摘する。

「子供の頃のことで印象に残っているのは、一年に一回だけ正月休みに家族旅行をしていたことです。近場の温泉にクルマで行って、一泊二日の一家団欒の時を過ごすのです。それ以外は、オヤジは働いていました」

幸男には「一年に一回だけ」が不満だったかも知れないが、父・馨には「家庭を顧みない」ほど多忙な日々を送っている自覚があるからこそ、「必ず」年に一度の家族旅行は罪滅ぼしのつもりだったのではないか。

たとえば、前述した井川留雄には、残業したところ社長だった加藤馨から「早く帰りなさい」と叱責された経験がある。配送係の井川は、店が繁盛するにつれ家電製品の配送が増え、同時に引き取った古い家電製品を会社に戻って整理しなければならないため多忙を極めるようになっていた。

そのころ、カトーデンキなど家電販売店に古い家電製品を回収に来るのは、メーカーではなく専門の業者であった。その業者が回収に来た時に気持ち良く運び出せるようにと、社長の加藤馨から井川は冷蔵庫や洗濯機などを製品別に分けて並べるとともに水漏れなどがないかチェックすることを指示されていた。つまり、店が繁盛すればするほど、井川の仕事は増え続け残業を余儀なくされていたのである。

井川は、加藤馨から叱られた時のことをこう回想する。

「その時は、何で怒られるのか、理由が分かりませんでした。店が忙しくなって仕事が増えたので、進んで残業して一生懸命働いているのに……と。先代は「何でこんなに遅くまで働いているのですか」と残業をしていた私を叱ると、五百円を手渡されて「これで食事をして帰りなさい」と言われました」

そして井川は「後で分かったことですが」と言葉を続ける。

「先代の考えは、「家庭を大事にしろ」ということでした。残業などしないで早く自宅に帰って家庭を大事にしないとダメだから……と。つまり、家庭をないがしろにしたら、仕事にも差し支えるようになるという意味だと後から知りました。だから、私も(部下を持つようになったとき)そのことを守りました」

井川は仕事の手順を変えるなど効率化を進め、残業しなくても済むように改善したのだった。

加藤馨には二人の息子たちに手を挙げたり、声を荒げて叱ったりすることはなかったという。ただ子供たちが間違ったことをすれば、自ら手本を示すことで子供たちに過ちを気づかせる、悟らせるようにしていたようである。

長男の修一も、父・馨から叱られることなく行動で非を諭された経験を持つ。

「大卒の初任給が約一万円のころ、松下が五型のオープンリール・テープレコーダーを約五万円で売り出したことがありました。その新製品を、松下が素晴らしい製品を開発したからと(根積町店に)持ってきて展示したんです。それを見たら気になってしまい、オヤジに「ちょっと使わせて、貸して」といって自分の机へ運んだのです。当時のお気に入りの音楽を録音して一日中聴くなどして、とうとう返すことなく使い切ってしまいました。店の商品でしたが、オヤジは途中で(店へ)戻せとは言いませんでしたし、(売れなかったのに)松下も返却を求めてきませんでした」

それに対し父・馨は、電球や蛍光灯などを交換する際には自分の財布から代金を店の会計に払う姿を必ず修一に見せるようにしたのだった。それによって、修一の過ちがどこにあるかを明らかにして、公私混同を戒めたのである。

ちなみに、オープンリール・テープレコーダーとは、リールに巻き付けられてむき出しになったテープを記憶媒体に使用した録音機のことである。修一が利用したテープレコーダーは、リールが五インチサイズのポータブルタイプのもので、モノラル録音しか出来なかった。なお、一九七〇年代に入ってカセットテープが主流になると、オープンリールのテープも録音機も市場から姿を消した。

次男・幸男には、根積町に移り住んでしばらくしたころ、父親に手を引かれて周辺を散歩したことがあった。二人で歩いていると、すれ違う人はみんながみんな、父親と「こんにちは」などと挨拶を交わして去って行くため、幸男は不思議でならなかった。そこで思い切って、幸男が「お父さん、みんな知っている人なの」と訊ねたところ、馨は「(店の)近くで会ったんだから、みんなお客さんだよ。だから、みんなに挨拶するのは当然だよ」と答えたのだった。

幸男は、子供心にも父親が近所の人たちと「仲が良い」、つまり良好な関係にあると思ったようだ。それでも幸男には、父親がどうやって近所の人と仲良くできるのかまでは、その理由がよく分からなかった。

しかし幸男が長じると、馨は「隣近所の人たちとは、すごく仲良くしなければいけないよ」と繰り返し教えるとともに、「もともと互いに知らない人たちが隣近所に住んでいるのだから、トラブルにならないように気をつけなければいけない」とお互い様なのだから相手のことを気遣うのは当然だと諭すようになった。

たしかに、見知らぬ隣同士だからこそ、たとえば隣との境界争いは起こりやすく、いったん起これば拗れることも少なくない。それゆえ、普段から隣近所と仲良くして何ごとも穏便に解決できるようにしておくことは、まことに理に適っている。

そして後に幸男は、父・馨が繰り返し説いた隣近所と仲良くする意味を別の形で知ることになる。根積町の自宅兼店舗の隣には個人経営の作業所があり、作業によっては昼夜を問わずかなりの騒音になることがあった。それでも父・馨は、お互い様だからと我慢して苦情を申しいれることはしなかった。その隣の主人がある日、筑波に転居することになったので隣の土地を買っていただけないかと頼みにきたのである。馨は二つ返事で応じ、根積町店が繁盛して製品の置き場に苦労していたところだったので、倉庫の敷地として利用することにしたのだ。もし隣の主人と仲違いでもしていたら、店舗と地続き好立地の土地の買収話を持ち込まないどころか、売ってもくれなかったであろう。

また、近所に住む土地持ちから「固定資産税(の額)が高くて支払いが大変なので、駅南の土地を借りてくれませんか」という依頼もあった。加藤馨も家電販売店の将来を考えたら店舗の規模を大きくする必要性を感じていたころであった。しかし大型店舗にする必要を感じていたものの、根積町店を増改築して売場を拡大するには敷地が手狭だったことから、支店の出店を考えていた。そのため馨は渡りに船とばかりに、百六十九坪の駅南の土地(水戸市城南二丁目)の借地契約を結ぶ。なお借地期間は、四十年間である。

この土地に、加藤馨は契約から二年後の昭和四十七年五月、水戸市内二店目の、つまり支店第一号として「駅南店」をオープンさせるのである。もし隣近所の関係が良好でなかったら、借地の申し入れはなかったかも知れない。そうなると、駅南店は誕生していなかった可能性は十分にある。

この二つのエピソードから分かるのは、自分の小さな見栄のために隣近所との関係を危ういものにするよりも、お互い様の思いやりで隣近所と仲良くするほうがはるかに有意義で心豊かに暮らせるという父・馨の人生訓である。

加藤幸男は、昭和四十七(一九七二)年三月二十日にカトーデンキに入社する。

二カ月後の五月、カトーデンキは水戸市内に二店舗目となる「駅南店」(売場面積二六四平方メートル、約九十坪)をオープンさせる。カトーデンキの本店である根積町店の売場面積が四十五坪だから、駅南店のそれは二倍に相当する。カトーデンキにとって、初めての本格的な大型店舗であった。その駅南店の初代店長に、社長として父・加藤馨は次男の幸男を指名した。

その時の気持ちを、幸男はこう話す。

「オヤジから呼ばれて「五月に支店第一号の駅南店を出すから、お前、店長をやれ。店長をしてこい」と言われました。そのとき、入社早々に店長を務めることには、不安はありませんでした。松下商学院時代に、実習で大型店舗に行かされていましたから、お店の運営の仕方は知っていました。ただ私は当時、外交(訪問販売)で業績を挙げていたベテランがいましたので、その人が(駅南店の)店長になるのかなと思っていました。ですから、なんで私が(駅南店の)店長に選ばれたのかわかりませんでした。父にすれば、息子だからという思いがあったのかも知れません」

加藤幸男は駅南店の店長に指名されたとき、同時に「取締役」にも就任している。父の馨にとっては、おそらく既定路線だったろう。長男の修一と一緒に働かせると決めた時の経緯を考慮するなら、父親として馨は次男の幸男も早めに責任ある立場に就けると決めていたと考えられるからである。

いずれにしても、駅南店の開業は、加藤馨の家電販売店経営に対し、大きな転機をもたらすことになった。

ひとつは、従来の主流だった家電販売の方法を「訪問販売」から「店頭販売」に切り替えたことである。二つ目は、売場面積の拡大とともに混売が大規模化し、町の家電販売店から「家電量販店」と呼ばれる業態に変わったことである。三番目は、加藤馨の「お客様第一が小売店(業)の原点」という創業理念を実践する場となったことである。

そしてその三つによって、松下の営業所からの「混売を内緒でやって欲しい」という申し出を反故にするしかなく、カトーデンキは名実共にナショナルショップから離脱し、家電量販店と呼ばれるようになる。ちなみに、商品を大量に仕入れて大量に安く販売する小売店を意味する「量販店」という呼称は、昭和四十五年前後から「大型販売店」に代わって使われ始めたものだ。

元台町の借家から始まった家電販売の商売は、加藤馨に「小売り」を深く考えさせるとともに新しい未来を与えた。そして加藤が辿り着いた「顧客第一主義」とは、お客が求める商品をいろんなメーカーから仕入れて店の売り場に並べ、お客は買いたい時に自由に出向き、豊富な品揃えの中から手頃な価格で購入できるようにすることであった。

そしてその実現を、加藤馨は駅南店で目指したのである。

駅南店は、ダイエーなどの大型店舗の視察を繰り返すとともに、時には関西まで足を伸ばし同業者の大型店舗の支店で教わったオペレーションなどを踏まえて、加藤馨が独自に考案した支店管理の方法を導入した最初の店である。これを機に、カトーデンキは家電量販店として多店舗展開を開始するのだった。

加藤馨は駅南店の開店にあたって、社是にあたる「我が社の信条」を発表している。

「我が社の信条」は、次の五カ条からなる。

一、我等は今日一日を感謝の気持ちで働きましょう。
一、我等は今日一日を健康で楽しく働きましょう。
一、我等は今日一日を親切と愛情を以て働きましょう。

一、我等は今日一日を電気専門店の誇りを以て働きましょう。
一、我等は今日一日を生産性の向上に努力しましょう。

加藤馨は「我が社の信条」を考え、社是とした意図をこう語る。

「我が社の信条は、初めての支店「駅南店」ができた時に考えたものです。簡単な言葉ですが、人間の真理を謳ったものです。ですから、年数が経ったら役に立たないというものではないんです。五カ条の中で一番大切なのは、三番目の「親切と愛情を以て働きましょう」です。親切だけではダメなんです。お客さんに親切にしても愛情が抜けていたら、その「親切さ」をお客さんは信用しないんですよ。愛情とはお客さんのためになるように考えることですから、愛情を持って接すれば、だんだん懇意になって信用してくれます。社会では信用が第一ですから、その信用を得る方法が「親切と愛情を以て」接することなんです」

さらに例をあげて、説明を続ける。

「親切は誰にでもできますが、親切だけだと相手が本当に有り難いとは思いません。たとえば、十万円の家電商品を買うために来店したお客さんがいて、対応した店員がお客さんの希望をいろいろ聞いていたら九万円で済むことがわかったとします。その時に、店員が九万円のものを勧めれば、お客さんは親切な店だと感謝し、また買い物に来てくれます。店の立場からすれば、(売り上げが)一万円の損ですよね。でも、それでいいんです。いっとき損をしても、また買い物に来てくれるでしょう。つまり、相手のためになるようにすることが大切なんです。商売とは、一回で終わるものではないんです」

そして、最後のダメ押しをする。

「人間は一生、生きているうちは取り引きをするわけですから、長い時間をかけてお互いが満足する状態を保つことが大切なんですよ。それには、親切と愛情です」

初代駅南店長に就任した加藤幸男にとって、大型店舗のオペレーションを始めすべてのものが未知であった。しかし幸男は、その未知を受け入れて楽しんでやっていくしかないと腹を括る。

根積町店と違って、駅南店の営業は「店頭販売」が中心である。それまではお客の自宅を訪ねて商品を売っていたが、駅南店ではお客に店までわざわざ足を運んでもらう必要があった。そのため幸男は、かなりの費用を覚悟しなければならなかったが、初めて新聞の折り込みチラシを利用することにした。B4サイズの広告チラシの図案は兄の修一が担当し、それを新聞の折り込み広告にして配布したのである。

それでも人集めには、ひと苦労するしかなかった。というのも、その頃の駅南店の周辺は人通りが少ないどころか、満足な建物すらなかったからだ。

幸男も、こう回想する。

「当時は、(水戸)市役所もなかったし、水戸駅までにレストランが一～二軒あるだけでした。他には、何もありませんでした」

しかし時代が、カトーデンキと駅南店に味方する。

モータリゼーションの到来で、これからのお客はクルマに乗って家電製品を買いに来るようになるからである。

第七章　「会社は株主だけのものではない」

初めての支店「駅南店」をオープンした翌昭和四十八（一九七三）年九月、カトーデンキは有限会社から株式会社に改組される。同時に、長男の加藤修一は代表取締役専務に就任し、創業者・加藤馨の名実共に経営の右腕となった。

加藤馨が株式会社に改組したのは、カトーデンキの発展に対し強い危機感を覚えるようになっていたからである。

元台町から根積町へ店舗を移してからのカトーデンキは、増収増益を毎年続ける好調さを維持し、順調に発展してきていた。そのため根積町店時代から従業員の採用を始めたものの、当初は優秀な人材はほとんど応募してこなかった。たとえば、採用を決めた翌日から出社しないとか、途中で無断欠勤したまま出社しなくなったとか、ラジオの修理が出来ると言うから採用したにもかかわらず入社後に出来ないことが分かったといった応募者が少なくなかった。

それでも個人商店から法人化し、有限会社として再スタートを切った昭和三十年以降は次第に優秀な人も応募してくるようになる。とくに福利厚生が充実した昭和三十五年前後からは、応募者の中心が中卒から高卒出身者へと入れ替わる。

その背景には、商品も修理の仕事もラジオからテレビへ、それもカラーテレビへと急速に移っていく時代の流れがあった。修理ひとつとっても、二つの家電製品の技術の難易度は比較にならないほどカラーテレビのほうが高かった。ラジオの修理技術程度なら加藤馨や先輩社員から学びながら習得することも出来たが、当時の家電産業で最先端の技術が使われていたカラーテレビでは、そうはいかなかった。

結局、主力商品であるカラーテレビの技術に付いていけなくなった従業員は自ら辞めていくか、別の仕事を見つけて転職していくしかなかった。それゆえ、従業員は中卒者と高卒者が自然と入れ替わることにもなった。

さらに昭和四十年までには職業安定所だけではなく、直接高校へ新卒者の募集をするようになったことで、優秀な人材の採用が確実に進むようになった。優秀な人材の確保は当然、さらなる会社の成長に繋がっていく。

しかし何ごとにも二面性があるように、優秀な人材を確保できたが故にその人材がカトーデンキを去って行く理由にもなった。というのも、当時の町の家電販売店(いわゆる町の電気店)では入社後十年程度で、優秀な店員は退職金を元手に独立するのが一般的だったからだ。

当初から独立する目的で入社し、その間に家電販売店開業の際に必要な技術とノウハウを学ぶ応募者もいれば、仕事に通じ熟練してきたとき、小さな会社に自分の将来を託すことに不安を感じ、独立を考える応募者もいた。

そしてそんな彼らの独立をサポートしたのは、家電メーカー各社だった。前述したように、メーカー各社は家電ブームに乗って増産体制と販売網の整備に余念がなかった。とくに販売網、つまり家電販売店の系列化は急務となっていた。そこで殆どのメーカーは、有望な家電販売店の優秀な従業員に対して、開業資金等を支援すると申し出て独立を促す行動に出ていた。

町の家電販売店にとって、店舗の売り上げは店員の個人的な力量に負うところが大きく、優秀な店員を失うこと(独立)は店の販売力の劣化を意味した。つまり、家電販売店が十年以上かけて育ててきた優秀な人材を、家電メーカーは「独立」を餌に横取りしていたのである。

創業以来増収増益を続けていたカトーデンキでさえ、優秀な店員・従業員の独立・転職(流出)を完全に止めることは出来なかった。

そうした状況に対し、加藤馨はこう語る。

「これはなんとかしなくちゃいけないと、私はずっと思っていました。その問題を解決する(ために考えた私の)方法は、十年勤めて熟練したら独立するのではなく、ここカトーデンキで定年まで働いたらひと財産できる、(会社を)そういう組織にすることでした。そして次に、では財産が出来るようにするためにはどうしたらいいのか、と考えてきたのです。それまでは有限会社でしたから、まず株式会社にするしかないと思った」

有限会社から株式会社への改組は、ある意味、社会的な評価を高める、社格をあげる狙いがあったと言える。とはいえ、加藤馨には当時はまだ、改組後の明確な方針があったわけではなかった。それを見つけるまでは、優秀な人材の流出は、誰にも止めることはできなかった。

株式会社に改組から七年後、昭和五十五(一九八〇)年頃には、カトーデンキは水戸市内に五店舗、勝田市(現・ひたちなか市)に一店舗を展開するまでになった。しかも県下一の売上高(年商約十四億円)を誇るとともに従業員数約五十名を抱える有力な家電量販店に成長していた。なお勝田市の店舗は、売場面積百五十坪、九十台収容の大型駐車場を備えた初めての本格的な郊外型店舗であった。

初めての支店「駅南店」のオープンから見和店(売場面積三十三坪)、赤塚店(売場面積八十坪)、駅南オーディオセンター(売場面積六十二坪)、そして勝田店と加藤馨が思い描いた通りに、カトーデンキは多店舗展開を順調に進めてきている。それが可能だったのも、資金面等だけでなく、なんと言っても店長を任せられる優秀な人材が育ってきていたからに他ならない。

しかし加藤馨には、その成長を素直に喜べない思いがあった。というのも、その間にカトーデンキを去って独立した優秀な従業員は十三名にも及び、その全員が成功を手にしていたわけではなかったからである。いやむしろ、独立した殆どの従業員は失敗し暮らしにも困る状態にあった。

加藤馨の述懐――。

「(根積町店で)仕事が忙しくなって人を雇うようになりました。最初は一人とか二人とか、雇うぐらいでした。しかし個人商店に勤めるような人は、最初から本人も親も(商売を)覚えたら独立して自分で商売を始める考えで、うちに来ているわけです。最初から、ここ(加藤電機商会)で一生働こうと思っている人なんか、一人もいませんでした。

早い人で五年くらい、遅い人でも十年ほど働いて独立しました。また、一部の家電メーカーが(独立を)奨励しまして、独立に踏み切ったらいろいろ援助したんです。そういうことから独立する者が増え、法人化(有限会社)した後でもますます激しくなりました。ところが、独立しても商売はうまくいかないんです」

加藤馨によれば、カトーデンキの商圏内で店を開業する者が殆どだったため、当初は何度か他店で購入しても、最終的に顧客の多くは「買うならカトーデンキの本店で買ったほうがいい」ということになって商売がうまくいかなくなるのだという。つまり、多店舗展開で店頭販売に力を入れているカトーデンキに対し、家電販売店の店主が訪問販売で対抗しても最初から勝ち目はなかったのである。

さらに、述懐は続く。

「私の目から見て、(独立した)十三名のうち成功した人は一人か二人でしたね。あとは全部ダメで、その半分は二年以内に終わりですよ。残りは、暮らしていくので精一杯という状態でしたね。最後まで残ったのは、多く見積もっても二人ほどでした。でも私は、失敗の原因を本人の努力が足らないからとか、才能がなかったからとか、資金が足りなかったからだとかは思いません。もはや「パパ・ママ・ストア」(夫婦で経営する小さな電気店という意味)では、商売をやっていけない時代になっていたのです。店舗規模の大きな店が多くなっていて、とてもパパ・ママ・ストアでは太刀打ちできない状況でした。私の店もそれほど大きくはありませんでしたが、それでも(昭和五十五年頃には)五十名ほどの従業員がいました。ですから、独立してもやっていけない状況にあるのに、従業員のみなさんがせっかく五年、十年とかけて技術や商売を覚えたうえで辞めて行くことは、本当に気の毒だと思いました」

しかし株式会社に改組したとはいえ、従業員が途中で独立することなく定年まで働いたところで、出来ることは高めの給料といくばくかの退職金を支払うことぐらいであろう。それでは、とても「ひと財産」とは言えない。そこで加藤馨は、従業員に自社株を所有させて配当と増資を重ねることで、定年退職時に「ひと財産」にすることが出来ないものかと考えたのである。

代表取締役専務として加藤修一(現・ケーズホールディングス名誉会長)は、代表取締役社長の父・馨の「社員が定年まで勤めたらひと財産できる」という悲願を具体化するため、一緒に知恵を絞り、そしてひとつの結論に達する。

「財産と呼べるような高額な退職金を用意することを考えたら、(会社として)その費用を積み立てていくのはなかなか大変なことでした。そこで、社員に株を持ってもらうことから始めることを考えました。会社の出資者になってもらい、その頃は(カトーデンキは)儲かっていましたので年三割の配当を行い、その配当(金)を増資の際の購入資金に回していただくということを続けていけば、定年退職の頃には(売却益が)五千万円くらいにはなっているだろうと考えたのです。ストックオプションのない時代でしたから、社員にはお金を出して(自社株を)買って会社の出資者になってもらおう、と。でも当時は、社員が(自分の貯金などで)会社の株を買うわけないですよね。それに、そんなお金の余裕もないでしょうから」

ちなみに、ストックオプションとは、株式を前もって決められた価格で購入できる権利のことである。たとえば、企業が取締役や従業員等にその功労を評価してストックオプションを与えると、その企業の株価が上昇した時に上昇前の安い価格で購入できるため、売却益が保障されていることになる。つまり、その売却益が功労に対する報酬なのである。株価が上昇したとき、どのタイミングで売却するかでも売却益が大きく違うこともあるから、そこがストックオプションの魅力でもある。

社員が出資者になるには当然、株式を購入しなければならない。その資金がない、購入したくても購入できない場合は、どうしたらいいのか。最後の難問にぶつかった加藤馨と修一は、突拍子もないことを思いつくのだった。

加藤馨は、そのアイデアをこう説明する。

「そこで一度、全社員に退職してもらい、退職金を勤務日数一年につき月給一カ月相当で計算して払うことにしたのです。勤務日数が六カ月以内の人は半額にしました。その退職金の中から出資(一株五十円)してもらうことにしたのです」

もちろん、退職金で辞めた会社の株の購入を勧めているわけではない。それでは、退職した意味がなくなるし、そもそも働く場所を失っただけの話になりかねない。

さらに、加藤馨の説明は続く。

「その年(昭和五十五年)の八月、社員全員を集めて「これからは、独立して店を持って暮らすのではなく、新しくカトーデンキ販売という株式会社を設立しますから社員も役員も一緒に株主になって、株式という財産を持って定年まで働ける会社にしようではありませんか。最初の株式を取得する資金を作るために全員が八月末で(カトーデンキを)一度退職し、貰った退職金から希望する株数を購入してもらいたい」と説明しました。そうしたら一人の反対者もなく全員賛成で、みなさんは大喜びしてくれました」

つまり、新会社の株を旧会社(カトーデンキ)の退職金で購入し、株主として新会社で定年まで働くという新しい勤務スタイルを作ったのである。

その結果、カトーデンキ(旧会社)は店舗や土地、設備等を保有する不動産管理会社に生まれ変わり、カトーデンキ販売(新会社)が旧会社からそれらをレンタルし、営業(家電販売)専門の会社として新たにスタートするわけである。もちろん、これは書類上のことであって、社員の日常の勤務に格別な変化があったわけではない。働く職場は同じだし、上司も同僚も変わらない。給料も勤務条件も旧会社のままである。

なお新会社設立の経緯について、長男の修一がこう補足説明をする。

「社員の出資した総額が一千百二十五万円になりましたので、それと同額を親父やお袋と私、弟(次男・幸男)たち親族で出資しました。そうして、社員と私たち(創業一族)で五分五分の会社を作ったわけです。そのとき、これからは社員のみなさんが働いて会社にもたらした儲けの半分はだいたいみなさんのものになるようなものなのです、と説明しました」

確かに、社員に自社株を持たせ、それを退職金以外に「財産」と呼べる金額にして渡すというアイデアは素晴らしいし、それを実現したことはさらに評価されてしかるべきである。しかしオーナー(創業家)一族が自らの経営権を放棄することまでも、本当に必要であったろうか。むしろ最低でも一パーセント多い五一パーセントの株式を保有し、従来通り、経営に責任を持つべきではあるまいか——。

そのような私の素朴な疑問に対し、加藤馨はこう戒める。

「出資額を(社員と)半々にしたのは、お互いに(新会社を)やっていこうというのですから当然です。私は、最初から同じでいいと思いました。初めから、こちら(加藤一族)が株式を多く持つと経営に対する支配権が強くなってしまうでしょう。そうじゃなくて、従業員のみなさんの考えも(経営に)反映させるために出資比率を同じにしたんです。企業は自分の(大株主である創業家の)ものではなく、そこで働く社長以下全員のものなんですよ。そういうことで、みんなが幸せになることが重要だと思っていました。そういう考えを、私はずっと持っていましたからね、同じでいいんです」

こうして昭和五十五(一九八〇)年九月二十二日、資本金二千二百五十万円の「カトーデンキ販売株式会社」は設立されるのである。

一方、新会社「カトーデンキ販売」の設立を、他の役員や社員はどのように受け止めていたであろうか。加藤馨が語ったように、社員全員が大喜びしたのだろうか。

その当時、取締役営業部長だった次男の幸男は、父・馨に向けた私の疑問を「一パーセントでも多く株式を保有する、つまり五一パーセント(創業家が)持つべきというのは大会社の考えでしょうね」と一蹴したあと、新会社設立の経緯をこう語る。

「父からは、相談するも何もなかった。父から「こうするよ」と言われた時は、兄も私も抵抗感はなかったし、それがオカシイとも思いもしなかったね。いい人が社員として入るようになる前は、(カトーデンキは)零細商店だった。それまでは、(商売は)本当に大変だったと思います。テレビアンテナの設置のため屋根に上ったり、汚い仕事もしなければいけなかったし、夜遅くまで一生懸命に働いていましたからね。ですから、人を雇うことに関しては、小さな個人商店によく来てくれたと給料を高くしてきましたし、父は非常に努力したと思います。そして父は、その人たちが(カトーデンキを)辞めないようにと気を配っていました」

さらに、こんなエピソードを紹介する。

加藤幸男には店長時代に父・馨から「一緒に来い」と言われて、若い女性社員の自宅を訪問するからと同行させられたことがあった。幸男にしてみれば、入社前の事前調査ならともかく、すでに入社している社員の自宅をわざわざ訪ねなければならない理由が、どうしても分からなかった。

そこで幸男は、父・馨に理由を聞いたところ、諭すように説明したという。

「大事な息子や娘さんを(カトーデンキが)預かっているのだから、入社後の経過の報告と感謝の気持ちを伝えるために訪問するんだよ。息子さんや娘さんは(会社で)よく働いてくれていますとお礼に行くのだ」

そして自宅訪問で、父・馨の一生懸命に感謝の気持ちを伝える姿を見る。

「親御さんに「娘さんは(会社の仕事を)よくやっています」と最初に会社での働きぶりを伝えると、「娘さんを(会社は)大事に扱っています」と一生懸命説明していました。親御さんの不安を取り除くことで、娘さんに長く勤めて欲しかったのだと思います」

その後も、幸男の同行は営業部長時代まで続く。彼によれば、自宅訪問するのは入社から一年ないし二年を経た男女の若い社員が多く、父親に同行するのは兄か弟の自分の二人だけだったという。

そのような父親の後ろ姿を見続けたこともあってか、加藤幸男は社員との折半出資による「カトーデンキ販売」設立の決断の背景をこう推測する。

「いい社員に長く勤めて欲しいという思いがだんだん大きくなって、もっと従業員を大切にする、つまり従業員の働く環境を良くしようとしたことが、新会社の設立を決断させたのだと思います。ですから、兄も私も父の決断を当然のことと受け止めました。父の社員やその親御さんに対する強い思い、気配りは年に一回、お歳暮として数の子を送ったことからも分かります。会社が大きくなっても続きましたから、しかも(本社の)社員だけでなく関係会社の社員やパートさんまで区別なく(お歳暮を)送っていましたので、多い時には約一万個の数の子を手配していました」

前出の井川留雄は、カトーデンキ販売の株を社員の中で二番目に多く購入している。

その井川が、株式購入に対する社員の雰囲気をこう伝える。

「(新会社の)株式購入の費用として退職金をもらったわけですが、実際にまとまったお金を手にすると他の欲しいものに目がいくようになるものです。とくに若い社員ほど退職金でクルマを買ったり、普段買えないような大きな買い物をしていました。株を購入しなかった社員は、けっこういましたね。私が購入したのは、自社株を持つ意味が本当に分かっていたとは言いませんが、先代や修一さんを信頼していたからです」

井川は昭和四十六(一九七一)年の入社で、当時は有限会社・加藤電機商会の時代である。井川によれば、水戸一中を卒業後、義兄と一緒に空調やボイラーなど設備工事に携わっていたが、水戸に戻って職業安定所で仕事を探していたとき、給料が高い職場として目にとまったのが加藤電機商会だったという。

「加藤電機に対する事前の知識はまったくありませんでした。ただ給料が他よりも高かったので、それが魅力で応募しただけです。私は当時、人見知りだったので他人と話しをするのが苦手でした。ちょうど加藤電機（商会）が「分業制」の導入を始めて、販売の人が集金から配達などまで行っていたのを改め、販売は販売、配送は配送の専門の人に任せることになって職安に「配送」係の募集が来ていたのです。これなら、商品の説明をするなど他人と話すことはありません。それで応募し、入ったのです」

途中入社の井川にとって、カトーデンキは福利厚生が充実した、居心地の良い会社だったようである。他社にはない、こんな報奨があったことも紹介する。

「三年勤めたら、香港・マカオ旅行の招待がありました。五年勤務でもありましたし、たしか二十年間で世界一周の海外旅行のプレゼントがあったと思います」

井川留雄とは逆に、カトーデンキ販売の株式を購入しなかった社員はどれほどいるのだろうか。彼らには、どうして創業者・加藤馨の思いが届かなかったのだろうか。

新設されるカトーデンキ販売に入社するため、事前にカトーデンキを退職した社員は男性二十八名、女性十四名の合計四十二名だった。カトーデンキ販売設立時の株主数は二十五名、そのうち社長の加藤馨ら一族から六名と監査役の一人が会社側の株主である。つまり、社員株主は十八名に過ぎない。二十四名の社員が退職金で株式を購入しなかったことになる。もちろん、退職金で必ず株を購入しなければならない取り決めはない。あくまでも社員の自由意志である。

それにしても、株主になった社員が半数以下だったという事実は、いったい何を意味するのだろうか。考えられることは、おそらく自社株を保有する意味が十分に理解されていない、社員に周知されていなかったということに尽きる。

しかしこの時の判断の違いが、のちのち「定年まで勤めたらひと財産できる」手段だったことが分かった時には、すでに手遅れで各人の「ひと財産」に取り返しの付かない大きな差が付いてしまうのである。

ただし社員にとって、専務だった加藤修一の「これからは社員のみなさんが働いて会社にもたらした儲けの半分は、だいたいみなさんのものになるようなものなのです」というカトーデンキ販売設立時の発言、つまり会社の利益の半分が自分たちのものになるという説明は身近に感じ、きわめて分かりやすかったようである。

加藤修一は、社員の「変身ぶり」をこう証言する。

「(カトーデンキ販売の)初年度の利益が六千万円と、けっこう出たんです。しかも翌年の利益は一億一千三百万円で、なんと倍になりました。さらに翌々年の利益も、倍増したのです。その後は、約一・五倍のペースで利益は増え続けました。こういう風にどんどん伸びていけば、社員に「頑張れ」なんてもう言わなくても、会社が利益を出せば自分たちのものになるということで、社員が勝手に働くようになった。そんな気がするんです」

しかしこの快進撃は、同時に水戸税務署が問題視するところとなる。

加藤馨は、税務署との見解の違いをこう説明する。

「最初の年に資本金が二千二百五十万円の会社なのに利益が六千万円も出たことから、税務署がそんなに儲かる会社をタダで渡すのはおかしいと言い出したのです。まあ、税務署にすれば、カトーデンキ販売が無償で譲られたように見えたのですな。タダで譲渡する法はないというわけです。これはまた、困ったことになったと思いました。もし課税されることになれば、二千万円も三千万円も税金をとられることになりますからね」

水戸税務署が問題視したのは、高収益を生み出すカトーデンキの営業権がカトーデンキ販売へタダで譲渡されているのではないかという疑いであった。つまり、それほど高収益が見込まれる営業権なら、その資産価値を評価して譲渡税を徴収するというのである。

カトーデンキ販売の設立経緯は、それまで誰も経験したことのないケースだから税務署が従来の判断で対処しようとするのは無理もない。だからといって、その誤解を放置するわけにはいかない。課税を避けるためには、とにかく水戸税務署にカトーデンキ販売の特殊なケースを理解してもらう努力を続けるしかなかった。

「そのころ、うちの会社の経理を見てもらっていた税理士さんがたまたま税務署の出身でしたので、水戸税務署に事情を話しに行ってもらいました。カトーデンキとカトーデンキ販売の二つの会社を比べても、社長を含め役員全員が同じ人物ですし、従業員もそのままなのだから、たんに社名が変わっただけと考えてもいいんじゃないんですか、とそういう内容の趣旨を伝えてもらったのです。最終的に水戸税務署もこちらの言い分を認めてくれましたので、税金をかけられないで済みました」

さらに加藤馨は、カトーデンキ販売に変わってからの社員に働きぶりについてもこう言及する。

「カトーデンキ販売になってから、社員のみなさんの働きぶりも大変変わりました。私の目から見ても、本当によく働くようになりました。だから、初年度に六千万円も儲かる会社になったので、(額面)一株五十円に対して毎年二割配当を続けました。そのうち配当金と賞与の範囲で増資をしますから、(株を)買ってくださいとお願いしました。もちろん、さらに買い増す社員もいましたが、反対にまったく買わない社員もいました」

カトーデンキ販売の設立から二年後、昭和五十七(一九八二)年三月二十一日、創業者の加藤馨は代表取締役社長を退き、代表取締役会長に就任した。代わって、代表取締役専務だった長男の修一が、三十五歳の若さでその座を引き継いだのだった。当時の家電量販店業界で、もっとも若い社長の誕生であった。

加藤馨は、このタイミングで社長を退任した理由をこう説明する。

「私は六十五歳になったら、社長(の椅子)を譲ろうと思っていたの。一般的な定年が六十歳でしょう。いくら社長でも、六十五歳になると体力的にうまくいかなくなってきますし、六十五歳以降は次第に判断力も衰えていく一方になります。それで六十五歳になったとき、専務(長男の修一)は三十五歳とまだ若かったですが、譲ったのですよ。そうしたら、周りの人たちから「あの若い息子に社長を譲ってしまって、(会社の経営は)大丈夫か」とよく言われましたよ」

ただ正確にいえば、加藤馨は六十五歳の誕生日を迎える一カ月半前に社長を退き、長男の修一と交代している。おそらくそれは、半期の決算日である三月二十日をひとつの区切りと考えたからであろう。翌三月二十一日から加藤修一のカトーデンキ販売社長の時代が始まるのだ。

一方、加藤修一は社長就任当時のことをこう振り返る。

「その前日に「(父・馨から)明日から、お前が社長をやれ」と言われました。すでに代表取締役専務でしたから、(気持ちとしては)たんに繰り上がったような感じでした。それまでしていた(会社を代表する)仕事とたいして変わらないじゃないですか。たしかに親父と私には社長としての仕事、専務としての仕事がそれぞれあるわけですが、私が親父の仕事にだんだん関心を持つようになって親父の領域まで入り込んでいくと、親父はその仕事をしなくなっていきます。たとえば、私が広告の仕事に関心を持ち、親父に言って一度やらせて貰うと、次から親父は広告の仕事をやらなくなるわけです。ですから、(社長交代があった)その頃の親父の仕事は、出店地を探したり決めるなど出店関係が主でした。あとは、採用とか社員教育などの仕事ばかりしていましたね」

さらに、こうも言う。

「親父は、あれしろこれしろとは言わなかったね。それまで親父の方針に則ってやってきていましたから、親父に逆らって何かをやったということはありませんでした。それに、私も親父と交代で東日電へ勉強に行ってましたから、自然と(二人は)同じ考えになっていたんです」

もう少し付け加えるなら、カトーデンキがナショナルショップの時代、加藤馨は東京電機大学の学生だった長男・修一を大阪・門真の松下電器産業(現・パナソニック)本社で開催されるショップの優良店を集めた会などに出席させている。つまり、修一は父・馨と同じ創業者世代のナショナルショップの店主たちに交じって、すでに「経営の神様」と謳われていた松下幸之助の講話を聴講したり、二代目社長の松下正治と面識を得るなど見聞を広めさせられていたのである。これもまた、加藤馨の言うところの、修一が自ら社長になるように「仕向けた」ひとつだったのであろう。

加藤修一は「自然と同じ考えになっていた」と語るが、父・馨の考えは少し違うのではないか。というのも、幼少の頃からの馨の歩みを振り返るなら、父・定一の資質を兄弟の中でもっとも引き継いでいることが分かるからである。その資質の中でもっとも卓越していたのは、情報収集力と先見性である。

加藤定一は、たえず数年先のこと、いや将来のことを念頭において家業を考え、そして行動していた。その典型が、日本の繊維産業が興隆し村中が養蚕業を生業とした時に、その流れに乗るのではなく長期的な展望に基づき百合根の栽培に活路を見出したことである。最大の輸出先であったアメリカが大不況に陥り、繊維産業が壊滅的な打撃を受けたとき、千木良村の養蚕業も同様の損害を被った。その中で、唯一無傷だったのが百合根の栽培農家だった加藤家である。定一は、暮らしに困窮した村民を助けるために百合根の栽培法を積極的に教えている。定一が百合根の栽培農家を選んでなければ、千木良村はもっと深刻な経済状況に陥っていたのである。

同様に、加藤馨も三十歳で個人商店「加藤電機商会」を立ち上げた以降、主力商品がラジオからテレビ、それもモノクロからカラーへと先端技術が使われる製品へと代わっていく様子を間近に見て、そう遠くない将来、自分の理解できない技術で作られた製品を取り扱う時代になることを予想したに違いない。そのような状況に備える意味もあって、跡継ぎと考えていた長男・修一を自分と同じ創業者世代に交じって勉強させるとともに、早くから彼らとの面識を得させることにしたのではないだろうか。

たとえば、加藤修一は三十一歳の専務時代、日本電気専門大型店協会(全日電を母体に設立、略称・NEBA。詳細は後述)と日本総合研究所共催の約二週間に及ぶ「米国小売業マネジメント視察」ツアーに参加している。企業規模や売上高等の参加資格を当時のカトーデンキは満たしていなかったが、加藤が懇意にしていた経営コンサルタントの藤田昭の強い推薦があったから参加できたと後に加藤自身が明らかにしている。

しかし他の要因も、見逃せないのではないか。その海外視察ツアーには、上新電機やラオックス、第一家庭電器、電巧堂チェーンなど当時の有力家電量販店の社長や役員・幹部が参加している。もし彼らの誰か一人でも、参加資格を満たしていないことを理由に強く反対したら、たとえ家電量販店業界に影響力を持つ藤田からの推薦があったにせよ、加藤修一は参加出来たであろうか。逆に誰からも異論が出なかったから、加藤はツアーに参加できたと考えるべきである。

つまり、大手家電量販店の幹部たちが反対しなかったのは東日電時代から勉強会に出席し、その後もNEBAの会員企業として勉強会等に参加していた加藤修一と面識があり、加藤の勉強熱心さを理解していたからに他ならない。

そうした環境を加藤修一に与えたのは、間違いなく父・馨である。そしてこれも、馨の「仕向けた」効果のひとつであると言っても過言ではない。

「米国小売業マネジメント視察」ツアーは、ロサンゼルスやダラス、ニューヨーク、シカゴなど八大都市を回って、シアーズ・ローバックやK・マート、J・Cペニーなど総合スーパーを含む米国型小売業の現場を視察するものであった。このツアーを通じて、加藤修一は「本場のチェーンオペレーションを視察できました」と後に語っている。この時の経験が、加藤の社長時代の多店舗展開に活かされるのである。

さらに、もうひとつ付け加えるなら、加藤馨は自分の知らない世界、理解できない社会の到来が近いことも知っていたと思われる。

たとえば、加藤馨は社長時代に根積町本店以外に八店舗開業している。しかしそれらの店舗は、馨にとっては、あくまでも「支店」である。馨の理解する多店舗展開は、支店の拡大に近い。それゆえ馨は当初、水戸市内に限定した地区にこだわって出店させていたのである。他方、息子の修一が考える多店舗展開は、チェーンオペレーションに基づくものである。そしてこれからは、修一の考える多店舗展開が主流となる時代、社会を迎えることを馨は予想していたのであろう。

先見性がある、ないし先見性を持っているとは「人間が矩を踰えては生きられない」という意味を知っていることでもある。つまり、先が見えるからこそ、自分の時代や年代の制約が分かるし、それに従って行動することが出来るのである。

そのことを加藤馨とのインタビューで感じた経験が、私にはある。

若すぎる社長の誕生に驚き、危惧したのは加藤馨の周りの人たちだけではなかった。むしろ強く反発する人たちが社内にはいた。彼らは、創業者である加藤馨と苦楽を共にした古参の幹部たちである。

その一部は、理論派で合理主義者の修一と対立し、結局、カトーデンキ販売を去っていく。そんな彼らを、加藤馨は決して引き留めようとはしなかったという。

その理由を、私が訊ねると——。

「まあ、（古参の幹部が辞めて行くのは）仕方がないと思ったね。もう私は社長じゃなかったし、（社長の）息子を信じるしかなかった」

と、馨は言葉少なく気持ちを語った。

部下思いの馨だったが、この時は「矩を踰えたら」大きな間違いを犯すことが分かっていたから、自分を抑えたのである。その意味では、父・馨は長男・修一には「自分と同じ考えになることではなく、自分を超えていくこと」を望んでいたのである。

加藤修一が社長に就任した昭和五十七（一九八二）年は、会社が創立三十五周年を迎えて記念式典を行った年でもある。その式典で修一は、新社長として挨拶し、全社員に向けて今後の経営方針を明らかにしている。

加藤修一は、まず「会社を発展させていくためには大切にしなければならない三つのことがある」と指摘したうえで、それらが「お客様、取引先、従業員」の三者であることを宣言する。修一の言葉を借りるなら、新社長の経営方針は「三位一体の方針」ということになる。

加藤修一は改めて、三位一体の方針についてはこう説明する。

「私は三十五歳で社長になったとき、たしかに（新社長の）挨拶で大切にしなければならないものを三つ挙げました。しかし内輪では「従業員を一番大切にします」と言っているんですよ。二番目が取引先で、最後がお客さんです。こんなことは、とても表立っては言えません。でもそれは、お客さん

社長交代後の「35 周年創業祭」での記念集合写真(写真中央は会長と副会長に就任した加藤夫妻，右隣が新社長の修一氏)

のことを軽視しているからではないんです」

さらに、こう言葉を継ぐ。

「本当の意味でお客さんを大切にするには、まず従業員を大切にしなければ、それを実現することは出来ないと言っているだけです。(店で)お客さんに接するのは、まず従業員です。会社から大切にされていない従業員が、はたしてお客さんを大切に出来るでしょうか。取引先も同じことです。取引先を大切にして関係を良くしておけば、人気商品や売れ筋商品などが品切れを起こすことなくスムーズに入荷してきます」

そして最後に、彼の結論である。

「結果、従業員を大切にし、取引先を大切にすることが、本当の意味でお客さんを大切にすることになるわけです。ですから、口先だけで「顧客第一(主義)」なんて言うのは簡単で、むしろインチキ臭いぞと(従業員などには)言っています」

創業者・加藤馨の「会社は株主だけのものではなく、そこで働く社長以下全員のものである」という目標は、二代目社長・修一によって「従業員を一番大切にする会社」へと止揚されていったようである。

そして従業員と創業家の折半出資で設立された「カトーデンキ販売」は、加藤修一の社長時代を迎え、課題である「定年まで勤めたらひと財産できる」の実現をより確実にする新たな取り組みを始めようとしていた。

第八章　定年までに「ひと財産」できる会社

加藤修一が三十五歳という若さで父・馨から社長を引き継いだとき、カトーデンキ販売は年商約二十六億円、店舗数九店舗、従業員数七十二名(昭和五十六年九月期)を抱える茨城県下一の有力な家電量販店に成長していた。

修一が入社した時の年商が約一億円だから、十三年間で二十六倍である。新人時代に経理学校に通って作成した計画は、売上高を年率二五パーセントで増やし続けていくというものであった。それに従えば、十年後には約十倍の十億円である。つまり実際には、当初の計画をはるかに上回る数値目標を達成していたことになる。とくに最後の二年間は、倍々ゲームで売り上げを伸ばしたカトーデンキ販売の時代である。

こうして、加藤電機商会からカトーデンキ、そしてカトーデンキ販売へと続く成長を振り返ると、カトーデンキ販売時代が全体を通しての売上高増にいかに貢献しているかが分かる。カトーデンキ販売の設立は、社員のモチベーションを挙げるという意味では大成功だったと言えるだろう。

このような成長力を今後も維持していくには、好不況に左右されることのない経営を続けることである。そのためには普段からの備え、つまり堅実な「経営計画」が不可欠になる。もっと言うなら、好況だからと出店攻勢など多大な投資をしたり、不況だからといって事業の縮小を図ったりするなど外部の要因に振り回されることなく、計画に基づいた成長のスピードを維持することである。

加藤修一は、持論をこう説く。

「会社の経営には、終わり(ゴール)があるわけではありません。だから、どこかの時点で(業界の)トップになっただけでは意味がないのです。もしトップになった時点で会社を解散するつもりなら、表彰式をしてトップになって良かったね、で終われます。だけども、現実には会社の経営に終わりがあるわけじゃありませんよね。だから、私は「経営は終わりのない駅伝競走」だと言っているのです。会社は経営者がバトンタッチ(交代)しながら、続いていくわけです。私は二代目ですが、父から引き継ぎ、次の経営者にバトンタッチするために「終わりのない駅伝競走」を走っているのです」

さらに、言葉を継ぐ。

「そうすると、会社の体力を去年より今年、今年よりも来年のほうが強くなるようにしたい、もしくは業界の中でより強い立場になろうとはしますが、(業界の)順位がどうなっているとか気にしちゃいけないのじゃないかと思います」

このように考えるようになったのは、小学生時代の経験が大いに関係しているようである。加藤によれば、小学四年生から六年生までの三年間、校内で開催されたマラソン大会には欠かさず出場したという。そのさい、負けん気の強い修一は「優勝」を狙って、人一倍練習に励んだ。ところが、肝心のマラソン大会では途中でトップに立っても、ゴール前で抜かれることの繰り返しであった。結果は、万年三位だった。

優勝できなかった理由は単純で、ペース配分を間違えていたことである。なにしろ最初からトップに立とうとする余り、力を使いすぎて後半で体力を消耗してしまっていたのである。そこから子供心に学んだのは、「途中で無理をしたら、トップになれない」という事実だった。率直に言うなら、実力のない者がどんなに無理をしたところで、優勝することは出来ないという現実を学んだのである。

先代の馨が社員に能力以上のことを求めなかったように、修一も同様に無理をさせることの無意味さを分かって経営にあたっていたのである。

それゆえ加藤修一は、自らの経営手法をこう説明する。

「社員には、あまり負荷を与えないようにしています。私の発言にもよく出てくる「(社員は)頑張らない」ようにという意味は、「やるべき事をちゃんとやりましょう。出来もしないことをやろうとしないようにしましょう」ということです。「頑張る」という言葉には、「出来ないことを何とかしろ」という意味合いが込められている気がしてならないのです。それらは不確定なものですから、経営的には不安要素でしかありえません。だから、頑張れなんて言ってはいけないし、私は「何をどうしましょう、という言い方でいきましょう」と(社員の)みんなには伝えています」

かくして、父・馨から始まった社員に無理をさせないやり方は「がんばらない経営」と呼ばれ、修一の業界トップを至上命題としない経営は「終わりのない駅伝競走」と命名されるのである。

加藤修一は新しい経営トップとして、それまでのカトーデンキ販売の多店舗展開を大型店舗による出店へと切り替えていく。いわゆる「スクラップ・アンド・ビルド」である。その象徴が、最初の支店「駅南店」と隣接して出店していたオーディオ専門店「駅南オーディオセンター」(昭和五十三年開業、売場面積二六〇平方メートル)の跡地に「駅南本店」(売場面積五〇〇平方メートル)を昭和六十一年に開業したことである。

さらに二年後、駅南本店は売場面積を一〇〇〇平方メートルにまで増床し、本社機能の一部(商品部、営業部)も持つようになった。

一方、のちにカトーデンキ販売を熾烈な安売り合戦に巻き込むヤマダ電機（現・ヤマダホールディングス、本社・群馬県前橋市）と、小島電機（現・コジマ、本社・栃木県宇都宮市）は関東地区での多店舗展開に乗り出していた。小島電機がカトーデンキ販売の地元・茨城県下館市（現・筑西市）に出店し、初の県外進出を果たすのは昭和五十九年三月である。翌昭和六十年四月には、今度はヤマダ電機が埼玉県深谷市に県外初の出店を果たしている。小島電機もヤマダ電機も、県外初出店を機に多店舗展開を本格化させ、その勢いは全国へと拡大していく。

カトーデンキ販売の経営を長男の修一に託し経営の第一戦から退いたとはいえ、加藤馨には解決しなければならない宿題がひとつ残されていた。それは、成長とともに旺盛になる多額の資金需要に対し、いかに応えていくかという問題である。

加藤馨が元台町に初めての店舗、個人商店「加藤電機商会」を開業したとき、復員して間もない馨には金銭的な余裕はなく開店費用を妻・芳江の実家と千木良の長兄・操に頼らざるを得なかった。根積町（柳町）に宅地を購入して店舗付き住宅を建てた際は、住宅金融公庫から二十二万円の融資を受けて費用の一部を賄い、十三年後の鉄筋コンクリートの三階建てに増改築した時も、同様に住宅金融公庫から一千万円の融資を受けている。鉄筋コンクリート造りの社員寮を建設した時は、建設費八百九十八万円のうち四百七十万円を年金福祉事業団から借り入れている。

こうした資金調達について、加藤馨はこう説明する。

「私は、政府（系）の金融機関を利用するのが上手だったと思います。住宅金融公庫もそうですが、私が社長のころ、中小企業金融公庫というのがあったんです。いまはもうありません（二〇〇八年解散）が、中小企業金融公庫は政府（現・財務省）から予算を貰って、それを私たち中小企業に貸し出すわけです。一年間の貸出額は、いくらと決められていました。ところが、借りる人が少なかったので、そのままだと（予算が）余ってしまいます。でも公庫としては貸し出しを増やして成績を上げなければいけませんから、出来るだけ多く（お金を）貸そうとするわけですよ。地元の銀行では土地を担保に二百万円ぐらいしか貸してくれなくても、公庫に話を持っていくと五百万円ですよ、倍以上も貸してくれるんです。一億円の物件でも地元の銀行はお堅くて七千万円、多くても八千万円しか貸してくれません。でも公庫では一億五千万円は貸してくれました。しかも金利は、（銀行よりも）一パーセントは安い。これは、お金を借りるなら中小企業金融公庫が一番だと思いました」

さらに、利用者が少ない理由をこう推測する。

「みなさんがなかなか利用しなかったのは、（融資の申し込みで）一番最初に出す書類が厄介だったからだと思いますね。とにかく（提出書類が）細かくて、営業計画だとか将来の計画、会社の三年後の計画だとか、いろいろあるわけです。そういうのを出すことを嫌がって、みんな借りなかったの。だけども、地元の銀行よりも（借り入れ）金利は安いうえに、同じ担保でたくさん貸してくれるというのが、（中小企業金融公庫の）一番の魅力なんだからね」

ちなみに、カトーデンキ販売の中小企業金融公庫からの最大の借入額は、加藤馨によれば、三億五千万円（昭和六十三年当時）である。

たしかに、加藤馨は政府系金融機関を上手に利用してきている。しかしそれは、いつまでも保障されたものではない。たとえば、中小企業金融公庫が途中で解散したように政府系金融機関には政治的な理由で存廃が左右されるリスクが付きものだからだ。もっと安定した、そして利用しやすい調達方法を見出したいと加藤が考えたのは当然である。

じつは加藤馨には、銀行等金融機関から、つまり間接金融ではなく直接金融での資金調達を真剣に考えていた時期があった。つまり、証券（株式）市場からの調達である。

というのも、もともと加藤には強い会社にするためには資本の充実が欠かせないという考えがあったからだ。それゆえ、個人商店から法人化、有限会社にした時の資本金は六十万円だったが、社業が順調で利益が出るたびに百二十万円、二百十万円、三百七十万円と増資を続け、カトーデンキ販売の設立で資本金は二千二百五十万円になっていた。

そしてさらなる資本の充実を図るにしても、加藤一族や社員による増資分の購入だけでは対応できない企業規模にカトーデンキ販売は成長していた。そんな折り、加藤馨は東日電の勉強会や会合などで「強い企業になるためには、資本を証券市場から集める必要がある」と訴えたものの、賛同者は少なくむしろ関心すら示さない者が大半だった当時を思い出し、カトーデンキ販売一社だけで挑戦することにしたのだった。

なお、東日電のメンバーが加藤馨の話に興味を示さなかったのは、無理もないことである。証券市場から資金を調達する意味は、自分の会社を上場することに他ならない。カトーデンキ販売が東日電に集まる有力な家電販売店であったとしても、産業としては家電流通の当時の未来は不確かで不安定であった。また、東日電の他の有力家電販売店もメーカーなど他業種の上場企業と比べても、資本金を始め企業規模や社会的信用などもまだまだ不十分であった。加藤以外の東日電のメンバーにとって、上場など眼中になかったのである。

昭和五十九(一九八四)年秋、加藤馨は野村證券水戸支店に「上場」及び上場のための準備等を相談する。対応した水戸支店長は、加藤が持参した決算書などの書類を精査したうえで、カトーデンキ販売が将来有望な会社であると判断した旨を伝え、加藤の考えに賛同し協力する旨を約束した。後日、水戸支店長は野村證券の子会社でベンチャーキャピタルの日本合同ファイナンス(現・ジャフコグループ)を紹介したのだった。

ちなみにベンチャーキャピタルとは、ベンチャー企業など高い成長力が見込まれる未上場の企業に出資する投資会社のことである。ただし出資するだけでなく、同時に上場に向けてのコンサルティングや経営支援を行い、企業価値を高めるサポートを行うことも重要な業務である。

翌昭和六十年四月、日本合同ファイナンスの役員と担当者ら三名が、カトーデンキ販売を訪れた。彼らの目的は、上場に向けた手続き等の最終的な確認とその準備を協議するためであった。カトーデンキ販売からは、会長の加藤馨ならびに社長の加藤修一ら経営首脳が顔を揃えた。

日本合同ファイナンスはカトーデンキ販売への出資が決まったこと、そのうえで三年を目処にまず店頭公開を目指し、それまでに資本金を五億円に増資する目標などを提案したのだった。それに対して加藤馨らに異論はなく、日本合同ファイナンスの指導に従って三年後の店頭公開を目指し、本格的な準備に入ることにしたのである。

ここで「店頭公開」と「上場」の違いについて、少し説明しておく。

上場とは、簡単に言えば、取引所(株式市場)で株式の売買が出来るようになることである。それを望む企業は、取引所が定める上場審査基準(発行株式数、株主数、利益の額など)に合格する必要がある。その基準に合格し、証券取引所に上場が認められれば「上場企業」になるのだ。

他方、上場審査基準をまだ満たしていないものの、成長著しい新興企業など将来有望な企業が存在する。そのような企業は資金需要が旺盛で、広く社会からの資金調達を必要としている。いわゆる「上場予備軍」と呼ばれる企業である。

そのような企業に対し、上場までの補完的な役割を果たしていたのが「店頭公開」である。もともと株式は、証券取引所(株式市場)以外でも購入することは可能であり、証券会社や金融機関などの店頭でも取り引きが行われていた。こうした店頭で取り引きするシステムを「店頭市場」と呼んでいたのである。

もちろん、未上場株ならどの株でも買えるわけではない。

店頭市場を管理している日本証券業協会が設けた「店頭売買銘柄登録制度」に登録された株式だけである。当然、審査は行われる。取引所の上場審査基準よりも緩やかとはいえ、合格しなければ店頭での売買は許されない。ちなみに店頭公開を「店頭登録」とも呼ぶのは、この制度に由来したものだ。その後、新興企業向けの市場としてマザーズやナスダックジャパン等の取引所が開設されたため、現在は店頭市場はなくなっている。

店頭公開に備えて、カトーデンキ販売が日本合同ファイナンスから指摘された問題のひとつは、創業家を代表する社長の加藤修一の持ち株数が余りにも少ないことである。

もともと上場では、株式を一〇〇パーセント所有する創業家(オーナー一族)が持ち株の多くを市場に放出し、株の売買を成立(流通)させるのが一般的である。いやむしろ、上場で創業者利益と言われる巨額な売却益を得られるところに起業の旨みがあると言っても過言ではない。

しかしカトーデンキ販売は、前述したように創業家一族と社員との折半出資で設立されたという経緯がある。設立後も増資を何度か繰り返しているものの、増資分の株式は社員も購入可能だったし買い増す社員が少なくなかったので、創業家一族と社員の持株比率に大きな変化はなかった。社長の加藤修一に限らず創業家一族の持ち株をすべて合わせても、圧倒的に足らなかったのだ。

資本金不足は、加藤馨が野村證券水戸支店を訪ねて相談した時点で指摘され、すでに分かっていたことである。それゆえ、加藤たちも自分たちですぐに取りかかれる資本金増強の方法を思案していた。そして日本合同ファイナンスの役員たちが訪れる一カ月前には、不動産管理会社にしていたカトーデンキと合併させて資本金一億円のカトーデンキ販売を誕生させていたのだった。

この合併によって、創業一族の持株比率は約七〇パーセントまで高まったものの、社長の加藤修一の持株比率は二三・八パーセントに過ぎなかった。また資本金も、目標とした五億円にはまだ四億円も不足していた。

加藤修一は、まず社長としての自分の持株比率を高めることにした。カトーデンキ販売に二十四万株増資させたうえで、その全株を引き受けるために必要な金額を銀行から借り入れたのである。その結果、加藤修一の持株比率は三一・一パーセントまでに高まったのだった。

そのような増資と日本合同ファイナンスからの出資などもあって、一年後の昭和六十一年九月にはカトーデンキ販売の資本金は五億四千四百万円に増えていた。その後もカトーデンキ販売の業績は順調に推移したため増資を繰り返し、さらに一年後には資本金は七億七千二百万円を超えるまでにもなっていた。もはや資本金に関しては、店頭公開するうえで何の問題もなかった。

昭和六十三年四月十四日、カトーデンキ販売は日本証券業協会に株式を店頭登録(店頭公開)した。初値は、二千百五十円だった。つまり、額面一株五十円のカトーデンキ販売の株式に対し、四十倍以上の二千百五十円という買値が付いたのである。店頭市場が、カトーデンキ販売の企業としての将来性を高く評価した証であった。なお店頭公開にあたっては、主幹事会社を野村證券、一般幹事会社を水戸証券と大和證券、日興證券の三社が務めている。

株式公開日から約一カ月後の五月十八日、カトーデンキ販売は水戸市のプラザホテルで公開謝恩パーティを開催した。パーティ当日は、水戸市長や常陽銀行頭取など地元の有力者を始め取引先メーカーや株式公開をサポートした証券会社の関係者など二百名を超える招待客が参加して盛会であった。

謝恩パーティでは、加藤馨はカトーデンキ販売を代表して挨拶に立った。そして出席者への感謝の言葉を述べたあと、冒頭からこう宣言したのだった。

「カトーデンキ(販売)は、このたびの株式公開をひとつのステップとして次の目標であります東京証券取引所二部上場に向かって前進を始めたところでございます」

あくまでも目的は証券市場への上場であって、いわゆる「上場企業」になることだというのだ。たしかに、上場企業にはさまざまなメリットがある。たとえば、資金調達以外の面では知名度が向上して優秀な人材を確保し易くなるし、厳しい上場審査基準をクリアしたことで社会的な信用が増して取引先に安心感を与えるからだ。つまり、加藤馨の目標は、カトーデンキ販売を社会から認められる会社にすることなのである。

店頭公開記念パーティで挨拶する加藤馨氏

さらに、カトーデンキ販売の特徴と優れた点をこうアピールする。

「さいわい、当社は社員の平均年齢も二十六歳弱と同業各社の中で一番若い集団でございます。若さは、何物にも勝る力と信じております。この力を社長を中心に結集して、業績の拡大発展に向かって前進いたします。当社では、日常の心得として五つの信条を掲げております。その中のひとつに《感謝の気持ちで働きましょう》という言葉があります。私は社員が入社するたびに「朝目が覚めてから夜寝るまで、常に世の中のすべての人々と文物に感謝して行動しなければならない」ことを訓えております。この感謝の気持ちで働くとき、何事も順調に展開し、当社の今後の発展も約束されると思うのでございます」

そして最後に、上場への強い意欲を再度示して挨拶を終えた。

「カトーデンキが社会の為になる企業として四年後に二部上場が出来ますよう今後ともよろしくご指導ご鞭撻下されたくお願い申し上げます」

パーティ会場の盛り上がりもあって気持ちを高揚させた加藤馨の気持ちは理解できないこともないが、具体的に「四年後」と上場時期を明言したのには、よほど自信があったのであろう。

しかしその後、家電流通戦国時代(詳細は後述)の到来でカトーデンキ販売は厳しい環境に置かれたこともあって、東証二部上場を果たすのは十三年後の平成十三(二〇〇一)年二月のことである。さらに翌年三月には、東証一部への上場を実現する。予定よりも少々時間はかかったが、カトーデンキ販売が堅実に業績を伸ばしてきた証である。

上場という目標を果たした結果、創業者・加藤馨が目指した「定年まで勤めたらひと財産できる」という目的は実現出来るようになったのであろうか。

馨の跡を継いで社長として東証一部上場を実現した修一は、平成二十一(二〇〇九)年当時、私の質問に胸を張って答えた。

「会社(カトーデンキ販売)を作ったとき、社員の中でもっとも大きな出資額は百万円でした。その方はすでに退職されていますが、退職時の持ち株の評価額は八億円でした。百万円が八億円になっていたわけです。その人は株を売らず今も保有されています。というのも、毎年の配当金の総額が勤務していた時の年収分ぐらいあるからです」

たしかに、八億円なら定年までに「ひと財産」出来ていたと言えるであろう。

他方、加藤馨も似たような経験をしていた。

「(カトーデンキ販売の)業績が順調でしたから、毎年二割の配当を続けました。その後も増資をしましたから、配当金と賞与の範囲内で(増資した)株を買ってくださいとお願いしました。そのさい、たくさん買う人もいれば、まったく買わない人もいました。そういう風にしてきましたので、古くからの従業員は(カトーデンキ販売の)株をたくさん持っています。自然とそうなってしまったのです」

さらに、こう話す。

「それで役員をしていた人が五〜六年前に会社を辞めたとき、新聞社からインタビューを受けた記事が出たのです。その人は「会社に勤めて一番印象に残ったことは何ですか」と聞かれて、「いったん退職金を貰ってそれで会社に出資したら、(定年)退職する時にはたくさん株式を保有していることになった。これが、一番印象に残りました」と答えていました。その記事を読んだとき、私も「やはり、そう思ってくれていたんだな」とつくづく思いましたね」

カトーデンキ販売設立時の出資に応じた社員のひとりは、創業六十周年を祝う小冊子『皆様に支えられて60周年』に次のような喜びの声を寄せている。

《入社する当時、まだ外商担当者が3名おり、訪問販売で売上をあげていた時期でした。テレビは真空管で白黒からカラーテレビに買い換える需要期にあたり、私も修理に興味がありいずれは独立して電気店を営む考えで、入社面接を受けました。しかし、「これからの商売は、お客様がお店に来て商品を選んで買っていく時代になります。個人ストアーでは、売上を確保する事が難しくなります。その時代が到来すれば必ず苦労しますから、そのような考えは捨てて、ここで長く勤めてください。」と加藤名誉会長(当時社長)に説得されました》

そして、加藤馨が提案した「長く勤める」ための方策に触れる。

《それから8年後、新会社設立時に退職金で出資しました。出資することが何を意味するのか初めはわかりませんでした。会社が潰れたら、との思いがなかった訳ではありません。ただ、会長が予測したように時代が変遷してきたこと、勉強熱心な社長(現加藤名誉会長)がそこまで言うのだから、そんな思いから出資を決意しました。当時の株式は1株50円。毎年配当を重ねその都度増資し、上場を果たして数度の株式分割も受けました。当初の株式数は次第に膨らんでいき、1株の価値は何十倍にも膨らんでいました。

気づいたら、会長のお話の通りに資産が築かれていました》

その後も、カトーデンキ販売はストックオプションを取り入れるなど、社員と役員に対する株式の保有は進められた。

ところで、最初の株式の公開によって、創業者の加藤馨は間違いなく十分な「創業者利益」を得たはずである。というのも、店頭公開に際して、カトーデンキ販売は新たに増資した二十五万株を市場に売りに出し(流通させ)ているが、加藤馨も同じく九万株、妻の芳江は五万株を売却しているからだ。しかし彼は、創業者利益を自分ひとりのものにすることはなかった。親族を始め彼が大切に思う人たちにも、事前に分け与えていたのだ。

株式の公開一年前、長兄・操と次兄・實に各一万株、次姉・キミには八千株を分与している。また、長男・修一の妻の実家と次男・幸男の妻の実家にも各一万株を分与し、カトーデンキ販売設立時に出資せず、その後の増資の際にも購入しなかったため持ち株がない社員には十万株を一株二百円で譲渡している。

おそらく株式公開が迫り持ち株の値上がりが確実となったため、あわてて株式の購入を求める社員に対し、加藤馨なりの温情を示したのであろう。
さらに加藤馨は、創業者利益の一部を故郷・千木良のためにも使っている。

店頭公開した昭和六十三年から平成元(一九八九)年にかけて、時の首相である竹下登は地域振興策に力を注ぎ、そのひとつに各市町村に対し一億円を交付する政策、いわゆる「ふるさと創生事業」を目玉政策にしていた。

「ふるさと創生」はメディア等で大きく取りあげられ、社会的関心も高まっていく。そんな時に、加藤馨は「ふるさと創生」を新聞で知って、墓参りで帰省するたびに千木良で農業を続ける長兄の操が「町は活性化がうまく進まず、苦労している」と故郷の苦境を話していたことを思い出し、「それなら、この機会に自分も一億円を提供するので、合わせて二億円を故郷のために役立てて欲しい」と思ったのだという。

ただし故郷に寄付するにしても、十九歳まで育った「千木良村」は昭和の大合併でなくなっていた。村名はなくなったものの、「千木良」の地名は新たに誕生した「相模湖町」で残っていた。

平成元(一九八九)年二月六日、加藤馨は一億円の小切手を持参して相模湖町役場(神奈川県)を訪ねた。通された町長室では、町長と助役、収入役の三人が揃って加藤馨を出迎えた。加藤は三人に囲まれる形でソファーに座ると、「いつも故郷を大切に思ってきました。いつかは、町のために役立ちたいと思っていました。今回の「ふるさと創生」の資金と合わせて(持参した一億円を)使ってください」と自分の思いを伝えるとともに寄付を申し出たのだった。

相模湖町の町長は毎日新聞の取材に対し、次のような喜びのコメントを寄せている。

《一億円は町にとっても大金です。感謝の気持ちでいっぱい。町として加藤さんの善意の一億円と竹下首相の構想であるふるさと創生の一億円を合わせて、二億円計画で町の活性化のために大切に使

いたい》(平成元年二月七日付け朝刊)

ちなみに、毎日新聞「さがみ」版に掲載された記事のタイトルと見出しは《「ふるさと・相模湖創生に」と一億円寄付　竹下首相もドキッ!?　水戸の電器店経営・加藤さん》というものだった。

相模湖町に一億円の寄付をする

加藤馨とカトーデンキ販売が進めた強い会社になるための資本の増強と、社員が定年まで勤めたら「ひと財産」できる会社の実現は、ひとつの山の頂点を別々のルートから目指しどちらも登頂に成功したケースに似ている。つまり、目指す目的が同じなら、いろんなルートがあるし、いろんな手段・方法もあるということだ。

別の見方をするなら、加藤馨は会社を強くする、発展させたいのなら、何よりも社員を大切にすることが肝要であることを実証したのである。

そして加藤修一がカトーデンキ販売の社長として挑む時代の課題は、創業者・加藤馨の考えややり方、つまり経営理念が今後も通用するものなのか、あるいは通用させるにはどうしたらいいか、という問に対し「解」を見出すことである。

第九章　正しく生きる

昭和五十七（一九八二）年三月、加藤馨が社長の座を長男の修一に譲ったことでカトーデンキ販売は、次の世代、新しい時代を迎える。三十五歳で社長に就任した加藤修一は、家電量販店業界で「日本一若い社長」になった。それは同時に、二重の意味を込められて語られた。ひとつは文字通り修一の「若さ」に期待したものであり、もうひとつは「若さ」を冷ややかに眺め、「お手並みを拝見」とばかりに見下したものである。

その新社長・修一を待ち構える家電市場および家電流通の変化や環境は、いったいどのような状況であったのだろうか――改めていま一度、振り返ってみたい。

高度経済成長期から安定成長期に入った一九七〇年代（昭和四十五年～五十四年）、まだ日本全体は好況感で覆われていた。昭和四十五年の春闘では、労働組合側は経営側に一万円以上の賃上げを要求し、メディアから「五ケタ春闘」と名付けられたほどである。さすがに一万円以上の賃上げは実現しなかったものの、各企業では約九千円という高い金額で労使は妥結していったのだった。

他方、日本の社会も国民も「豊かさ」を実感し、浮かれ気分に浸っていた。

その年の三月には、大阪で「人類の進歩と調和」をテーマにした「日本万国博覧会(万博)」が開催され、半年の期間中に全世界七十七カ国から六千万人以上の入場者を集めて大盛況のうちに終わっている。大阪万博の成功は、日本が経済的に豊かな国になったことを多くの国民に実感させるものであった。その頃から「一億総中流」という言葉が新聞などのメディアでひんぱんに取りあげられ、流行り出している。

日本国民の八五パーセントが中流意識を持つと言われた当時、その豊かさは「より良い暮らし」を求める多くの国民の購買意欲をさらにかき立て、その貪欲なまでの要求に対し家電業界も積極的に応じていった。

戦後の家電ブームを牽引したのは、大ヒット商品となった白黒テレビや電気冷蔵庫、電気洗濯機の「三種の神器」だが、それに代わる新しいヒット商品、つまり「新三種の神器」や「3C時代」と呼ばれた「カー(自動車)、クーラー、カラーテレビ」のうちクーラーとカラーテレビという大型家電製品を市場に用意していたのである。この二つの大型電気商品が、その後の家電市場を牽引していくのである。

活況を呈する家電市場に対し、電機メーカー各社は増産体制を整え、その需要に応えていく。しかしそれは同時に、家電商品の販売チャネルを多様化させることにもなった。というのも、家電市場ではメーカー各社の系列販売店(専売店)以外の大手小売業者、たとえばダイエーなど総合スーパーやディスカウントショップなどの大型店舗も家電製品を取り扱うようになり、激しい販売競争が始まっていたからである。

その販売競争には、カトーデンキ販売のようなメーカー系列ではない地域の家電販売店(混売店)の有力店も参戦し、三つ巴の争いになっていた。有力店の中でも中心となったのは、店舗の大型化を積極的に進め「家電量販店」として新しいスタートを切っていた家電販売店であった。

そうした家電流通の状況下にあって、全国各地の有力家電量販店七十九社が集結して昭和四十七(一九七二)年二月に設立されたのが、「日本電気専門大型店協会(略称・NEBA)」である。

NEBAは、加藤馨が誘われて加入した東日電を傘下に置く全日電の、いわば後継組織にあたる。つまり、NEBAも全日電同様、急成長をする総合スーパーへの対抗組織として第一義的に立ち上げられたものなのである。

そのNEBAの設立趣意書には、次のような目的が記されている。

《わが国の家電専門大型店の健全な普及と発展を図ることにより、小売業経営の改善を通じて、家電流通業の合理化、近代化を推進するとともに、良品・適正価格をモットーに消費生活の向上に寄与すること》(傍線、筆者)

設立趣意書にある「適正価格」とは、家電量販店が消費動向を見ながら独自に「決める」価格、つまり「(定価から)値引きした価格」のことである。その当時の家電製品の販売価格は、メーカー側から小売店側に対し「定価」という形で決められていた。総合家電メーカーの松下電器産業(現・パナソニック)を始めメーカー各社の系列店や地域の家電販売店などは、その定価を守ることでメーカー側との良好な関係を維持し、それによって商売も成り立っていた。

それに対し、家電量販店は定価から値引きした価格で販売することで、その安さを武器に成長してきていた。当然、定価の厳守を求めるメーカー側との関係は悪化し、メーカーと家電量販店とは対立関係にあった。

しかしメーカー側がもっとも神経をとがらせていたのは、戦後急成長したスーパーが家電製品を扱うようになって「安売り」を始めたことである。とくに総合スーパーのダイエーは、業界トップの松下電器の製品を大きく値引きして販売したため、約二万七千店舗の強固な系列店網を持つ松下はナショナルショップを守るためにダイエーへの出荷を停止するなど厳しい措置で対抗した。これが、のちに「三十年戦争」と呼ばれるダイエーと松下の争いの始まりである。

その一方で、松下電器は家電量販店に対しても「ディスカウンター」と位置づけ、ダイエーほどではないにしろ、系列店のナショナルショップを守るための策を講じていた。松下以外のメーカーでも、安売りに走る家電量販店に対し、事実上の出荷停止や十分な製品供給をしないなどの対抗措置をとるところも出てきていた。

しかし多くの電機メーカーにとっては、最大・最強の系列店網を全国に持つ松下電器と違って、家電量販店の持つ「バイイングパワー(優越的な購買力)」が次第に魅力的になっていったのはやむを得なかった。その傾向は販売網が弱いメーカーほど顕著で、家電量販店が持つ「販売力」がメーカー側の売り上げに貢献している事実は否定できなかったからである。

さらに設立趣意書には、NEBAの活動についてこう記されていた。

《われわれは広く全国の専門大型店に呼びかけ、相互の協力のもとに、家電流通業の大型近代化を図ることによって、消費者の経済に貢献し、わが国の電機産業の健全な発展に寄与したいと念願しております。本協会は、(中略)関係者が協業し、まとまった意見を発表する場であるとともに、資料の蒐集と調査研究、関係官庁、関係諸団体などとの連絡協調並びに講習会、研修会等を通じて、会員および関係諸方面の啓蒙、指導も積極的に進めたい考えであります》(傍線、筆者)

傍線の文言が言わんとすることは、NEBAは家電量販店業界を代表する業界団体であると同時に、電機メーカー各社に対しては「話し合いの場」を提供する組織であるということである。ないしは、少なくともこの二つを目指す業界組織(団体)であると宣言しているのである。

さらに前身である全日電や東日電との最大の違いは、経済活動をまったく行わない点にあった。全日電も東日電も商品の「共同仕入れ」を行って会員企業に「卸す」という経済活動も行う組織、いわゆるボランタリーチェーンの機能を持っていた。それゆえ、全日電チェーンや東日電チェーンとも呼ばれたのである。

この経済活動を行わないことは、メーカー側にとって好感を持って迎え入れられた。というのも、メーカーにとって自分たちのコントロールできない販売チャネルが生まれることは「定価」の維持の妨げ以外の何物でもなかったからだ。

また、前身の全日電時代からダイエーなど総合スーパーとの販売競争に打ち勝つ目的がNEBAにも引き継がれ、「スーパーとは一線を画す」と設立趣意書で明らかにされていたことも、メーカー側にとって朗報であった。言い換えるなら、NEBAの設立で、有力家電量販店とメーカー各社には「反スーパー」で共同歩調をとれる環境が生まれたのである。

家電量販店側が全日電時代から「反スーパー」の立場を堅持してきたのは、スーパーの売場面積の巨大さとそれによる人の流れが変わることでの売り上げへの悪影響を恐れたからに他ならない。たとえば、カトーデンキ販売はいち早く店舗の大型化を進めているが、初めての大型店舗として開店した二号店「駅南店」の店舗面積は二六〇平方メートル程度なのに対し、ダイエーなど総合スーパーによる各地の出店ラッシュでは一〇〇〇平方メートルから一五〇〇平方メートルの店舗面積が中心だったからだ。東京など大都市では五〇〇〇平方メートル・クラスも珍しくなかった。

しかもダイエーなど総合スーパーは繁華街など中心地に大型店舗を出店させるため、それまでの人の流れを大きく変えることになった。家電商品を含む食品・衣料など日常品の安売りに惹かれた多くの消費者は、従来と違う買い物行動をとるようになったのである。その変化で、繁華街そのものが移動することもあった。

いかにスーパーの出店ラッシュが、地方の家電販売店を含む中小の小売業者にとって脅威だったか——容易に想像できる。

かくしてNEBAの誕生は、有力家電量販店と電機メーカー各社に対し従来の「対立関係」を見直す契機をもたらすのである。電機メーカー側は家電量販店側に対し過度の安売りを自粛するように求める「場」を得ることになるし、家電量販店側はメーカー各社から希望する家電製品を安定的に供給される道が開かれることになったのだ。もともとNEBAの会員企業の多くは、メーカーとの良好な関係を望んでいたので見直しはスムーズに進められた。

さらに、この「見直し」の進み具合によっては、各地で競合関係にあった家電量販店とメーカーの系列小売店との間に一定の共存関係が生まれる可能性もあった。「競合」から「調和」の時代への転換である。

もちろん、それは競争自体がなくなることを意味するものではない。家電量販店と系列小売店を含む地域の家電販売店との売り上げをめぐる競争は、これからも続くであろう。ただし、それまでのような不毛な競合、消耗戦に陥ることを防ぎ、健全な販売競争に切り替えることは可能になるという意味である。

他方、NEBAの会員を含め家電量販店の間にも激しい競争は存在したし、実際に避けられなかった。ただ何らかの取り決めがあったわけでもなく、ましてや「暗黙の了解」と呼べるほどのものがあったわけでもなかったが、NEBAの有力会員や各地の家電量販店の間では地域ごとに勢力の均衡が保たれていた。

例えば、九州・福岡はベスト電器、中国地区のダイイチ(現・エディオン)、大阪の上新電機、東北地方のデンコードー、北海道のそうご電器(経営破綻)という具合に地盤を棲み分け、不要な摩擦を避ける工夫がなされていた。ある種の相互不可侵条約みたいなものと言えるかも知れない。さらには安売りのメッカとして、東京の秋葉原と大阪の日本橋の二つの「電気街」に有力な会員企業が集まっていた。ある意味、電機メーカー側が事実上の公認を与えることで、「安売り」を各地に波及させない、封じ込めを目指したものとも言えるかも知れない。

メーカー側は家電量販店側に「過度な」値引きをしないように求め、家電量販店側は安定した製品の供給を求めるという両者の「妥協」が成立するのである。

NEBAの誕生によって、たしかに有力家電量販店とメーカー各社との間には「共存共栄」の関係がもたらされた。しかしその半面、家電量販店側は「馴れ合い」関係や厳しい販売競争を忘れた「ぬるま湯」状態に覆われ、緊張感を失っていくことにもなった。そしてその危うい状況は、一九八〇年代後半(昭和六十一年頃)から始まる「バブル経済」で加速されて行くのであった。

加藤修一が社長に就任したとき、カトーデンキ販売の店舗数は柳町本店(旧根積町店)を含め九店舗であった。そのうちの七店舗が水戸市内への出店で、残りの二店舗は勝田市(現・ひたちなか市)と東茨城郡茨城町での開業である。水戸市内とその周辺地区を合わせたカトーデンキ販売の商圏内人口は、約三十万人・約十万所帯であった。

そしてここまでの店舗展開は、創業者・加藤馨の方針に基づくものである。一方、後継者の加藤修一は前述した通り、チェーン理論、つまりチェーンオペレーションの信奉者である。当然、修一の時代の多店舗展開は馨の時代のそれとは違ったものになる。

ここで、二人の多店舗展開の違いを比べてみる。

私とのインタビューで、加藤馨は二号店となる駅南店の開業を「初めての支店」という言葉で説明している。つまり、彼にとって九店舗は「支店網」なのである。

出店の際には、加藤馨は「自前主義」をとっている。自社で出店予定地の土地を購入して店舗を建設しているのだ。もし何らかの理由で出店地が購入できない場合は、借地として借り上げても店舗は必ず自社の建築物にしている。その理由は、一時的な景気に左右されることなく安定した店舗運営を行うためである。

たとえばテナントとして入居したり出来合いの店を賃貸にすれば、たしかに初期投資は少なくて済むが、売り上げが伸び悩んだり減少した時には賃料が大きな負担になるし、また販売会社(メーカー系問屋)は売れ筋商品を卸さなくなったり、時には早めの商品回収などで損害を最小限に抑える行動に出るため健全な店舗運営が難しくなるからだ。土地も建物も自社物件であれば、十分な担保になるからそうした事態は避けられる。

加藤馨は、カトーデンキ販売の商圏内のシェアを二〇パーセントを上限としている。その理由を当時、次のように語っていた。

《「一つの地域でシェア二〇%を超えると、どうしても周辺の店との間で軋轢が生じ、トラブルのもとになる。したがってその地域でシェア二〇%に達した場合は、何処かよそへ店を出すということになる。しかし、あまり離れたところではコストアップになるので十分考えた上で……」》(「家電ビジネス」、一九八〇年九月号)

この周辺の店との軋轢を嫌う店舗運営は、隣近所と仲良くしなければいけないという加藤馨の生き方そのものである。「一人勝ち」よりもパイを分け合うことで、地域の消費者に役立ち、地域全体も豊かになることを目指しているのである。

さらに加藤は、出店についてはこうも言っている。

《「これからの競争のポイントは販売コスト低減にあり出店に際してもこの点を十二分に勘案した展開になる」》(同、前掲誌)

つまり、支店の展開は広域地域ではなく、ひとつの支店から遠くない地域で行い、経費の節減を重視していくというのである。

事実、支店は水戸市内に集中しており、水戸を中心に半径約八キロメートル内に展開されていた。そのため、販促活動の中心であるチラシ広告を一度に十万枚配布すれば、全域をカバーすることが出来る仕組みになっていた。しかも、チラシ広告を週一回年間約五十回配布しても、その費用は年間売上高の三パーセント以下に抑えられた。

店舗の大型化に関しては、加藤馨は水戸市外への初めての出店となった「勝田店」(現在は閉店)をひとつのモデルケースとして考えているようであった。勝田店の売場面積は百五十坪(約五〇〇平方メートル)で、初めての支店「駅南店」の八十坪の倍近くにもなる。しかも大型化しても、店舗コストはそれほど増えていない。それは勝田店を郊外の道路沿いの土地に出店したので、水戸市内に比べて広い土地が格安の値段で入手できたうえ建設費も抑えられたからだ。

さらに郊外の道路沿いに出店したことは、カトーデンキ販売の顧客拡大にも大きなメリットがあった。茨城県や栃木県など北関東はモータリゼーションの進行が早く、いち早く「クルマ社会」の到来を迎えていた。他方、国産メーカーの開発競争から家電製品の小型化が進められ、売場では持ち帰り商品が人気を集め、増えていた。

そうした新しい環境下で、お客が自家用車で店に乗り付け、広い駐車場に止めて入店し、家電商品を購入したらそのまま持ち帰れるという利便性が生まれていたのである。勝田市近隣の顧客はわざわざ水戸市内の店を訪ねる必要がなくなったし、カトーデンキ販売にとっては、新しい顧客開拓のチャンスを得たことになった。

こうした加藤馨の方針のもと、カトーデンキ販売は勝田店の売場面積五〇〇平方メートルを標準にして、水戸市の近隣の道路沿いに多店舗展開を進めていくのである。

販売価格も定価から一〇パーセントから一五パーセントの値引きで、売れ筋商品などは一〇パーセント程度しか安くしなかったので、家電商品の「安売り」をしている店とは顧客のほうも思わなかったであろう。

また加藤馨は、いわゆる「目玉商品」と呼ばれる、客寄せのために採算を度外視した低価格商品というものを作らなかった。一番の理由は、目玉商品で来店客を呼び込み、他の商品を買わせようとするのは間違った商売だと考えていたからである。また、同じ顧客でありながら目玉商品を購入出来た人とそうでない人とでは不公平になり、顧客を差別することになると判断したことも理由のひとつであった。

さらに店頭で表示した販売価格からの値引きは、絶対に行わなかった。これは加藤馨によれば、販売価格が掛け値なしであるというカトーデンキ販売として絶対の自信を表したものだという。それは、不当に儲けるつもりはないという強い意志表示でもあった。

加藤馨は店の従業員に対して、来店客全員に家電製品を売ろうなどと考えるなと言明していたという。むしろ表示価格からの値引きを執拗に言い寄るなど不当なサービスを要求する客には「二度と来店してくれなくてもいい」というぐらいの信念を持って対応して欲しいと。つまり、カトーデンキ販売が本当に信頼できる店であれば、顧客から信頼を得られているなら、不当な要求に応じなくても顧客は繰り返し来店するというのである。

このように見てくると、加藤馨の社長時代の多店舗展開は、まさに支店を「手作り」で一店舗ずつ作り上げたものだと言える。そしてカトーデンキ販売を引き継いだ長男・修一にとって、次の重要な課題は、父・馨の言葉を借りるなら、「これからの厳しい競争に勝っていくためにはコスト競争、効率競争に勝てる組織であることが決め手で、販売コストの低減を考えないと絶対にダメになる」ため、絶え間ない「経費の節減」を目指すということになる。

加藤修一は、社長就任一カ月後に開催された創業三十五周年記念式典で新社長としての経営方針を明らかにしている。その中で「労働生産性向上の追求」について、こう説明している。

「現在の当社の労働生産性は約八十万円ですが、これをなるべく早く百万円にしたいというのが、私の一番の念願です。労働生産性を引き上げることによって従業員の待遇を改善し、生活の安定と向上を図り、楽しく働いてもらいたいと考えております。カトーデンキは売り上げを拡大するために(企業規模を)拡大するのではなく、生産性のアップを追求するが故に利益が上がり、利益をもってさらに生産性を上げるために出店する、という今までのパターンを崩さないようにやっていきたいと思います」

加藤修一によれば、カトーデンキ販売の多店舗展開はたんに売り上げの拡大を図って会社を大きくすることが狙いではなく、労働生産性を上げて従業員に生活の安定と向上を与えるためのものだというのである。新社長として改めて、売り上げ至上主義を否定した。

ちなみに労働生産性とは、家電量販店(小売業)としてのカトーデンキ販売の場合、従業員一人当たりの粗利益(売上高から仕入れ代金を引いた金額)のことだと考えれば十分である。つまり、労働効率を測る経営指標のひとつである。

そのうえで加藤修一は、自社の労働生産性向上のためには二つの経営手法をとることが必要であると指摘したのだった。

ひとつは、父・馨から引き継いだ「社員に無用な無理をさせない」こと、つまり修一の持論となった「がんばらない経営」を会社の隅々まで、つまりすべての社員が理解し、実行させるようにすることである。出来もしないことを無理にやろうとして時間と労力を無駄遣いするよりも、実行できることを着実かつ根気よく続けることのほうがはるかに効率が良いというのである。

二つめは、社長として「強い経営」を目指すことである。そして「強い経営」とは、修一の言葉を借りるなら経費率が低いことである。

「いかに費用をかけずに運営できるかが強さを生み、安定成長につながる」のだから、「「仕入れを安くする」とか「従業員に頑張らせる」のではなく、「無理をしなくても利益が出る」「真面目にやれば誰でもできる」仕組み作りをする」ことなのだというのだ。いまでいう「ローコスト経営」の実現である。

加藤修一は、ローコスト経営の必然性をこう展開する。

「売買差益(粗利益)よりも経費のほうが多かったら、会社の経営は赤字でダメになるよね。だから、仕入れが高くても経費が低ければ、会社の経営は大丈夫でしょう。私は仕入れが安い必要はないなんてよく言ってしまうから、メーカーさんから「じゃあ、(卸値を)高く持ってきます」と言われると困るので、あまり大きな声では言いたくないの。たしかに、卸値が安いことにこしたことはないよ。だけども、卸値を安くするにしても、取引先だって根拠のある値段じゃなければ困るわけです。仕入れ量の多い大手(家電量販店)が「たくさん売るから、卸値を安くしろ」と圧力をかけてきて、それにメーカーも応じ続けていたら、メーカーが潰れてもいいんですかという話になってしまう。それだと、うちの経営方針である「お客さん、取引先、従業員」の三者の関係がうまくいくことへつながらない。

だから、メーカーさんがうちに安く売りたいという状態を作ろうとしているだけなんです」

そして修一は、こう結論づける。

「仕入れが他店よりも一パーセント高くても、経費率が一パーセント以上低ければ、うちは他店よりも安く売っても儲かるんだよね。だから、(店が)小さくてもちゃんとしたところはあるし、大きくてもダメになるところも出てくるわけです」

なお経費率とは、正式には「売上高販売管理費率(販管費率)」のことである。販管費率は、売上高に占める販売管理費の比率の推移を見ることで、小売業においてコストを抑えて利益を上げるという業務の効率化がどれほど図られているかを示すものである。そのため販管費率は、一般的にローコスト経営を測る経営指標として使われている。

ここで販売管理費についても、説明する。

販売管理費は「販売費及び一般管理費」を表し、販売のための費用(広告宣伝費や販売手数料など)と、会社全体を運営するうえで欠かせない一般管理費(人件費、土地・建物の賃貸料、光熱費、福利厚生費など)で構成されている。後者は、売上高に関係なく固定費として計上されるものが多い。

売上高から原価(仕入れ値)を差し引いて「粗利益」を算出し、さらに粗利益から販売管理費を引けば、本業の儲けを表す「営業利益」になる。販売管理費の増減によって、営業利益の多寡も決まるのである。それゆえ、安売りを続けながら安定した利益を確保するには、たえず販売管理費が増えないようにするしかない。

ただし販売管理費の中で、もっとも大きな比重を占めるのが人件費だからといって、人件費を削る、つまり同じ仕事量を減らした人数で行わせたら間違いなく過重労働になるし、休日も満足にとれない過酷な職場にならざるを得ない。一部の大手家電量販店では、フロア長など管理職が朝一番に出勤し一番最後の退社を強いられるとともに休日も月に一度か二度しか取れないといった過酷な職場環境が報道されたことがあるが、それは実力以上の利益を出すために必要な人員を揃えなかった、つまり人件費を削ることで販管費率を抑えようとした結果である。

カトーデンキ販売では、販管費率を抑えるために「節約」ではなく逆に「投資」を積極的に行ってきた。少ない人数で店舗運営を行うためには機械で済むことは機械でやらせることで、従業員は人間にしか出来ない仕事に専念させるようにしたのである。

たとえば、昭和六十二(一九八七)年五月に全店舗にＰＯＳ(販売時点情報管理)システムを導入している。それまでは家電商品の売上伝票をもとに店舗および商品ごとに仕入れや出荷、在庫などを「ビジュアルシート」と呼ばれる書類に書き込み、整理・商品管理を行っていた。しかし店舗数が増えていくうちに集計作業が膨大になり、時間も手間もかかるようになった。そこで作業の効率化のため、加藤修一がＰＯＳシステムの導入、つまりそれへの投資を決断したのである。

ただしカトーデンキ販売では、ＰＯＳシステムを導入時のままの状態で利用し続けることはしなかった。翌年には独自の改良を加え、いわゆる「自動発注システム」へとバージョンアップさせているのだ。テレビやクーラーなど家電製品には、各メーカーの「型番」が付けられている。その型番ごとに四台とか五台とか「定数」(在庫数)を店舗ごとに前もって決めておき、売れて在庫数が減れば、コンピュータが自動的にメーカーへ発注し、最短で翌々日にはメーカーから補充されるようにしたのである。

この独自システムの導入で、カトーデンキ販売は必要以上の在庫を抱えることがなくなり、広い倉庫も不要になった。それまでかかっていた経費が節減されたのである。

かくしてカトーデンキ販売では、ＰＯＳシステム及び自動発注システムの導入によって、従業員の負担を減らすとともに少ない人数での店舗運営を可能にしたのである。

それ以降、加藤修一はチェーンオペレーションを積極的に導入していく。商品の仕入れを店任せにせずに本部で一括購入するなど、本部と各店舗の業務分担と機械化(合理化)を進めることで、さらなる経営の効率化を図っていったのだった。

加藤馨は社長時代から長男・修一が興味を示したり、やってみたいと申し出た業務があれば、躊躇うことなく任せてきた。いったん修一に任せると、馨は二度と自分が担当することはなかった。つまり、社長の権限を譲ったのである。

小島電機の「ご縁(5円)商法」のチラシ

このようなやり方で加藤馨は修一を後継者として育成し、社長交代をスムーズに行えるようにしたのである。しかし加藤馨には、会長に退いてからも手放さなかった権限がひとつだけある。それは、出店に関するものだ。

カトーデンキ販売の多店舗展開では、前述したように自前主義と広域には展開しないことが加藤馨の持論であり、貫いてきた方針であった。しかしその方針を、自らの手で破る時が訪れる。

昭和六十二(一九八七)年五月、カトーデンキ販売は隣県の栃木県宇都宮市に出店するのだ。県外への出店が初めてなら、あれほど嫌った広域での店舗展開でもあった。そんな意に反する決断を加藤馨にさせたのは、前年に水戸市内に出店してきた宇都宮市を拠点とする小島電機の「安売り商法」とその経営姿勢である。

小島電機の水戸店は開店記念セールを行ったさい、オープン当日の三月十四日から五日間連続で客寄せの目玉商品として「日替り品」の名前で十四型カラーテレビ(十台)、ラジカセ(二十台)、任天堂のゲーム機・ファミコン(三十台)、電気掃除機(二十台)、電気家具調コタツ(二十台)をいずれも「五円」で売りに出したのだ。のちに「ご縁(ごえん)商法」と呼ばれる、採算度外視の異常な安売り価格に対し、カトーデンキ販売のみならず他の家電販売店からも問題視され、公正取引委員会などに「過大景品の提供に該当する行為」だと調査を求める申告書が提出されたほどであった。

それまでも水戸市内で、他の家電販売店が特定の家電製品を客寄せのため目玉商品にすることはあったが、さすがに「五円」というタダも同然の値付けをするようなことは一度もなかった。

加藤馨は目玉商品を作ることも過度な安売りも最終的に顧客のためにはならないという判断から、周辺の家電販売店が二割引き、三割引きの安売りセールを行っても同調することはなかった。むしろカトーデンキ販売の店で表示されている価格から値引きを求めるお客には売らなくてもいいし、それで売れ残ってもかまわないという考えであった。つまり、適正な価格と店舗でのサービスによる競争こそが、顧客の利益になるし地域社会の発展に貢献するというのである。

そのような加藤馨の考えや方針からすれば、小島電機の「五円(ご縁)商法」は邪道であり、地域社会に不要な軋轢を持ち込む「アウトロー」に過ぎなかった。

小島電機の茨城県出店は、水戸市内が初めてではない。じつは水戸に出店する二年前、昭和五十九年三月に下館市(現・筑西市)が最初である。小島電機にとって、初めての県外出店でもあった。さらに翌昭和六十年には、古河市と笠間市にも出店している。そして最終目的地・水戸市への進出で、茨城県最大の有力家電量販店のカトーデンキ販売を叩き潰そうとしたのである。

小島電機の下館市出店の時は、社長の加藤修一を始め経営幹部たちは水戸市から約五〇キロも離れていることもあって「安売りで人気のある栃木の店が茨城にも出てくるのか」という程度の認識で、深刻には受け止めていなかった。それゆえ、当分の間は様子見をすることにしていたのだ。しかし本丸である水戸市に出店してきた以上は、小島電機の好き勝手にさせるわけにはいかなかった。なにしろ当時の小島電機の年商はカトーデンキ販売のそれの三倍以上もあり、何らかの有効な対策をとらない限り、間違いなく「力負け」してしまうからである。

ただし加藤馨は、小島電機の「安売り商法」への対抗策を茨城県内や水戸市内に限定するつもりはなかった。普段は温厚な馨が「(小島電機に)舐められたらダメだ。やられたらやり返すしかない」と強い口調で言い放ち、鶴の一声で宇都宮出店を決めたのである。社長の修一を始め幹部たちは、それまで馨が否定してきた広域への出店を決断したことに当初は戸惑いを隠せなかったが、馨の決断に従って粛々と準備を進めたのだった。

隣県とはいえ、栃木県ではカトーデンキ販売の知名度は低い。しかも宇都宮に一店舗だけポツンと出店するケースも初めてである。そのうえ、今後の栃木進出の足がかりとなる出店となる以上は失敗は許されない。

そうした諸々のことを考慮するなら、宇都宮の店長には精神的にも肉体的にも相当なプレッシャーを受けることが予想されたし、言い換えるなら、そのプレッシャーに耐えうるだけの精神的肉体的タフさが店長には求められたのだ。ある意味、宇都宮出店の成否は店長次第だと言えた。

そこで社長の加藤修一が宇都宮店の店長に抜擢したのは、営業本部課長補佐だった平本忠である。なお平本は早稲田大学を卒業後、昭和五十八年四月にカトーデンキ販売に入社している。その前年に加藤修一が社長に就任しているので、平本はカトーデンキ販売の「新しい時代」の一期生ということになる。まだ大卒者の入社は少ない頃で、十一名の同期のうち大卒者は二人しかいなかった。一見、幹部候補生としての入社のように見えるが、平本によれば、入社の経緯は少し違う。

「私の大学卒業時は、いまでは信じられないような「売り手市場」でした。私は長男でしたので私の地元・水戸で暮らす両親の面倒をみなければいけないと思っていましたから、転勤の多い会社や東京など離れた職場に就職することは出来ないと考えていました。ただ地元で就職活動をするといっても、当時は水戸で大学生向けに就職説明会を行う会社などありませんでした。でも(売り手市場ですから)いつでも会社に入れるという気持ちがあったんです」

平本は就職が決まらないまま、大学を卒業し水戸に帰ってくる。

「水戸に戻ってきてからも、いざとなったらどこにでも入れると思って、バイトをしながらブラブラしていました。いまでいう「フリーター」ですね。そのまま一年を過ごしたら、一浪していましたから二十四歳になっていました。そこで就職して結婚しなければという気持ちになって、職安(現・ハローワーク)に求人募集している会社を探しに行ったんです。そうしたら、カトーデンキが募集しているのを見つけたんです」

じつは平本の生家とカトーデンキ販売の柳町本店は、徒歩で五分ぐらいしか離れていなかった。平本も中学・高校時代から家電製品が大好きで、ラジオやトランシーバーを組み立てたり、ビデオレコーダーで自分が好きな映画のライブラリー作りに熱中した世代である。そんな平本にとって、まだ訪問販売が主流の町の電気店にあって、ラジオなどを実際に見たり手に触れたりすることが出来るのは、店頭販売に踏み切っていたカトーデンキ販売の柳町本店だけであった。

平本は中学・高校時代、柳町本店に足繁く通っていた頃を思い出すとともに、もともと家電製品好きから電気屋になりたいという気持ちもあったことからカトーデンキ販売の入社試験を受けたのだという。

最初の職場は勝田店で、店頭に立っての製品説明と販売が仕事であった。平本は「大好きな家電製品の詳しい説明を仕事にすることができて、そのうえお金までもらえるのだから、これはいいなと思った」という。彼にとって、まさに天職と思えたのであろう。

平本は勝田店で一年半ほど販売の仕事に従事したのち本社の営業本部に異動になる。そして二年ほどして課長補佐のとき、ある日突然、社長だった加藤修一から「今日の夜、時間があるか」と聞かれ、平本は思わず「はい」と答えていた。そしてその夜、加藤が平本を連れていったのは、水戸市内にあった行きつけの寿司屋であった。

平本の回想——。

「カウンターに並んで座って酒を飲んでいたら、加藤社長から「じつは、ちょっと頼みたいことがあるんだ。(平本に)宇都宮に行って貰いたいんだ」と言われました。加藤社長からは、その場で「イエスか、ノー」かの返事を迫られました。(宇都宮行きが決まるまで)慌ただしかったですね。ですから、あの店に呼び出されて行くと、少し心臓がドキッとするんですよ」

平本忠氏

一方、加藤修一によれば、新婚だった平本は二つ返事で応じ、「家賃の半分が会社持ちなら、いまよりも良い家に住めますから」と喜んだという。しかし社長から直談判され、しかも即答を迫られれば、社員は断りにくいものである。それゆえ加藤の言葉をそのまま鵜呑みには出来ないが、いずれにしても加藤が平本に将来の幹部候補生として期待を寄せていたことは、戦略的出店地である宇都宮の店長に抜擢したことから見ても容易に推測できる。

平本は寿司店で宇都宮行きを即断したものの、それで転勤が何の問題もなくスムーズに進められたわけではなかった。というのも、それまでにカトーデンキ販売では転居に伴う転勤がなかったため実際の事務手続きを含めどうしたらいいのか、誰にも分からなかったからだ。店舗が水戸市内およびその周辺地域に限られていたので、転勤になっても社員の誰もが自宅から通勤できたのである。しかし隣県の宇都宮市までは、さすがに自宅から通える距離ではなかった。

平本は、当時の転勤までの経緯をこう説明する。

「当時は、地元に住んで勤務地の店へ通い、仕事を終えたら自宅へ帰るのが社員の日常という感じでした。そこに転勤・引っ越しをして欲しいという話になったのですが、当時のウチの会社には転居を伴う転勤の規定などありませんでした。私が初めてだったわけですね。それで総務部長などともいろいろ相談し、決めていきました。たとえば、転居先でもこの辺はどうかなどと希望を聞いていただくなどしてアパートが決まったわけですし、それ以外にも引っ越し費用を含め「こんな風にしたらどうだ」などとアドバイスをいただきながら決まっていったわけです。宇都宮には(カトーデンキ販売の社員など関係者が)誰もいないわけですから、店舗要員の社員みんなで転勤していったんです」

平本の宇都宮店転勤によって、カトーデンキ販売は会社としても欠けていた転居を伴う転勤の規定を明文化し、マニュアル化が出来たので、社内規定の改善・充実化という意味では、好機を活かしたと言えるかも知れない。

ここで「売られたケンカは買う」形で出店することになった当時の宇都宮、および小島電機の状況について少し触れておく。

小島電機は、創業者の小島勝平が昭和三十(一九五五)年に栃木県宇都宮市に個人商店「小島電気商会」を設立したことから始まる。ただし当初の小島電気商会の商売は、ミシン販売であった。創業から三年目に日立の家電製品を扱うようになり、家電販売事業を本格化させていく。そして昭和三十八年に日立の系列店に加わったことを機に個人商店から法人化へ、つまり「株式会社小島電機」を設立するのである。

小島電機は順調に業績を伸ばしていき、やがて栃木県ではトップクラスの日立の系列店へと成長する。しかし創業者の小島勝平は、日立の系列を離れて混売店(家電量販店)への道を選択する。簡単に言えば、「安売り」に勝機を見出したのである。その時に掲げたスローガンは「安値に挑戦」で、その後は「安値日本一への挑戦」や「安値世界一への挑戦」がキャッチコピーになっている。

小島電機は昭和四十七(一九七二)年から栃木県内で多店舗化に着手するが、その際にはNEBAの加盟企業である「ヌマニウ(電機)」と激しい出店競争と安売り合戦を繰り返している。ちなみに、小島勝平はNEBAには否定的で加盟することはなかった。むしろNEBA加盟の有力家電量販店に対し、例の「ご縁商法」などで安売り合戦をしかけていき屈服させようとしていた。

小島勝平は十年後には本格的な拡大路線、多店舗展開を開始し、県外にも打って出る。その第一号が、昭和五十九年の茨城県下館市の出店なのである。さらに返す刀で、翌年十一月には群馬県高崎市への初出店を果たすと、翌十二月にヤマダ電機の本社がある前橋市に出店し、群馬攻めを強める。年明けの昭和六十一(一九八六)年には高崎市に四店舗、太田市や藤岡市、伊勢崎市などに相次いで出店していったのだった。

小島勝平は北関東におけるライバル企業と目したカトーデンキ販売とヤマダ電機に対し、同時期に相手の本拠地に攻め入るという大胆な二正面作戦を展開した。その結果、栃木(小島電機)・群馬(ヤマダ電機)・茨城(カトーデンキ販売)の北関東地区では、激しい「安売り合戦」が繰り返されることになるのだ。その競争の激しさから「北関東家電戦争」や「YKK戦争」などと呼ばれた。

とくにヤマダ電機の創業者・山田昇は、小島電機の「ご縁(五円)商法」に対してパソコン等を一円で販売する「一円セール」で対抗するなど強い対決姿勢で臨んだため、両社の安売り合戦は熾烈を極めた。さらにその後には、過激な安売り合戦が高じて両社による訴訟合戦にまで及んだことから、両社による過激な争いを「上州戦争」と呼ぶこともあった。


昭和六十二(一九八七)年六月二十七日、カトーデンキ販売は栃木県宇都宮市に県外初出店となる「宇都宮AVセンター」をオープンした。初代店長は、平本忠である。平本たちは開店に備えて、宇都宮市で知名度の低いカトーデンキ販売を知ってもらうためにダイレクトメールを出店地の商圏の住民に配布することにした。ただしその際には、住宅等を一軒一軒訪ねてポストに投函するのではなく、出来るだけ手渡しを心がけ、必ず挨拶を交わすようにしたのだった。

何日間も歩き回って配り終わったダイレクトメールだったが、その効果は平本たちが想定したほどはなかった。いや、殆どなかったのが実情であった。

平本も、当時の宇都宮市内の実情をこう語る。

「チラシ(ダイレクトメール)を(各家庭に)配っても、あんまりお客さんは来なかったですね。宇都宮に出店した頃は、「コジマ(小島電機)・ヌマニウ戦争」の真っ只中で、お客さんは小島電機とヌマニウの価格を比べて(安い方の店で)買っていましたので、うちの店はもう全然関係ないという感じでしたね。ですから、宇都宮に出店してきたうちの店に対し、小島電機の方から対応らしきものはなかったというか、相手にされていなかったですね」

県外初出店を決行したカトーデンキ販売にとっても、宇都宮AVセンター店長の平本にとっても厳しい宇都宮の環境ではあったが、平本自身は「とにかく、お客さんにもう一回来ていただけるようにするにはどうしたらいいか。そのことを絶えず考えて実行していった」日々だったという。

それでも予算(売上目標)を一度も達成できない現実の前には、平本は店長として心穏やかでいられなかったのではないだろうか。そんな私の疑問に対し、彼は本社の、つまり社長の加藤修一からの理解を挙げた。

「私が(宇都宮AVセンターの)店長になってから一度も、本社から「売り上げが目標に届かないのは何故か」とか「もうちょっと売り上げを伸ばせ」「なぜ、もっと売れないのか」などと言われたことはありません。それは、すごいことだなと思いました。そういう状況は織り込み済みというか、見通していたのでしょうね」

初めての県外出店「宇都宮AVセンター」

一方、そのような厳しい環境にあっても、カトーデンキ販売は「栃木攻め」の手を緩めることはなかった。小山市などに相次いで出店し、一年後には宇都宮市以外にも新たに三店舗を展開していた。平本はその三店舗を監督する「ブロック長」に就任し、宇都宮AVセンターの店長も兼ねたのだった。

宇都宮赴任から二年後の平成元(一九八九)年四月、平本忠は本社の商品第二課の課長代理として戻る。平本によれば、赴任当時と比べて売上高は倍くらいになったという。もっとも「ただ、元が少ないですからね」と付け加えることも忘れない。

小島電機が水戸出店で見せた「ご縁商法」に象徴される、それまで経験したことのない過激な「安売り攻勢」は、社長就任二年目の加藤修一に従来とは違う、もっと根本的な対応の見直しを迫ることになった。

加藤は「ご縁商法」の威力とその問題点について、こう述べている。

《水戸市内にコジマの新店がオープンしたときには、2万人が押し寄せました。駐車場は満杯になり、周辺は大渋滞。開店時刻を過ぎても、店のまわりは中に入りきれないお客様であふれかえっていました。

5円商法というのは、メーカーからの仕入れ原価を大幅に割り込み、商品単体では赤字です。その赤字分を他の商品のもうけで補うからくりですから、お客様の立場からいえば、本来は安く買える商品を高く買わされているのと同じことです》(「日経MJ」、二〇一八年二月十四日付)

しかしメディアもメーカーも、決して加藤の正論に耳を傾けることも、耳を貸すこともなかった。ただただ、現状を追認しただけであった。

《極端に安いのはごくごく一部の商品だけ。それでも、メディアの報道で「コジマ＝安い」というイメージが消費者に広がりました。「こんな商売を許していいのですか」とメーカーの担当者に詰め寄っても、「(コジマも)お客さんですから」と答えるだけでした。(中略)メーカーにとっても、多少の安売りには目をつぶっても、量をこなせる家電量販店を重視する姿勢は顕著になっていました》(前掲紙)

そして加藤は、最終的な決断を下す。

《それならば「徹底して戦うしかない」と覚悟を決めました。不本意でしたが、コジマに対抗するには5円セールなどをまねするしかありません。(中略)もちろん闇雲に対抗値下げしていたわけではありません。安売り競争を生き抜くには、ローコスト経営に磨きをかけるしかないと考えていました。

従業員にサービス残業などを強いるのではなく、いかにムダな作業を減らして、効率的に仕事をしてもらうか。最後は経費率の低い「強い会社」こそが生き残れるはずだと信じていました》(前掲紙)

かくして加藤修一は、小島電機の安売りに対抗できる低価格路線の確立をカトーデンキ販売で目指すのである。そのためには、店舗の大型化および広域への多店舗展開、それらによる大量仕入れで仕入れ価格の値下げや、さらには効率的な店舗運営などによるコストの削減は欠かせない。つまり、チェーンオペレーションの徹底によって、カトーデンキ販売に「効率経営」を根付かせようというのである。

しかしNEBA加盟企業のカトーデンキ販売が、北関東圏で生き残りをかけて「YKK戦争」を戦っていても、他の地域——東京や名古屋、大阪、中国、九州などのNEBA加盟企業には「異常な安売り」に対する危機感が共有されることはなかった。まるでどこか遠い、外国での出来事のように受け止めているかのようであった。

メーカーとの相互依存を前提にした共存共栄は、前述したように「馴れ合い」と紙一重であり、加盟企業同士の暗黙の「不可侵条約」は自由競争の放棄でもあった。たとえば、NEBA加盟の家電量販店の多くは、家電製品の売価をメーカーが決める小売価格「定価」から一〇パーセント程度値引きすることで「安さ」をアピールしたし、それで十分であった。東京・秋葉原と大阪・日本橋という二つの代表的な電気街では、二〇パーセント程度の値引きをすれば「安売りのメッカ」の地位は安泰であった。

小島電機の「ご縁商法」と実際に戦った加藤修一にすれば、メーカーからの仕入れ価格に利益を上乗せするNEBA加盟店の売価の決め方では、小島電機やヤマダ電機の安売り攻勢に太刀打ちできるはずがなかった。とくに、小島電機の創業者・小島勝平は早くから「全国制覇」を目標に掲げており、遅かれ早かれ北関東市場から南下していき、東京を含む首都圏や名古屋、中国、九州方面へと安売り攻勢を展開することは分かっていた。つまり、加藤修一は他のNEBA加盟店に対して北関東市場で起きた過激な安売り攻勢は必ず他の地域でも避けられないと警告していたのだ。

ただ、加藤の危機感を共有できなかったNEBA加盟の家電量販店の経営者たちにも、同情すべき余地もあった。

小島電機が水戸に初出店したのは昭和六十一（一九八六）年三月だが、その年の十二月から日本ではバブル景気が始まる。そして平成二（一九九〇）年二月までの三年余り、日本全体はバブル景気に沸いていたからだ。

そもそも日本がバブル経済に陥ったのは、日本銀行が当時の円高不況を打開するために徹底した低金利政策を採ったからで空前の「金余り」現象を生じさせたためである。余った資金が実体経済に向かうことなく株式市場や不動産投資に流れ、異常な株高と地価の高騰を引き起こしたのだ。

その間に日経平均株価は三万八千九百十五円という異常な高値を付けたうえ、証券業界では平均株価五万円はもう目前だと煽りに煽ったため、機関投資家だけでなく一般の個人投資家まで巻き込まれる始末だった。その一方、土地は必ず値上がりするという「土地神話」に誰もが惑わされ、株や土地の投機に狂奔したのだった。いわゆる「一億総バクチ」と揶揄された時代である。

その結果、世の中の様相が一変する。

それは、商品の価格が「高くても売れる」時代になったことから生じたものだ。戦後、急成長したダイエーなど総合スーパーを始め「安売り」を武器にしていた小売業者たちは、その武器を手放し始めたのである。それまで戦ってきた厳しい価格競争の前線から、自ら遠ざかったのである。

たとえば、戦後の「安売り」や「価格破壊」を牽引してきたスーパー業界でさえ、大手の総合スーパーの中には「これからは、量販店ではなく質販店の時代である」と宣言し、低価格競争から手を引く、いや熱意を失うところも出てくる始末であった。ちなみに「量販から質販へ」とは、それまでの大量仕入れ・大量販売による低価格の大衆商品から高付加価値で高価格の商品への販売に切り替えることである。つまり、薄利多売ではなく高価格商品の少数販売で利益の拡大を図ろうとするものだ。ただしその方向性を徹底させたスーパーでは、のちに百貨店事業へ進出して失敗している。

家電量販店業界でも、たしかに家電製品を「(店頭に)並べれば売れる」時代になっていた。そして高価格の家電商品であっても飛ぶように売れていた。しかし「売る」ための何の工夫も努力もしなくても商品が売れるのであれば、売場では誰もが何もしなくなっても当然である。しかしメーカー系列の家電販売店と違って、家電量販店は「安売り」を武器に、そしてそれが消費者から支持されることで成長してきていた。なのに、その原点を忘れたり軽視したら、どうなるであろうか——。

バブル(泡)は、いつかは弾けて消えるものだ。

平成二(一九九〇)年二月、東京証券市場で平均株価の大暴落が起き、少し遅れて地価も下がり始める——バブル経済崩壊の兆候が現れたのだ。じつは日銀は前年の五月から低金利政策を止め利上げに転じ、日本政府も不動産向け融資の規制に入っていた。それらによって、それまでの高株価や地価の高騰の反動も加わり、下落した株価と地価はすぐに回復することはなかった。つまり、バブル経済は終焉を迎えたのである。

そしてバブル崩壊が日本経済に与えた傷手は大きく、「平成不況」と呼ばれる株価も地価も長い低迷期に入るのである。

バブルの崩壊が始まる頃と相前後して、日本政府はそれまで強化してきた大型店舗の出店規制の見直しを始める。ペリーの黒船来航以来、「外圧」に弱いのは日本政府(政治)の伝統であるが、米国政府が同国の大手玩具チェーン「トイザらス」の日本上陸を機に日本政府に対し大型店舗の出店規制の緩和を強く求めたからである。

もともと大型店舗の出店規制は、ダイエーや西友、イトーヨーカドーなど総合スーパーが全国各地で出店攻勢をかけたことで、倒産や経営難に陥った中小の小売業者の救済や保護を目的としたものであった。具体的には、政府が「小売業の正常な発展」を掲げて、昭和四十九(一九七四)年三月に施行した「大規模小売店舗における小売業の事業活動の調整に関する法律(大規模小売店舗法、略称・大店法)」が始まりである。

当初の規制対象は、店舗面積が一五〇〇平方メートル以上(政令都市では三〇〇〇平方メートル以上)の大型店であった。その頃のスーパーの出店は店舗面積一〇〇〇から一五〇〇平方メートルの大型が中心だったから、同時期に店舗の大型化を進めていたカトーデンキ販売の二号店「駅南店」の店舗面積が二六〇平方メートル程度だったことを考慮するなら、町の電気店を始め中小の小売店にとっていかに脅威だったかは明らかである。

その後も日本政府による規制強化は続き、大店法の改正や行政指導等によって店舗面積五〇〇平方メートル以上の出店が事実上認められないところまで進む。こうした日本政府の諸政策によって、ようやく各地で展開されていたスーパーの出店ラッシュに歯止めがかけられるのである。

しかし何事にも二面性があるように、スーパーなど大型店舗との戦いを通じて、店舗の大型化と効率的な店舗運営に勝機を見出していたカトーデンキ販売にとって、政府が進める規制強化は逆に「足かせ」になっていた。たとえば、カトーデンキ販売は店舗面積が五〇〇平方メートル・クラスの「駅南本店」を昭和六十一年にオープンするが、それ以上の大型化は認められなかった。そのため、社長の加藤修一が計画した大型店舗の出店と多店舗化は、遅々として進まなかった。

加藤は、当時の現状をこう批判した。

「たんに店舗の大型化を進めたいわけではありません。たとえ規制があっても、同じ条件で競争するのなら、売場面積が五〇〇平方メートル以上の店舗の出店を認めなくてもいいんです。その中で競争するだけですから。でも現実には、法の不備をついて五〇〇平方メートル以上の売場面積を持つ店舗の出店は行われていました」

加藤は国の方針に従わせるなら、誰もが平等で同じ条件で競争させるべきだし、それが出来ないのなら規制を緩和して欲しいと真っ当な正論を唱えたのだ。そして加藤の声を受け止めるかのように応じたのは、皮肉なことに「外圧」であった。

日本政府はアメリカ政府からの出店規制の緩和を求める声に応える形で、手始めに平成二(一九九〇)年五月に大店法の運用適正化、つまり出店抑制地域の廃止に踏み切り、大手小売業者が出店場所を比較的自由に選べるようにしたのだった。その上で二年後には、大店法を改正・施行して、店舗面積が一〇〇〇平方メートルクラスの大型店舗の出店をスムーズに行えるようにしたのである。まさに外圧によって、家電業界にも出店規制緩和の流れが一気に訪れることになる。

そのような規制緩和の流れを受けて、カトーデンキ販売では平成四(一九九二)年七月には、茨城県石岡市郊外に店舗面積約一〇〇〇平方メートルの大型店舗「石岡パワフル館」を新規オープンさせたのだった。ちなみにパワフル館とは、店舗の従業員数をほとんど増やすことなく売場面積を従来の約二倍にした新型店舗のことである。たとえば、それまでの新規出店で標準とした店舗の売場面積は五〇〇平方メートルクラスが中心だったが、石岡パワフル館のように約二倍の一〇〇〇平方メートルクラスに拡大するのである。

もちろん、だからといって商品アイテム数をむやみに増やして店頭に並べるようなことは絶対にしない。POSシステムによる従来の「売れ筋商品」をすべて店頭に並べるようにすれば、バックヤード(店舗裏の倉庫)も要らないし、お客の問い合わせに従業員が店頭に見当たらない商品をバックヤードにまで探しに行く必要もなくなるからだ。つまり、大半の商品を店頭に並べることで従業員の負担は軽減され、来店客もお目当ての商品の有無をすぐに確認できるという一石二鳥の効果が期待できるというわけである。

その意味では、石岡パワフル館は究極のローコストによる店舗運営を目指す実験店舗だったとも言えるのだ。

そして実験の成果は、一年後には具体的な数字となって現れる。

従来の標準店よりも約二倍に拡大した売場面積に対し増員された従業員は一名に過ぎなかったものの、売上高は二倍近くにも増えた一方で、人件費などの販売コストが数パーセントしか増えていなかったからだ。その後も石岡パワフル館では、コストの抑制に成功し好業績は続くのだった。なお石岡パワフル館の成功を受けて、カトーデンキ販売では茨城県内のつくば市や勝田市、那珂町(現・那珂市)などに出店していた店舗を、順次「パワフル館」に切り替えていった。

加藤修一は当時、カトーデンキ販売社長としてパワフル館について、次のようなコメントを専門紙に寄稿している。

《「商圏が大きい店舗は品ぞろえの幅が広く競争力のある大型店舗にし、商圏が小さい店舗は効率の良いパワフル館の形態を採らせたい。敷地面積の関係で増床ができない店舗もあるため、全店の半数ほどを順次、パワフル館にしていきたい」》(「日経流通新聞」、一九九三年五月十八日付)

このような将来に向けた計画を加藤が公言できるのも、実績が伴ってきていたからに他ならない。

たとえば、バブル崩壊後の平成不況ですべての企業が厳しい経営環境に置かれていたなか、カトーデンキ販売は平成五(一九九三)年三月期の決算発表で、上場している家電量販店十一社の中で増収増益を達成した唯一の企業だったからである。

また、従業員一人あたりの売上高を他のNEBA加盟の家電量販店のそれと比較するなら、カトーデンキ販売が七千八百万円なのに対し加盟店七十四社の平均は四千四百五十万円に過ぎなかった。カトーデンキ販売の従業員のほうが約一・七倍も売上高が多い理由は、圧倒的に効率の良い経営が行われていたことに尽きる。

そのことは、水戸の家電市場でも証明された。

昭和四十年代後半から水戸市内には総合スーパーやディスカウントショップなどの大型店舗、同じNEBA加盟の家電量販店などが相次いで出店してきたが、平成不況に入ってからは様相が一変するのだ。たとえば、平成不況が始まってからの三年間で、売場面積五〇〇平方メートルクラスの店舗が二十店舗も閉鎖に追い込まれたし、ダイエーなど総合スーパーの家電売場では縮小や閉鎖が続くようになったからだ。そうした家電不況下にあった水戸市場でも、カトーデンキ販売は出店を止めなかったし、増収増益も変わらず続けていたのである。

別の言い方をするなら、バブル崩壊後の深刻な不況下では、高コスト体質の店舗運営では生き残れない時代になったことが実証されたのである。つまり、ローコスト経営に徹する以外に、もはや生き残る道は残されていなかったのだ。

その現実を突きつけたのは、北関東市場で激しい安売り合戦を繰り返していたコジマ(小島電機から平成五年に社名変更)とヤマダ電機、そしてカトーデンキ販売による「YKK戦争」で生まれた「北関東価格」と呼ばれる激安価格である。コジマとヤマダ電機は北関東市場での争いをそのまま全国各地に持ち込む形で、つまり北関東価格を武器に多店舗展開を開始したからである。

とくにコジマ創業者・小島勝平の「全国制覇」の野望は強く、そのコジマと先陣争いするようにヤマダ電機が追走したため、現状にすっかり安住してしまい高コスト体質のままだった各地のＮＥＢＡ加盟店には最初から勝ち目はなかった。

たとえば、効率経営のバロメーターである販管費率を比べると、ＹＫＫが一〇パーセント前後から多くても一〇パーセント前半だったのに対し、ＮＥＢＡ加盟の多くの家電量販店は二〇パーセント程度だったし、地方都市では三〇パーセント近い加盟店もあったほどである。これだけ販管費率に差がつけば、ＹＫＫはＮＥＢＡ加盟店を始め他のどの家電量販店よりも圧倒的に安く売っても十分な利益が得られたし、家電製品の「安売りのメッカ」として知られていたＮＥＢＡの有力加盟店が集まる東京・秋葉原と大阪・日本橋の両電気街からその優位性を奪うのは時間の問題であった。

コジマとヤマダ電機、カトーデンキ販売の三社を「ＹＫＫ」と一括りにして語られることが多い。しかし多店舗展開に関する考えも方法も三者三様で、経営理念を始め相違点も少なくない。ここでは、その違いについては必要最小限の範囲で触れておく。

多店舗展開を開始したのはコジマが一番早く、さらに県境を越えて全国展開の意向を示したのもコジマが最初であった。それに対抗する形で、遅れてヤマダ電機も全国展開に参戦した一方、カトーデンキ販売は広域への多店舗展開に踏み切ったものの、関東や首都圏を越えての出店は行わなかった。それは創業以来、創業者の加藤馨が実行してきた「無理はしないさせない、背伸びをしない」経営であり、効率を最優先させた店舗運営であり、それを後継社長の加藤修一も堅持した結果である。

ＮＥＢＡに対してはコジマは最初から批判的で加盟することはなかったし、ヤマダ電機も一度は加盟したもののすぐに脱退している。そんな両社に対し、カトーデンキ販売はＮＥＢＡの有力加盟店であり続けた。

カトーデンキ販売の経営理念はNEBAの理念や方針と親和性があり、前の二社が全国の多店舗展開で見られたように攻撃的な経営手法を得意とするのに対し、カトーデンキ販売は防御的というか、周囲や地域との軋轢を避ける手法を心がけていた。

しかしコジマやヤマダ電機との安売り合戦に耐え、さらには勝ち抜いて行くためには、先代・馨の教えである「行きすぎた安売りはしない、不当な値引きを求める客には売らないしそれで売れ残っても構わない」という「正論」を貫くだけで十分なのか——そう思わせる環境が加藤修一に迫ってきていたのも、また事実であった。

一方、創業者・加藤馨も、自分の時代が終焉を迎えつつあることを自覚させる出来事に直面していた。馨は会長に退いた後も、出店に関する権限だけは離さず握っていた。馨だけが出店地の契約に対して、最終的な判断を下せたのだ。その際に、地主との賃貸契約の実務作業を担当する開発部門との間で、意思疎通が次第にうまくいかなくなっていた。

その現場に立ち会った当事者のひとりが、宇都宮店長から本社に戻ってきて平成六(一九九四)年当時は総合企画部にいた平本忠である。平本が本社勤務時代には、開発部門の担当者から、地主と結んだ賃貸契約書の承認を会長の加藤馨に貰って欲しいと依頼されるようになっていた。会長室に出向いて加藤馨のサインと会社の実印を貰ってくるという、きわめて事務的な仕事の依頼である。

しかし平本にとって、会長の加藤馨はすでに「雲の上の人」であった。カトーデンキ販売入社時の面接で話をしたぐらいで、入社後は前年に社長に就任した加藤修一の指示のもとで働いており、馨の存在自体が何か高尚で近寄りがたいものに感じていた。

会長室に開発部門から依頼された契約書を持参しても、平本が取り立てて何か説明するわけでもなく会長の馨が契約書を見直している間、佇立して待つだけだった。

すると、契約書を見ていた会長の馨が「こんな条項は要らない」と言いだし、突然、契約書の問題箇所に二本の赤線を引いたのだ。そして「これじゃダメだから、ハンコは押せない」と言って平本に突き返してきたのである。平本に反論できるわけもなく、ただただ黙って持って退出するしかなかった。

平本の回想――。

「開発部長はいたのですが、私が総合企画部で水戸にずっといますから「これのハンコもらってきて」という話になって、よく貰いに行っていました。でも(馨会長には)説明しても全然、話を聞いてもらえるはずもありません。その頃は、馨会長は私の名前も覚えていないくらい(遠い存在)のお方でしたから。で持ち帰って、契約書の修正のお願いに地主さんのところへ行くわけです。でも地主さんは契約書に自分のハンコは押されているわけですから、ご立腹です。でもやり直すしかないんですよ。一字訂正とかのレベルではなく、赤線をピッーと引かれて「この条項は要らない」という話でしたからね」

地主側が折れる場合は、それで平本の仕事は問題なく終わるが、地主側が応じることはきわめて少なかった。そうなると、平本には奥の手を使うしかなくなる。

「その場合は、修一社長に「この条項が要らないと言われて(馨会長から)消されたのですが、地主さんと交渉してもこの条項を残さないとハンコを押さないと言われてしまいました」と伝え、「契約するには、やはりこの条項が要りますから(当初の文案の)契約書で馨会長からハンコを貰ってきてください」と下駄を預けるわけです」

しかし「奥の手」はあくまでも奥の手であって、何度も使うものでも使えるものでもない。第一、社長の修一に毎回毎回手を煩わせていたら、それこそ社長業務に支障が及びかねないし、開発部門と総合企画部の存在理由も疑われる。

毎回のように会長の馨から赤線を引かれたら当然、平本たちも学習し、打開策を考え出す。それは、地主のハンコが押された正式な契約書ではなく、契約書案というか事前に作成した契約書のサンプルを会長の馨に届けるようにしたのである。そうすれば、馨が「こんな条項は要らない」と赤線を引いたところで地主を立腹させることにはならないし、修正のための協議する時間も確保できるというわけである。

それでも、問題は解決しなかった。

「事前に持って行った契約のプランに赤線が引かれて、馨会長に「これではダメだ」と言われたら、もうどうしようもないですね。それで(サンプルを)持って帰ったら相談して修正したものを、地主さんのところへ持って行くわけです。そこで(削除・修正は)無理だということになれば、契約を止めるか、もう一度検討し直して再交渉するしかありません。あとは、当時の修一社長に相談して「この条項がないと契約できませんので、出店を取り止めるしかないんですが……」と報告するだけです。すると、修一さんが「分かった。あとは、オレが言ってくる」と。それでも(馨会長を説得できなくて)ダメになった契約が、二件ほどあったと思います。「やっぱり、出店を止めよう」と」

しかし平本は、加藤馨の指摘が間違っているとは思えなかった。

「私が開発に関わるようになったのは、企画部に移ってからです。それまでの店は馨会長が作られたものなんです。それにまずなによりも、馨会長が地主さんと交わされた契約書はとても綺麗なんですよね。うちの思った通りの契約で、十年経ったら(借りた土地を)更地に戻して返却するだけです。他に何もなくてそれで終わりです。そういう内容の契約になっていたんです。で、あの頃の店の作りは安普請でしたので、十年も経つと傷みもひどくなります。いまならお金をかけて修繕するのでしょうが、当時の契約ではお互い何もしないで綺麗に別れましょうというだけなんです。そんな契約書はすごいなと思いながら企画部の仕事をしていたのです。その後、（取締役総合企画部長として）私が店を新しく作るようになるのですが、（馨会長の契約のお陰で）何のしがらみもなく、さっと移動して新しい店を作ることが出来たんですね」

さらに、平本は言葉を継ぐ。

「馨会長から「この条項は要らない」と言われましたが、たしかに（後で考えれば）その通りなんですよ。馨会長が言われたことは正しいのです。ただ、その頃から世の中の状況が変わってきていたのです。みんなで、郊外の物件（主要幹線道路沿いの空き地）を取り合うようになっていたのです。すかいらーくを始めファミレスが郊外へどんどん出ていきまして、地主さんに有利な条件をいろいろ提示するようになっていたのです。だから、地主さんも強気になって、私どもが訪ねますと「（ファミレスと）同じ条件なら貸すけど、同じでなければ貸さない」と言われるようになりました。でも馨会長にしてみたら、「そんな条件はあり得ない」ということになるわけです」

ここで、平本の言う「世の中の状況」を補足説明する。

テレビのカラー放送が始まり、家電業界が「三種の神器」で沸いた昭和三十五（一九六〇）年、我が国の自家用車数はわずか四十六万台で一般庶民には手の届かない「高嶺の花」であった。しかし三十五年後の平成七（一九九五）年には、自家用車数は約百倍の四千四百六十八万台にも増加し、いわゆる「一家に一台（一世帯一台）」の時代を迎え「クルマ社会」になりつつあった。

とくに公共交通機関が十分に整っていない地方では、急速に「一家に一台」から「一人に一台」へと加速しており、自家用車は靴と同じように「足」として生活必需品であった。かつては郊外の道路沿いの空き地は利用価値など殆どなく、借りるにしても借り手主導の交渉であったが、クルマ社会の到来で立場は逆転し、二束三文の土地は「金のなる木」に大化けしていたのである。

たしかに価格を始め諸々の条件は、結局は需要と供給の力関係で決まる。たとえ加藤馨の指摘(修正)が正論であっても、それを立場の強い地主側が認めなければ、カトーデンキ販売としては交渉を打ち切るか、もしくは交渉成立を優先させたいのなら意に沿わない条件であっても呑むしかなかった。

しかし意に沿わない条件を呑むことは、それまでの加藤馨の生き方——損得勘定ではなく是々非々、善悪で判断してきたこととは相容れない。社長の座を譲った以降は馨が経営に嘴を挟むことはなかったが、そのことは彼にとって、おそらく受け入れ難いことであったろうし、承服したくはなかったであろう。

平成七(一九九五)年六月、平本忠は取締役に就任し総合企画部長を兼務した。以後、平本は役員会では開発部門の担当役員が不在だった当時、代わりに出店提案書を説明する立場となった。社長の加藤修一—取締役総合企画部長の平本のラインで出店に関する諸々のことが進められると同時に、平本の責任もまた増すことになったのである。

そのとき、七十八歳を迎えた加藤馨は、平本の取締役就任と入れ替わるようにして代表取締役会長を退き、名誉会長に就任している。これによって、馨はカトーデンキ販売の経営から完全に離れることになったのである。

平本忠によれば、会長室にハンコを貰いに行っていた時は「(馨会長が)契約書をきちんと精査されてダメなものはダメだと戻される難関な時代」であり、それを経験した平本には加藤馨に何度説明してもどうしても分かってもらえなかった契約があった。

いまもその時のことを、鮮明に覚えていると平本はいう。

「馨会長から一番納得していただけなかったのは、リースバック方式です。この方式では、我々(カトーデンキ販売)が建築資金を出して作った店舗は地主さんのものになります。ただし最初に出したお金は相手の借金になり、あとで戻ってきます。そのうえで我々が、その店舗を(長期間にわたって)借ります。馨会長は「こんなことは、あり得ない」と言われるわけです。つまり、馨会長の考えは「私たち(カトーデンキ販売)は、あなた(地主)の作った建物をお借りします」というものです。以前は、地主さんが土地を担保に銀行からの融資で店舗を建てて、家賃に(融資の)金利分を含めてものを借りる我々が支払うというものだったのです。だから、馨会長から私は「こんな出店の仕方、方法はありません」と言われました」

リースバックは、もともと企業の金融取引に関する用語である。

事業用資産(不動産など固定資産)を売却する一方で、その資産をそのまま使いつづける契約を買い主と結ぶことで現金を調達する手段のことである。資産を売却して必要な資金を調達することから「セル・アンド・リースバック」とも呼ばれている。ただし現在では、企業だけでなく個人所有の住宅でも利用されるなどさまざまな分野で見られる手法でもある。

平本のいうリースバック方式は、本来の意味から外れた変形型であるが、これは平本も指摘したように出店を希望する土地に強力なライバルが現れ、貸し手市場になってしまった結果であろう。要は、地主側に「おんぶに抱っこ」ほどの好条件を提示しなければ、好立地であればあるほど出店が難しい時代になったのである。なお、当時の一大流通チェーンだったダイエーやセゾングループなどでも、リースバックは取り入れられていた。

たしかに、地主が土地を担保に金融機関から提供された資金で店舗を建てて、それを貸し出すのが筋である。しかしカトーデンキ販売を始めコジマやヤマダ電機など有力家電量販店が大型店舗中心の多店舗展開に踏み出した以上は、地主側の資金負担とリスクの増大を考慮してリースバック方式を採用するのも仕方がないことなのかも知れない。

というのも、地主側にすれば、店舗の大型化は即建設コストの増大であり、金融機関からの借金の拡大を意味していたからである。その一方で、長期の賃貸契約を結んだとしても相手の都合で守られない可能性があるし、また経営不振に陥ったり倒産すれば、借金だけが残される事になりかねない。

それゆえ、どうしてもその場所への出店を希望するなら、まさに「おんぶに抱っこ」と揶揄されるほどの好条件を提示するしか他に方法はなかったのである。

しかし他方、その「事実」に加藤馨が納得できなかったことも十分に理解できる。

加藤がカトーデンキ販売で出店を手がけたさい、基本は土地も店舗も自社所有にするという「自前主義」であった。地主が土地を売りたくなければ、土地を借りても店舗は自社所有にした。つまり、体力以上のことはしないし、何よりも成長を継続させるため経営の安定化を加藤は最優先させていたのである。

たとえば、土地や店舗が自社所有であれば、不景気や経営の悪化などのいざという時には「担保」としての活用ができるからだ。それゆえ加藤馨は、当初は効率が悪いことを理由に広域への出店を控えたし、自前主義も維持したのだ。

しかし平本が指摘したような環境の変化を無視しては、カトーデンキ販売は成長していくどころか生き残ることさえ難しい。地球上の恐竜が絶滅したのは環境の変化に対応できなかったからである。同じ轍を踏まないようにしたいと加藤馨が考え、決断したとしても驚くにあたらない。先見性と合理的思考に恵まれた父・定一の血を引く馨ならばこそ、自分の考えや判断が現実と齟齬を来し出したと感じたら、自分が何をすべきかは十分承知していたはずである。それは、矩を踰えてはならないという教訓である。

加藤馨が会長退任を決断した理由は、馨が修一に社長の座を譲った時と同じものだと私は考えている。つまり、ひと言で言うなら、判断力の低下である。そのことを自覚したからこそ、聡明な彼は経営からの完全な引退を決断したのではないだろうか。

名誉会長に就任後、加藤馨の姿は経営の表舞台ではほとんど見られなくなった。社内報や創業祭での挨拶等を通じて、多くの社員はカトーデンキ販売や経営に対する馨の創業以来の考え、あるいは社会のあるべき姿などの持論を知るだけであった。

名誉会長に就任した年の社内報『ひろば』(一九九五年　冬季号)で、社内報編集部の「創業四十八年カトーデンキの歩み　名誉会長に聞く」のインタビューをうけて、次のような興味深いコメントを寄せている。

《私が提唱してきたことは「品質がよい、値が安い、サービスがよい、安心してお買い物が出来る店」ということです。お客様が安心して買い物ができることが大切で、創業当時からずーっと変わらず守ってきたことなのです。これは営業上の真理だからどこにも負けるはずがない。同じことが長く続くためには真理でないとね。お客様のために、従業員のためになるような営業方針でないと長続きしません。営業上一番大切なのは従業員、お客様、仕入れ先のメーカーを大切にすること。これがうまくいかないと事業は発展しない。どれが欠けてもだめです」

目指すべき「安定した経営」については、こう触れている。

《事業規模に合った資本金を用意するということは絶対だと思います。資本金と売上高は比例しないといけない。お金が足らないという状況が発生すると、支払先へ待ってくれということになります。物を売ったけどお金が入ってこないんじゃ先方が困りますから、事業としても人間関係がマイナスになってしまいます》

さらに、脱税は絶対にしてはいけないと厳しい姿勢を見せる。

馨の言葉を借りるなら、脱税＝「ごまかし経理」では事業は絶対に大きくならないし、きちんと税金を納めないと国も市町村も成り立たなくなるからと批判するのだ。

そのうえで、「正しく生きる」ことの大切さを訴える。

《ごまかさないと損だなんて思っている人は考え方が基本的に間違っている。男でも几帳面にやる人の方が絶対得ですよ。だから税金も払わずにごまかすような人で成功した人は一人もいないもの。世の中はごまかしじゃ通らない。生きてるうちは世の中のために頑張って働くことがベストな生き方なのです》

今後の自分の生き方については、こう表明している。

《今後は社会奉仕事業に協力していこうと考えております。自分が生活していける分があれば余分なお金は必要なし。本当に苦しんでいる人達がいれば喜んで助けたいと思います。人生は「正しく生きる」ことが安心して暮らしていける一番の方法だと確信しております。従業員の皆さんも「正しく生きる」ということを常に意識して、一所懸命働いて楽しい人生を送って欲しい。今後の皆さんのご幸福を心から願っています》

加藤馨が最終的に辿り着いた人生訓は、きわめてシンプルで明瞭な「正しく生きる」であった。さらに二年後、五十周年を祝う創業祭の挨拶で馨は、「正しく生きる」について踏み込んだ発言をしている。

《この五〇年の間に、私が絶えず考えてきたことは〝正しい人生〟ということです。人生は、「自分の就いている職業を通じて、社会のためになっているのだ」というしっかりとした誇りを持って生きていかなくてはいけないということです。そして、ものを判断するうえでは損得を考えず、すべて、どちらが正しいかということを判断基準にして欲しいものです。この基準が間違っていると社会的にも信用されませんし、事業としても発展しなくなると思います》

損得勘定ではなく善悪を基準に判断すべきだと主張したあと、次に肝心の判断の仕方についても触れる。

《何が正しいかそうでないかをどうやって判断するのかというと、「すべての人間が私と同じようなことをしたら世の中は良くなるのだろうか、カトーデンキは良くなるのだろうか」ということを考えてみることです。今、自分のやっていることがすべて良くなることだと考えたら、それはやらなければいけません。損得ではなく、世の中のためになるかどうかを考えれば決して判断を間違えることはないのです》

名誉会長に退いてからの加藤馨の発言を見ると、まるでカトーデンキ販売とその経営陣、従業員が判断を間違えないように正しい道を照らす灯台の役割を、最後のお務めにしようとしているかのようであった。

Ⅲ　新しい道

第十章　ＹＫＫ戦争を戦い抜く

加藤馨が代表取締役会長から名誉会長に退いた平成七(一九九五)年は、コジマがヤマダ電機の本拠地・前橋市に新規出店して始まる「上州戦争」や、カトーデンキ販売まで巻き込んだ「ＹＫＫ戦争」と呼ばれる北関東地区で展開された「安売り合戦」、いや「乱売合戦」が本格化する年でもある。

コジマが水戸市内に出店し、開店記念セールスとして「ご縁(五円)商法」と呼ぶ抽選販売を始めたとき、会長だった加藤馨は「舐められたらダメだ。やられたらやり返せ」と他県への出店を控えていたにも関わらず、すぐさま栃木県宇都宮市への初出店を決めたが、それでも開店時には「ご縁商法」のような異常な安売りを開店セールには使わなかった。それは馨の安売りはしないという一貫した商売の姿勢と、一時的な異常な安売りで客寄せ出来ても、最終的にはお客のためにはならないという判断があったからである。

むしろ逆にカトーデンキ販売では、さらなるローコスト経営に努め、究極の「低価格路線」の追求と維持を目指したのだった。そのためには、つまり効率的な店舗運営を極めていくには、店舗の大型化と大型店舗による多店舗展開は欠かせなかった。しかしそれは同時に、馨の教えに背く可能性もあった。

翌平成八(一九九六)年四月、カトーデンキ販売は千葉市内に出店し、新規オープンセールをしたさい、ヤマダ電機と同じ「一円セール」を実施している。

正確に言えば、〝先着十名にカラーテレビを一円で販売〟のチラシ広告を千葉市内に一斉に配布したところ、業界の自主規制団体「全国家庭電気製品公正取引協議会(家電公取協)」から「一円セール」の中止を要請されたため、それを受け入れた形で断念したことになっている。なお中止の要請の理由は、家電公取協が「一円販売は値引きではなく、違法な景品」に相当すると判断したためであった。

とはいえ、すでに「カラーテレビを一円で販売」というチラシ広告は千葉市内に配布されていた。開店当日に「一円セールは取り止めになりました」などと言い出せるわけもなく、そんなことをすれば、新規出店した店舗そのものの信用問題にもかかわる。そこで社長の加藤修一は、強かな一面を見せる。

開店当日、一円で販売予定のカラーテレビを消費税込みで一千一円で販売し、購入後に一千円をキャッシュバックしたのである。つまり、実質的に「一円セール」を実施したのである。

それにしても加藤修一はなぜ、それまで否定してきたコジマやヤマダ電機の「異常な」安売り商法を真似たやり方に踏み切ったのであろうか。

カトーデンキ販売社長として、加藤はこう弁明する。

「コジマが強い頃に茨城に攻めてきて「一円セール」や「ご縁(五円)商法」といった安売りを仕掛けてきました。それで、こっちも対抗上、真似をしました。それをやらないと、こっちが潰れてしまいますから。というのも、一円セールのチラシを見た消費者は、その店の(展示された家電商品の)ほうが他店よりも価格が安いと思いますし、逆に(一円セールを)やらない店は(家電商品の価格が)高いと決めつけてしまうんです」

さらに、来店客の消費動向にも触れる。

「だいたい、消費者は(家電量販店を)何店も回って値段を比べるようなことはしません。せいぜい二店、多くても三店ですから、(商品価格の安さが)目立たない店には来てはくれません。実際に来てくれなければ、(カトーデンキ販売の店が)本当に安い値段を付けていても消費者には分かりません」

そして加藤の厳しい視線は、コジマとヤマダ電機の異常な安売り合戦を「上州戦争」などと戦争に喩えて、面白おかしく報道するメディアにも向けられる。

「(「一円セール」などの安売り合戦を)マスコミは報道しますから、取材を受けた店はどこでも「うちの店は値段は高いですよ」といった対応はしません。ですから、(原価割れするような)思い切った値段を付けたところが、マスコミ報道で(全家電商品が)安く見えているだけなんですよ。本当は、私どもも安売り合戦なんてしたくないんですが、マスコミがそういう取材をして記事にしますから、こちらも(安売りを)やらないと取材を受けた店だけが有利になってしまうのです」

もともと「一円セール」など原価割れ覚悟の「安売り合戦」には反対だったという加藤修一は、その理由を改めて力説する。

「五十銭で仕入れて一円で売って利益を出しているのなら、「一円セール」でもいいと思いますが、そんなことは絶対にあり得ないわけです。そうすると、実際に店が利益を出せているのは、一円セールなどの安売りで赤字になった分を必ず別のところ(商品など)で取り返していることになります。本当はもっと価格を安くできる商品を安くしない、つまり消費者は普段は商品を高く買わされているわけです。しかも肝心の「一円セール」の商品を買えるのは、先着何名様といった限られた消費者だけです。その中には、転売目的で買う業者のような人も混じっていますから、(一円セールは)本当は消費者のためにはなりません」

たしかに加藤が指摘するように、消費者にとって大切なのは「安売り価格」をチラシ広告などで知ったら、その価格で「いつでも、誰でも、何台でも」購入できることである。米国では安売り広告を出せば、その価格で購入を希望する消費者全員に販売することが法律で義務づけられているという。在庫を切らした場合には、購入希望者の予約を受け付けて販売しなければならない。

ところが、日本では違った。

安売り商品は客寄せのための「目玉」商品で、販売価格も販売個数も販売時間も店側が自由に決められたのだ。その意味では、加藤の言葉を借りるなら「(安売りは)やったもの勝ちになってしまう」のである。そのうえ、メディアがそれを取りあげ煽るため、安売りをした店は「商品が安い店」として宣伝されることになるのだった。

もちろん、「一円セール」のような原価割れの異常な安売りが、将来的に消費者にとっても店の経営にとってもいいわけがない。それでも加藤修一は、後に「こうした売り方は父の教えにも反しますし、正直なところ、やりたくはありませんでした」と語るほど不本意だった「一円セール」に参戦している。

加藤によれば、あえて参戦したのにはもうひとつ別の狙いがあったのだという。

「こちらも真似して(一円セールなどを)やれば、公取委(公正取引委員会)から待ったがかかるじゃないかと思ったのです。一社だけが(一円セールなどを)やっていると、他社がみんなで「あそこ(の店)は、変だ」と言っているという話で終わってしまいます。でも周りが巻き込まれていけば、「これは、大きな問題だ」ということになって、(原価無視の安売りが)止められるだろうなと思ったのです」

カトーデンキ販売が千葉市内に新規出店して「一円セール」を行った三月には、ヤマダ電機も群馬県太田市に出店したさい、開店記念セールとして十四型テレビを「一円」で販売しているし、コジマも同月に埼玉県大宮市(現・さいたま市)に出店し、記念セールで一四インチの白黒テレビを先着五名に限って八十円で販売していた。翌四月にも、ヤマダ電機は栃木県宇都宮市へ出店し、開店記念セールとしてカラーテレビやパソコンなど十四品目にわたって「一円セール」を行っている。

加藤の予想通り、「一円セール」などの採算度外視の異常な安売り商法は、社会問題化しつつあった。同じ頃に中小の電気店経営者が東京に集まって「家電業界危機突破総決起集会」を開いているが、大会出席者で栃木県電気商業組合理事長の栗原昭は、週刊誌に地元の悲鳴を寄せている。

《「我々は、なにも安売りがイカンと言っているんじゃないんです。あまりにも不公正な仕入れ価格などを是正できないか、と訴えているんです。このままでは町の電器屋は全滅してしまいます。一円販売などの異常販売はなんとしてでもやめてもらわないと」》(「週刊宝石」、一九九六年六月六日号)

事実、ナショナルショップなどメーカーの系列店が大半を占める、いわゆる「町の電気店」(地域の家電販売店)は大きな打撃を被っていた。たとえば、「一円セール」の生みの親はヤマダ電機だが、その拠点である群馬県の商業統計調査によれば、平成六(一九九四)年からの四年間で、倒産もしくは転廃業に追い込まれた家電販売店の数は百店にものぼっていたからだ。

そうなってくると、マスコミの論調も変わってくるものだ。それまで「価格破壊」だの、「激安の店」などといって持ち上げていた傾向から社会問題として批判的に取りあげることも増えていったのである。

そのような社会の風潮の変化を感じ取ったのか——公正取引委員会は「YKK戦争」の主役三人を東京・霞ヶ関の合同庁舎に呼び出したのだ。コジマ社長の小島勝平、ヤマダ電機社長の山田昇、カトーデンキ販売社長の加藤修一の三人は、案内された部屋で担当官から「過激な安売りは自粛するように」という旨を通告されたのである。

その時のことを振り返って、加藤はこう言う。

「案の定、公取委から呼び出されまして(一円セールなど原価無視の安売りは)ダメだと言われました。ですから今回のような場合は、相手のやり方にちょっと合わせないと、絶対に(相手の行動を)止められません」

かくして「一円セール」も「ご縁商法」も、家電販売の現場から姿を消すことになるのだ。ここまでは加藤修一が考えた筋書き通りである。しかしコジマやヤマダ電機が「安売り」を止めるはずもなく、やがてコジマは「ご縁商法」に代わる新たな安売りとして「五五五円セール」を始めたし、するとカトーデンキ販売も「七七〇円セール」で対抗したのだった。

いずれにしても原価割れの安売りはなくなっても、YKK戦争から生まれた「北関東価格」がなくなることはなかったし、むしろ「激安」という言葉に象徴される厳しい低価格競争は続いた。その背景には、一度「安さ」を経験した消費者は以前と同じ価格では満足しないし、店側にも「高い値段」で買わされているのではと不信感を持たれて、客離れを起こされたら困るという不安があった。

ところで、加藤修一自身が「父の教えに反します」と認める「一円セール」に踏み切った経緯と背景は理解できるとしても、創業以来「安売りセール」を頑なに拒否し、来店客から無理な値引きを求められても応じてはいけない、それで商品が売れ残っても構わないと従業員に店頭価格を守ることの大切さを説いてきた父・馨の信念や商売の方針に背いたことには変わりはない。

それゆえ、馨の創業精神に基づく経営理念をともに育み、そして修一自ら社員に教え、取引先などにも伝えてきたことを考慮するなら、たしかに「一円セール」は父と自らに対する裏切り行為ではないかと問われても仕方がない。

ではここで、修一が本当に父・馨の教えに背いたのか、一度考え直してみたい。

創業者精神や経営理念を学び継承し守るということは、たんに創業者の言葉を一字一句なぞって行動することではない。むしろそのような教条主義的な行動こそ、慎むべきであり、逆に創業者精神に反する事態を引き起こしかねない。

なによりも肝要なのは、馨の創業者精神や経営理念の本質を理解したうえで社会や環境の変化、時代の流れに沿った対応をすることである。

たとえば、創業者・加藤馨の経営理念は、前述した五カ条からなる「我が社の信条」に表されている。とくに馨が「一番大切」と指摘したのは、第三条の「我等は今日一日を親切と愛情を以て働きましょう」である。

YKK 揃い踏み(向かって左から，山田昇氏(ヤマダ電機)，小島勝平氏(コジマ)，一人おいて加藤修一氏)

第三条の本質を馨が普段から繰り返し説いていた言葉を借りるなら、お客が「カトーデンキで(家電製品を)買って良かった。次から買うのもカトーデンキがいい」と思ってもらえるような対応をしなさい、ということに尽きる。商売は一回ではないのだから、また来てもらえるようにお客の利益を最優先させることが、最終的に店のためにもなるし、従業員やメーカー、社会のためにもなるという考えである。

それらを前提に修一が実施した「一円セール」は、その結果が示したように最終的にお客の利益を守るためであり、メーカーや取引先、そして何よりも従業員のための必要な処方箋だったと考えるべきであろう。

たとえば、「一円セール」の実施でお客の足をケーズデンキ販売の店舗に向けさせることが出来るようになったし、それによって来店客は加藤馨の言う「親切と愛情を以て」の対応を体験できたし、目先の一時的な安さだけではなくケーズデンキ販売の店舗で購入するメリットも実感できたであろう。

また「一円セール」の実施には、メーカーを始めとする取引先の理解が欠かせない。それらの理解と協力なしには、NEBA(日本電気専門大型店協会)の有力会員であるケーズデンキ販売は一円セールを実施できない。それゆえ、社長の加藤修一は取引先との良好な関係を維持するため円滑なコミュニケーションに努めなければならない。逆に円滑なコミュニケーションを保っているからこそ、良好な関係が作られているとも言える。

いずれにせよ、修一が実施した「一円セール」は、非常時における三位一体経営だと考えれば分かりやすい。もちろん、その真価は今後の修一の企業経営で問われることになるが、それは彼自身も望むところであったろう。

北関東地区で繰り広げられた採算度外視の安売り合戦は、マスコミから「上州戦争」や「YKK戦争」などと面白おかしく取りあげられ、栃木のコジマ、群馬のヤマダ電機、茨城のカトーデンキ販売の三社は一躍、有名家電量販店になった。しかし北関東地区の三社による安売り合戦の裏では、もうひとつの戦いが進行していたことも忘れてはならない。

「上州戦争」や「YKK戦争」の始まりには諸説あるが、ここではコジマによる水戸進出に対抗してカトーデンキ販売が宇都宮に新規出店した昭和六十二(一九八七)年をYKK戦争の始まりとして考える。そして約十年後の平成九(一九九七)年三月にコジマが売上高で家電量販店業界トップだったベスト電器を抜いてその座から引きずり下ろしたことによって、YKK戦争は北関東地区から全国へとその舞台を完全に移したと判断する。つまり、本書で触れる「YKK戦争」の期間は昭和六十二年から平成九年までの約十年間を指すことになる。

その意味では、YKK戦争とはバブル景気の到来とともに始まり、その最盛期に激しい戦いが繰り広げられ、そしてバブル経済の崩壊とその後の平成不況によって収束していった約十年間に及ぶ北関東地区の家電戦争のことである。

そしてバブル景気の最盛期以降からYKK戦争に参戦してきたのが、家電量販店業界トップのベスト電器を始めとするNEBAの主要な会員企業である。元来、NEBAの会員企業同士の間には暗黙了解の不可侵条約というか、局地戦を戦うことはあっても「地域」ごとにある程度の棲み分けが行われていた。しかしバブル景気に刺激されたのか、やがてNEBAの有力会員企業の中には出店エリアを拡大していき、棲み分けそのものを曖昧にする風潮が出来上がってしまうのだ。

それゆえ北関東地区で展開された出店ラッシュは、スーパーのダイエーなど大型小売店による出店が第一次なら、家電量販店(NEBAの有力会員企業)のそれは第二次にあたるものである。

もともと北関東地区に出店してきたNEBAの有力家電量販店は全国展開を目指し、大消費地である東京を中心に首都圏への進出を狙っていた。その足がかりとして、つまり橋頭堡にすべく強敵が不在の北関東地区が狙われたのである。とくに長らく家電量販店の空白地帯であった群馬県では、県外からの有力家電量販店の出店が続いたため群雄割拠する状態になり、いわば「陣取り合戦」の様相を呈したほどだった。

群馬県前橋市を本拠地とするヤマダ電機は「ご縁商法」で安売りを仕掛けてきたコジマ以外にも、業界トップで福岡のベスト電器や広島のダイイチ(のちのデオデオ、現・エディオン)、大阪の上新電機などNEBAの有力家電量販店、さらに東京のビックカメラなど新興の家電量販店とも厳しい商戦を戦わなければならなかった。ヤマダ電機は当時、NEBAに加盟(昭和六十二年から平成四年までの五年間)していたが、もはや加盟企業間の棲み分けは幻想に過ぎなかった。

同様にNEBA加盟のカトーデンキ販売の本拠地・水戸市にもベスト電器や東京の第一家庭電器、北海道のそうご電器などNEBAの有力家電量販店が出店してきた。なお栃木のコジマは、すでに地元のNEBAの家電量販店・ヌマニウと宇都宮市を始め各地でしのぎを削っていた。

しかし北関東地区での家電戦争は、意外な形で収束へと向かう。

バブル景気に沸いた時代は家電製品を店頭に並べさえすれば、「高くても飛ぶように売れた」が、バブル経済が崩壊し不況が長引くと「(価格が)高ければ売れない」時代になり、環境が一変したのである。

だからといって、闇雲に家電製品の価格を下げていたら、たとえ売り上げが伸びても十分な利益を確保することは難しい。さらに言うなら、市場の動向にただ従っているだけなら、最悪の場合には赤字経営に陥ってしまい、会社の存続自体までも危うくなりかねない。それでは、本末転倒である。

それゆえ、唯一の解決は市場価格に合わせた値引き、つまり「安売り」をしても赤字にならずに利益も十分に確保できる方法を考案するか、見つけ出して習得する以外にはない。要するにローコスト経営の徹底である。そしてそのローコスト経営の状態を知るひとつの尺度となるのが、前述した「販管費率」である。

すでに繰り返し触れているように、NEBAの有力家電量販店の平均的な販管費率は二〇パーセントから二三パーセントである。他方、YKK三社のそれは一〇パーセントの前半であった。つまり、YKKの三社は北関東地区に進出してきたNEBAの有力家電量販店の販売価格よりも値引いた安い値段で売っても十分な利益を確保できたのである。もちろん、YKK三社の販管費率が最初から低かったわけではない。

北関東地区での「安売り」はコジマがカトーデンキ販売とヤマダ電機に仕掛けたところから始まるが、それが過激化し、YKK戦争が本格化する平成七(一九九五)年以降は「ご縁商法」や「一円セール」などの原価無視の安売りが日常化し、その安売り競争に勝ち抜くため互いにローコスト経営にしのぎを削った結果が、YKK三社の販管費率の低さを生んだのである。

YKK三社の中で早くからローコスト経営に取り組んできたのは、先代・馨の時代から経費の節減に努め効率経営を目指してきたカトーデンキ販売である。そのカトーデンキ販売の売上高と販管費率の推移を有価証券報告書から算出した数値で確認すると、バブル経済の崩壊が始まる平成三(一九九一)年から北関東地区でのYKK戦争が終わる平成九(一九九七)年までの七年間は次の通りである。

平成三年――三百二十四億円　一五・五パーセント
平成四年――三百七十億円　一四・二パーセント
平成五年――四百十二億円　一二・九パーセント
平成六年――五百五十九億円　一〇・〇パーセント
平成七年――七百四十一億円　八・四パーセント
平成八年――八百七十億円　八・四パーセント
平成九年――九百十六億円　九・二パーセント

YKK戦争が本格化する平成七年から販管費率が一〇パーセントを切っていることからも分かるように、売上高が三倍以上もあるコジマからの「安売り」攻勢に一歩も引くことなく互角に戦えたのは、先代・馨の時代よりローコスト経営を徹底してきたからに他ならない。言い換えるなら、コジマとの安売り合戦を戦う中で経営の無駄がさらに削ぎ落とされ、筋肉質の経営体質に変わったのである。

それにしても、同じローコスト経営のコジマとヤマダ電機でさえ販管費率が一〇パーセント前半であることを考慮するなら、カトーデンキ販売のそれはケタ外れの低さと言わざるを得ない。その意味では、YKK戦争の本格化・安売り合戦の激化によって、販管費率が二〇パーセント超のベスト電器やダイイチなどNEBAの有力家電量販店が水戸や前橋を始め北関東地区から撤退したり、売場面積の縮小に追い込まれたのは当然といえば、至極当然である。

たとえば、YKK戦争の真っ只中の平成八年三月期決算を見ると、売上高では業界トップはベスト電器だが、成長率はYKK三社が他の大手家電量販店を圧倒している。

業界三位のコジマの売上高は二千二百六十四億円(対前年同期比、三八・五パーセント増)で、経常利益が六十六億九百万円(同、八・四パーセント増)である。ヤマダ電機の売上高は八百七十九億円(同、四一・五パーセント増)で、経常利益が二十億五千三百万円(同、一三〇・八パーセント増)。カトーデンキ販売では売上高七百四十一億円(同、三二・五パーセント増)、経常利益十八億五千百万円(同、二二・二パーセント増)である。

YKK三社とも売上高は年率三〇パーセントを超える高成長率を達成していたのである。しかも三社は増収だけではなく増益も達成しており、長引く平成不況下での増収増益は、業績悪化に苦しむ家電量販店業界にあって三社の存在感の大きさを改めて示すことになった。

ところで、YKK戦争は「敗者のいない」不思議な戦争でもあった。

日露戦争といえば、勝者は日本で敗者がロシアである。日米戦争はアメリカが勝者で日本が敗者である。なのに、YKK戦争ではコジマもヤマダ電機もカトーデンキ販売も勝者で、敗者は北関東地区に出店してきたNEBA加盟の有力家電量販店やダイエーなど大手小売店などである。

そのYKK戦争の勝敗を決定づけたのは、指摘したように「ローコスト経営」への取り組みの差である。そしてローコスト経営の要諦は売場面積の拡大（店舗の大型化と多店舗展開）と業務の効率化（労働生産性の向上）である。

この二つの視点からYKK三社を比較してみると、興味深いことが分かる。

多店舗展開の開始が一番早かったのはコジマで、一番遅かったのはヤマダ電機である。ところが、業務の効率化に欠かせない管理部門へのコンピュータの導入、その象徴であるPOSシステムの導入ではヤマダ電機が昭和六十一（一九八六）年五月と一番早く、一年遅れで翌昭和六十二年五月にカトーデンキ販売、そしてコジマが平成二（一九九〇）年ともっとも遅かった。

対照的なコジマとヤマダ電機のローコスト経営への取り組みの違いだが、カトーデンキ販売は多店舗展開ではコジマに、POSシステムの導入ではヤマダ電機に後れをとったものの、それは経営の効率化を軽視していたからではない。むしろ計画的に推し進めてきた結果に過ぎない。

たとえば、水戸市内に二店舗目「駅南店」をオープンしたことでカトーデンキ販売の多店舗展開はスタートするが、約十年後の店舗数が十一店に増えた昭和五十九（一九八四）年四月、物流部門の強化と効率化のために「サービスセンター」を設立しているし、さらに二年後の店舗数が二十店になった時には管理部門の強化のためにコンピュータを導入しているからだ。

その翌年にはPOSシステムを導入するわけだから、先代・馨の時代から販売コストの低減を図り続けたうえで、修一の時代にはチェーンオペレーションのさらなる効率的な運営のため組織の近代化を含め計画的、かつ組織的にローコスト経営への取り組みを強化してきていたのである。要するに、カトーデンキ販売のローコスト経営への取り組みは筋金入りで、昨日今日に始まったものではないということである。

北関東地区でYKK三社のローコスト経営が進出してきたNEBAの有力家電量販店やダイエーなど大手小売店よりも進んでいたのは、三社の経営努力も当然あるものの、それに劣らないほど社会環境の変化がもたらした影響の大きさも否定できない。

業績を拡大していくためには、何よりも売場面積を絶えず増やしていく必要がある。大店法によって出店が規制された当初、売場面積を増やし続けるうえで一番効果を発揮したのは多店舗展開である。そしてNEBA加盟の有力家電量販店の出店が百貨店など大型の小売店舗同様、繁華街やその周囲など人が集まる場所だったのに対し、YKK三社の主要な出店地は郊外の道路沿いであった。

たしかに郊外であれば、出店コストを大幅に下げることは可能である。ただし郊外という公共交通機関の整備が十分でない場所で店舗運営を成功させるためには、多くの来店客が見込めなければならない。郊外店舗の成否は、出店地が「人を集める」場所であることにかかっているのだ。

それを実現させたのは、モータリゼーションの到来である。

前述したように、平成七(一九九五)年に自家用車数が四千四百六十八万台に達したことで、我が国は「一家に一台(一世帯に一台)」の時代を迎えている。ここでは北関東地区の自家用車の普及状況を知るため、改めて各県ごとの状況を比較しながら、茨城県と栃木県、群馬県三県の状況を見ていく。

「ご縁商法」と「一円セール」でYKK戦争がもっとも過激だった平成八年三月末の段階で、乗用車台数と人口から一千人当たりの保有台数を割り出すと、全国でトップは四八九・四台の群馬県で栃木が四五九台で二位、茨城は四五〇台の四位であった。

逆に一台当たり何人で保有しているかを見ると、順位はそのまま同じで群馬県では一台を二・〇人で保有し、栃木県は二・一七人で茨城は二・二二人である。北関東地区では「一家に一台から一人に一台」の時代へと急速に代わりつつあることが分かる。ちなみに、一世帯当たりの保有台数では群馬県は第二位の一・五一台で、栃木県が第五位の一・四四台、茨城県は第六位の一・四二台である。

さらに、クルマ社会の到来とともに郊外店の追い風となったのは、家電市場最大のヒット商品と言われた家庭用VTR(録画再生機)やビデオカメラ(8ミリ)などの売れ筋商品の小型化が進み、購入した商品をそのまま持ち帰る、つまり「お持ち帰り商品」が店頭販売の主流になってきていたことである。郊外の道路沿いを中心に多店舗展開していたYKK三社にとっても、願ってもない売れ筋商品の変化であった。

なお日本最大の大都市・東京都は、乗用車の保有台数が三〇〇万台を超えて全国一であるものの、普及率で見れば、一千人当たりでも一台当たりでも、一世帯当たりでもすべて最下位の四十七位である。東京に次ぐ大都市・大阪府も、同様に四十六位である。このことは、大都市ほど公共交通機関が整備されていたことの証である。

売場面積の拡大に欠かせない店舗の大型化に関しても、YKK三社に追い風が吹く。

前述したように、日本政府はスーパーなど大手小売業者から地方の中小の小売店を守るため大店法を制定して出店を規制してきていたが、バブル崩壊後からアメリカ政府の規制緩和を求める「外圧」によって、大店法の見直しを始めていた。

その影響を、カトーデンキ販売の多店舗展開から見てみよう。

カトーデンキ販売が水戸市に二号店「駅南店」を出店したとき、その売場面積は約二五〇平方メートルである。それは、柳町本店の約二倍の広さだった。二年後の昭和四十九年に大店法が施行され、売場面積一五〇〇平方メートル以上の出店が規制されることになった。翌年、カトーデンキ販売は初めて水戸市外に新規出店する。勝田市にオープンさせた「勝田店」の売場面積五〇〇平方メートルで、駅南店の二倍になっていた。

一方、政府の出店規制は強化の一途を辿る。

さらなる強化のための大店法の改正とともに出店自粛を求める行政指導等が行われ、昭和五十七年頃までには家電量販店は事実上、売場面積が五〇〇平方メートル以上の県外出店は出来なくなっていた。出店したければ、売場面積が五〇〇平方メートル以下の中小型の店舗による多店舗展開しか出来ないというわけである。

そのため、カトーデンキ販売社長として加藤修一は、大型店舗のほうが効率の良い店舗運営が出来ると分かっていても、勝田店以降も売場面積五〇〇平方メートルを標準店舗として多店舗展開していくしかなかった。

他方、規制緩和は平成四(一九九二)年一月の大店法の改正、施行が端緒となった。

カトーデンキ販売を始め家電量販店にとって、改正の最大のポイントは売場面積が一〇〇〇平方メートル級の大型店舗を出店できるようになったことである。そしてこの改正を待ち受けたように、その年の七月にはカトーデンキ販売は茨城県石岡市郊外の国道沿いに「石岡パワフル館」を新規オープンしたのだった。

なおパワフル館については前述した通り、従来の売場面積五〇〇平方メートルの標準店舗とほぼ変わらぬ従業員数で、倍の売場面積を効率よく運営できる新しい店舗のことである。以後、カトーデンキは、売場面積一〇〇〇平方メートル級の大型店舗を新しい標準店舗として多店舗展開に踏み出したのだった。

早くから多店舗展開に着手していたＮＥＢＡの有力家電量販店が水戸市内を始め茨城県内に出店した時には売場面積が五〇〇平方メートル以下の中・小規模の店舗だったため、販管費率の低いカトーデンキ販売が平成不況の最中に売場面積一〇〇〇平方メートル級の出店攻勢をかければ、どうなるかは誰にでも分かる。前述したように、平成不況に入ってから平成五年までの厳しい安売り競争が展開された三年間で、茨城県内に進出してきていたベスト電器やダイイチなどの中小型店舗が二十店も閉鎖に追い込まれたし、ダイエーなどスーパーの家電売り場でも縮小や閉鎖が続いたことは、その象徴である。

茨城県内と同じ現象は当然、群馬県でも栃木県でも起きる。

YKK戦争に参戦したNEBAの有力家電量販店は、かくして「敗者」となって北関東地区から撤退するか、ビジネスを縮小するしかなかったのである。

平成九(一九九七)年にコジマがベスト電器を抜いて、家電量販店業界で売上高トップの座を奪ったことで勢力図は大きく変わる。北関東地区の家電戦争に決着をつけたYKKは、その矛先を本格的に全国展開へと向けたからだ。正確にいえば、いわゆる「北関東価格」と呼ばれた激安価格を武器に安売り合戦を仕掛けて全国各地で多店舗展開したのは、コジマとヤマダ電機の二社である。

というのも、カトーデンキ販売社長の加藤修一は、先代・馨からの教えを守って効率経営の立場を堅持していたため、関東地区からわざわざ外へ出てまで多店舗展開しようとしなかったからだ。YKK戦争は「YK戦争」に姿を変えて、互いに全国制覇の野望を持って、出店した各地で地元の家電販売店に異常な「安売り合戦」を仕掛けて行ったのである。

それは同時に、北関東地区で繰り広げられたYKK戦争の実態を全国各地で再現して見せることでもあった。というのも、YKから北関東価格で仕掛けられた安売り合戦に地元の家電量販店や町の電気店が太刀打ちできるわけもなく、その多くは経営難に陥ったり、転廃業に追い込まれていくしかなかったからだ。それは、私たちが北関東地区で見てきたYKK戦争による惨状と同じであった。

第十一章　「ケーズデンキ」の発足

カトーデンキ販売は、平成九(一九九七)年十一月に社名を「ケーズデンキ」に変更した。その年の三月にコジマは業界トップに立ち、家電量販店業界は「コジマの時代」を迎えて、いわば「戦国時代」に突入する。

そのような状況の中で、社長の加藤修一が社名変更を決断した理由と経緯を辿れば、自ずと加藤が関東地区に固執し、ＹＫのような全国展開を固辞し続けた真意が見えてくるはずである。

加藤自身は、全国展開に否定的だった当時の考えをこう説明する。

「昔は水戸(市内)に五店舗作るまでは、市外には店を作らなかったんですよ。外に作ったのは、勝田(市)という本社からクルマで十分か二十分ほどのところにある店が最初です。次が石岡(市)、これは三十分ほどです。要するに、地続きでしか店は作っていないんですよ。(拠点の水戸市から県外など遠方の)離れたところにポーンと作ることはしません。儲けようと思ったら、(重要なのは)会社の規模を大きくすることではなくコストを下げることなんです」

さらに、説明を続ける。

「それには面(売り場)、密度(特定地域への集中出店)を濃くしていく。そうなると、(ケーズデンキが)

日本中に店舗を作るには、途方もない時間が必要になります。（全国展開を）やるとしても、私から三代先のことかなというぐらい先のことです。だから、私は全国展開をやる気がなかったわけですよ」

ここで、加藤の言う「地続き」の意味、重要性をもう少し詳しく見てみよう。

水戸市外ではあるが、勝田にしろ石岡にしろ、商圏としては水戸市内の店舗と重なる部分がある。「地続き」とは、既存店と商圏が重なる場所という意味である。逆にいえば、わざと商圏が重なるような場所へ出店することで、コストの低減を図る効率経営を目指しているのである。

たとえば、店頭販売の最大の武器のひとつは「チラシ広告」である。そのチラシを効率良く配布することが出来れば、確実にコストの低減を見込める。そして商圏が重なるという意味は、その商圏に出店しているすべての店舗の名を列記したチラシ広告を一枚だけ作りさえすれば、全店で利用できるということである。本来ならひとつの商圏で末端になる地域でも、商圏が重なることによって別の商圏の店舗が十分にカバーすることが出来るようになるからだ。消費者にすれば、そのチラシ広告を見て欲しい商品があれば、自宅からもっとも近いケーズデンキの店で買い物をすればいい、ということになる。

さらに商圏が重なることで店舗ごとにチラシ広告を作る必要がなくなるため、店名を列記した一枚で間に合うことからコストダウンにもなるし、商品を配送するにしても一台のトラックで効率良く回れるので物流コストの削減にもつながるというわけである。

それゆえ、加藤修一が主張するように、ケーズデンキでは会社の規模や売上高を拡大することよりも運営コストの低減を最優先させた店舗展開をしているのである。その意味では、たしかに加藤の「全国展開をやる気がなかった」という言葉にウソ偽りはなかったと言えるであろう。

しかしそれはなにも加藤が全国展開にはまったく関心がない、あるいはその野心さえ持たないという意味ではないようである。

たとえば、家電量販店を囲む環境の変化を次のように分析してみせる。

「それまでの家電販売店は、日本中に店舗展開しなくても狭いエリアだけでお客さんに支持されて、ある程度のシェアがとれて儲かっていたのです。メーカーの販売会社(問屋)も全国(各地)に散らばっていた時には、それでみんなが成り立っていたんです。これを「地域リーグ戦」と私たちは言っていました。その地域リーグ戦では、各エリアの(売上高が)トップから三位までが潤っていたんですね」

さらに加藤は、「ところが……」と核心部分へと進む。

「ヤマダさんやコジマさんが全国展開を始めて、その地域のリーグ戦に割って入るようになったとき、メーカーさんもメーカーさんで能率を上げるために各地の販売会社を統合して全国で一社(体制)にしたのです。そうなると、私たち家電量販店に対するメーカーさんの評価は、全国で(取引高が)何番目の取引先かということで決まるわけです。そういう時代になれば、関東(地区)でたくさん売っているとか、どこかの地区で一番売っているというだけじゃ、ダメなんだと思ったのです」

つまり、仕入れを含め今後もメーカーとの友好な関係を続けていくには、地域で儲かっている優良家電量販店だけでは十分ではなく、売上高(メーカーにすれば仕入れ額の目安)の全国ランキングで上位にあることが不可欠になったというのである。

それは、企業規模の拡大よりも効率経営を目指してきた先代・馨以来のケーズデンキの経営方針と相容れないものである。そこで、加藤修一が従来の経営方針を維持しつつも時代の変化に対応する方策として打ち出したのが、一種の分業制であった。

「ケーズ本体としては関東地区だけで、(多店舗展開を)やろうとしています。他は、ケーズデンキとフランチャイズ(FC)契約を結んだ地場の家電量販店やケーズの子会社に任せています」

そのうえで、こう補足する。

「本当は全国展開はやりたくはないんだけども、そういう時代からうちと仲間になれる人(経営者)はいないですかと声をかけて増やしていったのです。そしてバイイングパワーというか仕入れ規模を全国レベルである程度確保することで、メーカーから苛められないようにしているわけです。もちろん、競争相手も見ていますから、数字上(売上高など)であんまり離されていたのでは、メーカーから「こんなところ(小さすぎて)あってもなくてもどうでもいい」などと言われたらマズイので、まあ、相手にしてもらえるポジションは維持しようということです」

加藤修一によれば、「相手にしてもらえるポジション」とは業界トップの売上高の約三分の一を確保することだというものの、その根拠を問うても「トップの後ろ姿が見える位置だからです。見えなくなるまで離されると付いていけなくなるからです」というだけで、数字の具体的な根拠は示さなかった。おそらく三分の一の根拠は、コジマが初めて水戸市内に出店してきたとき、当時のカトーデンキ販売の売上高の約三倍もあるコジマ相手に効率経営で立ち向かい、一歩も引かずに互角に戦えた体験に基づいたものであろう。

ところで、加藤が全国展開で用いた一種の分業制について、その後の展開を含め少し補足説明をしたい。加藤によれば、関東地区以外の店舗展開および運営は、FC契約を交わした地場の家電量販店とケーズデンキの子会社に任せているというが、その実態を理解するにはFC店と子会社という単純な区分けだけでは十分とは思えないからだ。

たとえば、FC店を「地場の家電量販店」と一括りにしたことなどである。その地域で自力で多店舗展開する力を持った有力家電量販店もあれば、そうではない優良な「町の電気店」クラスの地域の家電量販店もある。加藤の説明に沿えば、後者が私たちがよく知る「FC店」という形態の家電量販店であるのに対し、前者はM&A(合併・買収)による「経営統合」を経て、つまり子会社になった後にFC契約を交わした家電量販店ということになる。

そして加藤のいう「ケーズデンキの子会社」には、後者のFC店から子会社へ転じた地域の家電量販店も少なくなかった。その意味では、FC店と子会社はコインの表裏の関係にあった。ケーズデンキにとって、FC店とは将来的には解消されるものであり、同時にケーズデンキ・グループへの入り口だったのだろう。

加藤修一が関東地区以外の店舗展開をFC店と子会社に任せる決断ができたのは、おそらく平成三(一九九一)年に経営難に陥っていた「よつば電機」(本社・福島県相馬市)を「救済・買収」し、その再建に成功した経験があったからである。

その再建過程で、加藤は何を学び、何が彼を全国展開へ向かわせたのか――。

よつば電機は、創業者の安住敏郎が昭和四十四年に福島県相馬市で起業した家電販売店である。その後、郡山市に営業本部を移して郡山を拠点に東北地方にまで積極的に多店舗展開を繰り返すことで急成長してきていた。急成長の主因は東北各地で出店攻勢をかけたさい、「底値　安さへの挑戦」をスローガンに「安売り」を積極的に仕掛けたことである。その結果、よつば電機は福島県内の十五店舗を始め山形県(九店舗)や宮城県(七店舗)、秋田県(六店舗)、青森県(六店舗)など東北各地に多店舗展開を進め、店舗数は合計で五十店舗を超えるまでになった。

そのころ、よつば電機は「日本で一番成長している」と業界で騒がれたほど「勢い」のある家電量販店であった。ところが、平成三年初めから始まるバブル経済の崩壊で資金繰りが急速に悪化し、一挙に経営不振に陥るのだ。かつての「積極果敢な」多店舗展開は、一転「無謀な」出店攻勢に変わっていたのである。

とはいえ、よつば電機が東北地区で築き上げた五十店舗を超える店舗網は、同業他社には、とくに隣接する地区のライバル企業にはきわめて魅力的であったことは想像するに難くない。実際に買収を検討した大手家電量販店は複数あったし、噂の類まで含めると数え切れないほどであった。

しかしそのような動きや噂話が、よつば電機の経営者に強気の態度をとらせ、逆に「救済」を遅らせることになったのだから皮肉なものである。

加藤修一にも平成三年六月初め、よつば電機から「買収」の打診があった。仲介したのは、東芝の営業担当者である。ちょうど六月上旬に福島県のゴルフ場で家電量販店のトップが揃って女子プロのゴルフ番組に出演することになっていたので、加藤は郡山市の都市ホテルで会うことにした。当日、東芝の担当者と二人でホテルに出向くと——。

「(創業オーナーの)安住敏郎社長と弟の専務に会ったの。その時は、ちょっと高飛車に「おたくは、いくらで買うの」みたいなことを言われたので、こっちは「人助けのため」と思っていましたから「なんだ」という気持ちになり、もう二度とよつば電機の人とは会うことはないと思い、帰ってきました」

ここまで「救済」に対する考えが違えば、物別れになるのも無理はない。加藤も、この話はなくなったと考えていた矢先の六月下旬、弟の専務から加藤に電話がかかってくる。それも前回と打って変わっての低姿勢で「社員を(水戸へ)行かせますから、話だけでも聞いてもらえないでしょうか」と懇願してきたのだった。

それで加藤は「(六月)二十七日の午前中は株主総会があるから、午後は必ず本社にいます」と返事し、それを受けて六月二十七日午後によつば電機の社員が水戸本社に出向くことになったのである。

よつば電機の専務の掌返しの対応から分かることは、買収をめぐるいろいろな動きや噂はあったものの、結局、実際に「買収」に手を挙げた企業、つまり交渉のテーブルについた者は誰一人いなかったということである。そこで、あわてて印象の良かった加藤に声をかけてきたといったところであろうか。

他方、カトーデンキ販売社長の加藤修一に会うように指示されたのは、企画室長の川合久太郎と常務取締役・管理本部長の大槻正志の二人だった。川合は、六月末の手形決済などの支払いが出来ないことから倒産は免れないとの判断のもと、顧問弁護士とともに破産手続きの準備をしているところであった。川合はよつば電機の財務内容を一番よく把握しており、倒産の危機にあることを具体的に説明できるため、加藤のいかなる質問にも答えられる適切な幹部だったのだ。

ただし、川合はカトーデンキ販売がよつば電機を救済しようとしたら、共倒れになる可能性があると考えていた。というのも、カトーデンキ販売は当時、中堅企業に過ぎずよつば電機を抱え込むには負担が大きすぎると判断していたからである。

川合は、水戸行きを言われた時の気持ちを、率直に語る。

「破産手続きの忙しい時なのに、社長が「ダメだと思うが、とにかく行ってみてくれ」と言うから仕方なしに水戸まで行ったというのが本音です。加藤社長がよつばを助けてくれるなんて思いもしませんでしたから、期待も何もしていませんでした」

当日、川合と常務の二人は、水戸のカトーデンキ販売本社に社長の加藤を訪ねた。

加藤との面談で、川合は六月末の支払いが出来ない財務状況にあること、そのためよつば電機が事実上の倒産状態にあることを含め自分が知り得るすべてのことを包み隠さず話したのだった。そのうえで、川合はよつば電機社長から託された「条件と要望」を伝えたのである。

それは、よつば電機の全株式を無償で譲渡する代わりに、会社をなんとか存続させて欲しいというものであった。具体的に言うなら、全従業員の雇用の確保と金融機関からの借入金約六十二億円を含む百億円強の負債の肩代わりを求めたものだ。しかしカトーデンキ販売が実際に負担する費用は肩代わりの百億円強以外にも従業員の人件費、組織の見直しなど再建のための投資費用を考えるなら、相当な負担を覚悟しなければならなかった。率直に言うなら、事ここに到ってもなお、虫のいい要求をするよつば電機の経営者には呆れるしかない。

他方、よつばの経営者とは違って、川合には社長の「条件と要望」がカトーデンキ販売側には受け入れがたい内容であることは、十分に分かっていたようだ。

「二時間半ほど加藤社長と話しましたが、私は「なんとかよつば電機を助けて欲しい」ということで半信半疑のままお願いしました。すると、加藤社長が「ちょっと、考えさせて欲しい」と言われました。そのとき、えっと驚きました。まさか本当に救済を考えていただけるとは思っていませんでしたから。そして(加藤社長は)退室されました」

加藤が退室したのは、会長室に馨を訪ねるためだった。

「(よつば電機を)助けると決めましたが、会長(父・馨)にもひと言断りを入れる必要があったので、いったん退席したのです。会長は会長で「赤字の会社は税金を払わなくてもいいから、(よつば電機の買収は)いいんじゃないの」みたいなことを言っていましたよ」

会長室から戻ると、加藤は川合と常務の二人に対して、カトーデンキ販売がよつば電機を救済する旨を伝えた。予想外の朗報は、二人にとって青天の霹靂だったに違いない。すぐさま二人は郡山に戻り、朗報を報告した。川合は破産手続きの準備を一緒にしていた顧問弁護士にも伝えたが、「そんなうまい話があるはずがない。きっと何かウラがあるに違いない」と言ってなかなか信じてもらえなかった。企業法務の専門家から見ても、それほどあり得ない救済話だったのである。

一方、加藤修一が救済を決断した理由は何か――よつば電機のどこに魅力を感じ、そして評価したのであろうか。

ひとつは、よつば電機には店頭公開を準備していた時期があったことを知って、その潜在能力を高く評価したことである。当時のカトーデンキ販売は三年前に店頭公開を果たしていたため、その時の経験からよつば電機の潜在能力を推し量り、再建が比較的スムーズに進むものと考えたのである。

二つめは、よつば電機社長の安住敏郎と弟で専務の二人に初めて会ったとき、二人から見せられた決算書には二億五千万円の純資産(資産総額から負債総額を差し引いた金額)があったことである。つまり、再建が可能な財務内容だと判断したのである。

しかしすべての交渉ごとは、お見合いと似ている。互いに欠点や弱点を隠し、自分の長所だけを過大にアピールする。企業間の交渉も同じで、不利な材料は隠して相手が興味や関心を抱きそうな面を過大にアピールすることで、交渉を優位に進めようとするものだ。そうした駆け引きを経て自分に有利な条件を引き出せば、交渉は成功である。

加藤修一にとって、相手が持ち込んできた「救済・買収」とはいえ、初めて経験するM&Aであることには変わりはない。経験不足のうえ、先代・馨と同様に修一もどちらかといえば「性善説」の経営者であることを考慮するなら、駆け引きは相手のよつば電機の経営者のほうが少し上手だったのかも知れない。

たとえば、よつば電機の社長と専務の二人と初めて会った時に見せられた決算書は、半年以上も前の平成二年九月期のものだったことである。つまり、決算内容が古く、加藤が救済か否かを判断するには十分な財務資料とは言えなかったのだ。

その後、加藤は直近の財務諸表を入手して驚くことになる。二億五千万円の純資産は消えてなくなり、代わりに十三億円もの欠損を計上していたからだ。有り体に言えば、年商百億円程度の会社が十三億円もの債務超過(資産をすべて売却しても負債を完済できない状態)に陥って、事実上の倒産状態にあったのである。六月末の支払いが出来ようが出来まいが、もはやよつば電機の倒産は避けられない状況にあったのだ。

それに対し、当時(平成三年三月期)のカトーデンキ販売は年商二百二十億円、経常利益九億円、純利益四億円、資本金十億円の中堅企業に過ぎなかった。金融機関からの百億円の借入金を肩代わりした上に、さらに十三億円もの債務超過まで背負うのは、あまりにも大きな負担であった。

また、加藤はよつば電機が店頭公開の準備をしていたことからその潜在能力を高く評価したが、現実には店頭公開を果たした企業と出来なかった企業とでは、その能力には天と地ほどの開きがあったことを後で知ることになる。加藤が救済決断の決め手にした二つの評価は、完全な見込み違いだったのである。

それでも加藤自身は、よつば電機の救済を決断し諦めようとはしなかった。

ところが、肝心の救済先が迷走を始める。よつば電機の社長と専務の二人が救済の手を差し伸べた加藤との連絡を絶ち、雲隠れしてしまうのだ。二人と連絡がとれない以上、加藤が勝手に買収話を進めるわけにもいかなかった。

ほどなくして、二人が他の大手家電量販店によつば電機の「身売り話」を持ち込んでいることが分かった。最後の最後の土壇場で、カトーデンキ販売がよつば電機の買収を好条件で応じたことから二人は、他社ではもっと高額な値段で買ってくれるのではないかと思い込んでしまったのである。

土壇場で会社の倒産が救われたことを素直に喜び、救済元に感謝するのではなくそれ以上のことを臆面もなく求める姿からは、改めて「人間は欲深い生き物である」ことを想起させられる。加藤もまた、どんな状況になっても人間の欲望には際限がないことを思い知らされたのではないか。

カトーデンキ販売とよつば電機は正式な買収契約を交わしていなかったものの、すでに新聞などで「買収」の報道はされていたため公知の事実になっていた。それゆえ、加藤もカトーデンキ販売も、このまま黙って引き下がるわけにはいかなかった。ただ肝心の二人と連絡がとれないため、カトーデンキ販売への売却を止めたのか、それともまだ売る気があるのか、それさえも確かめようがなかった。売却の意思が分かるまで、加藤は胃にポリープが出来るほどの心労に耐える他なかった。

その間、二人が心変わりした理由を知る手がかりになるのではと考え、加藤は創業オーナー家である安住家の内情を調べることにした。そして分かった事実は、よつば電機をカトーデンキ販売に売却すれば倒産から免れることは出来るものの、安住家には少なくない負債が残されたままになることだ。創業オーナー家の負債は個人的なものでよつば電機とは関係なかったが、事情を察した加藤は創業オーナー家にある程度の財産が残る形で買収することにした。

もともと安住社長からの提案は、銀行からの借入金百億円を肩代わりすれば、よつば電機の全株を無償譲渡するというものだった。要は、よつば電機を百億円で売却すると言っていたのだ。それを加藤は、借金返済に必要な百億円＋アルファの金額での買収を決断したのである。

一方、社長と専務二人の雲隠れは、よつば電機社内に不安を広げていた。

社員たちの気持ちは、よつば電機救済に唯一手を差し伸べているカトーデンキ販売を袖にして他にアテでもあるのか、もしこのまま倒産という事態になったら自分たちはいったい全体どうなるか——将来に対する不安と優柔不断な経営者への不満や怒りで満ちあふれていた。

雲隠れから十日後、ようやく安住社長と弟の専務は会社に姿を現した。しかし二人は、声をかけてくる役員や幹部社員を無視して社長室に一直線に向かい、入室すると籠城を決め込んだのだった。そんな社長たちの行動に不安を覚えた幹部たちは、ドア越しに扉を開けて部屋から出てくるように繰り返し説得したものの、二人が応じることはなかった。

やむなく部長や店長クラスの幹部で屈強な五～六人が社長室の前に集められ、ドアをこじあけて入室することになった。実力行使で社長室に入った幹部たちは、異口同音にカトーデンキ販売の救済策を受け入れるように直談判したのだった。もはや社長と専務の二人には、幹部たちの説得を受け入れるしかなかった。というのも、前回同様、二人が持ちかけた売却話を受け入れる家電量販店は存在しなかったからである。

平成三(一九九一)年七月十八日、カトーデンキ販売はよつば電機の発行済株式の八〇パーセントを取得して同社を連結子会社にした。ようやく加藤修一は、よつば電機の「救済買収」に着手するのである。

加藤は翌日、よつば電機社長に就任すると「会社再建の第一歩」として社員全員に季節外れのボーナスを支払ったのだった。しかもその原資となったのは、加藤個人が保有していたカトーデンキ販売の四十万株(当時の評価額で十億円相当)を担保に金融機関からよつば電機に求めた追加融資の五億円であった。

個人保証してまでもボーナス資金を調達した理由を、加藤はこう説明する。

「(よつば電機の)社員は経営悪化を理由に給料は遅配がちでしたし、ボーナスの支払いがあっても遅れたり減額されたりしていたんです。(会社が)支払うべきボーナスをちゃんと支払うことで、前の社長と今度の社長の私は違いますよというところから始めて、残った社員には私の話をきちんと聞いて欲しいと思ったのです」

そんな加藤の思いは、よつば電機の社員の心に届いたであろうか。

社長の使者として加藤に再度、よつば電機買収を持ちかけた企画室長の川合久太郎は、当時のよつば電機社内の雰囲気や社員の気持ちをこう伝える。

「(カトーデンキ販売による)子会社化に対して社内で反発する声は、まったくと言っていいほどありませんでした。経営者が交代することにも、何ら抵抗を感じることもありませんでした。むしろ(社員にとって)、子会社化された翌日にボーナスが満額支払われたことのほうが、(受けた衝撃は)大きかったと思います。これでもう(会社の倒産はない)大丈夫だと思って、みんな大喜びしていましたから」

しばしば経営からの最大のメッセージは、人事(異動)であると言われる。これは、いくら経営者が「我が社は実力主義だ、能力主義だ」などと働き次第で評価されるというメッセージを出したところで、社員から「情実人事」と見なされる人事異動が続くと経営者の言葉は説得力を欠き、経営者は求心力を失うという意味である。

私は、さらに報酬を加えたい。

社員の功績を言葉で褒めるだけでなく昇給や特別ボーナスなど報酬の形で、それも働きに見合う相当な金額を与えることである。そうすれば、社員は自分の働きが正当に評価されていると感じ、会社へのロイヤリティと自分の仕事に対するモチベーションはいっそう高まるものだ。

加藤修一がよつば電機の全社員にボーナスを支払ったさい、とくに留意すべき点はその支払いが子会社化した翌日、つまり加藤がよつば電機の社長に就任した当日であること、さらに支払われたボーナスが「満額」だったことの二つである。

この二つから推測できるのは、よつば電機の経営悪化はひとえに経営者の怠慢からであって、社員にはいかなる責任もないという加藤からのメッセージと、その考えに基づいて行動しているというアピールだ。それゆえ、新社長として加藤は「会社再建のため社長の私以下、全社員が心をひとつにしよう」と呼びかけたのである。

このエピソードで改めて思うのは、先代の馨同様に、息子の加藤修一もお金の使い方がとても綺麗な経営者であるということだ。もともと先代・馨は働きに見合う賃金を支払うべきという考えで、優秀な人材を雇うためには相場よりも高い給料を支払うことも厭わなかった。そういう考えを引き継いだ息子の修一も、同じ方針でカトーデンキ販売を経営してきていた。

しかし現実には、多くの企業経営者(経営陣)にとって人件費は単なる「コスト」に過ぎず、経費削減の名目で会社として必要なお金(経費)であっても出し惜しみをするものだ。それに対し、先代も加藤も必要なお金は出し惜しみすることなく、いやむしろ逆に多めに、そして早めに相手に与える事を常としてきていた。

綺麗なお金の使い方をする人は、後ろめたさや卑しさがないため誰が相手であっても正論を通すことに躊躇いを持たない。経営者に例えるなら、正しい経営を目指し、そして実行する人物ということになる。その意味では、先代・馨と修一は親子とはいえ、経営理念のみならず経営者としての生き方も瓜二つだと言えるかも知れない。

加藤修一がよつば電機社長就任後に最初に行ったことは、営業エリアを東北六県(青森県、岩手県、宮城県、秋田県、山形県、福島県)に限定したことである。勢いだけでダボハゼのように多店舗展開して拡大し過ぎた営業エリア(戦線)を縮小し、見直すためにそれ以外の出店地域からの撤退を決めたのである。たとえば、新潟県などで営業している店舗はその成績の如何を問わずに閉店し、もし出店計画があればそれらはすべて中止したのだった。

そのうえで、東北六県の出店地にある各店舗に自ら足を運び、加藤がよつば電機の新しい社長に就任したことを伝えるとともに、再建案およびその方針を明らかにして社員の協力を求めたのだった。

加藤は、営業エリアを東北六県に限定したことについて、こう説明する。

「私の店舗運営はチェーンオペレーションですから、それから逸脱することはしません。よつばの営業範囲を決める時も、東北地域以外に出店していた店が儲かっていようがいまいが関係ありませんでした。実際、営業中の新潟の店は一度も視ることなく閉店しましたし、出店計画も内容を確かめることなく中止を決めました」

さらに、こうも言う。

「(東北六県内の店舗であっても)売り場面積が五〇〇平方メートル以下の店舗も、同様に閉鎖しました。カトーデンキ販売の売り場のフォーマット(五〇〇平方メートル)に合わない店を残しても、チェーンオペレーションの邪魔で(店舗運営が)非効率になるだけですから」

加藤は残したよつば電機の店舗をすべて視察するが、その際の同行者には社長室課長代理を務めていた平本忠を指名した。平本は宇都宮ＡＶＣ店長から本社に戻ったあと、商品第二課、商品第一課を経て平成六(一九九四)年四月一日付けで社長室の配属になっていた。その三カ月後に、よつば電機の買収が行われたのである。

平本は、社長室時代をこう振り返る。

「社長室に配属されたのは(社長の加藤)修一さんの考えだったと思いますが、この部署は有価証券報告書のテニヲハを直すとか、本当に重箱の隅を突いて突いてするような仕事で嫌で嫌で堪りませんでした。自分は電気屋だと思っていましたので、事務屋みたいな仕事は嫌いでした。だから、一年我慢して務めたら会社を辞めるつもりでいました」

加藤は平本を宇都宮支店長に抜擢した時から将来の幹部候補生と考えていたフシがあり、社長室への配属も現場だけでなく会社の業務全体を俯瞰して見ることが出来るようになって欲しいという「親心」であったろう。まさに、親の心子知らずである。

そんな平本の下に、思わぬ朗報が届く。

「会社が嫌で嫌で辞めたくなったとき、ちょうど「よつばの買収」があったんですよ。そうしたら修一さんから(よつばの店舗を回るから)「おまえ、運転してくれないか」と言われたのです。それで、一週間のうち三日間ぐらい(店舗回りで)運転しました。その間に、修一さんといろいろ話をしました」

加藤は訪れた各店舗では、営業中の業務に支障が出ないようにと従業員を半数づつ集めて今後の経営方針などについて話した。加藤が見回った店は、どの店の棚も商品がほとんどなくてスカスカの状態だった。資金繰りの悪化から仕入れ代金の支払いが滞りがちだったため、よつば電機に対して貸し倒れを恐れたメーカー側が商品を十分に卸さなくなっていたのである。そこで加藤は、訪れた店舗では必ず「お盆までには商品を揃えるので、それまでは店をピカピカにして置いてください」と励ましたのだった。

平本は、加藤に同行した時の体験を懐かしそうに話す。

「いろんなところ(場所)を見たり、新しい店舗を見に行ったり、時には地元のことをちょっと話したいとかで地元の料理屋さんに誘われ、美味しいものをご馳走になったりしました。修一さんとのそんな(店舗の)行脚が、一年半ぐらい続きました。そうしていると、重要な仕事しか任せられないということで、修一さんから「お前は、これをやっとけ」と言われた仕事だけをするようになりました。(社長室時代の)大したことのない仕事をしなくて済むようになったのです。その頃から、やっと会社を辞めなくて良くなったかなという感じです」

東北六県をめぐるよつば電機の店舗行脚で、加藤修一に同行した平本がもっとも強い印象を覚えたのは青森での視察であった。それまでのカトーデンキ販売の出店は「地続き」のもので、突然、遠く離れた地域に出店することはなかった。東北六県の北端にあたる青森県は、平本にとってまさに「遠隔地」であった。もちろん、平本にはカトーデンキ販売初となる県外出店した宇都宮支店の店長を務めた経験はあったが、ただ県外といってもすぐ隣の県で見知らぬ土地ではなかった。

「生まれて初めて青森とかに行ったわけです。青森の店舗の人間に突然話を聞いてもちゃんと通じるし、同じような商品を売っているし……。で、(家電販売を)自分たちも同じように出来るんだなと実感していったんです。そしてお店をオープンさせたら、お客様がずらって並んでいる姿を見て、商品が売れている様子を見たら、どこにでも店を作れるのだと思いました。それで修一さんと二人で「もう何も恐いものなんかねーなー」と話したものです。いまはブロードバンド(光回線)ですが、昔はアナログ回線とは別に、ＩＳＤＮというデジタル回線があったんです。我が社のＰＯＳシステムは、デジタル回線じゃないと繋がらないので、「ＩＳＤＮが引かれたところなら、どこでも開業できるね」と修一さんと二人で話しましたよ。ただ、いまの光回線と違って、ＩＳＤＮは速度がかなり遅かったんです」

企業再建には具体的な財務上の数値や分析が大切なことは勿論だが、頭や理屈でその可能性を理解することよりも現場に入って「再建できる」と実感できることのほうがはるかに重要である。なぜなら、実感は確信に変わるからだ。それによって、第一に現場のモチベーションの高まりがまったく違ってくるし、第二に「再建できる」という確信は揺るぎない共通の目標をもたらし、その目標に向かって現場の従業員が一致団結する環境を準備するからである。

加藤修一はカトーデンキ販売会社の社長としてまず、よつば電機とフランチャイズ(FC)契約を結び、安定した商品の供給に努めた。というのも、カトーデンキ販売を通して共同仕入れの形で商品を安定的に供給するためには、よつば電機とFC関係にあることが不可欠だったからである。そのうえで再建資金として、最終的に四十四億円を投資するのだ。ただし当時は金融機関からの貸出金利が七〜八パーセントと高金利の時代だったため、金利負担の大きさを考慮して再建資金をカトーデンキ販売からの出資(よつば電機から見ると増資)によって手当した。

次に、加藤修一がよつば電機社長として再建のため取り組んだことは、まずはカトーデンキ販売と同じ経営手法を導入したことである。

前述した通り、よつば電機の店舗はカトーデンキ販売が標準店とする売場面積五〇〇平方メートルのものしか残されておらず、その各店舗に独自開発した自動発注機能を備えたPOSシステムを導入したことが、まずひとつである。二つめは、そのうえで取扱商品とチラシ広告をカトーデンキ販売の各店舗と共通化したことである。

その二つによって、よつば電機の従業員の無駄な作業は軽減され、彼らが接客・販売に集中できるようにしたのである。

そしてその効果は、すぐに表れた。

翌平成四(一九九二)年三月期の決算でカトーデンキ販売の売上高は三百二十四億円を達成した。前期の売上高が二百二十億円だから約百億円の増収である。つまり、よつば電機の同前期の売上高約百億円だから、経営不振から棚から商品がなくなった七月の買収以後は、カトーデンキ販売の経営手法の導入によって、かなり盛り返し売上高を維持したことになる。率直に言うなら、よつば電機の買収は百億円の増収効果をカトーデンキ販売にもたらしたのである。

この結果を得たことで、おそらく加藤修一はよつば電機再建への確かな手応えを感じ取ったのではなかろうか。そして「確かな手応え」は、確かな結果をもたらす。

よつば電機は三年後の平成七（一九九五）年三月期の決算で売上高で買収前の倍、約二百億円を達成するとともに純利益では単年度の黒字化を果たしたのである。そして来期には、累積損失の一掃が見込まれていた。

買収当初は、業界内では「カトーデンキさんも高い買い物をしたんじゃないか」、「共倒れになるのでは」などと否定的な評価が多く、カトーデンキ販売の将来性を疑問視されたことから株価が急落することもあったが、その後よつば電機の再建を順調に進め、業績も創業以来の増収増益を続けたことから、メディアからは東京証券取引所への上場意欲を問われる事も増えていった。

そのさい、加藤修一は東証への上場はよつば電機の累損を一掃したあとで考えることになると断ったうえで、興味深いコメントを業界紙に寄せている。

《店頭市場にいた方が東証二部よりも成長株的なイメージが強いので、あまり二部上場には魅力を感じません。二部上場はあくまでも東証一部上場へのステップとなるでしょう。東証一部上場の力量が付いた時に二部上場を申請し、二年間で一部に上がる考えです》（「日本証券新聞」、一九九五年十二月十二日付）

東証二部に上場したとしても、それはあくまでも東証一部へのステップにすぎないというのである。加藤の自信に満ちたコメントから窺えるのは、先代・馨の優れた先見性と並んで、修一が卓越した計画性、きちんとロードマップを描いてから実行に移す合理的な精神の持主であることである。

また加藤は、よつば電機の再建を通じて「ふたつ」のことを実感していた。

前述したように、コジマとヤマダ電機が全国展開を開始したことで、地域の家電量販店は地域リーグ戦から全国トーナメント戦で勝ち抜かなければ生き残れなくなった。つまり、経営危機に陥ったよつば電機のような年商百億円から二百億円程度の家電量販店の経営環境は、今後いっそう厳しくなると予想したのである。逆に言うなら、最低でも年商二百億円以上が全国トーナメント戦を生き残るのには必要であるということだ。

加藤は当時、その根拠をこう説明している。

《家電メーカーは工場の自動化、省力化が進んでおり、現在のメーカーにとっては製造よりも営業や物流のコストがかかる時代です。だから、仕入れ額の少ない量販店はあまり歓迎されない。今は家電店でも数万アイテムを扱っている。ある程度の量をまとめて引き受ける企業というと年商二百億円を超さねばならないんです》(「日経流通新聞」、九三年七月二十日付)

もうひとつは、経営の効率化から先代・馨の時代より「地続き」での多店舗展開にこだわってきたが、よつば電機をFC店として再建したことで関東地区以外の多店舗展開をFC店に任せる、つまりFC店による全国展開の可能性とその成功である。

じつは加藤修一は、平成四(一九九二)年に売上高二十億円規模の地方の家電量販店八社と「経営研究会」という勉強会を立ち上げていた。そして翌年には、この勉強会からFC店第一号が誕生するのである。

加藤が勉強会を立ち上げたのは、よつば電機の再建を通して「あ、(会社は)こんな風にダメになっていくものなのか」ということが分かったからだという。果敢な多店舗展開が評価され、一時は「業界で一番元気な家電量販店」と言われたよつば電機だったが、再建の最前線に立った加藤の目には、話題になった「安売り」も所詮、コジマの請け売りにしか見えなかった。つまり、よつば電機はコジマのエピゴーネンにすぎなかったのである。

それゆえ、よつば電機の経営者には確固とした経営理念もなく、将来への計画性も持ち合わせていなかった。コジマの手法を真似て、たんに時流に乗っかっただけの「勢い」だったのである。だから平成不況にも十分に対応できなかったし、その隙を突いて本家のコジマからよつば電機の営業拠点に攻め込まれた時も為す術もなかったのだ。

そこで加藤は、長引く平成不況下で続く家電量販店業界の再編を生き抜くため、そして自分と同じ考えの仲間を増やす意味もあって全国の中堅クラスの家電量販店の経営者に対し「将来のために経営を一緒に勉強しませんか」と声をかけることにしたのだ。

加藤は経営研究会では、こう持論を説いたのだった。

「私は会社を、年(率)二五パーセントで成長させてきました。(当初から)十年で十倍ぐらい(会社を)成長させるつもりでやってきました。だから、みなさんも私どもカトーデンキのやり方をそのまま真似していけば、十年と言わずもっと早く十倍にすることが出来るのではないでしょうか。みんなで、上場を目指しましょう」

明確な目標設定を行うとともに数字に基づく利益計画を作成し、その実現のため着実に進むことが肝要であるというのである。加藤の言葉を借りるなら、「出来もしないことを言うのではなく、やるべきことをきちんとやる。計画しないものは実現されない。先を見通した計画が大切」ということになる。

つまり加藤は、よつば電機の前経営者と正反対の経営を行え、と言っているのだ。そうすれば、会社が経営危機に陥ることもなく、会社を成長・発展させることが出来るというのである。まさに、よつば電機の経営を反面教師にしたのである。

勉強会を始めて一年後、加藤は会のメンバーから相談を受ける。

「経営内容が一番悪かった北越電機（本社・新潟県新発田市）の社長から「このままじゃやっていけませんから、FCにしてくれませんか」と頼まれたのです。それで私も、気心が知れていたこともあって、その場で「じゃあ、FCをやりましょう」と答えて始まったのが、カトーデンキのFCです」

こうして北越電機は、カトーデンキ販売と平成五（一九九三）年にフランチャイズ契約を結び、FC第一号店として再スタートを切るのである。加藤はよつば電機再建と同じ手法を持ち込み、売り場面積が五〇〇平方メートルの店舗だけを残したうえで、独自の自動発注機能を備えたPOSシステムを導入したのだった。

一年後、北越電機の業績改善が明らかになると、経営研究会の他のメンバーからも「FCにして欲しい」という申し入れが相次ぐ。しかし申し入れがある度に応じていたら、メンバーの会社が全国各地にある以上、加藤はたえず日本中を飛び回ることになってしまいかねない。そうなれば、本業であるカトーデンキ販売の経営を疎かにしてしまう恐れがあった。そこで加藤は、半年に一社という猶予期間を設けてFC化に対応することにしたのだった。

北越電機のFC化から二年後、四国・高松市を拠点とする大阪屋がカトーデンキ販売のFC第二号となる。それから加藤修一が社名変更を決断する平成九（一九九七）年までには、FC企業は七社に増えていた。その後も、FCの申し入れは後を絶たなかった。というのも、カトーデンキ販売のFC店の成功を聞きつけた勉強会のメンバー以外からも、つまり各地の家電量販店からの申し入れが続いたからだ。

こうした状況を踏まえて、加藤は社名変更を決断したというのだ。

《当時、チラシの製作は加盟企業の分もすべてカトーデンキ販売が請け負っていました。FCの数が増えてくると、相当煩雑になります。そろそろチェーン全体で店名を統一したほうがいいかな、と考えるようになりました》(「日経MJ」、二〇一八年二月二十八日付)

加藤がFC企業に店名統一を提案する場に選んだのは、創業五十周年を祝う「五〇周年創業祭」の式典である。毎年開催される創業祭には、子会社やFC企業の首脳陣も一堂に会することになっていたからだ。

加藤は式典会場で、FC企業の社長たちに店名統一をこう提案した。

「(カトーデンキ販売の)店名、社名を変えようと思います。うちも「カトー」という個人名を捨てますから、みなさんも店名を変えてもらえないでしょうか」

その年の十一月、カトーデンキ販売は社名を「ケーズデンキ」(ロゴマークはK'S)に変更した。なお加藤によれば、ケーズデンキの頭文字「K」はカトーの「K」ではないという。「Keep! Super Price(新製品を超安値で販売)」と「Keep! Super Service(サービス日本一を目指す)」、「Keep! Super Quality(高品質な商品の提供)」という店舗運営の理念を表す三つの言葉の頭文字「K」からとった複数形なのである。

FC企業各社のトップは加藤の店名統一の提案に賛同し、カトーデンキ販売が先行して社名と店名を「ケーズデンキ」に変更した以降、店名を順次「ケーズデンキ」に統一していったのだった。

加藤修一が主導したよつば電機の救済・買収からFC展開、そして社名変更までの一連の行動から見えてくるのは、カトーデンキ販売に「ひとつ」の転機をもたらしたことである。

よつば電機の再建成功に対し、当時の大手家電メーカーで営業幹部を務めていたOBは、次のような評価を与えた。

「茨城の地域量販(地域の家電量販店)に過ぎなかったカトーデンキ(販売)が、業界で大きな話題になったのは、よつば電機を買収した時でした。買収した当初、私たちの印象は「おいおい、大丈夫かよ」というものでした。しかし加藤さんは、無事再建をやり遂げられました。この再建成功で、カトーデンキのプレゼンス（存在感）が業界で高まったことは間違いありません」

よつば電機の再建成功によって、加藤修一とカトーデンキ販売の知名度は「全国区」になったというのである。

ＦＣ展開でも、カトーデンキ販売のＦＣになったからと言って、すべての加盟企業が成功しているわけではなかった。その理由を、加藤はこう分析する。

「私は考えられる中で一番良いと考える方法でやっているつもりなんですが、「がんばらない経営」とか「無理はしない」とか言うものですから、何か隙があるというか、のんびりやっているように見えるんですね。でも私としては、いろいろ教えても「そんなの甘いよ、こうすればもっと儲かる」と考えてしまう人がいます。私が成功した方法と違うやり方で、もっと儲けようとするわけです。でもそういう人は、みんな失敗しています。つい欲が出てしまうからです。私は無欲が一番の欲張りだと思っていますが」

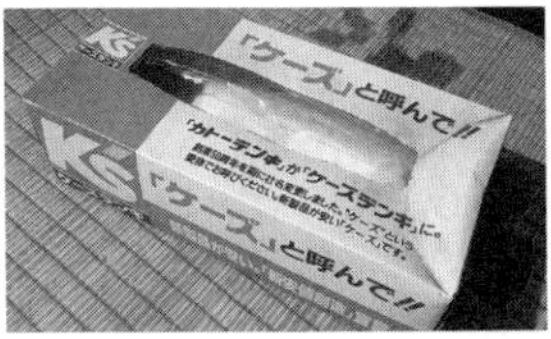

「ケーズデンキ」に社名変更した際に配布された景品

それにしても「助けて欲しい」と泣き付かれＦＣにして業績を好転させたら、教えを否定して勝手にやり出し失敗してしまうのでは、助けた甲斐がないのではないか。だが、加藤はＦＣの受け入れを止めることはなかった。

「将来、その人たちと手を組まなければならなくなるかも知れないと思ったからです。勉強会を始めたのも、そのためです。それに彼らはライバルじゃない。（関東地区から）遠い人たちだからね。将来、（企業として）大きな規模が必要になったとき、ひとりじゃ出来なくなるから仲間を増やさなければいけなくなります。これからいろんなことが起きてくるでしょうから、仲間がたくさん必要だと考えたのです」

加藤修一を貫くのは、先代・馨譲りの「合理的な思考」である。

いくら創業以来「加藤」という個人名に関連する社名であっても、会社が発展するために必要であるなら、それに固執することなく実行できることを示したのが、社名変更での彼の合理性である。

それゆえ、カトーデンキ販売にとって「ひとつの転機」と指摘したのは、加藤修一の一連の行動によって、創業者・加藤馨が作り上げげた、いわばアナログ時代の店舗およびその運営システムが完全にデジタル化され、近代的な組織への礎が築かれたからに他ならない。そしてそれは、修一自身「私の考えは、基本的にはチェーン理論なんです」と認めるように、チェーンオペレーションがもっとも機能的に運用される組織、体制を目指したものなのである。

なお特筆すべきことは、加藤修一の一連の決断と行動が、関東地区で展開されていたYKK戦争の最中に行われたことである。三倍以上の売上高を誇るコジマから仕掛けられた「安売り」合戦に一歩も怯むことなく立ち向かい、逆に徹底したローコスト経営に努めて脅威の販管費率一〇パーセント以下を達成した。そのうえ、創業から続く増収増益の記録を五十年を迎えた平成九(一九九七)年も途絶えさせることはなかった。

まさに加藤修一はカトーデンキ販売の経営(システム)から贅肉をそぎ落とし、ケーズデンキとして筋肉質の企業体質に生まれ変わらせたのである。

第十二章　業界トップではなく「強い経営」を目指す

加藤修一が社名変更を実行した年の三月に、コジマが年間売上高でベスト電器を抜いて家電量販店業界トップの座に就いたことは前述した通りである。しかし「コジマの天下」は、そう長くは続かなかった。

四年後の平成十三(二〇〇一)年三月期の決算で、コジマは家電量販店として初めて売上高五千億円を突破し、頂点を極めたかのように見えた。そして当分の間、業界トップの座は安泰のように思われたが、翌年には追走してきたヤマダ電機にその座をあっさり奪われてしまうのだ。新しく業界トップの座に就いたヤマダ電機の売上高は五千六百八億円で、二位に沈んだコジマのそれは四千九百五十億円(前期比二・四パーセント減)であった。ちなみに、ケーズデンキの売上高は一千七百十億円で、業界七位である。

コジマの創業者・小島勝平はヤマダ電機に業界トップの座を奪われたためか、その年の四月に社長を退き、子息の章利が跡を継いでいる。これによって、家電量販店業界(家電流通)は名実共に「コジマの時代」から「ヤマダの時代」へと移っていくのである。

コジマの時代が短命に終わった理由は、ヤマダ電機が業界トップの座をコジマから奪った平成十四年三月期の決算書に表れている。三月期末段階での両社の全店舗数(全国)を見ると、コジマが二百五十四店に対しヤマダ電機は百四十六店舗だった。つまり、コジマはヤマダ電機に対し店舗数で百店舗以上の差をつけながらも、売上高では六百億円以上も少ないのである。

この事実が意味することは、ひとつである。

それは、コジマのほうがヤマダ電機よりも売場面積五〇〇平方メートル未満の中・小型の店舗を圧倒的に多く抱えていたという現実である。売場面積が小さければ、売り上げも少なくなるのは当然だからだ。

YKK戦争で触れたように、全国展開が一番早かったのはコジマである。大店法の出店規制が緩和される前から始めていたため、小型の店舗を主力とした多店舗展開にならざるを得なかったのだ。それに対し、ヤマダ電機が全国展開を本格的に開始したのは上州戦争を勝ち抜き、いわゆる「南下作戦」で中京地区に新規出店した平成九(一九九七)年以降である。

その三年前の平成四年一月に改正大店法が施行されて売場面積一〇〇〇平方メートル級の出店が可能になると、ヤマダ電機同様に多店舗展開に出遅れていたカトーデンキ販売が七月には茨城県石岡市に売場面積一〇〇〇平方メートルの「石岡パワフル館」を出店している。つまり、多店舗展開を関東地区に限っていても、ローコスト経営を追求していけば、既存店の売場面積の拡大か大型店舗による出店しかないからだ。

一方、ヤマダ電機も全国展開で予想されるコジマとの激しいシェア争いを優位に進めるため、新規出店の主力を売場面積一〇〇〇平方メートル級の大型店舗へ積極的に切り替えていた。

しかしコジマにとって、多くの中・小型店舗をスクラップ&ビルドしながら、出店を大型店舗へと切り替えていくことは負担が大きすぎた。とくに追走してきていたヤマダ電機の出店スピードに遅れることなく、スクラップ&ビルドしながら付いていくことは至難の業であった。

かくしてヤマダ電機がコジマとの因縁の争いに終止符を打つ契機となるのは、平成十二(二〇〇〇)年六月に大店法が廃止され、新たに「大規模小売店舗立地法(大店立地法)」が施行されたことである。大店立地法は、それまで大店法によって規制されてきた出店地域や売場面積など全ての出店規制をなくし、原則自由にするものであった。これによって、新規出店の主力は売場面積が一〇〇〇平方メートル級の大型店舗から三〇〇〇平方メートル以上の「巨艦店舗」へ移って行ったのだった。

コジマは結局、出店規制緩和の流れとそのスピードには付いて行けないまま、スクラップ&ビルドに追われるしかなかった。コジマがスクラップ&ビルドの終了を自ら明らかにしたのは、業界トップの座をヤマダ電機に奪われてから七年後の平成二十(二〇〇八)年十一月の中間決算説明会の席上だった。そしてコジマが輝きを取り戻すことは、二度となかった。

家電量販店業界を含む家電流通産業が「コジマの時代」から「ヤマダの時代」を迎え、そして「ヤマダ一強の時代」が続くなか、ヤマダ電機社長の山田昇は「年商三兆円を目指す」と檄を飛ばし、「今後、ナショナルチェーン(全国展開)の家電量販店で生き残れるのは二~三社だけ」などと公言して全国各地への出店を加速させていく。コジマとヤマダ電機が「北関東価格」で仕掛けた安売り攻勢の前にNEBA加盟の有力家電量販店は守勢に立たされ、対策に腐心していた。愛知県(名古屋)が拠点のエイデンと広島・中国地方を地盤にするデオデオが経営統合して誕生した「エディオン」は、ヤマダ電機の攻勢に対抗するためのひとつの「解」でもあった。

家電流通業界は、ヤマダ電機の加速する全国展開によって合従連衡が渦巻くことになった。それをメディアが「山田昇とヤマダ電機」を主人公にしてしばしば取りあげたため、あたかも何事もヤマダ電機を中心に動いているかのように見えたものだ。

しかし「ヤマダ一強の時代」にあっても、加藤修一と彼が率いるケーズデンキの方針が何からの影響を受けたり、少しでも変わるようなことはなかった。先代・馨の経営理念を守りつつ、修一の信念「経営は終わりのない駅伝競走」のもと、ケーズデンキの経営計画に従って淡々と実行していくだけであった。

たとえば、直営店による多店舗展開は関東地区に限り、それ以外はFCと子会社に任せるという方針は、全国制覇を目指すヤマダ電機が各地で「安売り」競争を仕掛け、地元の家電量販店を圧倒して勢力を拡大しても揺らぐことはなかった。逆に、ヤマダ電機に苦しめられた地域の家電量販店が加藤修一に、ケーズデンキに助けを求めてFC加盟を希望するケースが増えていった。

社名変更した平成九年から平成十九年までの十年間に、ケーズデンキがFC契約を交わした企業は十社に及ぶ。単純計算すれば、一年に一社である。FC契約を結ぶにしても、希望する会社を無条件で受け入れたわけではないことは一目瞭然である。加藤修一はFCを希望する会社に対し、ケーズデンキの経営(方針)を受け入れられるか、つまり加藤の考えに共感できるか否かを重要な判断基準にしてきた。そのように、加藤が慎重かつ誠意を持って対応してきたが故に、契約までに時間がかかったのである。

加藤はFCによる「仲間作り」の一方、M&Aという企業間の提携による「新しい同志」の獲得も進めていた。

ケーズデンキのM&Aは、よつば電機の「救済・買収」が第一号である。しかしそれは、あくまでも「救済」を目的としたものであって、本来の趣旨から少し離れている。ケーズデンキが「本格的な」M&Aに乗り出すのは、平成十六(二〇〇四)年の愛知県を拠点とした「ギガス」を経営統合して以降である。

加藤修一がM&Aを進めるにあたって、その対象にした企業にはいくつかの共通点が見られた。

ひとつは、関東地区を営業拠点とするケーズデンキ本体と商圏が重ならないことである。

二つめは、経営トップ(社長および会長)同士が旧知の間柄で、なおかつローコスト経営などに関する考え方が似ているか、互いの経営理念に共感し合えていることである。

三つめは、M&Aの対象にした企業の社風(企業カルチャー)が、加藤の「がんばらない経営」などの経営方針やケーズデンキの社風を受け入れ易いことである。

ギガスのケースも当然、この三つの条件をクリアしていた。

ギガス社長の佐藤健嗣と加藤修一は、NEBAの二世経営者のグループ「LOGAの会」の会員同士で、勉強会などを通じて互いによく知る関係にあった。とくにローコスト経営や顧客重視の考え方が、二人はよく似ていた。そしてケーズデンキとは、出店地域が重なっていなかった。

ヤマダ電機が全国展開を本格化させた南下作戦で愛知県など中京地区に出店攻勢をかけたため、エイデンがデオデオと経営統合して対抗する姿勢を見せたが、その動きは業界再編の流れを作ることになった。その影響で、ギガスにも他社との経営統合が話題になったり、新聞などメディアでも取り沙汰されるようになっていた。

当時、ギガスは愛知県内に二十店舗、その他の東海地区に二十七店舗を展開し、年商六百十億円の東証二部上場企業であった。ただし販管費率は一六・九パーセントで一〇パーセント前半のヤマダ電機の安売り攻勢には耐えられなかった。

それゆえ、加藤はギガス社長の佐藤も他社との業務提携など組むことを考えているのかも知れないと思い、一度声をかけてみることにしたのだった。

平成十五(二〇〇三)年九月、加藤はメーカー主催の会合でギガスの佐藤と顔を合わせたさい、業界再編が進む現状を踏まえて互いに経営統合を考える時期に来ているのではないかと打診した。互いに気心が知れている者同士ということもあって、話し合いは順調に進み、二カ月後の十一月、ケーズデンキとギガスは両社の経営統合を発表するのだ。

両社の経営統合で注目すべき点は、ケーズデンキがギガスを「株式交換」によって一〇〇パーセン子会社にしたことである。これ以降、ケーズデンキのM&Aはすべて「株式交換」によって実行されることになる。

ちなみに株式交換とは、買収する企業が買収される企業の株式を買い取る際に現金で支払うのではなく、対価相当の自社の株式を相手企業の株式と交換する買収方法である。手元現金が不足している場合でも買収を実行できるというメリットがある半面、買収された企業の株主が経営に参画したり、発言力を強めたりするというデメリットもあった。

また買収企業は交換する株式を概ね増資で手当するため、創業社長の場合、彼の持株比率が低下して発言力や求心力が低下するという問題も抱えていた。

加藤修一は経営統合にともない、社名を「ギガスケーズデンキ」に変更しているが、一〇〇パーセント子会社にした相手企業の社名を残すのは、極めて珍しいケースである。さらに加藤は、経営統合の条件に店舗名「ギガス」から「ケーズデンキ」への変更を求めなかった。また、ギガス自身もその意志はなかった。そのため、愛知県および東海地区に展開する店舗名は、経営統合後も「ケーズデンキ」ではなく「ギガス」がそのまま使われた。

なお加藤によれば、経営統合の発表の翌日に新聞報道でそのことを知った父・馨が電話をかけてきて、「なぜ親会社の名前の前に子会社の社名が入るのだ。あり得ないでしょう。順番が間違っている」と指摘してきたという。何事も筋が通らないことは嫌いな先代・馨らしいエピソードである。

経営統合の発表からしばらくした後、東京都内で開かれた勉強会で加藤修一は八千代ムセン電機社長の山崎安明から声をかけられる。

「ギガスさんのようにお願いできないでしょうか」

八千代ムセン電機は大阪市に本社を置き、関西地区を営業基盤にして大型店舗を中心に約三十店舗を展開する優良な家電量販店であった。それでも、ヤマダ電機の出店攻勢による安売り競争の前に苦慮させられていた。社長の山崎もギガスと同じ悩みを抱えており、ケーズデンキとの経営統合を知って加藤に助けを求めたのである。

翌平成十六(二〇〇四)年四月一日、ケーズデンキは株式交換による経営統合で「株式会社ギガス」(東証二部上場企業)を一〇〇パーセント子会社化し、あらたに「ギガスケーズデンキ」としてスタートを切る。経営統合後のギガスケーズデンキの連結売上高は二千八百六十億円と急増し、上場している家電量販店の中で第五位に躍進した。

経営統合から二週間後、加藤修一はギガスケーズデンキが八千代ムセン電機を株式交換によって経営統合、つまり一〇〇パーセント子会社化することを発表した。なお八千代ムセン電機に対してもギガス同様、店舗名の「ケーズデンキ」への変更を経営統合の条件にしなかった。加藤は八千代ムセン電機社長の山崎の要望である「ギガスさんのように」応じたのである。

しかし同じ条件でありながら、経営統合後の両社の対応はまったく違っていた。八千代ムセン電機は、ケーズデンキとの完全一体化を自ら望み、それを実行したのだ。

たとえば、八千代ムセン電機では経営統合が予定される十月一日の三カ月前の七月から全店一斉に「閉店セールス」を開始したが、それはケーズ独自の自動発注機能を持つＰＯＳシステムの導入を始め各店舗の看板まで「ケーズデンキ」に切り替えて新しく再スタートを切るためであった。

八千代ムセン電機の対応が影響したのか。その年の秋頃には、ギガスも店舗名の「ケーズデンキ」での統一やPOSを含む店舗運営システムの統合、仕入れの一本化などに同意し、翌平成十七年六月までに終えることになった。

それにしても、FC契約にしろ経営統合にしろ、加藤修一は相手に譲歩しすぎではないか、もっと親会社としてリーダーシップを採って進めるべきではないかと疑問が湧いてくる。その私の疑問に対し、加藤に部下として長年仕え、のちに初の生え抜き社長に就任する平本忠は、加藤のスタンスを先代・馨と比較しながらこう説明する。

「(入社した時には)先代は、私にとってもう雲の上の人でしたから、直接会って話すことは殆どありませんでした。たまに接する機会があった時には何か高尚と言いますか、ちょっと硬い印象を持ちました。それに対し、修一さんの場合は、いろんな人と会って色々な話をたくさんされました。しかも(相手が)とにかく納得するまで話をするんだという姿勢がありました。そこが先代とは違っていました。そういう姿勢でしたから、いろんな人とコミュニケーションが出来たんだと思います。たとえ時間がかかったとしても、いろいろ話をする中でお互い納得しながら次へ進みましょうというのが、修一さんのスタンスでしたね」

加藤修一は父・馨からの教えとして「損して得を取れ」という言葉をしばしば口にするが、次男の幸男には隣人と仲良くしなければいけないと教えたように自分の利益だけ求めたり、目先の利益に囚われると間違った判断を下し、いい結果をもたらさないという先代の人生観も引き継いでいるようである。

それゆえ、事業や経営に行き詰まった人たちが助けを求めて加藤修一の周りに、ケーズデンキに集まって来るのである。そして彼らの話に耳を傾け、誠意を持って対応することから必然的に企業グループとしても成長していくのである。

その一方で、FC加盟企業から子会社化を求める要望が増えてきていた。

というのも、平成十二(二〇〇〇)年六月の大店立地法の施行によって、売場面積を含む出店規制がすべて撤廃されたことから売場面積一〇〇〇平方メートル級の大型店舗から数千平方メートル以上の巨艦店舗が家電量販店の中心店舗になったからである。実際に加藤修一も取締役営業企画部長だった平本忠を社長室に呼んで話し合い、それまでの標準店舗の売場面積一〇〇〇平方メートルを三〇〇〇平方メートルに改めている。つまり、今後は三〇〇〇平方メートル以上の売り場を持つ店舗でなければ、ヤマダ電機などからの安売り攻勢に耐えられないと考えたのである。

地方の家電量販店であるFC加盟企業は、最低でも売場面積二〇〇〇平方メートルの店舗に切り替えて行かないと今後は生き残ることが難しくなると加藤は考えていた。しかしそのためには、FC店は五億円、十億円という費用を覚悟しなければならなかった。FC店の経営者に自分で負担できるほど余裕はないし、加盟企業自体もそんな体力は持ち合わせていなかった。

そのような事情を配慮するなら、FC加盟企業が「子会社にして欲しい」と申し出るのは無理のないことであった。それに子会社になれば、それまでの本社業務の多くをケーズデンキの水戸本社に移すことになるため大幅なコスト削減にもつながった。

加藤修一は、FC加盟企業の要望を受け入れることにした。

最初の完全子会社は、勉強会から生まれたFC第二号の大阪屋(その後、ビッグ・エスに社名変更)である。子会社化は、ケーズデンキがギガスを経営統合した翌平成十七(二〇〇五)年に株式交換によって行われた。そして、ビッグ・エスには担当エリアとして中国・四国地区を任せたのである。二番目は二年後で、FC第一号の北越電機(その後、北越ケーズに社名変更)である。北越ケーズも株式交換による子会社化で、担当エリアは北信越(北陸三県と信越地方)地区であった。

このようにFC企業を完全子会社化した後は、加藤修一は商圏が重ならないように担当エリアを明確にしたのだった。ちなみに、ギガスは中部地区で八千代ムセン電機(後に関西ケーズに社名変更)は関西地区である。

もちろん、すべてのFC企業の子会社化の求めに応じたわけではない。各FC企業の経営状態や取り巻く環境などを考慮し、ケーズ本体に吸収合併したり、関西ケーズなどの子会社に吸収合併させるなど柔軟な対応を見せている。

よつば電機の救済買収から始まった加藤修一のM&A戦略で、もっとも注目すべき案件は東北地区のシェアナンバーワン家電量販店だったデンコードー(本社・仙台市)との経営統合である。

もともとデンコードーとの経営統合の話を加藤に持ちかけてきたのは、大手証券会社の担当者であった。デンコードー社長の井上元延とは、NEBAの会員企業有志による米国視察ツアーに共に参加したことが縁で旧知の間柄になっていた。NEBAの会合などでもよく話をしていたので、井上の経営観や考え方が加藤のそれと似ていることも分かっていた。加藤は証券会社の担当者にデンコードーとの経営統合の意思があることを伝えるとともに、井上にも自分の意思を伝えて欲しいと依頼したのである。それが、平成十八(二〇〇六)年の秋のことだ。

その後、加藤は仙台に出向き、井上と経営統合についての協議に入る。そして最終的に合意し両社の経営統合が発表されるのは、十二月である。デンコードーとの経営統合は、社長同士の信頼関係がベースとなって「両社対等の精神で」事業統合が行われるケースだといわれた。

デンコードーとの経営統合が実現すれば、連結売上高は家電量販店業界でトップのヤマダ電機、エディオン、ヨドバシカメラに次ぐ業界第四位に位置する。また、子会社数も十四社にまで増える。その子会社群が各地で運営する店舗の多くは「ケーズデンキ」の看板を掲げて販売を行っていた。

要するに、親会社・ギガスケーズデンキは十四社の子会社を監督・統括する「持ち株会社」としての顔と、関東地区の店舗運営を行う「事業会社」としてもうひとつの顔を持つようになっていたのである。「名は体を表す」という言葉があるように、企業グループとして業界上位に位置するようになった以上は、企業イメージやブランドの統一を早く進める必要があった。

平成十九(二〇〇七)年二月、ギガスケーズデンキは臨時株主総会を開き、デンコードーとの経営統合の承認を得るが、同時にその席上で社名を「ケーズホールディングス(HD)」に変更している。ケーズHDの社名は、持ち株会社でありヘッドクオーターであることを表している。

二カ月後の四月、ケーズHDはデンコードーを株式交換で経営統合、つまり完全子会社化した。デンコードー社長の井上元延は同時に、ケーズHDの副社長に就任した。両社の経営統合が「両社対等の精神で」行われたことを表したのであろう。

なお加藤は、ギガスや八千代ムセン電機との経営統合の時と同じように、デンコードーに対しても店名の統一を経営統合の条件にはしなかった。また、デンコードーも当初、店名の変更を考えていなかった。

経営統合後のデンコードーは、従来からの商圏である東北地区をそのまま担当エリアとして任せられた。ただケーズHDでは、それまで東北ケーズデンキ(旧よつば電機)が東北地区を担当し、「ケーズデンキ」の店名で三十二店舗を運営していた。加藤修一は、東北地区に同じ担当エリアを持つ子会社が二社揃うのは非効率で合理的ではないと考え、デンコードーに東北ケーズデンキを吸収合併させることにしたのだった。

それと相前後してデンコードーから「店名をケーズデンキに変更したい」という申し出があり、デンコードーでは東北ケーズデンキを吸収合併した十月から各店舗の看板の付け替えに取りかかった。全五十六店舗の看板が「デンコードー」から「ケーズデンキ」へ付け替え終わるのは、翌年の四月下旬になっていた。

この吸収合併とケーズデンキへの店名統一によって、ケーズＨＤの東北地区におけるシェア占有率もブランド力も圧倒的なナンバーワンになるのだった。

よつば電機の救済買収から始まる加藤修一のＭ＆Ａ戦略は、きわめて順調に展開し成功していると思うものの、どうしても気になる疑問が二つ残されていた。ひとつは、ケーズ本体への吸収合併ではなく完全子会社とはいえ、どうして「別会社」にする必要があるのかという疑問である。

加藤修一は平成十七年当時、次のように説明している。

《「(ローコスト経営による店舗運営は)地域ごとに別法人にしているのが一例です。関東の人を北海道に転勤させたら引っ越し代、家賃などお金がかかります。地元で採用すれば地元の給与水準で雇えるし、言葉、土地勘、人脈といった長所もある。一方で仕入れ、システムなどスケールメリットがある部分はケーズデンキ本体に集中させるのです」》(「日経ＭＪ」、二〇〇五年一月二十四日付)

さらに、今後の店舗戦略についても触れている。

《「市場で一番大きな店を作ろうと考えているんです。競争相手を見ながら勝てる店を作る。手を組んだギガス、八千代にしてもお店の広さは業界屈指。大きな売り場をいかに安いコストで運営するかが勝負になるのです」》(前掲紙)

つまり加藤は、Ｍ＆Ａによる売り上げの増大でバイイングパワー(優越的な購買力)を高め、仕入れ値を下げさせることで安売りを実現し、それによって高収益を達成するという考えではないと主張しているのだ。むしろ規模の拡大で広告費や情報システム、物流面でのローコストを実現し経費の大幅な節減が可能になるから、それによって利益の確保を目指しているというのである。いわば「究極の効率経営」を目指すことが、加藤のM&A戦略の本質というわけである。

もうひとつの疑問は、創業家にとって買収方式としては軽視できないデメリットのある「株式交換」に固執し、なぜ使い続けるのかというものだ。もともと加藤一族の持ち株比率は低いので増資による株式交換を続けていく限り、創業家としての求心力の劣化は避けられないし、また親会社としての経営権の弱体化の恐れもあった。

しかし加藤修一は、指摘されたデメリットを一笑に付した。

「それ(デメリット)を考えちゃダメなんですよ。しかもお金で買収されるわけじゃないから、いままでの彼らの財産がケーズの株に代わることで仲間になるわけです。株価が倍になれば、財産も倍になります。だから、グループ全体を一緒に良い方向に持って行きましょうという関係になれるわけです。つまり、会社がうまくいくことが、自分のためになるという仕組みが出来上がっていることだと思います。だから、うちと絡んだ人は全員幸せになるようにしているんですよ。不幸になった人は(一人も)いません」

加藤の言葉を読み解いていくと、父・馨の「創業の精神」に辿り着く。

父・馨は十年ほど勤めたら退職して独立していく店員の殆どが失敗し、不遇な目に会うことに心を痛め、辞めずに定年まで働けばひと財産できるようにしたいと思案した。そこで従業員と同額出資した「カトーデンキ販売」を設立して、「会社は、そこで働く社長以下全従業員のものだ」という信念を具現化した。会社で働く全員を幸せにしたい、定年まで働いて良かったと思われる会社にしたいというのが、父・馨の創業の思いである。

父の跡を継いだ修一も同様に、M&Aという形で「うちと絡んだ人は全員幸せになる」仕組みを作り上げている。実現した形も達成した方法も違えども、一緒に働く人たちの功労に報いたいという思いは、父と子も同じである。それが可能だったのも、父・馨の創業精神並びに経営理念を引き継いでいるからこそである。

カトーデンキ販売をケーズデンキに社名変更した平成九(一九九七)年から、さらにケーズホールディングス(HD)に社名変更する平成十九(二〇〇七)年までの約十年間を総括するなら、加藤修一がケーズデンキをチェーンオペレーションが展開できる近代的な組織に作り変えるとともに、家電流通グループにまで発展させてきた歩みである。それもYKK戦争を戦い抜き、経営体質の「強い」会社として生き抜くことで会社で働く社長以下全員を幸せにすることを目指した歩みでもあった。

その十年を社会や環境の変化と比較しながら、改めて振り返ってみる——。

前述した通り、ケーズデンキに社名変更した平成九年は、コジマが年商でベスト電器を抜いて家電量販店業界トップになり、家電流通を長らく支配した「NEBA(日本電気大型店協会)の時代」の終わりが近づいたことを告げた年である。その一方で、バブル経済崩壊の影響で北海道拓殖銀行が経営破綻し、四大証券の一社・山一證券が自主廃業に追い込まれるなど不安定な金融状況にあった。

翌年、コジマは業界トップになった勢いのまま、東京証券取引所市場第一部(東証一部)に上場した。家電量販店業界ならびに家電流通が「コジマの時代」を迎えたことは、誰の目にも明らかだった。他方、ヤマダ電機が東証一部に上場するのは、コジマから二年後の平成十二年、大店法が廃止され新たに大店立地法が施行された年である。

さらに遅れること二年、ケーズデンキ(当時)が東証一部への上場を果たす。ただし前年に東証二部に上場しており、わずか一年での「鞍替え」であったが、それは当初の計画通りの行動でもあった。というのも、店頭市場の時に東証二部への上場予定をメディアから問われたさい、あくまでも東証一部への上場が目標でその力が備わった時に東証二部に上場してすぐに東証一部へ鞍替えする意思を明らかにしていたからだ。

かくして、YKK戦争は「北関東価格」を伴って関東地区から全国へと戦いの場を移して行ったのである。その一方で、異業種からの家電戦争への参入、つまり「安売り攻勢」も始まっていた。

のちに「カメラ系量販」と呼ばれるディスカウントショップ企業がJR山手線沿いに大型店舗を構え、いわゆる「カメラ戦争」で価格破壊の安売り競争を展開したのは、昭和五十年代後半から昭和六十年代初めの頃である。新宿駅の西口側には「ヨドバシカメラ」、東口側に「さくらや」や「カメラのドイ」などが進出していた。池袋駅東口には「ビックカメラ」が昭和五十七（一九八二）年当時、日本一の売場面積を誇る東口本店をオープンしていた。

そうしたカメラのディスカウントショップが家電製品以上にメーカーからの価格統制が厳しく、長らく安売りを許さなかったカメラ業界に対し、価格破壊を仕掛けたのである。格安の販売価格で戦われた「新宿カメラ戦争」などは、その典型である。カメラ戦争は、北関東価格で安売り攻勢に持ち込んだYKK戦争とよく似ている。

カメラ戦争を勝ち抜いたのは、新宿を拠点とするヨドバシカメラと池袋のビックカメラであった。そしてそれらディスカウントショップが次に安売り商品として目を付けたのは、家電製品である。カメラのフィルムを扱うルートから先ず手を付けたのが、ビデオテープだった。当然、ポストカラーテレビ商品として人気のあった家庭用VTR（録画再生機）を取り扱うようになるのは、時間の問題であった。そして取り扱う家電製品はテレビやVTR、ラジカセ、パソコン等と増加の一途を辿るとともに、それらの安売りに徹したのだった。安売りを強調した「三割、四割引はあたりまえ」の有名なコピーは、ビックカメラがテレビCMで流したものである。

カメラ系量販の台頭で、東京・秋葉原の電気街は「安売りのメッカ」としての地位を失い、ビックカメラの池袋とヨドバシカメラの新宿に取って代わられることになる。

ヨドバシカメラやビックカメラなどカメラ系量販は、その多くが交通アクセスの便利な駅の傍や近くに大型店舗を構えているためレールサイド型(都市型)と呼ばれ、それに対してヤマダ電機やコジマ、ケーズHDの多くの店舗が郊外の道路沿いに展開されているためロードサイド型(郊外型)と呼ばれた。

多店舗展開に関しては、たとえばヨドバシカメラは東京の秋葉原駅や横浜駅、大阪の梅田駅など乗降客が多い大きな駅の近くに限って出店するため、店舗数自体は郊外型と比べるときわめて少ない。ただし出店する時は、いずれも売場面積が二万平方メートル以上の「超巨艦店舗」であった。

かくして、かつて家電流通の主役だったNEBAの有力会員企業は、ヤマダ電機とコジマの「北関東価格」による多店舗展開とヨドバシカメラなどカメラ系量販からの値引き競争の挟み撃ちで体力を消耗してしまい、経営不振に陥っていったのだった。たとえば、平成十六年十一月に東京・秋葉原の老舗家電量販店でNEBAの有力会員企業だった「ラオックス」が経営不振から投資ファンドの傘下入りしたことや、翌年一月に大阪・日本橋の老舗家電量販店で同じくNEBAの有力会員企業である「ニノミヤ」が会社更生法の適用を申請したのは、その象徴である。

さらに八月末には、NEBAは解散に追い込まれる。

最盛期には九十六社あった会員企業も、その頃には三十社まで激減しており、業界トップのヤマダ電機を始めコジマやヨドバシカメラ、ビックカメラの上位大手四社が未加入だったことも業界団体としての存在意義が問われた結果であった。

ＮＥＢＡの凋落と対照的に、ヤマダ電機は同年三月期決算で日本の専門店として初めて売上高一兆円を突破し、家電流通が「ヤマダ一強の時代」にあることを自他共に認めさせることになった。ちなみに、ケーズＨＤの三月期決算の売上高は三千四百三十三億円である。たしかに発言した通り、加藤修一は無理なく事業展開する目安にしている業界トップの売上高の三分の一を維持している。これもまた、彼の計画通りなのであろう。

その後七月には、ヤマダ電機は空白県だった徳島県に出店して全県出店を達成し、家電量販店業界で初めて全国展開を完成させている。しかし創業社長の山田昇の拡大への意欲は尽きることはなかった。年商三兆円を掲げて突き進む拡大路線は、郊外型店舗よりもはるかに大きな売場面積を持つ「超巨艦店舗」で展開する都市型店舗のビジネスへと向かうのである。

平成十八（二〇〇六）年三月に大阪の南海電鉄・難波駅の近くに「ＬＡＢＩ１（ラビワン）なんば」（地上九階・地下一階、売場面積約二万平方メートル）がオープンすると、翌年二月にはＪＲ仙台駅に隣接する「ＬＡＢＩ（ラビ）仙台」（地上二階〜六階、売場面積約八〇〇〇平方メートル）、さらに七月にはビックカメラの本拠地である東京・池袋駅東口に「ＬＡＢＩ池袋」（地上七階・地下一階、売場面積約三五〇〇平方メートル）を相次いでオープンさせるのだ。とくに、池袋への出店は都市型店舗として初めての首都圏出店であった。

このようなヤマダ電機の動向を前提に当時、メディアから加藤修一に対して郊外型以外の都市型店舗などの出店の意思を問われたことがあった。加藤修一は「ない」と即答したうえで次のように答えている。

「私どもの場合は、駅前で様々な商品を売る総合的な店よりも郊外で家電だけを集中販売する方が強い店になると考えている。総合的に規模が大きくなると、細かいところにまで目が行き届かなくなる。ダイエーや総合型のディスカウントショップが元気をなくしてきていることを考えるなら、分かることだ。メーカーにとっても、どれだけ多くの家電製品を仕入れてくれるかが重要なのだから、(家電量販店は)集中販売したほうが効率的な経営が行える」

加藤修一は先代・馨の教え通り、目先の利益に囚われたり、一時的な流行に惑わされないために創業の理念に従い経営方針がブレることはない。効率経営を目指す、つまり「強い経営」を目指せば、経費が少なくて済む店舗運営を心がけなければならない。それには、専業に徹することである。

加藤修一氏

「株式会社　ケーズホールディングス」に社名変更した平成十九年は、ケーズHDが創業六十周年を迎え、東京・帝国ホテルで記念式典を開催した年でもある。三月の記念式典開催の翌月、ケーズHDはデンコードーを完全子会社化して、家電量販店業界の売上高ランキングでトップのヤマダ電機(群馬県)や二位のエディオン(愛知県)、三位のヨドバシカメラ(東京)に次ぐ四位になっている。かつての業界トップのコジマやベスト電器が地盤沈下していくなか、トップを狙わないケーズHDは安定した経営を続けるとともに業績を伸ばし続けている。

そんな加藤修一の経営手腕や、専務として販売現場や管理部門から兄をサポートする実弟の幸男を、先代として父親として馨はどのように評価しているのだろうか。平成十八年五月に馨が書き上げた『回顧録』には、次のような記述がある。

《ケーズデンキは修一や幸男の努力に依り順調に発展してきました。之は誠に喜ばしい事ですが》

と評価したうえで、戒めの言葉が続く。
《人間は豊になると驕ってやゝもするとその行動を誤る事が有ります。(中略)自分の成功は自分が働いたからだと思わず世の中の人の恩恵に依って企業が成功したのですから世の中の人のお蔭と思って世の中の人々に感謝する気持ちを常に持って暮らすことです》
さらに五カ条からなる「我が社の信条」のひとつ「我等は今日一日を健康で楽しく働きましょう」に触れて、修一・幸男兄弟に苦言を呈している。
《重要な事は煙草も酒も頭の神経をマヒさせる働きが有って之を長く吸引していると頭の働きが悪くなって1割も2割も能率の低い人間になって仕事がうまく出来ず悲しい人生を送る人が意外と大(ママ、多い?)のです。家電店の社長の中にもこう言う人が沢山居てみんな廃業に追い込まれたようです。修一も幸男も前からみると、とても頭が悪くなって居りますが之は以上の説明のような訳で頭が悪くなると自分の頭が悪くなった事が自分で解らなくなるのです》
ここまで容赦ない先代・馨の苦言から分かるのは、修一と幸男の二人には父親として健康で長生きして欲しいし、経営を担う人間としては判断を誤らないように自分を律して欲しいと強く希望していることである。二人は禁煙には成功したようだが、アルコール類は大好物のようなので禁酒は難しそうである。
加藤馨によれば、「(加藤自身は)三十歳の時から酒と煙草はピタッと止めた」のだという。それまでは軍隊で煙草が配給されるため喫煙をするようになっていたし、酒もとくに強くはなかったものの嗜む程度には呑んでいた。なのに禁酒禁煙に踏み切るのは、起業したばかりの会社と家族の生活を守るためであった。
個人商店「加藤電機商会」を設立して忙しい日々を送っていたとき、仕事で必要な数値や手順などを忘れるというか記憶違いすることが増え、馨の言葉を借りるなら「物覚えが悪くなった」と自覚するようになったという。軍隊では自他共に認める記憶力の良さが評価されて暗号班長を任された事を誇りに思っていた馨にとって、物覚えの衰えを自覚させられることは相当にショックであった。

このままでは、自分の判断ミスで設立したばかりの会社が立ち行かなくなるかも知れないと思うと居たたまれなくなったことがキッカケとなって、親子三人の生活を守るためにも原因を究明し早急に対処したいと思い、いろいろ思案した挙げ句に思い当たった原因が「酒と煙草」だったというわけだ。馨はただちに禁酒禁煙を断行し、その効果はすぐに表れる。

そのため馨は、頭脳の明晰さを取り戻し健康になったことで、その後のケーズデンキの発展に大きく貢献することが出来たと考えるようになっていた。それゆえ、禁酒禁煙が即実行できた自分の息子なのだから、修一も幸男も自分と同じように禁酒禁煙を実行できると信じて疑わなかったのだ。ただ酒類に対しては、お祝いや催事などに提供されることが多いため、その時は日本酒で二合、ビールでは大瓶一本までなら肝臓の消化能力の範囲内ということで認める立場でもあった。全面的な禁酒を求めたら、取引先などとの仕事で支障が出ることは避けたいという思いもあったのであろう。

なお、禁酒禁煙は二人の息子だけに向けられたものではなく、子会社を含むケーズHDの全社員にも呼びかけていた。とくに禁煙には厳しく、禁煙に成功したら創業祭の時に金一封を付けて表彰することにしていたほどだ。どこまでも社員の健康と幸せを考えて、ケーズデンキを導いてきた先代・馨らしい行動であった。

平成十九(二〇〇七)年二月の「ケーズホールディングス(HD)」への社名変更以後、ケーズHDはそれまで売場面積三〇〇〇平方メートルを標準店舗として多店舗展開してきていたが、ヤマダ電機を始めライバル店の標準店が売場面積四〇〇〇平方メートル以上の巨艦店舗へと代わってきたため、それへの対応が急務となっていた。

とくに新規オープンの場合は、売場面積八〇〇〇平方メートル級の超巨艦店舗を投入している。たとえば、平成二十年の神奈川県藤沢市や静岡県浜松市、翌平成二十一年の千葉市への新規出店はいずれも売場面積が八〇〇〇平方メートルである。

超巨艦店舗ではなくても、平成二十年度の新規出店はライバル店に対抗するため売場面積の平均は約四三〇〇平方メートルであった。ところが、既存のFC店で売場面積が三〇〇〇平方メートル以上の店舗はわずか一店だけであった。経営規模の小さいFC店が自力でスクラップ&ビルドを行い、十億円以上の費用を負担して売場面積三〇〇〇平方メートル以上の新しい店舗を作るのは、もはや不可能であった。

それでもライバル店との対抗上、店舗の大型化が避けられない以上は、ケーズ本体か子会社によるFC店の吸収合併を加速させるしかなかった。ケーズHDが大型化の費用を負担、つまり直営店舗を増やすことが一番効果的な対策だったからだ。

事実、平成十九年三月末から平成二十一年三月末までの二年間で店舗数が七十六店舗も増えているのにもかかわらず、逆にFC店は二十店舗も減少しているのだ。しかもこの減少傾向が弱まることはなかった。

加藤修一は、それまでは売上高で年間成長率二五パーセントを目標にしてきたが、ギガスなどと経営統合し規模が急速に拡大したことから一五パーセントに落として、社員に過度な負担がかからないように配慮している。要するに、修一流の「がんばらない経営」の実践である。

その後も加藤修一は郊外型店舗として、それも家電製品専門小売店としてケーズデンキを運営して

ケーズデンキの「超巨艦店舗」の走りである水戸本店

いく方針を変えることはなかった。また、ヤマダ電機が売り上げ増大を狙って中国に進出しても海外進出に興味を示すことはなかった。業界トップを目指さないケーズＨＤは社員に過度な要求をすることもなく、方針もブレることなく地道に業界上位を維持し続けたのだった。

そして父・馨と同じく六十五歳を迎える平成二十三(二〇一一)年六月、加藤修一は代表取締役社長を退き、会長に就任したのだった。このとき、実弟の幸男も専務取締役を退任している。役員定年まで一年残しての退任であった。

その理由を、幸男はこう説明する。

「兄が社長を退いてケーズの経営から離れたのに、(創業者一族の)私が役員定年まで専務として残ったら、新しい社長はやりにくいだろうなと思ったからです。それに創業者一族が(ケーズの)経営に関わる時代は(兄が社長を退任したことで)終わったのだと思いましたね。あとは、個人株主としてケーズデンキを見守っていくだけです」

新社長に就任した遠藤裕之は、日本マクドナルドからの途中入社組でケーズでは商品部や営業本部など営業畑を歩んできていた。

それから五年後の平成二十八(二〇一六)年三月、創業者・加藤馨は名誉会長のまま逝去する。享年百、天寿を全うしたと言えるだろう。三カ月後、加藤修一は父・馨を見習って、七十歳を機に代表取締役会長を退任した。そして相談役に就任するのである。

翌平成二十九年、今度は遠藤裕之が社長を退き、代表取締役会長に就任。新社長は先代・馨から入社試験の面接を受け、さらに二代目社長の修一から徹底的に仕込まれた平本忠である。平本は、初めての生え抜きの社長でもあった。

かつて業界トップに君臨した星電社やベスト電器、コジマの三社のうち星電社とベスト電器はヤマダ電機の子会社としてその傘下にいる。他方、コジマはビックカメラの子会社になってビックカメラグループに加わっている。

業界トップの経験が一度もなく、また業界トップを目指したこともないケーズHDは、いまもなお業界上位に位置し安定した成長を続けている。

第十三章　愛する人たちとの別れ

加藤馨が妻・芳江と二人で始めたラジオ（受信機）の販売・修理を目的とした個人商店「加藤電機商会」は、いまや八社の子会社を擁する家電流通グループ「ケーズホールディングス（ＨＤ）」に成長している。現在（二〇二一年三月期末）、ケーズＨＤは連結売上高七千九百二十五億円、従業員数約一万六千人、店舗数約五百二十店を誇る東証一部上場企業で、家電量販店業界の売上高ベストテンではトップのヤマダホールディングス（旧ヤマダ電機）、二位のビックカメラに次いで第三位にある。

個人商店「加藤電機商会」から東証一部上場企業「ケーズホールディングス」までの道程を考えると、ちょっと感慨深いものがある。それは、加藤馨の創業精神に基づくケーズＨＤの経営が他の大手家電量販店のそれとは逆張りと言っても過言ではないほど対照的なものだったからだ。

それまで私が取材してきた多くの企業の営業では、しばしば「極寒のアラスカで氷を売り、灼熱のアフリカ大陸で石油ストーブを売る」という喩えで、「必要としない消費者に」対して「必要でない商品」を購入させることが「営業力」として高く評価されるという傾向にあった。

それらは「押しの強さ」という肯定的な評価であって、決して消費者に無理強いしたとか、強引過ぎるなどといった否定的な評価には繋がらなかった。むしろ社会では、それを煽るようなことがまかり通っていた。たとえば、多くのメディアや経営評論家たちは「休みたければ、管理職になるな」などと公言して働く人たちが適切な休暇を取ることに否定的な経営者を高く評価し、むしろ煽ったものである。その結果、出世を望むなら仕事を休むことは「悪」とする風潮は広がることになった。

そうした企業カルチャーは、家電量販店業界も例外ではなかった。

私が取材してきた大手家電量販店では、店長やフロア長などの幹部は誰よりも早く朝一番で入店し、そして定時帰宅などは論外で一番最後に退店して帰るのが当然だと理解されていた。おそらく多くの家電量販店の労働環境は似たり寄ったりであったろうし、激しいシェア争いを繰り広げている地域では、店員の過重労働は避けられなかった。

それに対し、ケーズＨＤでは……。

ケーズＨＤが運営する家電量販店「ケーズデンキ」には売り上げなどに関して数値目標はあっても「ノルマ」はなく、かりにその数値目標を達成できなくてもペナルティや人事評価に影響を及ぼすようなことはない。それゆえ、売上高で業界トップを目指したり、また強引に数字を作って他店と競うこともない。

労働環境も当然、従業員に能力以上の負荷を与えるような仕事はさせないし、休日も十分に取得できるようになっている。従業員の健康と暮らしを第一に考え、従業員を一番大切にする会社を目指しているという。それゆえ、ケーズＨＤの取材を始めた平成二十(二〇〇八)年当初、困惑することばかりだった。いや、半信半疑の連続であった。

たとえば、当時社長だった加藤修一は開口一番、こういったものだった。

「うち(ケーズデンキ)は、社員にあまり負荷を与えないんです。私の発言でよく出ていると思いますが、(社員は)「頑張らない」ようにと。その意味は「やるべきことは、ちゃんとやりましょう。出来もしないことをやろうとしないようにしましょう」ということです。「頑張る」という言葉には、私は「出来ないことを何とかしろ」という意味が込められている気がしてならないのです。そういうものは不確定だから、経営的には不安要素でしかない。だから、「頑張れなんて言っちゃいけない。何をどうしましょうという言い方でいきましょう」とみんなには伝えています」

さらに休日についても、こう言う。

「うちの会社だと、店長は週休二日で休めるようになっています。この前、他の会社と経営統合したのですが、そこの幹部が見学に来てうちの店長に対する質問で「(ケーズデンキでは)何日休めますか」というのが多かったですね。店長が「週に二日休んで、月に九日休んでいます」と答えたら、その幹部は「うちでは、店長は月に二回ぐらいしか休めなかった」と驚いていましたけど。でも私は、そういう風な会社にしなければダメになってしまうと思っています。根性論では、何事も長続きしませんから。もちろん、そのための工夫はいろいろしています」

たしかに正論だとは思ったものの、それを鵜呑みにするほど私も初心な年齢ではなかった。そこで販売現場の取材を希望し、紹介されたのが四番目の都内出店となる大型店舗「多摩ニュータウン店」(売場面積約五〇〇〇平方メートル)だった。

平成二十一年八月下旬、私は多摩ニュータウン店を訪れた。対応してくれた店長の説明は、概ね加藤修一から聞いた内容と変わらなかった。とくに休日の取得については詳細に訊ねたが、店舗の運営はローテーションを組んで回しているから店長の自分も定時帰宅するし、休みもきちんと取得できていると説明した。定時帰宅した場合、店長不在の時間帯に何か起きたらどうするのか、と重ねて訊ねると「(店長不在の時間は)副店長がきちんと対応しますから、何ら問題はありません」という回答が返ってきたのだった。

とはいえ、店長の言葉だけでは得心がいくものではない。なにせ疑り深いのは一種の職業病みたいなものだからだ。後日、私は「アポなし」で午後七時頃に多摩ニュータウン店に店長を訪ねてみた。すると、店長は午後六時過ぎには店を後にしていた。早番だった店長の当日の勤務時間は朝九時から夕方六時までなのだという。代わって副店長が対応するという申し出を私は断って、早々に退散したのだった。

私がそれまで取材で得てきた「常識」は、理屈だけでなく実践でも完全に否定されてしまった。ならば、それまで「常識」として信じてきたものは不要どころか、デメリットでしかないことになる。それでもなお私は、ケーズデンキの商法はトップ争いに背を向けているから他社よりも余裕を持てるのだろうと考えていた。

それから十年以上を経た現在の家電量販店業界を見れば、私の見立てがまったく見当違いだったことは明白である。

全国制覇を狙って繰り広げた激しいシェア争いの末、業界トップの座に就くことが出来た大手家電量販店であっても世界的な「自由化の流れ」による業界再編の嵐に巻き込まれ、表舞台から退場を余儀なくされたケースも少なくない。

それに対しトップ争いに背を向けたケーズデンキでは、先代・馨の教え通りに従業員と取引先、顧客(一般消費者)を大切にする商売を優先させて効率経営に徹してきた。その結果、浮沈の激しい家電量販店業界にあっても成長を続け、いまでは業界三位という地位にある。

他方、業界トップの売上高はヤマダホールディングスの一兆七千五百二十五億円(二〇二一年三月期)だが、創業者の山田昇が「年商三兆円」を掲げて全県出店と海外進出(中国)を実現したものの、一度たりとも「年商三兆円」を実現することはなかった。逆に家電販売からリフォーム業などの住宅分野や家具の販売など「住まい」全般へとビジネスの中心を移している。たとえば、住宅関連などの売り上げを除いた家電製品の売上高は約一兆三千七百七十三億円である。一時は年商二兆円を超える時期もあったので、家電販売店としての「力」は衰えてきていると言える。

業界トップの売上高の三分の一あれば、つまり三倍の差なら、順位を気にすることなくトップを追走できると加藤修一は語っていたが、二〇二一年三月期段階ではその差は二倍もない。

この十年間を振り返るだけでも、ケーズHDが加藤電機商会から社名変更を繰り返しながらも創業者・加藤馨の「我が社の信条」を守って、ブレない経営を続けてきたことは明らかである。

しかし創業者・加藤馨にとって、そうした成功の節目節目には彼の愛すべき人たちとの悲しい別れがあった。

加藤馨が元台町の借家で個人商店「加藤電機商会」を立ち上げたとき、借家の修繕を行ったのは大工仕事の経験を持ち腕に覚えがあった妻・芳江の実父・川澄熊三である。そして店の当面の運転資金三万円を貸したのは、千木良村の長兄・操である。つまり、未来のケーズHDは、加藤家本家と川澄家のサポートを得てスタートしたのだ。

そして四年後、加藤馨は根積町に六十四坪の土地を購入し、八坪の店舗と十坪の住居を兼ねた建物を新築した。その時の気持ちを馨は「その時が一番嬉しかった」と後に振り返り、初めての持ち家に自分の明るい将来を確信したものだ。しかし半年もしないうちに、妻・芳江の母親、馨にとって義母にあたる川澄みつが病死する。行年五十七歳、早すぎる死であった。

個人商店「加藤電機商会」は順調に発展し、昭和三十(一九五五)年十月、法人化される。加藤馨は有限会社加藤電機商会を設立し代表取締役社長に就任した。同時に、妻の芳江は副社長に就任している。三年後、母・カメが八十三歳で天寿をまっとうする。

カメは五人の我が子のうちただ一人、馨だけを上級学校へ進ませなかったことを最後まで悔いていたという。五人兄弟の中で馨がもっとも秀でていたことは、学校推薦で師範学校への入学が決まっていたことからも明らかだった。なのに……、カメの馨に対する負い目は生涯続いた。

もちろん、馨自身も父親の急逝で家庭の経済事情が進学を許さないことは理解していた。とはいえ、理屈ではなく感情でいえば、馨も母・カメもどこか割り切れなさを感じていたようであった。それが母親に負い目を感じさせるとともに、母親思いの馨には起業し成功していくことで「学歴には関係ない、自分は大丈夫だ」という心の支えになっていたのであろう。それゆえ、成功の途上で母親を失ったことは、馨に深い悲しみを味わわせることになった。

加藤馨が大きな転換期を迎えたのは、昭和四十二(一九六七)年一月である。そのとき、加藤電機商会を全日電(NEBAの前身)の中核、東日電に加盟させて専売店(ナショナルショップ)から混売店へ、家電量販店への衣替えを決断したのだ。加藤は訪問販売ではなく店頭販売、つまりお客が自分の好きな時に必要な家電製品をいろんなメーカーから選んで購入する時代になると判断したのである。

この決断は加藤電機商会のその後の発展に大きく寄与することになるが、翌二月には義父の川澄熊三が老衰のため七十四歳の生涯を閉じる。加藤電機商会の最初の店を義父は修繕し、馨の起業を応援してくれた恩人である。馨にとって、妻・芳江の父親ということだけではなく彼の商売の良き理解者との別れでもあった。

六十五歳を迎えたとき、加藤馨は社長の椅子を長男の修一に譲って会長に就任した。それにともない、妻の芳江も副社長を退任し副会長に就任している。

起業と言っても当時は、ベンチャーキャピタルなどの投資会社(ファンド)は整備されておらず、多くは個人商店からの出発で家族経営が普通だった。

「経営の神様」と謳われた松下幸之助も、家族経営からのスタートであった。幸之助が創立した個人経営の配線器具製造会社「松下電気器具製作所」(現・パナソニック)には当初、妻のむめのと甥の井植歳男の二人しか従業員はいなかった。

ただし加藤馨の妻・芳江には、松下幸之助を始め家族経営から成功した他の経営者たちの妻と比べて、ひとつ大きな違いがあった。それは、会社が軌道に乗り始めると、彼女たちの多くが「内助の功」に徹し会社の仕事から離れて行ったことである。それに対し、芳江は経理や中卒の若い従業員向けの躾けや教育を担当しながら、会社の発展とともに役員としても、経営陣のひとりとして重要な仕事を担うようになっていく。

例えば、加藤芳江は「創業三〇周年記念祭」の式典で、副社長として社長の馨と並んで地元新聞社の取材に応じている写真が掲載されたし、その時の司会は赤塚店長だった次男の幸男で、記者会見に同席した長男の修一は営業部長であった。もちろん、芳江が社長の馨を差し置いて何かすることは、一度もなかった。

つまり、妻の芳江は加藤馨にとって人生の伴侶としてだけではなく、かけがえのないビジネス・パートナーでもあったのである。

そんな二人にとって、経営の第一線を二人の息子に託した当時、残された課題はカトーデンキ販売の「上場」であった。さらに二人には、いずれ会社から完全に離れる以上、「終の棲家」の取得など第二の人生に備える必要があった。

上場に関しては、前述したように加藤馨が野村證券水戸支店に相談し、まず三年後の店頭公開を目指して準備することになった。終の棲家としては、昭和六十一(一九八六)年一月にカトーデンキ販売から二千二百五十万円で旧柳町本店の建物を購入している。

旧柳町本店は、加藤馨が店舗付住宅として初めて建てた根積町店である。後に鉄筋コンクリート三階建てのビルに改築され、二階と三階は加藤馨家が住居として使用し、一階を売場面積約一二六平方メートルの柳町本店として利用していたものだ。ところが、加藤修一が社長に就任した昭和五十七年には、すでに売場面積五〇〇平方メートルを標準店舗として新規出店ならびに既存店のスクラップ&ビルドが進められ大型店舗化が図られていた。そのため同年八月には、本店の売場面積としては不十分であることから柳町から水戸市本町へ本店を移転するとともに柳町本店は一支店として「下市店」と改称されるのである。

それから四年後、店舗の大型化は進み下市店の営業店舗としての貢献が縮小していったこともあったのだろう。加藤馨は、妻の芳江とともに長年住み慣れた柳町の建物を買い求めたのである。なお同年十一月に、異父の長姉・カクが逝去している。

カトーデンキ販売の店頭公開の準備は、その後も問題もなく順調に進められた。そして予定通り、昭和六十三(一九八八)年四月十四日、日本証券業協会東京地区協会に株式を店頭登録(店頭公開)し、一カ月後の五月十八日には、店頭公開を祝う「公開謝恩パーティ」が水戸プラザホテルで水戸市長を始め取引先など関係者約二百名を招待して盛大に開かれたのだった。しかしその晴れやかな舞台には、妻の芳江の姿はなかった。

というのも、芳江は四月二十日から水戸済生会総合病院に入院中だったからだ。

結婚以来、四十年以上も病気らしい病気もせずに健康だった妻の芳江が体調の異変を訴えたのは、加藤馨が二人の終の棲家として柳町の建物を購入した年の秋である。検査の結果、芳江は甲状腺癌に冒されている事が分かり、十月五日に水戸済生会総合病院で手術を受ける。手術は無事成功し入院生活は約一カ月にも及ぶが、退院後は週に一度の通院治療に通って健康の維持に努めたのだった。

しかしそれでも、癌の転移を防ぐことはできなかった。退院から二年後、芳江の癌は肺にまで浸潤し、病状を悪化させたのだ。そのため、芳江は再入院を余儀なくされ、待ち望んだ店頭公開を祝う式典に出席することは叶わなかったのである。

加藤馨は公開謝恩パーティが終わると、その足で芳江の入院先に駆けつけた。パーティが盛会だったことを早く伝え、一緒に喜びを分かち合いたいと思ったからだ。芳江は馨から謝恩パーティが盛会だったことを知らされると、心から喜んだ。

浜見台霊園の加藤家の墓

しかし芳江の病状が、回復に向かうことはなかった。一カ月後の六月二十日の昼過ぎ、芳江は夫の馨や長男の修一と次男の幸男及び二人の家族に見守られながら六十三歳の生涯を閉じたのだった。芳江は逝去したとき、カトーデンキ販売副会長の要職にあった。そのため、カトーデンキ販売は創業以来の芳江の会社への貢献に対し感謝の念を込めて、葬儀を社葬として執り行った。なお、芳江は水戸市営の浜見台霊園に葬られたが、加藤馨は事前に加藤家の菩提寺として、陸軍少尉時代に下宿していた常照寺を選定していた。常照寺の住職なら馨もよく知っており、実家が近所だった芳江も周知の間柄だったからである。

しかし加藤馨にとって、人生と仕事のパートナーだった芳江を失った喪失感は計り知れないほど大きく、次第に「生きている甲斐がない。早く死にたい」や「早く芳江のもとに行きたい」などと口走るようになった。そのため、戦友など親しい人たちは「このままでは、自殺をしてしまうのではないか」と馨の今後をとても心配し、なんとか元気を取り戻させられないか、以前のように生きる気概を持たせられないものかと腐心した。

加藤馨は芳江との出会いを回顧録では、「芳江が勤めて居た通信学校の資材を扱う材料敞」と書いている。そして材料敞の上司を通じて連絡先を入手し、手紙で交際の申し込みをしたことが結婚へと繋がったとも。

しかし第四章で触れた圷道和によると、少し事情は違う。

圷は昭和三十三(一九五八)年四月に加藤電機商会へ転職した中途入社組だが、訪問販売で得意先をまわるたびに「お宅の大将と奥さんは大恋愛で結婚したんだ。その熱愛ぶりが評判だったよ」とか、「旦那さんは奥さんに惚れて、大恋愛したんだ。それは、もう私たちの間でも話題だった」などと馨と芳江の大恋愛話を振られて、どう対応していいか分からず困惑したという。

近所でそれほど二人の恋愛が評判になっていたのなら、職場で出会う前に別の場所で馨が見初めた可能性も高いのではないかと考えられる。そこで私は、馨が航空通信学校の教官として勤務していた当時の下宿先である常照寺から学校まで、とりあえず歩いてみることにした。常照寺から航空通信学校へ行くには、とにかく水戸街道へ出なければならない。最短距離で水戸街道への道を歩くと、その途中に芳江の実家・川澄家があった。常照寺から五〇〇メートルほどの距離であろうか。

二人が同じ航空通信学校に勤務し、しかも常照寺から水戸街道に出る途中の道に芳江の実家があることを考えるなら、通勤途中で馨が芳江を見初めるか、芳江も馨の存在に気づいてもおかしくない。

戦前の日本は「軍人の時代」で、とくに将校の制服は若い女性の憧れの的であった。

だからといって、現代のように若い男子が気さくに適齢期の女性に声をかけられる環境にはなかった。「欲しがりません勝つまでは」「贅沢は敵だ」などのスローガンが街中に溢れ、戦争遂行のために繊維や食糧などあらゆるものが軍に優先的に回されていたし、生活物資を始め全ての面で国民は耐乏生活を強いられていたのだ。とくに加藤馨が芳江を見初めた昭和十九年は、米軍の空襲が本格化して戦況は最悪の状況にあった。たとえば、女性は袴の形状をした作業着の一種であるもんぺ服の着用を強制され、男性は国民服が標準服として定められていた。それゆえ、女性がお洒落のためにパーマでもかけようものなら、「贅沢は敵だ」と非国民呼ばわりされて非難された時代であった。自由な恋愛などもっての他だったのだ。

おそらく加藤馨は、通勤途中で芳江をしばしば見かけるようになり、そのうち同じ勤務先であることが何かのキッカケで分かったのであろう。しかし芳江に直接声をかけたりすれば、いくら馨が将校だとはいえ、「このご時世に、不謹慎だ」と周囲から非難を浴びせられることは避けられなかったであろう。そうしたリスクを避けるため、回顧録にあるような「正式な手続き」を踏んで芳江との交際を始めたのではあるまいか。

加藤馨が交際を通して芳江に強く惹かれ、結婚を望むようになったのは、おそらく実母・カメに芳江が似ていたことも理由のひとつであろう。

芳江は水戸生まれの女性だが、水戸の男性には「水戸っぽ」と呼ばれる気質があった。それは「理屈っぽい、怒りっぽい、骨っぽい」と言われた「三ぽい」である。もともとは徳川御三家のひとつである水戸藩に流れる「文武両道」の荒々しい気風で、それが転じて広く水戸生まれの男性に対して言われるようになったという。それに加えて、「水戸っぽ」は人の顔を窺うのが苦手、つまりコミュニケーションを取るのが下手でもあった。

それに対し、水戸の女性には「三ぽい」と呼ばれる気質はなく、逆に「水戸っぽ」気質の男性に惑わされない強い意志が備わっていたと言われる。また、いつも前向きで明るく元気で協調性のある気質も、水戸女性の特徴であった。

このような水戸女性の気質を、芳江は受け継いでいた。

たとえば、前出の圷道和によれば、入社当初、圷は芳江を初めて見た時には、「なんて若くて可愛らしい女性店員なんだ」と驚いたという。というのも、圷は従業員が五人程度の個人商店に若い女性店員がいるはずがないと思い込んでいたし、ましてや店主の加藤馨の妻だとは思いもしなかったからである。

圷の勘違いに気づいた芳江は、親しい常連客や他の従業員に「この人ったら、私を独身だと勘違いして……」などと笑顔とともに屈託のない言葉で話しかけ、場を和ませることで圷を気遣ったという。こうした芳江の対応で、圷の勘違いは「小さな笑い話」で収束していったのだった。

芳江の明るくて気さくな性格、誰に対しても気遣う心優しい姿勢は職場を働きやすい環境にしたし、風通しのいい職場に変えていったのだった。それゆえ、店主である馨になかなか言い出せないような話でも、店員たちにとっては芳江は自分たちの気持ちを打ち明けやすい存在であった。

そんな気質の妻・芳江と母・カメの似ているところを挙げるなら、まず派手ではなく事務処理能力に長けている点である。「派手ではない」といっても、二人が地味な格好をしていたという意味ではない。自分の立場をわきまえ、つねに控えめな態度と品性を保ちつつTPOに合った服装を心がけていたという意味である。また、妻・芳江が個人商店時代から馨のビジネスパートナーとして経営に携わっていたように、母・カメも商人だった父から教わった帳簿付けで、定一が始めた百合根栽培の商売を助けていた。

つまり、二人は聡明な女性なのである。

そのうえで特筆すべき二人に共通する性格は、「強い意志の持主」であることだ。

カメが暮らした戦前の千木良村では、稲作に不向きな土壌のため殆どの農家は養蚕業を専業にして生計を立てていた。しかし夫の定一だけは、そのような千木良村の風潮に背を向け、逆に村で経験者がひとりもいない、未知の事業である百合根の栽培に将来性を見出す。それまで見たことも聞いたこともない百合根の栽培にひとりで挑戦する夫の姿に、カメが不安を覚えたとしても何ら不思議ではない。さらに定一が加藤家の婿養子であることを考慮するなら、もし妻のカメから強く反対されたなら、それでも百合根栽培に踏み出せたかは疑問が残るところだ。しかしカメは、夫の定一の先見性を信じて、周囲の声に惑わされることなく最後まで支え続けている。

芳江も、カメと似た経験を経ている。

戦後、職業軍人だった夫の馨は、現在の職業安定所など公的機関での就職先の斡旋が叶わないと知ったとき、ラジオの販売修理の個人商店の起業を思い立つ。しかし開業に必要な借家を見つけても「旅の人」と言われて断られるなど、馨は開業前から苦労が絶えなかった。しかし芳江は、夫の先見性と勤勉な資質を信頼して死ぬまで一緒に働き、支えることを厭わなかった。カメにも負けない芳江の「強い意志」である。

こうして振り返ると、加藤馨の人生は母・カメと妻・芳江の二人の女性に支えられ、見守られてきたと言えるかも知れない。その大切な二人を失った馨の喪失感は、他人には想像も出来ないほど大きなものであったろう。

それゆえ、加藤馨が妻の芳江を亡くしたあと、しきりに「早く死にたい。生きていても仕方がない」、「はやく芳江の元に行きたい」などと口走るようになったのは、避けられないことであった。

自殺願望とも思える加藤馨の言動に対し、家族を始め周囲の親しい人たちの心配は尽きなかった。

とくに戦友たちは、陸軍将校として自決の心得のある馨の言葉だけに強い危惧を覚えていた。そのことは馨と戦友たちとの交流の様子が残された手紙からも窺えるが、そこには妻を亡くして気落ちした馨を気遣い、「いくら何でも死ぬには早すぎるし、家族もいるし(店頭公開したばかりの)会社のこともある。従業員の生活のことも考えたら、早く死ぬことなど考えちゃ駄目だ」などの励ましの言葉とともに、「むしろ再婚したらどうか」などと馨に再婚を強く勧めるものもあった。

もちろん、再婚したからといって最愛の妻を失った喪失感が、そう簡単に埋められるものではない。どのような女性であれ、終の棲家で余生を心穏やかに送ることが出来ると得心できる女性でなければ、馨の喪失感が少しでも埋められることはないだろう。その意味では、再婚のハードルはきわめて高い。

妻の芳江が他界してからしばらくしたころ、加藤馨は柳町の自宅からクルマで十分ほどの距離にある電商会館を訪れていた。電商会館には、茨城県電機商工組合の事務所が入居している。馨は商工組合の設立メンバーのひとりで、理事(専務理事、副理事長を歴任)を十四年間務めた重鎮と言える古参会員であった。理事を退いてからも一週間に一度は、手土産を持って事務所を訪ねることが日課になっていた。

茨城県電機商工組合は、昭和三十四(一九五九)年三月に中小企業の健全な発展とその保護を目的とした「中小企業団体法」に基づいて設立された公共性の高い団体である。分かりやすく言うなら、いわゆる「町の電気店」の組合で、ナショナルショップなどメーカーの系列店によって構成されていた。都道府県に一業種に一組織しか認められておらず、茨城県では家電販売業界の代表として官公庁や消費者団体、メーカー等に対する公式な折衝窓口になっていた。

最愛の妻を失った傷手から依然として立ち直っていなかったものの、加藤馨の日常生活は否応なしに戻りつつあった。週に一度は茨城県電機商工組合の事務所を訪ねることも、そのひとつであった。

しかしその日の訪問は、それまでとは全く違っていた。

加藤馨は事務所に入ると、その足でひとりの女性事務員の机の前まで進んだ。そして相手の女性の顔を正面から見据えると、落ち着いた声で訴えかけたのだった。

「あのね、壁を見ながら一人でご飯を食べていると、(自然と)涙が出てくるんですよ。坂巻さん、わたしのところへ(嫁に)来てくれるかい」

突然の加藤のプロポーズに、女性事務員は困惑し返事に窮してしまう。

加藤が「坂巻さん」と呼びかけた女性は「坂巻道子」といい、当時は勤続十六年目のベテラン事務員であった。その坂巻が茨城県電機商工組合に職を得た昭和四十八年は、加藤馨がまだ理事として健在だった頃である。当然、彼女は組合の設立者のひとりで重鎮の「加藤馨」のことはよく知っていたし、妻の芳江や二人の息子、長男・修一と次男・幸男とも面識があった。というのも、加藤馨は電機商工組合の事務所には妻の芳江や二人の子供をしばしば連れてきていたからである。

加藤ファミリーと仕事を通して親しく接してきたことを考慮するなら、坂巻道子が癌で入院中の芳江の病院にお見舞いに訪れているのは、当然である。おそらく道子は加藤馨を再婚の相手、ひとりの男性として意識していなかっただろう。つまり、あくまでも彼女にとって尊敬する職場の上司に過ぎなかったに違いない。

それゆえ、加藤馨のプロポーズに対し、道子の口から思わず次のような質問が飛び出してきたのも無理はないであろう。

「(加藤馨の周囲には)たくさんの女性の方がいらっしゃるのに、なぜ私のところへその(再婚)話が来たのでしょうか」

道子の問いかけに対し、加藤馨は真顔で「字が上手に書けるから」と答えたあと、さらに「(他の誰が)お嫁に来ても、道子さんみたいに頑張る人はいないから」と言葉を継いだのだった。

その時のことを、道子はこう振り返る。

「加藤さんは、母子家庭の人は「みんな頑張り屋さん」だと思っていたようです。加藤さん自身も母子家庭になりましたから、母子家庭の人を大事にされていました」

さらに、こうも言う。

「当時は、組合の仕事が楽しかったですし、(組合員の家電販売店の)社長さんを五百五十人も束ねて仕事をしていましたから面白かったです。それに、一人娘の忍《しのぶ》も育てて行かなければなりませんでしたから」

当時、坂巻道子はシングルマザーとして商工組合で働き、高校生の忍との二人暮らしであった。そんな道子にとって、加藤馨の突然のプロポーズは青天の霹靂であったろうし、それよりも何よりもいま何が起きているのか正しい判断ができる状況ではなかったろう。当然、即答できるはずもなく、加藤も「考えて欲しい」という言葉を残して道子の席から離れたのだった。

その日は、商工組合での仕事を終えると道子は、その足で勝田市(現・ひたちなか市)に住む母・ツナを訪ねた。加藤馨からの突然のプロポーズを相談したいと思ったからだ。

「今日は、雷に打たれるようなことがあったのよ。相手が相手だから、どうしたものかと考えあぐんでしまい、アドバイスを貰いに来たの」

しかし母・ツナは、道子にプロポーズした相手が加藤馨だと知らされると頭から大反対した。

「道子、あなたはチャランポラン(な性格)だから(プロポーズを受けるのは)止めなさい。たとえ結婚したとしても三日で(加藤家から)出てくることになるから。そんなこと(加藤馨との結婚)は考えてはいけない」

取り付く島も与えない母親の態度に道子は、諦めて帰宅するしかなかった。自宅では、高校一年生のひとり娘の忍は母親の結婚話に強い拒否感を示し、「鬼、クソ婆、死ね」などと罵詈雑言を浴びせてきたのだった。忍が多感な年齢にあったことも感情的な反発を生んだ一因だったろうが、それ以上に物心が付いた頃から「母一人子一人」で暮らしてきた忍にとって、「母親」の道子の中に突然「女」の一面を感じさせられたことに対し強い嫌悪感を覚えたのではなかろうか。

他方、勤務先の茨城県電機商工組合でも、理事長を筆頭に殆どの組合員(電気店の社長)が道子と加藤馨との結婚に反対していた。とくに理事長は、反対の意思を伝えるため自ら加藤の自宅になっていた旧柳町本店を訪れたほどであった。しかし加藤が不在だったため、一階に入居していたカトーデンキ販売(当時)の管理部門の課長に対し、「安売りのカトーデンキが組合の事務員までさらっていくのか」と二人の結婚に強く抗議する言葉を残して帰ったという。

結婚というプライベートなことに勤務先が嘴を挟むのは、きわめて異常な印象を受けるが、じつは茨城県電機商工組合内において加藤馨、つまりカトーデンキ販売と他の組合企業との間に軋轢が生じるようになっていたのだ。率直にいえば、加藤馨と他の組合企業の社長たちは「対立」するようになっていたのである。

前述したように、昭和四十年代後半(一九七〇年代)には総合スーパーのダイエーや西友、割賦百貨店の丸井などの大型店舗が水戸市内に出店し、町の家電販売店にとって商売の脅威になっていた。とくにダイエーによる家電製品の安売り、松下製品の大幅な値下げはナショナルショップだったカトーデンキには傷手で、加藤馨は松下の水戸営業所にクレームを入れるなどその対策には腐心したものだった。

その後は大型小売店に代わって、家電量販店の出店攻勢が相次いだ。東京の第一家庭電器や福岡のベスト電器、北海道のそうご電器などである。このとき、強力なライバルの進出に水戸市内の家電販売店は為す術もなくパニック状態になったという。

そのような状況の中で、とくに町の家電販売店にとってコジマが水戸市内に進出した昭和六十一年三月、開店記念セールで見せた「ご縁(五円)商法」は度肝を抜かれるほど衝撃的なものであった。

このとき、茨城県電機商工組合はテレビやラジオ、掃除機などの家電製品を日替わり商品(台数限定)として「五円」で販売する旨を記載したチラシを問題視し、公正取引委員会と茨城県知事宛てに全国家庭電気製品公正取引協議会を通じて「過大景品の提供に該当する行為」として調査を求める申告書を提出している。商工組合の訴えは公正取引委員会に届き、コジマに対し法律上の措置が下されることはなかったが、「警告」を出させることに成功している。

その結果、コジマは開店記念セールなどで自慢の「ご縁商法」を封じられることになった。

一方、コジマに一矢報いることができた茨城県電機商工組合の抗議活動だったが、コジマの「五円セール」のチラシ類を収集・整理したうえで提出できる資料に仕上げたのは、ベテラン事務員の坂巻道子である。率直に言えば、道子ひとりで完璧な資料を作り上げたと言っても過言ではなかった。それほど、彼女は行動的でかつ事務処理能力に長けていたのである。その意味では、道子は電機商工組合の活動を事務方の中心メンバーとして支えていたといえる。組合にすれば、道子は余人をもって代えがたい存在であった。

ところで、コジマは自慢の「ご縁商法」を封じられたものの、だからといって「警告」の意味するところを理解し、それに同意したわけではなかった。というのも、水戸出店から半年後、コジマは勝田市に新規出店した際には「ご縁商法」に代わって採算度外視の「550円セール」を実施したからだ。それに対しカトーデンキ販売は、同様の「770円セール」で対抗した。

こうしたコジマとカトーデンキ販売による異常な安売り合戦に対し、茨城県電機商工組合では両店配布の「550円セール」と「770円セール」のチラシ広告を「不法チラシ」として、茨城県知事と公正取引委員会に申告するとともに提訴したのである。そして二つのセールを阻止することに成功している。この時も不法チラシの収集と整理、そして資料作成を一手に引き受けたのは道子だった。

カトーデンキ販売にすれば、「770円セール」はコジマが仕掛けてきた「ご縁商法」に次ぐ「550円セール」に対抗するうえでやむを得ない措置だったとしても、茨城県電機商工組合にとっては組合員である「町の電気店」の経営を危うくすると言う意味では、どちらも「敵」であることに変わりはなかった。

そのうえ、電機商工組合内部からはカトーデンキ販売の組合員資格に疑義を唱える声が上がっていた時でもあった。そのころ、カトーデンキ販売の年商は約百六十億円で、店舗数約三十店、社員数は三百人を超える、地元の有力な家電量販店にまで成長していた。その意味では、たしかにナショナルショップなどメーカー系列店を中心にした「町の電気店」の保護・育成等を目的とした電機商工組合に留まることには法的にも問題があった。

それに何よりも「YKK戦争」とは、茨城県電機商工組合にとってはYKK三社に対する生き残りをかけた戦いであった。つまり、加藤馨とカトーデンキ販売は同じ組合員であると同時に、打倒すべき「敵」でもあったのだ。

その加藤馨が電機商工組合のYKKに対する抗議活動を事務方の中心として支えてきた坂巻道子にプロポーズしたわけだから、組合員の中に自分たちの抗議活動を弱体化させるための政略結婚だと騒ぎ立てる者がいても不思議ではない。ただその先頭に立ったのが理事長だったことは、逆に組合の危機感の深刻さを表しているといえる。

それにしても加藤馨にとって、坂巻道子との再婚のハードルはかなり高いと言わざるをえない。加藤馨は道子のどこに惹かれ、再婚を決断したのであろうか。

第十四章　再　婚

坂巻道子は昭和十三(一九三八)年七月二日、坂巻政治郎・ツナ夫妻の八人兄弟の三女として、神奈川県藤沢町(現・藤沢市)で生まれた。父・政治郎は東京都文京区生まれの「チャキチャキの江戸っ子」で日本料理の料理人だった。母・ツナは新潟県三条市の出身で、道子の兄弟たちは兄が二人、姉が二人、弟が三人である。なお道子が、自宅のあった東京ではなく隣県で生まれたのは、母親が妊娠中に肺結核を患い、療養のため入院していた藤沢の病院で出産したからだ。

道子が三歳のとき、日本軍は真珠湾を奇襲攻撃し、太平洋戦争が始まる。

もともと日中戦争の泥沼化にともない、日本は軍需品の生産を最優先させていたため国民には生活必需品が極度に不足するようになっていた。そこに追い打ちをかけるような形で日米開戦に踏み切ったことから、さらなる「モノ不足」が国民生活に重くのしかかってくることは避けられなかった。

すでに日本政府は昭和十五年六月以降、米・味噌・醤油・塩・砂糖・マッチ・木炭など生活必需品十品目を配給制に順次切り替えていき、少しでも「モノ不足」の改善に対処しようとしていた。しかし配給制で、国民が必要とする物資を十分に提供していくことは出来なかった。

そのような状況下での日米開戦は、国民に新たな「負担」、それも命に関わる深刻な「忍耐」を求めることになる。アメリカ軍による日本本土の空襲が始まったのだ。

日米開戦の翌昭和十七年四月には、さっそくアメリカ軍による日本本土への初空襲が東京、川崎、名古屋、神戸など主要都市で行われ、日本国民は否が応でも「戦火」を身近に感じさせられた。その後もアメリカ軍による空襲は、頻度も爆撃の規模も増すことはあっても減ることはなかった。その結果、多くの日本国民は戦況の悪化を本土にいても十分に実感できるようになった。もちろん、軍や警察の目があるため、国民が不利な戦況について公然と語ることは出来なかった。

そのころ、坂巻家は東京・世田谷に自宅を構え、道子を含め六人の子供と両親合わせて八人家族であった。父・政治郎は、米など生活必需品が次々と配給制になっていくなか、六人の子供たちを育てていくうえで十分な食料を与えられなくなることや、アメリカ軍による空襲が続くことを考慮し、東京を離れてどこか田舎へ疎開しなければと思うようになっていた。

もちろん、疎開するにしても見知らぬ土地よりも親類や知人など頼れる人たちが住む場所のほうが心強いし、安心できる。それゆえ、政治郎が疎開先に妻・ツナの実家がある新潟県三条市を選んでも何ら不思議ではない。しかし彼は、自分とも坂巻家とも縁もゆかりもない茨城県水戸市を選ぶ。

その理由は、道子によれば、まず茨城県が「農業県」であること、次に海に面している県だった、つまり育ち盛りの子供六人の食料を入手しやすい環境と土地柄から選んだというのである。もちろん、東京からのアクセスの良さもポイントであったろう。江戸時代から水戸と東京は水戸街道一本で繋がっていたし、列車も常磐線一本で結ばれていたからだ。

坂巻政治郎は熟考の末、三女の道子が小学校の入学年齢になる昭和二十年の初春に、家族を引き連れて東京から水戸へ疎開する。その政治郎の決断は、三月十日に東京を火の海にした「東京大空襲」から紙一重で家族を救うことになった。

政治郎が必要な情報を「どこから、どのようにして」得ていたか定かではないが、あるいは単なる偶然なのかも知れないが、いつも「ここぞ」という時の彼の状況判断や決断は適切なものだった。

たとえば、その後もアメリカ軍による日本各地への執拗な空爆は続くが、東京など主要大都市以外でも、とくに飛行場・軍港などの軍事施設ならびに軍需工場が揃った地域では激しい空爆が繰り広げられた。坂巻家が疎開した水戸市には、飛行場を始め通信施設や軍の教育訓練施設など軍事施設が揃っており、今後は空襲が激化することはあっても少なくなることは考えられなかった。

とはいえ、政治郎自身が「東京大空襲」のような大規模でかつ激しい空爆に晒される可能性が水戸市も高いと判断したかは不明のままだが、道子が七月からの夏休みに入ると早々に一家の居を水戸市から妻・ツナの実家がある新潟県三条市へと移したのだった。

そして坂巻家が居なくなった水戸市では、八月一日深夜に市域の約六割を焼失するアメリカ軍による大空爆「水戸空襲」に襲われるのだ。しかしこの時も、坂巻家は政治郎の適切な状況判断で大空爆の被害から逃れられている。

二度にわたる大空爆の難から逃れた坂巻家が新潟から水戸に戻ってきたのは、八月十五日の終戦を迎え平和を取り戻し、世の中がすこし落ち着きを取り戻した九月である。とはいえ、水戸空襲で市内の約六割を焼失していたため、坂巻家は住まい探しに苦労する。やっと見つけた住宅には風呂はなく、ドラム缶を風呂代わりにするしかなかった。ドラム缶風呂の燃料になったのは、親切な隣人が分けてくれる木クズであった。

坂巻家の暮らしは戦後の「モノ不足」のなか、子だくさんということもあって、なかなか厳しいものがあった。もちろん、戦後の生活の苦しさ、貧しさは多くの日本国民にとっての日常であって、坂巻家固有の問題ではない。それでも、空襲などに怯えた日々を思うなら、安心・安全に暮らせる日々は何事にも代えがたかったであろう。

かくして坂巻政治郎は、もともと坂巻家とは縁もゆかりもなかった水戸で生活基盤を築き、新しい生活をスタートさせるのである。

坂巻道子は、水戸の小学校を経て中学校に進むと、高校には進学せず就職することを考えるようになっていた。というのも、水戸で暮らしている間に二人の弟が誕生し家族がさらに増えていたため、それまでの収入だけでは坂巻家の生活を支えられなくなるのではと道子なりに危惧し、それなら自分が中卒で働くことで少しでも家計を助けたいと思うようになっていたからだ。

それに道子には小学生の頃から両親から「勉強しなさい」と言われた記憶はなく、むしろ読書好きな道子に対して「本ばかり読んでいないで(家の)手伝いをしなさい」や「弟たちの面倒をみなさい」などといわれるのが常であった。つまり、坂巻家の生活は、家族総出による支え合いで成り立っていたのである。

もちろん、本など買ってもらえないので、道子はもっぱら図書館を利用した。家の手伝いの合間をぬって読書に勤しむ道子には、学校の勉強をする時間など殆どなかった。そのため道子の成績はあまりよくなかった。

道子は中学三年に進級し進学か就職かの針路を決めるさい、迷わず就職を希望した。ところが、それを聞きつけた英語の女性教師は道子の就職を残念に思い、わざわざ自宅にまで訪ねてきて高校進学を道子に強く勧めたのだった。というのも、その女性教師は道子の潜在能力を高く評価しており、勉強する時間さえあれば道子の学校の成績も向上するはずだと信じて疑わなかったからである。もともと道子も勉強が嫌いで進学を諦めたわけではなかったことから、中卒で社会に出る自分の将来を案じる女性教師の説得に心が揺れる。

そこで道子は、親しい同級生に自分の気持ちを素直に打ち明けてみることにした。

彼女からの返事は、きわめて明快であった。それは「とにかく(高校入試は)受ければいい」というもので、不合格なら就職すればいいし、もし合格すればその時に改めて考えればいいのではというのであった。受験の合否は相手(高校側)が決めることであって、自分の意思だけではどうにもならない。そんなことを悩んでも仕方がないというわけである。

同級生の返事に得心した道子は、とりあえず高校の入学試験を受けることにはした。だからといって、特別に受験勉強の時間が与えられたわけではなかった。それでも翌年の高校入試では見事に合格を果たしていることからも、英語教師が道子の潜在的な学力をいかに高く評価し、彼女の就職希望を惜しんだかが分かるというものだ。

昭和二十九(一九五四)年四月、坂巻道子は茨城県立水戸第二高等学校に入学した。

現在の水戸第二高校は男女共学の高校だが、当時は女子校で、水戸第一高校が男子高校だった。そして加藤修一の出身校である水戸一高と水戸二高は、ともに地元の名門校として有名であった。

ただ道子によれば、母校の水戸二高は「お嬢様学校だった」という。

その「お嬢様学校」での生活は、先代・馨が「旅の人」と言われて借家をなかなか借りられなかったように、県外からの新入生である道子に対しても排他的な雰囲気だったようである。道子自身は具体的には言わなかったものの、学校で「いじめられていた」ことは認めている。

それでも、周囲の排他的な雰囲気に負けることなく、道子が元気に明るく学校生活を送ることが出来たのは、なんといっても坂巻家の教育方針の賜であったろう。父・政治郎も母・ツナも、道子を始め子供たちに対しては「あれをしてはいけない、これをしてはいけない」などと口うるさく行動を規制することはなかった、という。むしろ逆に、子供たちがやりたいと言い出したことに対しては、子供の自主性を尊重し嘴を挟むことはなく自由にやらせることが二人の教育方針であった。

坂巻道子は三年間の高校生活を終えると、水戸市の中心部から一二キロほど離れた大洗町にあった教員の研修施設に職員として就職した。家計を助けたいという彼女の思いは、三年遅れで実現することになった。しかし肝心の職場環境は、道子を失望させ労働意欲を喪失させるものであった。たとえば、研修後の宴会で教師たちが見せる裸踊りなどの醜態や、寝床の用意のために布団を敷いている道子の後ろから教師たちが身体を覆い被せてくる狼藉を繰り返したことである。

そのような教師たちの無礼講は、それまで道子が抱いていた「教師＝聖職者」像を打ち砕くには十分であった。そんな職場環境に耐えられず、先輩や上司に教師たちのセクハラ・パワハラを訴え出ても、彼らの口からは「そんなことに負けては駄目」という慰めにも励ましにもならない言葉が返ってくるだけであった。道子は何とか我慢して一年ほど勤務したものの、それ以上はもう耐えられないと退職したのだった。

とはいえ、今後も家計を助けるためには、道子は一日も早く再就職先を見つけなければならなかった。そうした家庭の事情もあって、道子が「どこか条件の良い求人募集がないものか」と探していたところ、一足早く上京して結婚していた次姉の久光まち子から朗報が届く。

次姉・まち子によれば、東京のアメリカ大使館付き武官宅で八人の子供の世話をするベビーシッターを募集している、という。しかも、依頼条件は「兄弟がたくさん居て、身体が丈夫で田舎の人を探しておいてください」というものであった。次姉・まち子は「道ちゃん、(ベビーシッターとして)行ってみたら。住み込みで給料が良いから半分は実家に仕送りが出来るわよ」と、上京を強く勧めたのだった。

その時のことを、道子はこう回想する。

「私は(武官宅へは)お金に釣られて行ったんですよ、すごいでしょう。だって、月の給料が二万円でしたから、毎月一万円を実家に仕送り出来ましたから」

昭和三十三(一九五八)年当時、国家公務員(大卒、キャリア組)の初任給は約一万円で高卒のノンキャリアは六千円程度。民間企業の大卒初任給が一万三千円から一万五千円程度だったから、次姉が「給料が良いよ」というのも、道子の「お金に釣られて」も納得のいく金額である。

それにしても、依頼条件が水戸の坂巻家と道子の家庭環境にぴったり当てはまったことや、次姉・まち子の機転の良さには少々驚かされる。しかし二十歳前の若い女性が単身上京し、言葉も満足に通じない外国人の家庭、それも「鬼畜米英」と国を挙げて戦った戦争相手国の軍人の家庭に住み込むことに何の不安も抱かなかったのだろうか。

そんな私の素朴な疑問に対し、道子は当時を回想しながらこう答えた。

「(終戦)当時、私はまだ七歳でした。とにかく戦争が終わって三日経っても、四日経っても食べ物がなかったことが一番辛かったです。お腹が空いて、空いて……。(水戸空襲の時は)母の実家がある新潟県三条市に疎開して助かりましたが、水戸へ帰ってきたら私の自宅も校舎も何もかも焼けてしまって、なくなっていました。それで、土の上に字を書いて勉強していました」

さらに、アメリカ兵との出会いに触れる。

「その当時、水戸の裁判所跡にGHQの建物があって、そこからジープに乗った兵隊さんが何かを配りに来ていたんです。もちろん、当時の私はチョコレートとか知りません。とにかく私も貰おうと思って、兄弟たちと一緒に市中に繰り出しました。でも私が後ろから手を差し出すと、地元の男の子に足を蹴られるんですね。そうすると、(その様子を)見ていたアメリカの兵隊さんが、私に何か呼びかけるんです。もちろん(私は)英語なんかわかんないですよ。でも、こう手招きして呼ぶから行きますと、私の手を包む込むようにして掌にチョコレートを入れてくれたんですね。そのとき、私は「アメリカ人って、いいなあ」としみじみと思いました。それが、私の(アメリカとアメリカ人に出会う)人生の始まりなんですよ」

道子もまた、日本の敗戦をマイナスではなくプラスイメージで受けとめた一人だったようだ。授業中に空襲警報の発令とともに座布団を被っては、机の下などにしゃがんで隠れる生活から解放されたのだから……。

そして戦後の民主化によって、戦前に禁じられた欧米の文化は再び日本に流れ込むようになった。とくにアメリカのテンポの良いポップスやプロ野球の復活など、いわゆる娯楽面での影響を日本国民は強く受けるようになる。戦前の憎むべき「鬼畜米英」として教え込まれていたアメリカのイメージは、戦後は物資が豊かで日本の戦後復興を助けてくれる「友好国」へと変わっていった。

音楽好きの道子は、明るいアメリカン・ポップスにすぐに魅了される。とくにエルビス・プレスリーの曲は大のお気に入りで、彼の大ファンになった。水戸第二高校時代には、彼女はプレスリーが身体を揺らして歌う格好をしばしばクラスメートの前で披露したものだった。

坂巻道子にとって、アメリカ武官宅のベビーシッターを引き受ける決断をした時には、アメリカは「憧れの国」であり、アメリカ人は「優しい友人」というイメージになっていたのである。

さらに単身上京については、道子は「水戸からも(就職のため、中卒・高卒者が)たくさん、上京していましたから、普通のことでした」と不安もなかったし、何の心配もしていなかったという。

おそらく道子は、昭和三十三年頃には彼女の周辺では「集団就職」が日常としてあったと言っているのだろう。

地方の中学・高校卒業者が大都市の企業・工場や飲食店などに集団で就職することは、すでに戦前から行われていたが、社会から広く認知されるのは戦後である。戦後復興が終わると、日本は高度経済成長に向けて走り出し多くの労働力を必要とするようになった。それに応えたのが、都市部と比べて所得が低く子供を上級学校へなかなか進学させられないでいた農村部の貧しい家庭である。

農村部では、親たちは子供たちが中学や高校を卒業と同時に、賃金が高い都市部の企業等に就職させて子供の経済的自立を期待した。当然、その期待は地元の学校関係者も共有したし、学校側も企業の求人を生徒に紹介・斡旋し集団就職として積極的に送り出すようになっていたのだ。とくに首都圏（東京）・中京圏（名古屋）・近畿圏（大阪）の三大首都圏への転入数の多さは際立っていた。

そのような社会環境にあった坂巻道子にとって、彼女の明るく何事に対しても前向きな性格から考えて、二十歳前の若い女性が単身上京するのは……という危惧などはまさに不要であったろう。

坂巻道子は昭和三十三年五月、次姉の勧めに応じて上京しアメリカ大使館付き武官宅にベビーシッターとして住み込み始める。道子を迎えた子供たちは、一番上が十二歳で一番下は六カ月の赤ん坊という八人兄弟であった。道子によれば、ベビーシッターの日々は「ちょうど、（ミュージカル映画の）『サウンド・オブ・ミュージック』（の主人公と子供たちの生活）と同じでした」という。

ベビーシッターを始めると、すぐに坂巻道子は「言葉の壁」に直面する。とにかく相手が何を言っているのか分からない、英語が聞き取れなかったのだ。道子には、アメリカ人の話す英語を理解するヒアリング力が十分に身に付いていなかったのである。その時の実感を「それこそ、中学・高校で習った英語なんてクソ役に立たなかった」と、彼女は述懐するのだった。

そんな道子に実践的な英会話を教授したのは、世話をしている子供たちだった。彼女は聞き取れない発音を何度も聞き返し、その都度子供たちはゆっくりと話してくれたし、それでも分からない時には紙に英単語を書いてくれた。もちろん、改めて聞き取れたものは道子自身が紙に書き写した。

そうして集めた英語の言葉を、道子は何枚もの短冊型の紙に書き写し自分が普段目にする場所、たとえば自分の部屋はもちろんキッチンや子供部屋などに貼って回ったのだった。ちょうど受験勉強などで必要な英単語を覚えるため、自分の部屋だけでなくトイレなど普段から利用し目の付く所に貼って回ったのと同じ手法である。

その結果、道子のヒアリング力は飛躍的に向上し、子供たちとのコミュニケーションもスムーズになった。生後六カ月だった赤ちゃんが、その後成長して言葉を発するようになったとき、最初に覚えた言葉は「ミチコ!」だったという。

武官宅での生活で、坂巻道子が一番驚かされたのは、生活物資の豊かさであった。牛乳や卵、バター、パンなどがいつも潤沢に用意されていたのだ。さらに道子は、初めて電気炊飯器の存在を目の当たりにする。なにしろ米飯は、一般の日本家庭のように釜ではなく日本製の電気炊飯器が使われていたからだ。

上京前の水戸での暮らしは、戦後間もない頃と比べて、たしかに米や醬油、味噌などの生活物資は出回っていたというものの、その絶対的な量と豊富さでは武官宅とはレベルが違ったのだ。

坂巻道子はベビーシッター生活の中で、物心両面における「アメリカン・ライフ」にどっぷり浸かることになった。とくにアメリカ人の「レディファースト」の精神に触れたことは、道子のその後の生き方に強い影響を及ぼした。「女のくせに」とか「女だてら」などといった日本社会に根付く封建的な思考に負けることなく、自分の意思を貫いて生きる強さを身に付けたのである。

しかし道子のベビーシッター生活は、五年余りで終わる。というのも、住み込み先の武官にアメリカ本国への帰国命令が出たからである。アメリカ大使館付きの武官とはいえ、道子の雇用はあくまでも武官個人によるもので、アメリカ大使館もアメリカ軍も関与していなかった。

しかし道子は、まだ水戸へ帰るつもりはなかった。ベビーシッター生活で培った英語力を活かせる仕事に就きたいと考えていたからだ。そのためにも、東京での生活を当分は続けるつもりでいた。そのころ、日本に駐留する各地の米軍基地には「BX」とよばれる、いわゆる「ショッピングモール」が併設されていた。道子はアメリカ空軍の立川基地や入間基地などのBXを見て回ったが、最終的に横田空軍基地のBXで絵画や画材の販売に携わる仕事に職を得たのだった。

新しい職場で、坂巻道子はスーパーバイザー(職場の管理責任者)を務める男性と恋に落ちる。彼は絵を描くのが好きで、特に小鳥など鳥類の絵をよく描いていたという。道子の話から推測すると、彼にとって絵を描くことは趣味というよりも仕事にしたい、つまり鳥類画家を志望していたようである。画家志望の男性との出会いは、音楽や文学など芸術的なことが大好きな道子にとって、大洗の研修所で体験した聖職者たちの痴態から異性との交際に消極的になっていた彼女の心を解放した。しかし二人の生活は、そう長くは続かなかった。

ひとつは、ベトナム戦争の敗色が濃くなったことと戦争の長期化でアメリカ軍兵士の死者や負傷者が増加しアメリカ国内に厭戦気分が蔓延したため、ベトナムからの撤退が始まり日本に駐留ないし日本の基地を利用するアメリカ軍兵士などが減少してきていたことである。それにともない、BXに入居している店舗を見直すことになり、絵画や画材など芸術・文化に関連する商品を扱う店舗は「不要不急」と見なされ削減の対象になったのである。道子は再び失職する可能性が高くなった。

もうひとつは、道子が「二人の生活」に行き詰まりを感じ始めていたことである。恋人として申し分のない相手であっても、家庭を築き上げていくという地道で忍耐力が求められる結婚(生活)には向いていない男性は珍しくない。実際、道子は生活を共にするうちに男性との関係が次第にうまくいかなくなっていた。

しかもそれに加えて、父・政治郎が先年亡くなったため、母・ツナが水戸で一人暮らしをしていることも気がかりであった。

このような先行きが不透明な状況のもと、坂巻道子は自分が進むべき道を決めかねていた、いや生き方そのものを考えあぐねていたのだ。そんなある日、道子はふと「水戸に帰れば、何とか生きていけるのではないかな……」という考えが浮かぶ。同時に、「そろそろ水戸へ帰るときかなと思った」という。

昭和四十五(一九七〇)年三月、坂巻道子は横田空軍基地のBXの仕事を辞めて水戸へ帰る。水戸では、しばらくの間は職業安定所に通いながら求職活動を続けた。その間の生活費は、失業保険(現在の雇用保険)からの給付で賄った。その後、ひとり娘となる長女・忍《しのぶ》を出産した。

長女の名前を「忍」にした理由を、道子はこう説明する。

「『人生は忍(にん)の一字』と思うから、(娘に)『忍(しのぶ)』という名前を付けました。それと、忍という名前なら(生まれてくる子が)男でも女でもどちらにも使えると思いましたから」

さらに、言葉を継ぐ。

「私が一人で産んで一人で育てる覚悟をしましたから、産院も三日で退院して役所への出生届など必要な手続きはすべて私一人でやり終えました。とにかく県庁でも市役所でも、直接出向いて交渉しました。たとえば、忍を保育園に入園させた時も、『いまの私には、選択肢が三つしかありません。どれかひとつを取りあげていただけないでしょうか』という具合に具体的なやり方で交渉しました。そうすることで、相手も三つの中からひとつを選ぶという具体的な回答をしてくれるわけです。だから忍の保育園入園も、待たされることはありませんでした」

坂巻道子は、忍を出産してから一年ほど経ったころ、高校時代の同級生の紹介で茨城県電機商工組合に事務員として採用された。そして組合での仕事は道子の性分にあっていたようで、以後十七年間にわたって働き続ける。

道子によれば、ひとり娘である忍との関係は「親子」というよりも「友だち」、ないしは「姉妹」に似たものだったという。縦よりも横、フラットな結びつきが強かったというのである。

もともと坂巻家の教育方針は、子供の行動を「これをしてはいけない」「あれもしてはいけない」などと規制するのではなく、むしろ子供の自由意志を尊重し自分で考えて行動することを奨励するものであった。そのため、坂巻家の子供たちは独立心が旺盛であった。たとえば、たしかに戦後は生活が苦しい時期があったが、道子の弟たちは自ら進んで新聞配達をしては文房具や本など勉強に必要なものを購入し、両親の負担を軽くすることに努めたものだった。

道子も当然、忍を育てるにあたっては坂巻家の教育方針を踏襲したが、ベビーシッター生活で体験した「レディファースト」の精神(ここでは、男女が同等・対等に扱われるべきという考え、ないし女性の個性を尊重する姿勢の意味)も取り入れている。忍にも自立したひとりの女性、たとえば「働く女性」としての人生を楽しんで欲しいと願ったのである。

このようにして、坂巻道子と忍、母と娘の二人だけの生活は始まったのだった。

道子は共働きの保護者やシングル・マザーと同様に、忍が小学校入学前は保育園に預けて、入学後は学童保育に助けられ、勤務先の茨城県電機商工組合の事務所まで自転車で通い続けた。忍が中学へ進学すると、道子が仕事先から戻るまで忍をひとりにしてはいけないと親しい同級生が自宅で一緒に過ごしてくれた。道子の帰宅時間を見計らって、同級生は忍の自宅まで送っていき、もし道子がまだ帰宅していなかったら、そのまま二人で同級生の自宅へ戻るのが日課になっていた。

道子にとって育児と仕事の両立はハードな日々であったろうが、それを苦にするようなことはなかった。おそらく道子と忍の親子二人の生活を温かく見守る周囲の理解や励ましがあったことも、暮らしやすくしていたのだろう。

たとえば、商工組合は当時、まだ週休二日制ではなく土曜日は「半休」であった。午前中は勤務があり、休みは午後からなのだ。しかも組合では、メーカーが新製品の発売にあたって開く講習会や説明会、あるいはその他の様々な勉強会や研修会などを土曜日に充てることが少なくなかった。そしてその受け付け業務は、道子に任されていた。

そんなとき、道子は忍を組合の事務所に連れて行き、一緒に「受け付け」に座らせたものだった。そして幼い忍の姿を認めた組合の社長たち、つまり町の電気店の店主たちは「おお、忍ちゃん、よくきたねえ。元気にしていたか」「早く大きくなって、べっぴんさんになるんだよ」などと気さくに声をかけてきては優しく接したものだった。幼い忍は五百名を超える組合企業の社長さんたちにとって孫のような存在であり、いわば組合事務所の「マスコット」でもあった。

忍は長じてくると、いわゆる「女らしい」ことよりもむしろ男性に混じって作業することに興味を抱くようになる。そのキッカケを作ったのは、道子の直ぐ下の弟の三男・忠昭である。彼はハンダゴテを片手に自分でラジオを作る、いまでいう「オタク」のようなメカ大好き人間だった。彼もまた坂巻家の教育方針に基づいて「あれをしてはいけない、これをしてはいけない」などと言われることなく、自分の関心があることには自由に取り組んできていたので、忍に対しても彼女が自作ラジオに興味を示すと、何でも教えてくれた。そして道子も、「女だてらに」などと言って否定的な態度はとることはなかったし、むしろ積極的に応援したのだった。

そのような環境の中で、忍がもっとも強い関心を示したのが「パーソナルコンピュータ（パソコン）」

である。そのキッカケを作ったのも、三男の忠昭だった。彼はNEC(日本電気)が開発発売した「PC—9800シリーズ」の大ファンで、そのシリーズは初代機が昭和五十七(一九八二)年十月に発売された一六ビットパソコンの製品群を指していた。全盛期は五年後の昭和六十二年で、その頃には一六ビットパソコンの国内市場で九〇パーセント以上のシェアを誇ったガリバー機種にまで成長していた。

忠昭は、訪ねてきた忍が彼のパソコンに強い関心を示すと、「忍、本気でパソコンをやる気があるなら全部、(彼が)教えてやるぞ」と言って自分が持っていた9800シリーズのマニュアルを手渡したのだった。中学生だった忍は、叔父から渡されたマニュアルに熱中し、叔父もまた忍の質問や疑問に答えた。その頃には、叔父は9800シリーズのファンから自作パソコン作りへと関心が移り、東京の電気街「秋葉原」にまで足を延ばして基板などを買い込むようになっていた。彼は、パソコン・マニアというよりももはや「専門家」に近かった。

そんな叔父の手引きもあって、忍の関心はパソコン自体からさらに広がっていく。それを如実に表したのが、高校進学に際して母・道子の母校である水戸第二高等学校を始め、「普通科」を進学先に希望しなかったことであろう。彼女は水戸短大付属水戸高校情報処理商業科への進学を希望し、合格している。ちなみに「情報処理商業科」とは、いまでいうならIT(情報通信)関連の専攻学科にあたるものであろう。忍もまた、母・道子に似てチャレンジ精神が旺盛であった。

道子は忍の進路の決定に反対したり、否定的な態度を取るようなことは決してしなかった。坂巻家の教育方針を守って、道子は忍の自由意志を尊重し自由に生きて欲しいと願ったのである。その意味では、道子は忍との関係をしばしば「自立したものだった」と口にするが、たしかに二人の親子関係を理解するうえではもっとも適切な表現だったと言えるかも知れない。

そんなフラットな親子関係の中で、坂巻忍は小学校、中学校と無遅刻無欠席で過ごし、高校でも一日も休むことなく通学していた。忍は、母・道子や叔父、友だちなど周囲からの理解ある環境のもと、個性豊かなひとりの女性として成長していく。

とはいうものの、道子・忍の親子関係にも試練ないし、転機と言って差し支えない時期が少なくともふたつはあった。

ひとつは、道子が忍に「実父」のことを初めて打ち明けた時である。

それは、忍が中学進学を控えた小学校高学年の頃だった。もともと道子には、いずれ忍に父親がいない理由を説明する用意があった。ただし、そのことを忍が受け止められる年齢まで待つことにしていたため、そのタイミングを見計らっていたのだ。そして「その時が来た」のである。

坂巻道子は、実父の写真を見せながら自分との馴れ初めから話した。

横田空軍基地のBXで働いていた時の同じ職場の上司で、スーパーバイザー(職場の責任者)の仕事を担当し、絵など芸術に造詣が深かったこと、そして実際に実父は小鳥など鳥類の絵を好んで描いており画家志望であったことなどを説明した。道子は、忍には実父の人柄や人間性を理解して欲しいと思ったのである。

しかしその後、二人の関係はうまくいかなくなり、別々の道を歩むことになる。道子は水戸で一人暮らしをしている母親のもとに戻って出直す決断をしたこと、そしていまの忍との生活があることを話した。そのうえで、忍に対して「私は(実父とは)縁を切っているけど、あなたは自分の好きなようにしなさい」と実父に会うことを含め今後のことは彼女の判断に委ねたのだった。

そんな母・道子の思いに対し、忍はこんな言い方で応じた。

「男なんて要らねえ、お母さんが居ればそれでいい。お母さんの身体の中に父親が居るから、(実父は)要らない」

少しぶっきらぼうな言い方ではあるが、母親思いの忍らしい率直な物言いではなかろうか。もともと忍はサッパリとした気性で、大人に囲まれて育ったこともあってか同級生と比べて「大人びた」一面を持っていた。こういうところにも、道子のいう娘・忍との「自立した関係」が感じられる。

残るもうひとつは、加藤馨との縁談である。

道子は加藤馨からプロポーズされたことを忍に伝えたところ、猛反対されたことは前述した通りである。当然のことだが、高校一年生だった忍はケーズデンキ創業者の加藤馨については殆ど何も知らない。母・道子の再婚に反対したのも、相手が加藤馨だからではなく母親の再婚そのものに嫌悪感を抱いたからに他ならない。

忍にとって、道子は母親であると同時に「父親」の役割も担っていた。それまでの二人の間には「男性」が入り込む余地はなかったのだ。そこに母親を「ひとりの女性」として認識させる状況が現れたのだから、忍が反発するのは十分に理解できる。しかも当時、忍は思春期を迎えた高校一年生で、多感な年頃であった。

それゆえ、忍が母親の再婚に強い拒否反応を示し、感情的に反発したのは無理からぬことでもあった。だからといって、道子には「結婚は当人同士の問題」と考えて、忍の気持ちを無視して結婚を強行するつもりはなかった。当初は、加藤馨との結婚は忍の承諾を得てからと考えていた。

一方、加藤馨は道子にプロポーズしたあと、とくに結婚を急ぐようなことはなかった。というのも、もともと妻・芳江の逝去に際して一年間は、喪に服することを決めていたからである。当然、馨が道子にプロポーズしたことは長男・修一や次男・幸男たち家族にも伝えられていたであろうから、父親の早い段階での再婚話に対し二人の息子は困惑したであろうし、心中穏やかではなかったろう。見てきたように、加藤馨と坂巻道子の結婚が話題になった当初、誰もが諸手を挙げて歓迎する環境にはなかった。そんな中で、加藤馨に再婚を勧めたり、彼の再婚を強く支持した人たちもいた。

そのひとりが、茨城県電機商工組合の事務局長だった滝沢清男である。滝沢は陸軍航空士官学校時代の先輩で、卒業時に恩賜の銀時計を授与された優秀な学生であった。その滝沢もまた、加藤同様、戦後復員してきてもGHQの方針で就職を阻まれ、止むなくラジオの修理・販売などの個人商店を始めたという経緯があった。滝沢が起業した昭和二十一年頃に、同業者として加藤馨は知り合う。そして互いに商売の経験がなく悪戦苦闘しつつも、励まし合って親交を深めていったのである。

しかし滝沢は、加藤と違って商売がなかなかうまくいかず、数年後には廃業に追い込まれてしまう。いわゆる「武家の商法」から抜け出せなかったためだ。加藤は滝沢の行く末を心配し、彼の能力を発揮できる働き場所はないかと思案する。そして滝沢とも何度も相談しているうちに、ある妙案に辿り着く。

それは、茨城県電機商工組合の事務局長に滝沢を推薦することである。もともと電機商工組合の設立には加藤自身も関与しており、加藤は少し前から組合の理事長から空席になっていた事務局長のポストに相応しい人材を紹介して欲しいと依頼されていたところだった。

加藤が滝沢を事務局長に適任だと考えたのは、彼には将校として部隊を率いた豊富な経験があり、組織に対する理解や組織を動かすことに長けていたからである。電機商工組合もひとつの組織である以上は、それを合理的かつ機能的に動かすには、滝沢のような訓練と経験を積んだ人間ほど適任者はいなかった。

それゆえ、加藤馨が滝沢清男を事務局長に推薦すると、理事会は満場一致で彼を迎え入れることを承認したのだった。その後、滝沢は加藤の推薦に応えて二十年余りにわたって組合事業の発展に貢献し、最後は専務理事にまで昇任している。

そのような経緯もあって、滝沢はかつての上官とはいえ、加藤に対し深い恩義を感じていたし、二人の信頼関係もより強いものになっていったのだった。

そんな滝沢にとって、愛妻・芳江を亡くした加藤馨が失意のどん底の中で「早く死にたい」とか「芳江のもとにいきたい」などと自暴自棄のような言葉を吐く日々が心配でならなかった。もちろん、滝沢に限らず他の戦友たちも加藤を心配し、励ましの言葉をかけていた。滝沢を含め「加藤をこのまま一人にしてはおけない」と再婚を勧める戦友も少なくなかった。ただ滝沢だけが、再婚相手を具体的に名前をあげて加藤に勧めた唯一の戦友であった。つまり、滝沢が加藤の再婚相手としてもっとも相応しい女性としてあげた名前こそが、同じ電機商工組合で事務員として働いていた坂巻道子だったのである。

なお、滝沢が道子を加藤に改めて紹介する必要はなかった。前述したように、道子が組合で働き出した時には加藤は理事を務めており、仕事を通じて加藤の人間性もよく知っていたからだ。同様に、妻・芳江や二人の息子ともすでに面識があった。

滝沢が果たした役割は、加藤に対し「坂巻道子」という女性を同僚としてではなく、残された人生をともに歩んでいく相応しい再婚相手として再認識させたことである。滝沢が道子を再婚相手の候補として実名を挙げたことで、加藤は再婚を現実的に考えられるようになったのである。そして加藤は坂巻道子を改めて再婚相手として見直し、そしてプロポーズしたのである。

他方、加藤馨の再婚は避けられないし、むしろ急ぐ必要があると考えていた関係者もいた。そのひとりは、パート従業員だった冨田松枝である。冨田は妻の芳江を亡くして一人暮らしの加藤の自宅をしばしば訪ねては、お惣菜などの手料理を届けていた。冨田の自宅から加藤の住まいである旧根積町本店が近いこともあって、一人暮らしの加藤を気遣って時間があれば、顔を出すように努めていた。

ある日の夕方、冨田松枝がいつものように加藤の自宅に顔を見せると、青いエプロン姿の加藤がひとりで夕餉の準備をしているところだった。その姿を見た冨田は「加藤さんが死ぬまでひとりでご飯の用意をしている、そんな姿を想像したら、とてももたないと思ったの。いくら何でも、無理だよ」と思ったという。

さらに、こう言葉を継ぐ。

「加藤さんのそんな姿が長く続くと思ったら、修一さんたち子供らが(たとえ再婚に)反対しても(お嫁さんを)貰ったほうが良かったと思ったね」

一人暮らしの加藤馨と身近に接してきていた冨田松枝にとっては、加藤の再婚は是非の問題ではなく急務のように思えていたのである。そこまで冨田が加藤の一人暮らしの生活を気遣うのは、「経営者とパート従業員」という仕事上の関係を超えた人間的な結びつきが二人にはあったからだ。

冨田松枝は、営業店舗が「根積町本店」の一店舗だった「有限会社カトーデンキ」時代にパート従業員として働き始めている。冨田がパート先にカトーデンキを選んだのには、格別な理由があったわけではない。五人兄弟の三男に嫁いだ彼女は、もともと社交的な性格もあいまって専業主婦として夫の帰りを自宅でただ待っている生活には耐えられなかった。そこで新婚早々ではあったが、自宅近くでパート先を探すことにしたのだ。

じつは夫の兄は加藤馨の次男・幸男と高校の同級生で、冨田家は以前から必要な家電製品をカトーデンキから購入していた。そのため松枝たち弟夫婦も結婚生活をスタートさせるにあたっては、カトーデンキで家電製品を揃えていた。そうした経緯もあって、幸男ルートでパート先として紹介されたのが、根積町本店だったのだ。面接は店主の加藤馨が行い、冨田は翌日から働くことになった。

その頃の根積町店は松下の系列店「ナショナルショップ」として商売しており、訪問販売が中心であった。ただ加藤馨は、町の電気店が生き残るには訪問販売ではなく店頭販売へと販売方法を切り替えていくべきだと考え、その途上にあった。つまり、冨田松枝をパート従業員として雇ったのも、店頭販売の要員のためだったのである。

冨田松枝は入店後、社交的な性格を生かして店頭販売員として水を得た魚のように活き活きと働き、目に見える成果を出し続けた。その過程で、いくつかの武勇伝めいたエピソードを残している。とくに印象深かったのは、来店客が他の販売員の説明に納得がいかなかったのか、何も買わずに店外へ出てしまったとき、冨田松枝がその後を追いかけていき、店内に連れ戻したうえで家電製品を購入させたというエピソードである。

にわかに信じがたいエピソードだったので、私は冨田松枝に事実確認をしたが、冨田は笑みを返すだけで否定も肯定もしなかった。ただ彼女は、自分が接客する時の思いや気持ちをこう説明したのだった。

「あの、私は地元(の人間)でしょう。だから、変なものを売ったとか買わせたとか言われるような生活、(世間から)逃げるような生活は嫌だったの。分かるでしょう。やっぱり、冨田さんから(製品を)買ったら間違いないよ、と言われるようにしたかったの」

さらに私が、そのような冨田の考えは「先代の教えの影響なのか」と問うたところ、彼女は「それは、私の性分だと思います」と即答した。先代・加藤馨の教えに従ったというよりも、もともとの自分の性分がそうさせていたのだというのである。

もうひとつ気になったのは、根積町本店の従業員が五〜六人程度だった時代に店の売上高の約半分を冨田ひとりで稼ぎ出していたというエピソードである。これもにわかに信じがたかったので、冨田に事実確認したものの、このときも笑みを返すだけで私の問いに答えることはなかった。

分かったことは、冨田が正社員以上に働き成果を出していたこと、そしてそのことは加藤馨を始め根積町本店では誰もが認めるところだったことである。そんな冨田を加藤馨が高く評価したことは想像するに難くない。元台町の店以上に繁盛店になった根積町本店では人手不足に悩まされたため募集するものの、優秀な人材に恵まれず苦労した時期がかなり長く続いていたからだ。そのような人材不足に悩まされた経験を持つ加藤馨にとって、冨田松枝のような働き者は喉から手がでるほど欲しかった人材であったろう。

加藤馨の妻・芳江は冨田松枝だけでなく、夫の仕事ぶりも評価し可愛がっていた。

「うちの旦那は、一時は設計(の仕事)をしていたの。だから、(根積町本店の)事務所でも仕事していて、会長(加藤馨)は時間に厳しい人だから約束の時間よりも早めに行くように言ったの。でも旦那が早めに事務所に行ったら、もう会長は来ていたと。うちの旦那も芳江さんから可愛がってもらっていて、どこか旅行などに行った時にはお土産に(長男の)修一さんとおそろいのTシャツを買ってきてもらったこともあります」

こうした状況からも、二人が「経営者とパート従業員」という仕事上の関係以上の繋がりが出来ていたことが分かる。

しかしその後、冨田松枝は家庭の事情でパート従業員を辞める。生きがいを感じて働いていた職場、根積町本店から彼女は去ったのである。ところが、その冨田を再びカトーデンキに呼び戻す出来事が起きる。そして呼び戻したのは、加藤馨本人である。

じつはパートを辞めたあと、二人の男子を授かり子育てに専念していた矢先、夫が急逝したのだ。葬儀に訪れた加藤馨は、小学校一年生と保育園児の幼い二人を抱えた冨田松枝の今後の暮らしを心配して「また、うちで働いたらどうか」と冨田に救いの声をかけたのである。

加藤馨にとって、実母のカメが夫の定一を若くして失い母子家庭で苦労してきたことを身近で見てきていたので、おそらく母子家庭になった冨田松枝のことが他人事のように思えなかったのであろう。それに馨は、もともと母子家庭や親に恵まれない環境に対し援助、サポートを惜しまなかったから、冨田に対しても当然のこととして「救いの手」を差し伸べたに違いない。

かくして冨田松枝は加藤馨の厚意を受け入れ、再びカトーデンキでパート従業員として働き始めることになった。職場は自宅から近い以前の勤務先である店舗「根積町本店」だった。正確にいえば、その頃には支店「下市店」に変わっていた。

最初のパート従業員時代と環境はかなり変わっていたが、冨田松枝が再び水を得た魚のように活き活きと働き出すには、それほど時間はかからなかった。当初は午後四時までと勤務時間を制限していたものの、職場環境に慣れるにつれ勤務時間を延長していき、最終的にはフルタイムで働くようになっていた。そのため、ほとんどの来店客は冨田をパート従業員とは思わず、正社員だと勘違いしていたという。

冨田松枝は、加藤馨の厚意を受け入れた理由について、こう話す。

「とにかく普通に子育てしたい、人並みに子育てがしたいと思ったの。それには(まっとうな職場できちんと働く必要があった)……。あとは、子供たちが後ろ指を指されるような生活はしたくなかったのね。まして(我が家は)片親だから、それは気をつけたよ」

冨田は、来店客の顔と名前を覚えるのが得意だった。顔と名前を覚えたら、常連客になってもらうために、そのお客の身になって考えるように努力したという。たとえば、冷蔵庫を売ったらそれで自分の仕事が終わったと考えるのではなく、配送車に同乗して冷蔵庫がお客の自宅に届けられ、きちんと設置されているかを自分の目で見届けるようにしていた。たしかに自宅まで行けば、お客の気持ちや家庭の事情などがいろいろ分かって、次の来店時にはさらにお客の身になって対応することが容易になった。

しかも冨田は、配送に同乗して見ているだけではなかった。たとえば、エアコン販売の繁忙期には、実際の取り付け作業を配送の担当者がひとりで対応することが少なくなかった。そんなとき、同乗した冨田は「室内器具は私でも持てます」といって運び、作業そのものを手伝ったものである。その結果、冨田はエアコンの取り付け工事の作業工程を熟知した。どういう場所にエアコンを、どのような形で取り付けることが最適なのかなどお客の自宅を見れば、すぐに分かった。

そして配送の担当者にとっても、冨田の手伝いは有り難かった。なにしろ冨田は上司の指示などで同乗してくるわけではなく、たとえ自分の休憩時間であっても進んで配送車に同乗し、取り付け作業を手伝ってくれたからだ。「会社の仕事」というよりも、自分の仕事に対する個人的な責任感からの行動だったので、個人的な繋がりが強い配送現場の関係者とはきわめて良好な関係が築かれていったのだった。

その「良好な関係」が得意客の苦境を助け、喜ばれる場面をもたらすこともある。

連日、猛暑日が続いたある年――。冨田のもとへ得意客から緊急の「御願い」の連絡が入る。その得意客はかなり年配の女性で、連日の猛暑日で体調を崩し具合が悪くなったため急遽エアコンを入れることにしたのだが、来店して購入の意思を伝え設置日を訊ねたところ、「いまは(猛暑で)購入者が殺到して取り付け工事(の日程)は一杯で、すぐには(工事に)行けない」と断られたのだという。

店の事情は分かったものの、だからといって、暑い部屋で我慢していたらもっと具合を悪くしてしまうのではと困り果てた年配の得意客は、顔見知りの冨田松枝に「どうにかならないものか」と頼んできたのだ。

さっそく冨田松枝は、配送係を訪ねて配送状況を聞いた。得意客から聞いた通りの説明が返ってきた。しかしそこで冨田は、一歩踏み込む。得意客の健康状態からしてエアコンの取り付けが緊急を要すること、それに応じられない配送状況にあることは分かっているが、それでも何とかならないかと無理を承知で改めて頼み込んだのだった。

すると、配送の責任者は「松っちゃんに頼まれたら、断れないよな。松っちゃんから言われたら仕方がない」と苦笑しながら、早めの取り付けを約束してくれたのだった。すぐに配送現場では調整が行われ、年配の得意客の自宅には早めにエアコンが設置された。当然のことだが、冨田はその得意客から心から感謝され、それまで以上の信用と信頼を得ることになった。

このエピソードを知ったとき、最後のインタビューで聞いた創業者・加藤馨の経営理念の一節が頭に浮かんできた。改めて加藤の言葉を書き出せば、それと「働く」ことに対する冨田の思いや考えと重なる部分が少なくない。

加藤馨は語る――。

「商売を始めて六十二年以上になりますが、一番大切なのは「信用」なんです。その信用を得るためには、「親切と愛情」です。でも親切だけではダメなんです。お客さんに親切にしても愛情がないとお客さんは信用しないんです。「愛情」とは、お客さんのためになるように考えることです」

さらに、こうも言った。

「私が一店舗で商売していた時も、毎年売り上げが増えました。それは、お客さんが「買い物をするなら、カトーデンキがいいよ」と言ってくれたからです」

加藤馨は店舗経営から大切な商売の姿勢を説いているが、それに対し冨田松枝は実際の店頭販売を通じて、それも「自分の性分」に従って働くことで加藤の「教え」を実践していたのである。その意味では、冨田に対する加藤馨の評価は、きわめて高いものがあったろう。冨田の再雇用は母子家庭になった彼女を助けたいという加藤の思いやりが始まりだったとしても、加藤にとって「お客の身になって考え」実行できる冨田は間違いなくカトーデンキに必要な人材だったのである。

それにしても、私には冨田松枝が高いモチベーションを維持しながら働き続けられる理由がいまひとつ分からなかった。というのも、母子家庭の冨田が子供を「人並み」に育てるには人一倍以上に働く必要があったのは確かだが、そんな生活のかかった仕事を「とにかく楽しかった、好きだった」と私に説明したからである。

私は、冨田に「楽しかった」理由を再度、問わずにはいられなかった。

「(下市店の)お客さんを始め一緒に働いていた従業員十四名がみんな良い人で、働きやすい職場でした。職場では、パートも社員も分け隔てなく接していてくれていました。職場全体の対応がそうだったから、若い人(下市店の社員)の結婚式にも、男女の関係なくお呼ばれしましたからみんな出席したよ。結婚式の招待状を送るからと言われても、必ず出席するから「(招待状を)くれなくてもいいからな」と言っていました」

さらに、言葉を継ぐ。

「下市店の店長から「たまには、風邪をひいて休んだら良いだろう」と言われるのだけども、仕事が楽しくて楽しくて風邪なんかで休んでいられるかっての。休まないと、店長がしつこく「たまには休め」というんだ。仕事が楽しくて仕方がねえんだから、休むわけがねえ」

当時のカトーデンキでは、パートや正社員の区別なく従業員の働きやすい環境作り、職場づくりがすでに進められていたのである。冨田松枝の「性分」を活かす職場環境が整っていたということでもある。そしてそのことは、創業者・加藤馨の「会社は社長以下、そこで働く全従業員のものである」という経営理念がすでに具現化されていた証でもあった。

なお、加藤馨が社員とパート従業員を差別することなく対等に扱っていたことは、社長・会長時代にお歳暮として「数の子」を全従業員に対し毎年送っていたことからも明らかである。一時、数の子の調達を担当していた次男の幸男によれば、お歳暮の送り先は本社の社員に限らず、パート従業員や子会社の従業員も含まれていた、という。加藤馨にとって「そこで働く全従業員」とは、当初から本社と子会社、さらには社員とパート従業員の区別はなかったのである。

ただ幸男によれば、お歳暮の送り先の宛名は従業員の氏名になっているものの、父・馨が感謝の気持ちを込めて送った相手は従業員の親御さんや奥さんだった、という。というのも、従業員が会社で元気に働けるのは親御さんや奥さんが家庭をきちんと守ってくれているからだというのが馨の考えだったからだ。加藤馨は、職場環境だけでなく従業員の家庭にまで配慮を怠らない経営者でもあったのである。

働きやすい職場や仕事ぶりに対する高評価、それまでの加藤馨や妻・芳江との懇意な関係もあって冨田松枝は、会長に退いていた加藤の事務所にもよく顔を出していた。芳江が入院すれば、お見舞いにも駆けつけた……。そのような冨田の行動に対し、職場の同僚たちは驚きの声を隠せないでいた。というのも、会長の加藤馨を「畏れ多い」と感じ、近寄りがたい存在だと思っていたからである。

それに対し、冨田の加藤馨の印象は、少々違うものであった。

「会長から注意されたことはいっぱいあるけど、(間違えれば)「そうじゃないよ」と優しく説明してくれました。話す時も怒ったりしないし、とにかく大きな声を出したことはなかったですよ。いつも(話す時は)優しく、穏やかでした。だから、畏れ多いとかひとつも思わなかったし、会っても緊張するとか何もねえ。私にとって、いつもニコニコしている普通のおじさんと同じでした」

それまでの加藤家との関係や冨田松枝の社交的な性格を考慮するなら、妻・芳江を亡くしてやもめ暮らしをしている加藤馨のもとにお惣菜を作って届けることも、加藤の健康を気遣って自宅をたびたび訪問することも、冨田にとっては躊躇う余地すらない当たり前すぎることだったに違いない。

いずれにしても、茨城県電機商工組合事務局長の滝沢清男や冨田松枝のように加藤馨との関係が深い人間ほど、加藤の再婚(話)には理解を示したし、いやむしろ積極的であったと言えるほどだった。逆にいえば、加藤馨と深い人間関係を築けていない者や利害が絡む人間ほど加藤の再婚に反対し、時には不快感を隠そうともしなかった。

一方、坂巻道子は、加藤馨からのプロポーズの返事を留保したままだった。

というのも、加藤との結婚に反対する母・ツナとひとり娘の忍の二人を説得できていないこともあったが、それ以上に道子自身が加藤との将来に自信を持てなかったからである。そのため道子の心は揺れ動いていた。

当時の心情を、道子は率直にこう話す。

「自分のチャランポランな性格を考えたら、(たとえ加藤と結婚しても)九〇パーセント(の確率で)ダメになると思ったのです。ただ私も二十歳の時から英語しか通じない家庭に住み込み(米国軍人の)八人の子供の面倒を見てずっと生きてきましたし、(その過程で)レディファーストの習慣が身に付いていました。それに水戸へ帰ってからは子供を一人で産んで一人で育ててきました。組合の仕事も大好きでしたし、常に前向きな考えで働いていました。しかも(組合の)社長さんたち五百五十名を相手に十七年間も頑張ってきましたから、(すでに功成り名を遂げていた)加藤さんでも普通のオジサンと変わらないんだからという思いは一方ではたしかにありました」

坂巻道子は口に出してこそ言わなかったが、道子の心が揺れ動いたのは加藤馨がもし再婚で亡き妻・芳江の代わりを自分に求めているのであれば、それにはとても応じられないし、不可能だと思ったからではないか。

そもそも道子が茨城県電機商工組合で働き始めた頃には加藤馨は理事を務めており、すでに有力者であった。当時の理事長が組合の資金(組合企業からの出資金)を自分の会社に流用し返済不能に陥って組合の存続が危ぶまれたとき、加藤馨が先頭になって対策を講じ再建を果たした事で一目置かれる存在になっていた。

道子にとって加藤馨は出会った時には「組合再建の功労者」であり「立派な経営者」であったのだ。しかも加藤は組合に妻の芳江や二人の息子をしばしば同行しており、彼らとも道子は顔見知りの間柄だった。それゆえ、芳江が癌で長期入院した時には道子はお見舞いに病院を訪ねている。

このように加藤家の家族関係をある程度知る環境にあった道子にとって、しかも自分の意思で自由に生きてきた彼女にとって、加藤馨と結婚したからといって、それまでの自分の生き方を変えられるわけがなかった。それでも道子には尊敬する加藤からのプロポーズは嬉しかったし、光栄であった。

いずれにしても、加藤からのプロポーズを受けるにしても断るにしても、いつまでも道子が返事を引き延ばせるはずはなかった。どんなに遅くとも喪が明ける前には、加藤馨には返事しなければならなかったし、道子もその心構えでいた。

そしてその時は、ひとりの「自立した」女性として自分の自由な意志で決断すると決めていた。間違っても、ひとり娘の忍が最後まで反対したから加藤からのプロポーズを断ったとか、逆に忍が最後には賛成してくれたから加藤との結婚を決心したなどと娘の意向を、つまり第三者の意向を自分の決断の理由にするつもりは毛頭なかった。

のちに、道子は当時の心境をこう語っている。

「自分の人生の中に起きている難しい問題(なので)、多くの人たちからのいろいろなアドバイスを頂き私の考えも揺らいだ時でしたが、決断出来るのは本人だけです。たとえ失敗したかなと後悔しても、前向きに進んで行くのも本人の自覚です。いま言えるのは、道は自分で開くという事です」

昭和天皇の崩御によって昭和から平成へと元号が改められた年の一月末、坂巻道子は加藤馨から依頼のあった坂巻家全員の家族構成など、いわゆる係累についてまとめた文書を提出した。それは、道子が加藤からのプロポーズを承諾したという意思表明である。実母とひとり娘に加藤との結婚を反対されたままという心穏やかではない中での、ひとりの「自立した女性」としての決断であった。

もともと坂巻家で男女の区別なく自由に育てられ、しかもアメリカ人家庭で働いた経験のある道子はレディファーストも身に付いていたため、結婚は個人間の問題と考えていた。それゆえ加藤馨からの依頼に当初は違和感を覚えたものの、道子の言葉を借りるなら「浮き沈みの激しい人生」を歩んできた自分をまるごと受け入れてくれた加藤の判断にすべてを委ねることにしたのだった。

その後、坂巻道子には加藤馨から新たな問い合わせ等を含めいっさい何も言われることはなかった。加藤は道子が届けた文書を受けて、淡々と喪が明けた後の道子との結婚の準備を進めた。

道子は、その当時の加藤の姿勢をこう述懐する。

「加藤さんは(演歌歌手の)村田英雄のファンで、好きな歌の「人生劇場」の一節に「やると思えば、どこまでやるさ」というのがあるのですが、その言葉通りの人でした。だから、(結婚すると決めたら)私みたいな人間を全部抱え込んで受け止めてくれる、その包容力の大きさに惹かれたんです。最高の男性です」

その後、二人の結婚式は喪が明けた七月四日日曜日に、市内の水戸プラザホテルで執り行われることが決まる。参列者は親族だけで、加藤家と坂巻家の両家合わせた三十二名が予定された。なお、媒酌人は神田資雄・喜久代夫妻で、神田資雄は加藤とは陸軍士官学校の同級生であり、机を並べた親友であった。

一方、ひとり娘の忍は、母・道子の決断をどうしても受け入れられずにいた。生まれた時から母と二人で暮らし、いつも自分の意志を尊重してくれた母が自分から離れようとしていると思うと不安で押しつぶされそうになった。互いに「自立した関係」の中で暮らし育てられたとはいえ、母の再婚で自分は置き去りにされてしまうのではないか、もう二度と母とは一緒に暮らせないのではないか——という不安が拭いきれないでいたからだ。そんな不安な気持ちを高校の担任に訴えると「まずはお母さんの幸せ、そして自分の幸せを良く考えて」と無難な言葉が返ってくるだけであった。

二月に入ったある日、思い詰めた忍は母の結婚相手である加藤馨に自分の不安な気持ちを手紙で訴えた。すぐに忍には、加藤から返信があった。

《お母さんより聴いて居ると思いますが、此の度私が忍さんの大事な大事なお母さんをお嫁に貰って(忍さんも勿論一所です)一所に活すことになりました。

私の家は子供二人でもう大きくなってお嫁さんを貰って独立して活しております。その孫も3人居りますがみんな男の子ばかりです。忍さんが来てくれると女の子が1人増えてきっと楽しい毎日を送ることが出来ると思います。

忍さんはとてもお母さん思いだとお母さんから聴いておりますから、私を交えて3人で仲よく楽しく活してゆけると思います。私がお母さんをとってしまって忍さんに淋しい思いをさせるようなことは絶対にしませんからご安心してください。お母さんと忍さんと私と3人で活すようになる日は六月の末の頃からだと思います。

昔から子(は)宝と言って忍さんは当家(加藤家)の宝物になるのですから大切にしますから安心して来て下さい。その中に何か贈り物をしたいと思いますからお母さんに何が良いか言っておいてください。お母さんに渡してお母さんから忍さんが受け取れるようにしますから。

もうすぐ二年生になりますね。体に気をつけて元気で二年生になってお母さんを喜ばしてあげて下さい。お母さんは独りの力でよく働いて忍さんを育てて来て下されたのですからお母さんに感謝の気持ちを忘れずに持ちましょう。

私も早く六月の末の来るのを待って活して居ります。お母さんに宜しく伝えてください。さようなら》(手紙の日付は平成元年二月十二日)

ひとり娘を「初めて我が子」として迎え入れる父親の立場から加藤馨は、母の再婚で自分の将来に不安を抱いた日々を送る「娘」に対し、親子三人の楽しい生活が始まるのだと優しく説くことで娘を疎外感から解放し、逆に明るい未来を描けるように心がけている。まさに、忍への思いやりに溢れた返信である。

なお、これを契機に加藤馨と「娘」忍とのコミュニケーションが始まることになる。

坂巻道子は結婚に備えて、十七年間勤めた茨城県電機商工組合を退職する準備に取りかかっていた。だからといって、加藤馨にプロポーズされた日から浮き浮きした気分で日々を過ごしたわけではなかった。実母とひとり娘の二人からは加藤との結婚を反対されたままで心の休まる時はなかったし、綺麗に退職したいと願う気持ちから組合の仕事、とくに五月末に予定されていた総会の書類作りは完璧に仕上げたいと仕事漬けの毎日を送っていた。

そんな多忙な日々の中で、道子はひとり娘の忍と結婚を含め今後のことをきちんと話し合い、改めて「母と娘の絆」を深めたいと思うようになっていた。七月の結婚式の日程を考慮すると、おそらく五月の連休が娘と二人で出かける最後のチャンスになるだろうと判断し、道子は娘の忍を二泊三日の長野旅行に誘ったのだった。

道子が誘った長野旅行を正確に言えば、その目的地は八ヶ岳(の麓)である。もともと雪山を見るのが好きな道子にとって、長野県と山梨県にまたがる二十の峰からなる八ヶ岳の雪山姿は大のお気に入りであった。ただし今回の長野旅行では、シーズンオフなので雪山を楽しむことは叶わなかった。

道子は宿泊先である麓の旅館の部屋で、忍といろいろ話し合い最後にこう問いかけた。

「お母さんは今年で五十歳になったけどこの後の人生をどのように過ごすかを考えたとき、お母さんが出来ることは三つほどあります。忍には、その三つから(忍が望む)ひとつを選んで欲しいの」

まず自分に出来ることを、つまり具体的な選択肢を挙げてその中から選ばせるというやり方は、坂巻道子が水戸へ帰ってきてからすべてを一人で対応・対処するために考えついたものだ。たとえば、市役所などでの交渉に使って、忍をすぐに保育園に入れることができたのも成果のひとつである。

道子は加藤馨との結婚問題でも、この方法を娘の忍に対して使うことにしたのだ。その理由を、彼女はこう説明する。

「(道子が)決断するには、それしか方法がなかったんです。なにもせずに、あやふやのままにしていたら(私の)人生がなくなってしまいます」

ところで、道子の言う三つの選択肢とは――。

「お母さんは、これからの人生を忍の結婚をアテにしてそれまで待っているほうがいいのか。あるいは加藤馨さんという資産家の人と安定した道を選んだほうがいいのか。さらに三つめは……」

忍は道子が話す間は黙って聞いていたが、終わるとおもむろに口を開いた。

「(加藤馨との結婚が)お母さんの幸せのためなら、お母さんが幸せになるなら、私は別のいい男を選ぶから大丈夫だよ」

母親思いの忍らしい、そして大人びた言い回しであったが、道子には娘の優しさが十分に伝わった。忍は母がこれからの残された人生を信頼する男性と歩むなら、娘の私も将来を託す男性を探すから心配しなくてもいいと安心させたかったのである。

道子は六月のある日、組合に「退職願い」を持参し、上司にあたる事務局長の滝沢清男に提出した。すると滝沢は「余計なことは言わないでいいです。あとは、どうにでもしますから」と声をかけてきたのだった。その瞬間、道子は理事長を含め理事や幹部から加藤との結婚が歓迎されていないことに改めて気づかされる。

長年勤めた職場で淋しい思いをさせられた半面、居あわせた副理事長を務めたこともある幹部からは「組合から加藤さんの所へお嫁に行くのは、それは名誉のことだよ」と予想もしなかった祝福の言葉を送られたのだった。

結婚式当日、加藤馨は式場の受け付けを娘になる忍と長男・修一及び次男・幸男の子供たち、つまり孫たちに任せた。会場では挙式、新郎新婦と参列者全員との記念写真の撮影、そして披露宴に代わる両家懇親のパーティまで滞りなく進められた。すべてが順当なうちにお開きとなった。

加藤馨は、加藤家の子供たちが任された受付を一件の間違いもなく無事やり終えたことを知らされると、ご満悦な表情を見せたという。おそらく子供たちに結婚式の受け付けを任せたのは、新しく娘になる忍が加藤家の子供たちと早く打ち解けられるようにという馨なりの配慮からであったろう。

第十五章　もうひとつの人生

結婚式から間もなく、加藤馨は故郷・千木良へ道子を伴って帰省した。加藤の帰省の目的は、故郷に眠る両親に道子との結婚を報告するためである。加藤本家の墓は、険しい道を登った小高い場所にあった。馨は墓の前で手を合わせると「お父さんお母さん、道子を連れてきましたよ」と呼びかけた。そのとき、涙が馨の頰を伝わる。頰を濡らす馨を見た道子は、思わずもらい泣きをしてしまっていた。そして道子は、心から「(加藤と)結婚して本当に良かった」と思ったという。

ここで加藤馨のプロポーズから結婚の報告に至るまでの行動を振り返ることで、加藤が坂巻道子との結婚でいったい何を求めようとしていたかを推測してみたい。

まず加藤馨が魅力を感じる女性たちには、いくつかの共通点がある。

たとえば、何よりも「意思が強い」こと、仕事に一生懸命で事務処理能力に優れていること、常識をわきまえていることなど、である。これらは母・カメや妻・芳江、そして坂巻道子にも共通する特徴である。しかし前者二人が「人生の伴侶」としてだけではなくビジネス・パートナーとしても夫に寄り添ったのに対し、坂巻道子にはビジネス・パートナーとしての経験はない。つまり、加藤馨には最初から坂巻道子に対し「人生の伴侶」以外のことを求める意思はなかったのではないか。

おそらく加藤馨にとって、妻・芳江と歩んだ人生――二人で起業して苦楽を共にしながらも二人の子供を育てた人生は、何事にも代えがたいものであったろう。そんな芳江に取って代われる女性などいるはずもなかったし、馨は考えたこともなかったのではないか。その意味では、芳江との人生(結婚)は完結したものだったのだ。

それゆえ、加藤馨が坂巻道子に求めたのは一緒に「もうひとつの人生」を歩むことであり、さらに言うなら、一緒に「新しいスタート」を切ってくれることであった。では加藤にとって「もうひとつの人生」や「新しいスタート」とは、いったい何だったのか。それは、おそらく職業軍人でも経営者でもない「普通の人生」であり、平凡な日々を過ごすためのスタートであったに違いない。

というのも、戦争さえなければ、加藤馨が職業軍人を目指すことも戦後起業することもなかったからである。つまり、日本が戦争を起こしたことで、加藤の人生の大半は戦争に翻弄される日々になってしまったのである。

さて加藤馨にとって、坂巻道子との「もうひとつの人生」――ありふれた暮らしのスタートは同時に、道子のひとり娘・忍を新しく我が子として迎えることであった。それは、新しい親子関係を模索することから始まる。もちろん、加藤には高卒の若い女子社員の採用と育成に携わった経験があるので、忍のような若い女性の扱いには慣れてはいた。ただし同じ若い女性とはいえ、我が子となると勝手が違うものだ。しかも男親にとって、同じ我が子であっても、娘は特別な存在である。

そんな加藤馨に最初の試練が訪れる。ただ忍から見れば、馨が自分の父親として相応しいかを識別する「テスト」みたいなものであったろう。

ある日、忍は学校から帰宅すると、スポーツバッグから一匹の子猫を取り出して道子に「はい、お土産」と言って手渡したのだった。道子が事情を聞くと、友だちと帰宅途中の道ばたに捨てられた五匹の子猫を見つけたが、そのうちの一匹が忍の後を付いてきたので連れて帰ってきたのだという。他の四匹は、友だちが持ち帰ったのだとか。

要するに、忍は拾った子猫を自宅で飼いたいと言っているのだ。もちろん、それまでの忍との二人暮らしなら、道子は二つ返事で許しただろう。しかし加藤馨と結婚して一緒に暮らし始めた以上、自分一人の判断で決められることではなかった。

とりあえず道子は、忍には自分の独断で決められないことを伝えた。

「加藤さんは、こういう(小動物を飼う)のは嫌いだから、(頼んでも自宅で)飼ってもらえないかも知れないよ」

すると忍は、「(加藤家が)こんな冷たい家だとは思わなかった。(私は)こんな家を出て行くから」と言って、スーツケースに自分の荷物を詰めだしたのだった。ひとり娘の暴走に驚いた道子は、「とにかく(加藤に)聞くだけは聞くから」と忍をなだめるしかなかった。その足で加藤の元に向かい、事情を話してから「忍が拾ってきた子猫を飼ってもいいですか」と許可を求めると、加藤からの返事は「飼ってあげなさい」のひと言だけだった。

その後、拾ってきた子猫はヤギのように「メイ、メイ」と泣き続けたため「メイちゃん」と名付けられ、加藤馨の傍にいつも寄り添い、二十四年間共に暮らすことになる。定位置は事務所で仕事をする加藤のデスクの上で、電話がかかってくれば加藤に知らせるのもメイちゃんの役割だった。加藤が写真を撮るような場合、決まって自分も一緒に撮れと言わんばかりに割って入ってきたという。

メイちゃんは母猫になり、五匹の子猫を授かる。四匹はすぐに里親が見つかって引き取られていくが、残る一匹は加藤馨の「(親猫にとって)親子離ればなれにするのは淋しいから、一匹だけは残してあげなさい」という提案によって、加藤家でメイちゃんと一緒に暮らすことになった。その子猫に

「ナナちゃん」と名付けたのは馨である。

こうして加藤家では、ペットと暮らす生活が「普通」になるのである。

さらに、高校二年生の坂巻忍を娘に迎えたことで、まもなく「花嫁の父」の気持ちを一時的ではあるが、味わう経験もしている。

加藤馨が道子と結婚してしばらくしたころ、忍が在籍する高校の社会科の教師が柳町の自宅を訪ねてきた。その教師は娘の忍にプロポーズするつもりだったようで、忍が未成年のため事前に両親の許しを得たかったのである。父親となった加藤馨を前に、社会科教師は「娘さんを、(私の)お嫁さんに下さい」と申し出たところ、馨は諭すように「忍はまだ高校生なのだから、あなたも、あと二〜三年ぐらいは待ったらどうなんだ。それぐらいは待ちなさい」と撥ね付けたという。

その一方で、加藤馨は微笑ましいぐらい「親バカ」ぶりも見せていた。

加藤と道子の結婚から一年後、娘の忍は十八歳を迎えた。すると加藤馨は、次第に忍の二十歳の成人式を意識するようになったのか、しきりに「忍さん、成人式には一番綺麗な着物を着て、その姿を写真に撮りましょう。そして、その写真を親類に配っていいところにお嫁に行けるようにしましょう」と話すようになった。

その頃のことを、道子はこう述懐する。

「(結婚後)加藤さんに前立腺肥大の症状が出まして、水戸の病院に入院していた時期があったんです。忍と一緒にお見舞いに行きましたが、その時も「成人式にはいい着物を、丸井さん(百貨店の丸井水戸店)で一番いい着物を買おうね」が口癖でした。忍の成人式をとても楽しみにしていました」

加藤馨は自分が十九歳の芳江と結婚したように、男性も女性も結婚は早ければ早いほうがいいという考えで、社員にも早婚を勧めていたほどだ。とくに女性は早く結婚したほうが幸せになれると考えていたようだった。

道子は、加藤の心情をこう話す。

「もともと馨さんには、(母子家庭で苦労した実母を見ていて)女性を大切にしなければいけないという気持ちがずっとありました」

加藤馨にとって、我が子となった忍を幸せにするため、つまり良い伴侶を早く見つけて花嫁として送り出すことが次の大きな目標になっていたのである。

坂巻忍が高校三年生に進級した平成三(一九九一)年から、平均株価三万円超えを誇ったバブル経済の崩壊が始まる。そして翌年、忍は高校を卒業して水戸市内の百貨店「丸井水戸店」(婦人服売り場)に就職した。社会人としての第一歩を踏み出したのである。八月に十九歳の誕生日を迎えると、父・馨は忍の成人式での晴れ姿に大きな期待をいっそう寄せるようになった。


十二月二十三日に日付が変わった深夜、加藤道子は二階の寝室の窓から聞こえてくる物音で目を覚ました。いったい何事かと起きて窓を開けて外を見下ろすと、勝田市に住む次兄の義郎が隣家の庭から小石を拾って加藤夫妻の寝室の窓を目がけて投げているところであった。

加藤家では深夜の電話にはでないことにしており、さらに一階の玄関もシャッターを下ろし外部から入れないようにしていた。そのため、深夜になってからも加藤夫妻に連絡しようとすれば、つまり緊急時の場合は、道子の次兄・義郎のような非常手段を取る以外には方法はなかったのである。

道子はただ事ではない事態が起きていることを察知し、すぐさま次兄の坂巻義郎を自宅に呼び入れて事情を聴いた。義郎によれば、勝田署から姪の忍が馬渡の市道(昭和通り)で交通事故にあい、病院に搬送された旨の電話連絡を受け、すぐに入院先に駆けつけたもののすでに亡くなっていた、という。

忍の事故を道子にも伝えようとしたが、何度電話をかけても繋がらないため、直接訪ねて来たのだとも説明した。

その時の気持ちを、道子は述懐する。

「(次兄の義郎から)忍の死を伝えられるのですが、もう信じられませんでした。兄が病院に着いた時には、忍は絶命していたといいます。しかも(交通事故の)相手は現場から逃げていますから、忍はひき逃げをされたわけです」

道子はひとり娘の突然の死を受け入れられなかった当時を思い出し、ひき逃げした相手への静かな怒りをいまもなお隠そうとしなかった。とても平常心でいられない妻・道子に代わって、夫の馨が警察署や病院、死亡届など事故に関するすべてに対応した。

もちろん、加藤馨は警察からの公式な事故の説明以外にも個人的なツテを頼って事故の詳細を調べあげている。しかし馨は、道子が望む以上の情報を与えることはなかった。というのも、ひとり娘を失った道子の精神的な負担を慮っての判断であった。そのため、いまも道子は忍の交通事故死を含む関連する問題の全貌を知らないし、また知ろうともしていない。道子にとって最愛の娘・忍を失ったという事実、忍の「死」以上の重い現実はなかったからである。

加藤道子の話と当時の新聞記事等による情報を整理すると、十二月二十二日深夜に起きた忍の交通事故死までの経緯は、おおむね次のようなものであった——。

二十二日の夕方、仕事を終えた忍は、会社の女性の同僚三人と一緒に百貨店の丸井水戸店で行われるクリスマスパーティに参加するために出かけた。当初の予定ではパーティが終わったら、水戸市内のカラオケボックスで二次会を楽しむことになっていた。

ところが、クリスマスパーティ自体は午後十時過ぎには終わったものの、水戸市内のカラオケボックスは全館満席で入店さえ出来ないことがわかる。どうしたものかと思案している忍たちに対し、丸井の関係者が大洗町のカラオケボックスなら空室がある旨を教えてくれたという。そこで、忍が運転するクルマに同僚三人を乗せて大洗町に向かうことになったのである。

大洗町は、道子が高校卒業後初めて就職した職場の所在地である。大洗町の東は太平洋に面し、北は勝田市(現・ひたちなか市)、西北を水戸市に接している。水戸市の中心部(水戸駅)から約一二キロの距離にあった。そのさい、忍たちは勝田市を抜けて大洗町に向かうルートを選んだ。そして忍が運転するクルマが勝田市役所方面から海浜公園方面に向けて走っているとき、馬渡の市道(昭和通り)で追突事故に遭うのである。

事故の原因は明確で、加害者の無謀な追い越しによるものだった。

忍が運転するクルマの後方から走ってきた加害者のクルマが右側から無理な追い越しを仕掛けたことで、クルマ同士が接触しその弾みで忍のクルマは道路左側の広告塔に激突したのである。その衝撃で忍は喉と胸などを強く打ち、それが原因で忍は即死したのだという。同乗していた三人の同僚は、幸いにも足や胸に軽い怪我で済んだ。ただし加害者が乗ったクルマは、そのまま現場から逃走したのだった。

新聞等の報道によれば、事故発生時間は午後十時半頃で、忍は「即死」したことになっているが、事実は少し違うようだ。

道子は、事故当時の忍の状態についてこう話す。

「現場に居あわせた女性(同僚)によると、忍は(打ったところが)痛くて十分間くらいは唸っていたようです」

たしかに搬送先の病院の死体検案書には、忍の死亡時間は午後十一時二分と記載されているので、即死ではなく搬送されている間に亡くなったと考えるのが自然であろう。

さらに、加害者についてはこう言う。

「事故当時の(加害者の)様子を聞くと、加害者の方は酩酊状態だったといいます。忍は酔っ払い運転による事故死だったのです。加害者の男性は前にも酔って自動車事故を起こしたことがあり、まったく反省の色が見られなかったそうです。その後、加害者は(逮捕されて)刑務所に入りました」

ひとり娘の忍を「死」に追いやった交通事故は、加藤道子にはとうてい受け容れがたい現実であった。被害者の忍にはまったく瑕疵がなく、その責任はひとえに酒酔い運転をしていた加害者に負わされるべきものであった。それでも親という存在は、いくら自分たちに非がないと分かっていても、子供の理不尽な死に対してでも「我が子を守れなかった」という自責の念から自分を許せないものなのである。

加藤道子も、こういって後悔の念を語る。

「忍は八月に(自動車の)運転免許証を取得して(四カ月後の)十二月には交通事故に遭っているわけです。馨さんからもちゃんと運転の練習してからクルマに乗るように言われていたのですが、あの時は「大丈夫。私が運転するからみんな付いて来い」と言って出かけてしまいました。しかも夜の夜中に若い娘がクルマを運転するなんて……」

道子は、娘の忍の運転技術が未熟なことを知っていながらクルマで出かけるのを止めなかったことで自分を責めているのだ。もしあのとき、自分が忍を止めていたなら「娘は死なずに済んだのではないか」と――。

しかし当時の事故現場を見る限り、たとえベテラン運転手であっても酔っぱらい運転による無謀な追突事故である以上、防ぎようがなかったことは明らかだ。繰り返しになるが、忍の運転技術の問題ではなく加害者の無責任な行動が引き起こした一方的な事故なのである。それでもいまなお、道子が自分を責めるのは、それほど忍が掛け替えのない存在であったからに他ならない。

加藤道子の述懐——。

「忍が亡くなったとき、すぐに二編の和歌を作りました。姉さん(加藤馨の次姉)の小松キミさんから「道子さんは和歌も嗜まれているのですね」と褒められました。お姉さんも息子さんを亡くされていましたから、私の気持ちをよく理解していただいていたのだと思います。でも私の和歌は誰かに習ったというものではなく我流です」

葬儀のあと、忍の骨は浜見台霊園の加藤家の墓に葬られた。

坂巻忍は翌年の八月十七日に満二十歳の誕生日を迎えるはずであった。その日に忍の友人に宛てた手紙の封書に、加藤道子は亡き娘への思いを綴った和歌を同封した。

ひまわりのごときになれと願いし娘《こ》は
　十九のままの笑みでうなずき

さらに、その年の命日の十二月二十二日にも、加藤道子は残された母の辛い思いを綴った和歌を忍の友人に送っている。

疲れ身を伏せてこの夜も神に願う
　帰《き》せぬ娘《こ》としるも足音を待つ

高校卒業後、市内の百貨店に勤務した忍の帰宅は、夜の九時を過ぎることが珍しくなかった。夜の九時には加藤馨は就寝しており、道子が寝ずに待っていると玄関のシャッターを開ける音が聞こえてくる。そして道子は、足を忍ばせて階段を登る足音とともに三階の自分の部屋へ入っていく娘の姿を見届けるのである。娘の忍が亡くなった以上、足音が聞こえるなどないことは分かっていても、布団に入ると道子はふと足を忍ばせて階段を登る娘の姿を想像してしまうというのである。

加藤道子は、母として亡き娘・忍の供養のために何か特別なことをしてあげたいと考え、最終的に辿り着いたのは自分の得意とする刺繍で忍の肖像画を縫うことであった。

その準備のためには、道子は加藤馨との結婚式で受け付けをした忍たちの記念写真から忍が写っている部分だけを切り出すことから始めた。切り出した忍の上半身の写真を拡大し、それをアメリカの専門業者に送ってコンピュータ処理を施してもらい、色糸《いろいと》の数を確定させる必要があったからだ。その結果、色糸は七十色ほど必要なことが分かった。つまり、忍の肖像画を写真通りに刺繍するには、最低でも七十種類の刺繍糸が必要だったのである。

道子は、刺繍糸を揃えると毎晩のように忍の肖像画を縫い始めた。

「加藤さんが寝入ってから起き出して刺繍をしていましたら、(それに気づいた)加藤さんに怒られました。それでも縫い続けて、一年ほどかかって完成させました。(忍の肖像画を)刺繍する時には、一針ごとに「(忍を守れなくて)ごめんね、ごめんね、ごめんね」と言いながら縫いました」

そのような思い詰めた日々が、道子の健康を害しないわけがない。

秋も深まる頃には、道子は偏頭痛にも似た激しい頭痛に日々、悩まされるようになったのだ。ついには、検査と静養を兼ねて十月二十六日から済生会総合病院(脳神経外科)に入院するまでになる。そして道子は、入院と同時に「闘病記」とも言うべき手記を付け始めた。手記の扉には「全て忍のためにささげます」と添えられ、手記は日付ごとに「忍ちゃんへ」という呼びかけで始まっていた。

入院初日から道子には、血液や尿検査を始め様々な検査が実施されたが、その間にも激しい頭痛が襲ってきていた。そのつど、道子は医師だけではなく介護士などにも頭痛の酷さを訴えているが、痛みが解消されることはなかった。逆に道子は、毎日のように繰り返される検査の連続に疲れ果て、疲労を訴えて横になることが増えていった。

入院が長引くにつれ、道子は焦燥感と苛立ちを少しづつ感じるようになった。そこで気分を変えるためにも、静養のために入院していると考えることにした。要は入院が長引けば長引くほど、休日が増えるからいいというわけだ。

入院七日目となる月が変わった十一月一日の午後、道子の病室に若い医師がＭＲＩ検査(磁気共鳴画像診断)の結果を知らせに来た。その医師によれば、下垂体が肥大し上部に突き抜けているため、放置しておくと視神経を圧迫して五年以内に失明するリスクがあるという。つまり、下垂体に出来た腫瘍を全摘出する手術の提案なのである。

刺繍の肖像画

下垂体とは脳の中にある小さな臓器のことで、身体の成長や維持に必要なさまざまなホルモンを分泌する機能を持っている。その下垂体に発症した腫瘍が「下垂体腺腫」と呼ばれるものだ。下垂体腺腫そのものはほとんどが良性腫瘍で、癌のように転移することはない。しかし下垂体腺腫の発症は、必要な各種ホルモンが正常に分泌されなくなるため、さまざまな症状を引き起こす原因になった。

その下垂体腺腫が、加藤道子に発症していたのである。

道子は、医師からの説明を受けたさい、初めは「六十歳前に失明するくらいなら死んだほうがいい」と考えたものの、手術で完治すると分かったことから「検査で早く発見されて良かった」と思い直したという。ただし手術そのものに対する道子の不安は、消えることはなかった。

道子は十一月四日に一時退院したあと、手術のための検査入院を十一月十三日から二日間受けた。その後、手術日は年明けの一月二十六日に決まる。最初の検査入院から亡き忍の一周忌を挟んでの年明け早々の手術は、道子にとって心の安まることのない慌ただしい日々であった。

一月二十三日の再入院日、加藤道子は病院に行く前に夫の馨が運転するクルマで浜見台霊園へ向かい、忍の墓参りを先に済ませることにした。霊園の忍の墓前には、参拝客が残したメッセージカードが数通置かれていた。道子はお参りを終えるとメッセージカードを持ち帰るため仕舞ってから、その足で入院先へと向かったのだった。

二十六日の手術日当日、道子は昼の十二時には手術に備えて病室から手術室へ移った。手術の終了時刻は、午後八時の予定だった。道子が受ける下垂体腺腫の手術は、手術時間が八時間にも及ぶ、大手術だったのである。

翌朝、道子は手術室から自分の病室に戻っていることに気づく。麻酔が切れて意識は戻ってきていたものの、まだ目が完全には開かなかった。酸素ボンベから漏れる音を聞きながら、じっと動かずに点滴を受けていると次第に目の前が明るくなった。

道子の様子に気づいた加藤馨が、声をかけてきた。

「道子、よく頑張ったね」

そして術後の様子を、こう説明した。

「頭を(包帯で)ぐるぐるに巻かれて、(昨夜の)午後八時三十分頃に(病室に)戻ってきたんだよ」

馨の話から前日から自宅に戻ることなく、ずっと病院に居て道子が病室に戻ってくるのを待っていたことが分かった。道子は感謝の気持ちで一杯になった。

道子の術後の経過は比較的に良好で、入院から約三週間後の二月十四日、奇しくもバレンタインデーに道子の退院が決まる。退院当日の午後、加藤馨は道子の迎えに病院を訪れた。そして入院時と同様、帰りも道子は浜見台霊園の忍の墓に立ち寄って、お参りをしたのだった。そのとき、風は強かったものの暖かい日差しの中で久しぶりに吸う外気が心地よかった。

忍の墓前で思ったことや感じたことを、道子は「手記」でこう綴っている。

《忍、退院出来たよ!! 忍がお母さんを助けてくれたんだね。これで忍が居てくれたらもう最高なんだけども、そう思うと又、涙が出てきた。何度泣いても忍は帰って来ない。こんなに冷たいお墓の下で灰になってしまっている。ひどい、ひどい、ひどいよ。お母さんだけが生き残って、何でこんな苦しみ受けなくてはならないの。退院しても心の傷はちっとも直ってはいない。きっと直る日は来ないだろう》

さらに、別の頁でも忍への思いを書き込んでいる。

《今でも私が忍の身代わりになって、忍に生きていて欲しかったと、忍を助けることが出来なかったこと責め続けています》

道子の「手記」から分かるのは、忍の交通事故死からの一年は道子にとって自分を責め続けた日々であり、忍に詫び続けた日々でもあったことである。

それゆえ、道子は《この病気は視神経を使いすぎた果ての病気なので、私は夢のようなのんびりした十日間を過ごせたわけだ。三度の食事を作るというわずらわしい事もなく、朝早起きをすることもなく、来客に気配りすることもなく……》と綴る一方で、退院したら忍の肖像画の刺繍を縫えなくなると考え、入院中に完成させてしまおうと検査の合間に頭痛を我慢しながら縫い続けていたのだ。

まさに自分の命を削る行為だと言わざるを得ない。逆にいうなら、それほど忍の死は道子には重いものだったのである。そのような道子の思い詰めた日々を、夫の馨が気づかないはずがなかった。

加藤馨には、ひとり娘の忍を失った道子の喪失感が痛いほど分かった。数年前には、加藤も最愛の妻・芳江を亡くしたという似た境遇にあったからだ。そのとき、加藤は自分の将来に絶望して生きる力を失い、「一刻も早く芳江のもとへ行きたい。死にたい」と願ったほどであった。掛け替えのない人を失うということは、それほどまでに残された者に精神的なダメージを与えるものなのである。

そんな加藤の境遇に寄り添い、支え合う道を選んだのが、当時の坂巻道子である。それゆえ、次は自分が道子を支える番だと加藤が考えたとしても何ら不思議ではないし、夫として当然である。

加藤馨は、何よりも道子が忍の死に囚われすぎて思い詰め、自分の殻に閉じこもってしまうことを恐れた。そうさせないためにも、とにかく道子を外へ連れ出すことに腐心したのだった。馨は当時、カトーデンキ販売の代表取締役会長の地位にあったが、経営のほとんどは社長で長男の修一が責任者として担い、会社の運営自体は次男で専務の幸男とともに行っていた。つまり、馨は会社の「顔」として対外的な活動を行うことが大切な仕事になっていた。

その大切な仕事のひとつに、取引先である家電メーカー各社が売上高上位の優良販売店を慰労するための招待旅行や宴席などへの出席があった。そのような招待があった場合、加藤馨は妻の道子を必ず同伴した。当時は三洋電機(後にパナソニックから吸収合併される)の全盛期で、道子によれば、家電各社の中でも一番豪華な宴席だったという。

また、加藤馨は旧日本軍関係の集まりにも道子を同伴している。

たとえば、陸軍航空士官学校の卒業者(少尉候補者)で構成された「錦鷲会」や、それに陸軍士官学校の卒業者を加えた「錦会」などである。とくに道子に強い印象を残したのは、もっとも豪華だった錦鷲会の集まりであった。

かくして加藤道子は、夫・馨の心配りによって日本各地を旅行することになったのである。道子は家電メーカーからの招待旅行を含む国内旅行で、夫の馨にほぼ全て同行した。

なお加藤馨の妻・道子への心配りは、国内旅行には限らなかった。

雪山を見るのが好きな道子のためにヨーロッパに三回、カナダには一回の合計四回の海外旅行を勧めている。ヨーロッパ行きはアルプス山脈の万年雪をいただく山々の雄姿を、カナダではロッキー山脈、とくにカナディアン・ロッキーと呼ばれる山々の雪山を楽しんで欲しいと願った。

道子の海外旅行をサポートしたのは、彼女の兄弟たちであった。

「(三人の)弟たちが定年退職するたびに、みんなで一緒に海外旅行へ行きました。主人が(みんなの)旅費を少し出してくれました。食べ物代とかお小遣い代にと。その間(海外旅行中)は、うちの長男が自宅の花の水やりや、二匹の猫と(留守番の)主人の世話をしてくれました」

ただし長兄の孝一は、加藤馨の几帳面さには閉口させられたようだ。

「兄が言うには「道子、加藤さんは口うるさくてダメだよ。うどんを茹でたら、一本でも長さが揃わないと文句を言うんだよ」と。それでも兄は、ずっと我慢して加藤さんの面倒を見ていました」

と、道子は坂巻ファミリーと加藤馨の新しい家族関係を楽しそうに話した。それは同時に、互いに遠慮することなく言い合えるほど関係が深まったことでもあった。その意味では、加藤馨は道子との結婚によって、娘だけでなく「坂巻ファミリー」という家族も新たに得ていたのである。

もちろん馨は、「外へ」連れ出したことで道子の精神的ダメージがすべて解決されたとは考えていなかったはずだ。馨も妻の芳江を失った心の傷が生涯癒やされることがないことは分かっていたし、むしろ残された者にとってその傷の痛みを感じることが「生きること」の証でもあったからだ。

それでも馨は、妻・道子の傷ついた心を少しでも癒やすことが出来るなら、夫として出来ることはすべてしてあげたいという気持ちでいっぱいだったに違いない。

一方、加藤馨は、再婚で初めて得たひとり娘の忍を失ったとき、父親としての自分の気持ちとどう向き合ったのであろうか。

加藤が公の場で娘の死について語ったのは、社内報『ひろば』(一九九二年　夏季号)に寄稿した随想「酒と煙草のない国に」の中である。ひとり娘の忍の死から約半年後のことであった。

《酒を飲まない人にとって酒飲みの吹き出す息は、全く不愉快の極みとも言える》

と、飲酒に対する不快感から加藤の随筆は始まり、すぐさま忍の死に触れる。

《昨年十二月二十二日の夜、勝田市の昭和通りで酒酔いの運転する車により、当家にとってかけがえのない娘の命を失いました。十九歳と四ケ月の生命が酒のために亡くなったことを思う時、酒が人生にまた社会にどれ位不幸をもたらしているかを考えるだけでゾーッとします》

次に、飲酒が健康をいかに害するかを自分の身近な例を挙げて示した。

《戦後、家庭電器店を開業した人々の中に私と同年の人が五人いましたが、現在まで健在なのは私一人だけです》と現状を明かしたうえで、二人が肝硬変で、一人が脳卒中で、最後の一人は見通しのいい交差点で自動車の衝突事故を起こし、四人が死亡している事実を挙げた。最後の交通事故死の原因には飲酒運転が疑われていた。四人はいずれも晩酌を欠かさない酒好きで、酒豪で通っていた。しかも四人は健康で体力にも自信があり、そのうちのひとりは「百歳まで呑んでみせる」と豪語していた程だった、という。

そして加藤は、飲酒を断罪する。

《結局生きているのは酒も煙草も嫌いな私だけになった。何んと理由をつけようと酒が如何に人生に害悪を与えるかをあらためて考えてみる必要があります。酒酔いドライバーによる悲惨な事故!! 加害者が申し訳ありませんといくら謝罪しても死んだ人は生き還ってこないのです。そしてその人は、酒のために一生重い罪を背負って苦しい人生を送ることになるのです》(傍線、筆者)

もちろん、喫煙に対しても飲酒同様、ヘビースモーカーだった同業者が肺癌に冒されて亡くなったり、手術で入院中など具体的な例を挙げては容赦のない批判を展開したうえで重ねて「禁酒禁煙」を訴えている。

最後に、加藤馨は余生に対する自分の考えを披瀝するとともに、社員には「禁酒禁煙」を呼びかけて随筆を終えている。

《私は今年五月五日で満七十五才となり日本の男子の平均寿命を生きたことになります。余命は自分が生きたこの社会に還元する意味で、さゝやかながら社会奉仕をしながら余生を送りたいと思っています。

皆さん!!　どうぞ楽しい家族の団らんとすばらしい人生を送るために、「酒と煙草」は今すぐやめましょう!!》

加藤馨の随筆から新たに読み取れることは、それまで勧めてきた「禁酒禁煙」の理由や根拠に別の視点が加わっていることである。それは、社員の健康のためという「個人的な理由」から第三者に危害を加えないためという「社会的な理由」へと重心が移ったことである。

馨は社員の健康を守るという理由から「禁酒禁煙」を強く勧めてきていたが、それでも飲酒に関しては家電販売という仕事上の付き合いもあるだろうと配慮して日本酒なら徳利二本まで、ビールなら瓶一本までは認めるという緩やかな「禁酒」であった。ところが随筆では、飲酒がもたらす第三者への深刻な被害を強調するとともに、加害者となった飲酒者の罪深さまでも指摘して《今すぐ》禁酒することを求めているのだ。

このような変化は、忍が酒酔い運転の犠牲となって交通事故死した事実を無視しては考えられない。つまり、社員に《今すぐ》禁酒を勧めなければならないと決断させるほど、忍の交通事故死は馨にはショックだったのである。

その意味では、随筆に娘の理不尽な死に対する馨の静かな怒りが窺えるとともに、その死が彼に与えた衝撃の大きさが垣間見られるのは、当然である。また馨にすれば、新しく「親」と「子」の関係を手探りで作り上げていた最中の忍の死は、あまりにも理不尽であったろう。

加藤馨は、忍の交通事故の管轄だった勝田警察署(現・ひたちなか警察署)に交通安全の碑を寄贈するとともに、同じ道路で事故死が減ることを願って、事故現場周辺に街路灯百灯(七百万円)を寄付しその電気代七年分(約二百万円)を負担した。それらは、馨が娘の死を受け容れるとともに、次へ進むべく気持ちを整理した証でもあったろう。

その後、忍の二周忌が過ぎたころ、道子の友人で愛猫家のひとりが小さな子猫を抱えて柳町の自宅を訪ねてきた。彼女によれば、浜見台霊園の加藤家のお墓参りに行ったところ、忍の墓の回りを鳴きながらうろつく小さな子猫がいることに気づくが、その子猫が忍の墓から離れようとしないため何か気になってしまいそのまま放置することが出来ずに連れてきてしまったというのだ。そこで彼女は、連れてきた子猫を「加藤さんの家で飼って欲しい」と道子に頼み込んだのだった。

道子も、どこか思うところがあったのだろう。

さっそく道子が馨に相談したところ、馨は二つ返事で応じた。ただしそのさい、馨は「じゃあ、その子猫はニン(忍)ちゃんと名付けなさい」と亡き娘「忍」の名前に因むように言ったという。馨も道子も口にすることはなかったが、友人が拾ってきた子猫を忍の生まれ変わりではないかと一瞬でも思ったのではないか。

かくして加藤馨・道子夫妻は、忍が拾ってきた「メイちゃん」、その子供の「ナナちゃん」、そして「ニンちゃん」の三匹の猫と十八年間共に過ごすことになる。猫たちは馨が仕事をする二階の事務所が大好きで、馨の机の上や来客用のソファーや長机の上でくつろいだ。来客があれば、馨と一緒に一階の出入り口までお迎えと見送りに行くのはメイちゃんの役目であった。そうした猫たちの行動は、馨と道子の二人には多くの癒やしの時を与えた。なおメイちゃんは、三匹の中で二十四年と一番長生きをしている。

柳町のオフィスと猫たち

加藤馨は、昭和五十七(一九八二)年三月に社長の座を長男で専務の修一に譲った以降は会長として出店業務のみを担当していたが、それも昭和六十三年の店頭公開以降は次第に修一や担当役員に任せるようになっていた。つまり、経営からの完全リタイアを視野に入れて準備していたのである。

その後、加藤は坂巻道子との再婚および娘・忍の不慮の死を契機に「完全リタイア」への道を加速させていく。

その象徴のひとつは、加藤自ら設立に加わり理事などの要職を務めた茨城県電機商工組合から脱退したことである。道子との結婚から約一年半後の平成三年三月七日、加藤は三月三十一日付けで三十二年間の長きにわたって会員企業であった「カトーデンキ販売」を脱退させる旨を通知したのだ。

「通知書」によれば、加藤は脱退理由としてカトーデンキ販売の企業規模が社員数四百八十名超、資本金も約十億円まで拡大したため、中小企業団体法に基づいて設立されている組合に在籍し続けることに法的な問題があること、さらにその事実が一部の会員企業からも指摘されていたことの二つを挙げていた。

しかし加藤が挙げた二つの「事実」は、道子との結婚に強固に反対し続けた組合の姿勢と考え合わせるなら、脱退へのキッカケを作ったことに過ぎないことが分かる。もともとカトーデンキ販売の企業規模拡大の問題は急に浮上したものでもなかったし、加藤自身も他人から指摘されるまでもなく理解していた。なのにすぐに脱退しなかったのは、カトーデンキ販売の組合への出資金額が企業規模の拡大とともに巨額になっていたため、脱退すると組合の運営に悪影響を及ぼしかねないと心配していたからだった。

そうした心配はもはや理事でもない加藤には不要で、むしろ組合の自立を信じて脱退すべきと判断したのであろう。また、カトーデンキ販売からみれば、大手家電量販店としての今後の発展を考えるなら、無用な「しがらみ」からの解放であったろう。さらに言うなら、組合からの脱退は「経営トップ」として加藤がやらなければならなかった最後の仕事でもあったろう。

二つめは、個人活動の活発化と、それに伴う経営からのさらなる乖離である。

加藤馨にとって、心から「戦友」と呼べるのは入営した歩兵「甲府第四十九連隊」から下士官になるため熊本陸軍教導学校に進学した四十五名の同期生たちである。いわゆる、彼らは「同じ釜の飯を食った」仲間である。

四十五名の同期生たちは卒業後、甲府の連隊にいったん戻るものの、その後は満州の原隊へ復帰する者と新たに編成される第百四十九連隊に加わる者に別れる。加藤は後者の第百四十九連隊に参加したため、満州へ戻った同期生とは再会することはなかった。しかし戦後、小さなラジオ修理業から始めた事業が店頭公開を果たし、加藤自身も会長に退き経営の第一線から次第に距離を置くようになると、同期生たちとの再会を強く望むようになって行ったのだった。

しかし同期生捜しは、難航した。というのも、戦後、加藤たち将校に復員命令が出されたとき、軍関係の書類や資料等を処分するように言い渡されていたため、熊本陸軍教導学校の同期の卒業者名簿も一緒に焼却してしまっていたからである。もちろん、卒業者名簿が占領軍(米軍)の欲しがるような重要な資料かどうかは疑問の残るところだが、加藤は渡してはいけない重要な軍関係の資料と判断し処分していたのである。それゆえ、加藤は復員してきた同期生たちの落ち着き先を探すもっとも有効な手がかりを失っていたのだった。

それでも諦めることなく、加藤は軍隊時代のツテなどを頼りに探し続けた。そんな日々のなか、ある軍隊時代の集まりで同期生の一人に偶然再会するのだ。しかも彼は、加藤が同期生たちの消息を探している旨を訴えると、熊本陸軍教導学校の卒業者名簿を大事に保管していることを教えた。

さっそく加藤は卒業者名簿を借りると、同期生全員と連絡をとった。どうしても連絡がとれないような場合などは、名簿に記載されていた住所にまで出向いて確認することも厭わなかった。その過程で、加藤は熊本の教導学校時代の親友を探し出すことに成功し、再会を果たしている。

そうして同期生四十五名の安否を確認した結果、生存者は加藤を含め十一名しかいないことが分かった。そこで加藤は、その十一名で近況報告や健康を祝い合い、軍隊時代の想い出を語り合う目的の親睦会「一・一(イチ・イチ)会」の設立を諮り、了承されるのである。具体的な活動は、年一回の総会の開催と同日に小宴を催すことである。要は、一泊二日程度の親睦旅行の主催である。なお、「一・一会」の総会は平成七(一九九五)年頃までには開催されるようになっていた。

ちなみに、平成七年はコジマが仕掛けた安売り合戦がヤマダ電機とカトーデンキ販売を巻き込んで「YKK戦争」と呼ばれるまでに本格化した年でもある。

しかもその年の六月には、加藤馨は代表取締役を退き名誉会長に就任している。まさに「完全リタイア」に踏み出していたのだ。そうした一連の行動や決断が可能だったのも、会社の経営全般を社長で長男の修一と専務で次男の幸男に任せられると判断したからに他ならない。

ただその「一・一会」の会員名簿で気になることが、ひとつあった。それは名簿に書かれた「元歩兵第四十九連隊熊本陸軍教導学校出身者」などのタイトルの末尾に「生残者」や「生き残り者」などの言葉が添えられていたことである。

「生存者」ではなく「生残者」という造語が使われていたことで、私はかつて取材した戦争体験を持つ経営者たちの言葉を思い出していた。取材を通して一定の信頼関係が出来ると、彼らはインタビュー後の雑談などで自身の戦争体験を語ることがあった。そのとき決まって、彼らは異口同音に「じつは僕も、死に損ないのひとりなんです」と言い出したものであった。

彼らの言葉に私は当初、強い違和感を覚えた。というのも、「死に損ない」という言葉には自分の生還を素直に喜べない彼らの心情が現れているように感じられたからだ。しかし引き続き彼らの話を聞いていると、生きて帰れたことを当初は喜んでいたものの、時間が経つにつれ、「なぜ自分は生き残ったのか」と自問自答するようになっていったというのだ。そしてその疑問が強い「戸惑い」をもたらすとともに、生還を素直に喜べなくしているのであった。

つまり、彼らの「戸惑い」は戦友と一緒に死んでもおかしくない状況にあったにもかかわらず、「自分だけが生き残った」理由を探し求めたことから生じたものなのである。もっというなら、生き残った自分に「本当に生きる価値があるのか」という存在理由を問い続けなければならない息苦しさである。

その問いに「正解」があるのか――私には疑問であったし、むしろ生還者一人ひとりが得心のいく「自分だけの答え」を見つけるしかないように思われた。たとえば、ファンデーション業界トップのワコールの創業者である塚本幸一は、作戦に参加した日本兵のほとんどが死んだため「史上最悪の作戦」と言われた「インパール作戦」を生き延びた数少ないひとりである。その彼が復員後に日本で見つけた「答え」は「私は、生きているのではなく生かされているのです」というものであった。

さらに「生かされている」という意味について、塚本は次のように説明した。

「(所属した小隊の)五十五名の戦友のうち私を含む三名だけが生き残った。これはどう考えても、自分に特別な能力や体力があって、自分だけの力で生き残れたとは思えない。結局、五十二名の戦友の犠牲のうえに神仏、社会、国家、そういった自分以外の何かの力によって自分は生かされているのだと思うようになったのです。そう考えない限り、自分の生還の理由が理解できません。であるならば、これからの自分の人生は生かされた人生であって、自分個人だけのものではない。敗戦後の日本が再建のために、自分を必要として生かしてくれたんだ。だから、私はその期待に応えようと思った」(傍線、筆者)

要するに、塚本は「生かされている」自分の人生を、いわば「世のため人のため」に捧げることに生き残った理由を見出そうとしたのである。そうした経緯があって、塚本は戦後は日本女性の洋装化が進むと考え、それまで和服で隠していた彼女たちの貧弱な体型をカバーする洋装下着(ファンデーション)事業に乗り出していくのである。

では加藤馨は、「自分が生き残った」理由を何に求めたのであろうか。

加藤は店頭公開を果たした翌平成元(一九八九)年二月に相模湖町に一億円を寄付している。この寄付行為は、前述したように、いつかは故郷・千木良の役に立ちたいという加藤の思いを実現させたものである。その後、代表取締役を退き経営の一線から離れるとそれを契機にそのような寄付行為を本格化させることを表明している。ちなみに、加藤の言葉を借りるなら、「社会奉仕事業」への協力・参加ということになる。

加藤馨も社会への貢献に「生き残った理由」を見出そうと、いや塚本幸一と同じように見出したのかも知れない。

なお加藤の回顧録によれば、平成十八(二〇〇六)年五月までに約五億円余りを「社会奉仕事業」に寄付している。その半額近い約二億二千万円余りは、故郷の千木良(村)に対するものだ。このことからも、加藤の故郷・千木良に対する強い思い入れを容易に想像することができる。

ただ加藤のそうした故郷への「思い」がすべての関係者に届いていたかといえば、それはまた別の問題である。というのも、そうとも言えない「現実」が起きていたからである。たとえば、加藤が八十九歳の時にまとめた『回顧録』には、次のような気になる一節が残されている。

《正しく生きる事に依って誰からも脅迫された事も有りません。その代わりに人にたかられた事は沢山有ります》(傍線、筆者)

「たかられた」とは、いったいどういう意味なのであろうか――そんな私の疑問に答えてくれたのは、加藤馨が残した膨大な資料の中にあった関係者と交わした手紙類であった。そこには、領収書もなく加藤自身も覚えのない一千万円近い使途不明金の行方を問い質す加藤と、それに反論・弁解する関係者のやり取りが書かれていた。

加藤の社会奉仕事業でもっとも巨額な寄付は、店頭公開の翌年に政府の「ふるさと創生事業」に見習って相模湖町に寄付した同額の一億円である。そして次が、平成十六(二〇〇四)年に完成した千木良公民館の建設資金として寄付した一億円である。

前述したように、加藤馨は千木良の加藤家本家を守る長兄の操から「故郷の活性化がうまく進まず、苦労している」様子を聞かされていたため、故郷の役に立ちたいとずっと思ってきていたことから故郷・千木良を合併した相模湖町に一億円の寄付を行っていた。それゆえ馨は、老朽化が著しい千木良公民館の改修工事ないし建て直しへの援助を加藤家本家を通して求められた時も、二つ返事で応じたのである。

千木良公民館は、馨の生家からも近く幼い頃から慣れ親しんだ場所にあった。建て直された千木良公民館は平屋建ての施設で、会議室など部屋数は六部屋でその広さは約二一〇平方メートル、一度に利用できる最大人数は九十名足らずの小さな公民館である。にもかかわらず、建設費が一億円もかかったのは、建物だけでなく内装や設備等が充実したものだったからに他ならない。

じつは千木良公民館の建て直しに関して、加藤馨は建設資金の提供だけでなく設計から内装、音響設備などに至るまで先頭に立って関与してきていた。というのも、地域の活性化のためには、何よりも住民が気楽に集まる、つまり「コミュニティセンター」としての機能を持つ施設が必要だと考えていたからである。その役割を、彼は千木良公民館に期待したのである。

そのためには、住民にとって使いやすく快適な空間を提供する施設(公民館)でなければならなかった。それゆえ、必要な費用を出し惜しみするようなことはなかった。設計でも得心するまで何度もやり直させたし、内装でも同様に得心できるまで何度でも見直したほどであった。極論するなら、椅子のひとつ、いやスリッパのひとつまでも利用者が使う状況を考えてもっとも相応しい製品を選び抜いたものであった。

それほどまでに千木良公民館の建て直しに馨が情熱を注ぎ込めたのは、彼の「故郷の役に立ちたい」という一念からであった。当然、やり直しや見直しの回数が増えれば、費用は増える。しかし加藤馨にとって、それは大した問題ではなかった。もともと「お金の使い方が綺麗な経営者」である馨には、自分が必要と考える経費までケチるつもりなど毛頭なかった。

たとえば、千木良公民館には会議室(定員二十名)が三室あるが、その三室は部屋を区切る壁が移動式になっていて演奏会や発表会などの用途に応じて、定員六十名の「コミュニティールーム」に切り替えられるようになっていた。というのも、平地の少ない千木良では公民館も斜面を利用して建設されており、狭くて限られたスペースを有効利用することは運営上、きわめて大切だったからだ。そうした工夫が、千木良公民館では至る所で施されていた。

また、演奏会を開催する場合に必要な音響設備も、馨自らがスピーカーやアンプなど音響機器一つひとつを選んでいる。しかも、いずれも一級品を選んでいた。なお購入先である最寄りのケーズデンキ店に対しては、馨が会社の関係者だからといって来店客以上の割引きをするなどの特別扱いをしてはならないと強く言い渡している。というのも、特別扱いすることは来店客を差別することになるとともに、店が本来得るべき利益を失うことになるというのが馨の考えだったからだ。つまり、お店は購入者がケーズデンキの関係者であっても、不必要な割引きをして店に損を与えてはならないというのである。

このように加藤馨の「お金の使い方」は、購入先に対してもクリーンなのである。決して費用を抑えるために取引先に不当な要求をしたり、相手を泣かせるようなダーティな手法をとることは決して行なわなかった。それは、建設費の収支の計算書でも同様であった。帳簿には金額の多寡にかかわらず、領収書を添付することが求められたし、馨自身も支払いに対しては必ず領収書を求めた。「正しく生きる」を信条とする馨にとって、税務署から少しでも疑われるような帳簿付けはあってはならないことであった。

しかし千木良公民館建設が完成に近づいたころ、加藤馨は町当局からの公民館建設工事内訳や手元の建設費用の資料などでは収支が合っていないことに気づく。つまり、約一千万円が使途不明金になっていたのだ。加藤は相模湖町の千木良公民館建設委員会の事務局に対し、公民館建設にかかわる正式な決算報告書の閲覧を求めるとともに、自分に公民館建て直しの資金援助を申し入れてきた地元の有力者にも事情を問い質すことにした。

その有力者は、千木良公民館の建て直しに当初から関与しており、相模湖町など行政との「橋渡し役」や「窓口」になっていた。その彼からの返事は、単純明快で「(約一千万円の)カネの使い道は決まっているから、もう(手元には)ありません」というものであった。

加藤馨が残したその有力者との手紙等のやり取りによれば、支払のひとつに千木良公民館の建て直しに尽力してくれた町議など関係者に対し、感謝の気持ちを込めて高級腕時計を贈呈するというものがあった。しかもそのことは、口頭で加藤馨に相談したところ、加藤も快く了承してくれたではないかという弁明が綴られていた。

それまでの加藤馨の経費等の処理及び対応を少しでも知る者であれば、一千万円という大金の使途の相談を「口頭で」受け付け、挙げ句に「口頭で」了承するなどあり得ない。しかし加藤は、その有力者からの弁明の手紙に改めて反論することはしなかったようだ。「口頭で」相談し了承してもらったと言い張る相手に対しては、加藤が何を言っても「水掛け論」で終わってしまうしかないと考えたからであろう。

平成十六(二〇〇四)年五月末、千木良公民館の建設工事が完成し、翌六月からは椅子や机、テレビなど備品の準備が始まる。ちなみに、代金一千二百万円相当の備品は加藤馨から「現物」で寄付されている。

そして千木良公民館の完成式典が七月四日に開催され、寄附者として出席した加藤馨は相模湖町から感謝状を贈呈されている。そこには、故郷に貢献できたことを誇らしげに思い、喜んで感謝状を受け取る加藤の姿があった。その一方で、加藤は千木良公民館建設委員会の事務局に対し、建設費に関する不明瞭な会計処理等についての説明を繰り返し求めて交渉を続けていた。

たとえば、加藤は事務局との文書でのやり取りの中で「不明瞭な会計処理」の問題点をこう指摘している。

《寄付金は町の監査の対象外なのかも知れませんが、勝手に他に流用して支払いを遅らせたりする事は町の為にならないと思いますが、相模湖町では正当なものでしょうか。疑問に思います》

そして事務局に提示した解決策をまとめると――。

一、寄付も監査の対象にすべき、

一、監査は外部の公認会計士など第三者に委託すべき、

一、(寄付金の)決算書は、申請すれば「いつでも、誰でも、すぐに」閲覧できるようにすべき、

つまり加藤は、不明瞭な会計処理は透明性が担保されなければ、永遠になくならないと主張してい

るのである。さらに、加藤は《私なりの経験で書きましたが、合計一〇〇〇万円位無駄が生じたと思って居ります》と結んでいる。ひと言で言うなら、寄付した一億円に対する相模湖町の会計処理には不満だと表明しているのだ。

その「不満」を加藤馨は、いわば実力行使で解消したケースもある。

町議など関係者に対する贈呈が決まっていた記念品の対象を、加藤は町側の反対を押し切って千木良地区(旧千木良村)の全家庭にまで広げたのだ。町議らには腕時計(三十二個)が、千木良の住民の家庭には掛け時計(六百九十七台)が記念品として配られることになったのである。二つの時計代の総額は約七百七十万円であった。

そして加藤馨が閲覧を求め続けた千木良公民館建設費の決算書だが、加藤が入手するのは完成式典から四年後の平成二十年二月である。そのとき、相模湖町は相模原市に編入されており、千木良公民館は「相模湖町立」から「相模原市立」に変わっていた。

加藤が入手した正式な決算書「千木良公民館建設工事決済額」はA4サイズの紙一枚に「歳入」と「歳出」が記載された簡単なものであった。この決算書から分かるのは、時計代金の予算が当初、一千万円だったことだ。記念品代は「備品分」として八百万円が計上され、さらに「時計の残金」として二百万円余りも計上されていた。要するに、記念品代は配送料を含めると八百万円になったということなのであろう。

この決算書に、加藤馨は次のような書き込みをしていた。

《この決算書は内容が少し変へてあって適正でない点が有りますが、私の方に報告がなく(平成)二〇年二月十八日に〇〇さんから送られて来てはじめて知りました》

千木良公民館のような極端なケースではなくても、加藤馨の社会奉仕事業がいつも周囲からの十分

善勝寺梵鐘完成式典．前列左から長兄・操氏と馨氏，後列左から二番目は道子夫人

な理解をえられていたわけではなかった。たとえば、加藤の故郷・千木良への最初の貢献は、前述のように相模湖町への一億円の寄付だが、次は加藤家本家の菩提寺「善勝寺」への梵鐘(寺の大きな釣り鐘)並びに鐘楼堂(釣り鐘堂)修復工事等の費用として二千万円の寄付である。

もともと善勝寺への寄進の経緯は、本堂など建築物の老朽化が進み、大改修の話が関係者の間で持ち上がったとき、本家の長兄・加藤操から馨の元に檀家として加藤家も改修に協力したいと相談されたことが始まりである。その後、菩提寺との話し合いで加藤家としては梵鐘と堂の修復関係のすべての費用を負担することになったのだ、という。とくに釣り鐘は、戦時中に日本軍から軍事用途(銃弾など)の金属として供出を求められ、それに応じた寺には戦後も釣り鐘がなかった。つまり善勝寺も、釣り鐘を持たない寺のひとつであった。

平成十一(一九九九)年九月、秋の彼岸のある日、善勝寺では梵鐘並びに鐘楼堂の完成式典が執り行われた。加藤馨は長兄の操とともに列席した。鐘楼堂の柱に掛けられた木板には「奉納」と木彫りされた赤字の下に「加藤操殿」と「加藤馨殿」が寄進者として連名で記されていた。また、梵鐘本体にも寄進者として二人の名前が彫られていた。

式典では、二人は大役を果たした解放感からであろうか、どこか誇らしげな表情をして並んで座っていた。馨にとっても、「故郷の役に立ちたい」という思いが実現されたと感じられる瞬間であったろう。

しかし加藤はその後、故郷の役に立つことができたという達成感に浸っていられなくなる。というのも、善勝寺への寄進を聞きつけた周辺の寺院の関係者たちが、自分たちの寺にも同様の寄進をして欲しいと水戸の加藤の事務所を相次いで訪れたからである。加藤は寄進を求める関係者たち一人ひとりから各寺院の事情を聞くとともに、自分の助け(寄進等)を必要とする理由を問い質した。加藤にとって、社会貢献という意味の寄付行為には何の抵抗も蟠りもなかった。

そのためには、周辺の寺院の求める寄進が加藤の「社会奉仕事業」の目的や意義に沿ったものでなければならなかった。つまり、加藤が寄進する必要性の有無の問題である。少なくとも、加藤自身が「必要だ」と確信できなければならない。

結論から先に言えば、加藤馨が寄進の必要性を認めた寺院はひとつもなかった。

同席した妻の道子によれば、周辺寺院の関係者の話からは「貰えるものは、何でも貰っておこう。貰っておかないと損だ」という印象しか残らなかった、という。加藤の善勝寺への寄進は、周辺の寺院関係者には彼の社会奉仕事業の一環としてではなく、たんなる金持ちの道楽ぐらいにしか理解されていなかったのである。

しばしば「善意は理解されにくい」と言われるが、加藤馨の社会奉仕事業活動も同様の問題を抱えているということであろうか。ある意味、加藤の善意は「枯れ木に花を咲かせようとする」行為に似てなくもない。それでも妻の道子によれば、加藤馨の社会奉仕事業への情熱が衰えることはなかった、という。

なお、加藤馨は高等科まで学んだ「千木良小学校」にも備品代として三百四十万円余り寄付をしている。これを加えると加藤は、故郷・千木良の社会奉仕事業に合計で二億二千三百四十万円余りを寄付したことになる。

一方、第二の故郷である水戸市に対しては、加藤馨は社会奉仕事業として約一億二千六百万円を寄付している。その中で最大の寄付額は、小中学校で起きていたイジメ自殺など悲惨な事件を防ぐ対策費としての一億円である。

加藤馨は、戦争体験もあって命の尊さや大切さ、他人と争うことの無益さを痛感し、良好な人間関係を大事にしてきた。それゆえ修一や幸男の二人の子供たちに対しても、幼い頃から隣人と仲良くすることや友だちを大切にすることを繰り返し教えていた。

そのように生きてきた加藤にとって、新聞やテレビなどマスコミが伝える小中学校でのイジメによる自殺や不登校などの事件は当初、とても信じられないものであった。しかも加害者が同級生など同じ学校の生徒だと知ると、そんな荒廃した学校の教育現場を変えたい、何か自分に出来ることはないかと絶えず考えるようになっていった、という。

とくにイジメで自殺に追い込まれた生徒の親御さんの心境を思うと、加藤は居たたまれない気持ちになった。というのも、無謀な酒酔い運転が引き起こした交通事故でひとり娘の忍を失った加藤には、娘の死が加藤と妻の道子を失意のどん底に突き落とし、深い悲しみに長く苦しめられたことを思い出させるからだ。加藤は「どんな形であれ、子供が親より早く死ぬことほど親不孝なことはない」と強く思った。

そこで加藤は、老齢の身の自分に出来ることは私財を処分して寄付することしかないという結論に至るのである。

平成十一(一九九九)年四月十五日、加藤馨は水戸市役所に市長の岡田広を訪ね、持ち株を処分して作った一億円の小切手と手書きの「寄付金趣意書」を手渡した。その趣意書には、次のような加藤のイジメ防止への切なる思いが綴られていた。

《謹啓　小、中学校の学生等の苛めに依る不登校や自殺等の不幸な出来事をマスコミを通じて知る者でございますが、こうした問題を知る度に身を切られるような思いが致して居ります。私老齢の身でこうした事の防止に無力で残念でしたので、この度、私財の一部を売却して一金壱億円を用意出来ましたので水戸市に寄付し市内小、中学校のこうした悲しい問題の防止に役立てて頂き度くお願い申し上げます》（傍線、筆者）

しかし一年後、加藤が寄付した一億円は、彼の「寄付金趣意書」からは想像もつかない「モノ」の購入に使われ、披露される。というのも、水戸市が児童に天体観測の機会を与えるという教育目的で天体望遠鏡及び積載して移動する天文車を、加藤の寄付金一億円を基に購入したからである。さらに、その移動天文車の稼働開始記念式典を市内の小学校で開催し、生徒や関係者に披露している。

移動天文車には、十二等星以上の星が観測できる直径三〇センチの反射式望遠鏡一台と直径二〇センチの補助望遠鏡三台、加えてビデオプロジェクターや発電機など星座観測に必要な機材も搭載されていた。なお天文車は小中学校の理科教育に活用されるとともに、地域の天体観測会などにも貸し出され、利用される予定になっていた。

式典では市長の岡田広が「多くの人に親しまれ、愛される天文車になるように期待する」と誇らしげに挨拶したのに対し、寄附者として招かれていた加藤馨は「星を見ることも大切だが、友だちと仲良くし、いじめられている人がいたら身体を張って守る勇気ある行動をして欲しい」と参加していた生徒たちに呼びかけたのだった。

また加藤は、移動天文車のおかげで天体観測を楽しめた等とお礼の手紙や葉書をくれた生徒に対しては、決まって「勉強することも大切だけども、学校の友だちと仲良くすることはもっと大切なことだから、忘れないで欲しい」旨の葉書を返している。

イジメ防止のために使われるはずの加藤の寄付金が天体望遠鏡に化けた理由は寡聞にして知らないが、善意に解釈すれば、子供の教育全般に広く役立てたいという水戸市および教育委員会の大所高所からの判断なのであろう。その反面、イジメ問題が解決どころか、逆に深刻化している現状を考慮すれば、水戸市および教育委員会によるそれへの危機感の希薄さの証だとも言えなくもない。

いずれにしても、加藤馨が寄付の趣旨を事あるごとに、小中学校の生徒たちに対して繰り返し説明しなければならない「現実」は変わらなかった。

その他の水戸市への寄付には、市制百周年事業や老人福祉センターのマッサージ機器や公民館の備品および設備更新などがある。また、水戸市内の日赤病院や済生会病院、城南病院など医療機関に対しては二百三十万円を寄付している。

なお水戸市以外の茨城県内の市町村に対しても、一市町村当たり百万円から二百万円の金額を福祉事業に寄付しており、その合計は一億三千万円になる。

このような行政等の組織を通じての社会奉仕事業以外にも、加藤馨が直接、当事者に寄付したケースもある。時系列でいえば、むしろ当事者への寄付こそが加藤の社会奉仕事業活動の始まりであり、その経験からもっと広く社会の役に立ちたいという彼の強い思いが行政等への働きかけになったのだと思われる。

最初のケースは平成元(一九八九)年九月に、旧満州(中国東北部)に置き去りされた残留婦人たちの引揚事業に寄付した一千二百万円である。そのキッカケとなったのは、加藤馨が同年九月二日に放送されたＮＨＫのドキュメンタリー番組『ＮＨＫスペシャル　忘れられた女たち〜中国残留婦人の昭和』

を視聴したことである。

戦前から戦中にかけて、日本は占領した中国東北部に傀儡国家「満州国」を樹立し、その広大な土地の開墾・開拓のために多くの日本人を送り込んだ。その対象となったのは、貧しい農家とその家族たちで、村全体をそのまま移転させる大規模な移住も珍しくなかった。その象徴が、国策「満蒙開拓団」(約二十七万人)である。

しかしその満蒙開拓団の家族たちが、貧しさから解放されることはなかった。敗戦が色濃くなった昭和二十(一九四五)年八月九日、日ソ不可侵条約を破って旧ソ連軍が突如、ソ満国境を越えて侵攻してきたからだ。旧ソ連軍の攻撃を避けて逃げ惑うなか、日本の敗戦で逃避行はさらに混乱を極めた。開拓団は逃避行中に現地の中国人に襲撃されたり内戦に巻き込まれたことから、家族と死別したり生き別れたりするなど多数の犠牲者を出してしまっている。中には、中国の地にそのまま置き去りされた人たちがいた。彼らは「中国残留邦人」と呼ばれたが、その実態は殆どが「開拓団」関係者たちであった。

なお日本政府はその後、中国残留邦人を敗戦時に十二歳以下で身元の判明しないものを「中国残留孤児」と呼称し、それ以外は「中国残留婦人等」と呼称して分類した。ただし十三歳以上の残留邦人は女性が圧倒的多数を占めていたため、「等」を略して「中国残留婦人」と呼ばれることが多い。

しかし中国に置き去りにされた彼らの帰国は、遅々として進まなかった。日本政府が中国残留邦人の問題を軽視し、むしろ逆に「戦時死亡宣告」や「自己意思での残留」として対応してきたからだ。その後、昭和四十七(一九七二)年九月に日中国交回復が実現すると、残留邦人の問題解決に向けた民間の活動が日本政府を動かし、中国残留孤児の身元及び肉親捜しが始まる。ただし身元が判明しても日本政府は「個人の問題」という立場だったため、彼らの帰国には日本在住の親族の協力や身元引受人が必要であった。

他方、中国残留婦人の帰国は「残留孤児」よりも、さらにハードルが高かった。というのも彼女たちの多くは、過酷な逃避行の中で家族を養うため(食料確保のため)、ないしは自ら生き残るため現地の中国人男性と結婚し、戦後も中国で暮らしていたため、日本政府から「自分の意思で(中国に)残った」と判断されていたからである。

それゆえ、平成六(一九九四)年に「中国残留邦人支援法」が施行されて希望すれば永住帰国が出来るようになるまでは、国からの援護をほとんど受けられなかった。その意味では、NHKのドキュメンタリー番組のタイトル通り、彼女たちは「忘れられた女たち」であった。

NHKは「忘れられた女たち」の中国取材でナビゲーター役として、満蒙開拓団の一員だった中島多鶴に同行を依頼している。つまり、中島の目を通して「中国残留婦人」が置き去りにされたことで味わった過酷な人生、そして帰国を望みながらも帰国できない現状を紹介したのだ。その結果、中国残留婦人の存在とその問題が社会から広く周知されることになった。

中島多鶴(旧姓、新井)は戦前、十五歳の時に両親と三人の妹、弟の七人家族で満州へ渡った。新井家は長野県・泰阜《やすおか》村の農家で、村は天竜川の東側に位置する山あいの寒村であった。新井家もまた、満蒙開拓に一家の明るい将来を托した貧しい農家だったのである。

多くの県が「満蒙開拓」の国策に従って開拓民を送り出したが、中でも長野県は送出数では全国一を誇った。泰阜村(当時、戸数七百六十五戸・人口約五千人)からも多くの開拓民が満州へ渡り、開拓団として「泰阜村分村」(戸数二百十九戸、一千六十七人)を作るほどであった。

中島多鶴は、現地の看護婦養成所に入学して資格を取得すると、泰阜村開拓団の診療所の看護婦として働き始める。しかし戦局の悪化にともない、父親と弟の二人は現地で応召されてしまい、新井家は大切な働き手を失ってしまうのだ。そのような環境下で、前述したように敗戦の混乱の中、母親は子供を抱えての逃避行を余儀なくされる。そしてその途中で、中島多鶴は母親や妹たちと離れ離れになってしまうのである。

中島は、他の開拓団の人たちと帰国を目指して新京の街に着く。すると、引き揚げを差配していた日本人会から「日本人孤児約四百人を日本に戻すのに看護婦として付き添ってくれるなら」という条件を提示される。中島は二つ返事で応じ、早期帰国を果たすことになる。とはいっても、日本の敗戦から一年が経っていた。

中島多鶴がひとりで泰阜村に戻ると、村では「開拓団は全滅した」と聞かされていたため村人は驚愕したという。自宅では、一足先に中国から復員してきた弟が待っていた。父親が抑留先のシベリアから復員してくるのは、中島の帰郷から二年後のことである。母親が妹をひとり連れて戻ってくるのは、さらに五年後の昭和二十八年の夏だった。満州で女子が二人生まれているので、新井家は娘を四人も失ったことになる。

中島多鶴が泰阜村の保健婦として働く傍ら、中国残留婦人の帰国支援活動に深く関わるようになるのは、一緒に満州に渡った幼馴染みの突然の帰国で、中国に取り残された彼女たちの事情を知ったことからである。その幼馴染みも戦後、生きて行くために中国人男性と結婚して残留婦人になっていたが、望郷の念から昭和三十三(一九五八)年五月に自費での一時帰国を果たすのである。

中島は幼馴染みとの再会で、中国には帰国出来ないでいる泰阜村出身の残留婦人がまだ数多く残されている現実を知り、彼女たちの帰国支援に奔走するようになる。そのために中島は、日中国交回復の前から旧満州を訪れては残留婦人を探し続けた。そして、三十二人の泰阜村出身の残留婦人が生存していることを確認したのだった。

その時から中島多鶴は、泰皐村の協力を得て三十二人全員の帰国実現という目標に向かって懸命な支援活動を開始したのである。しかし前述したように、中国残留婦人は「自分の意思で残った」という日本政府の判断のため、国からの援護などはほとんど期待できなかった。一方、日中国交回復が実現し中国残留孤児の帰国が始まると、中島は残留孤児たちの帰国支援にも奔走するようになる。帰国後の身元保証人が見つからないなか、探すだけではなく自ら九家族三十八人の身元保証人を引き受けて帰国を実現させている。

このように中島の帰国支援活動は、残留婦人から残留孤児へと広がっていくのである。泰皐村出身者から残留婦人全体へ、さらに残留孤児へと拡大し、すべての中国残留邦人に彼女の関心は向けられて行ったのだ。そして彼女の支援活動は、昭和五十八(一九八三)年に泰皐村の保健婦を退職した後も続けられた。そんな中島の支援活動歴に目をつけたのが、NHKだったのである。

ドキュメンタリー番組「忘れられた女たち」は、放送後に大きな反響を呼ぶことになった。時代に即した適切なテーマだったことも理由のひとつだったろうが、それ以上にナビゲーター役を務めた中島多鶴の残留婦人を全員帰国させたいという一途な思いや、帰国支援に孤軍奮闘する姿が多くの視聴者の胸を打ったことは間違いない。というのもその後、中島のもとには残留婦人の帰国実現の費用に使って欲しいと全国から二千万円を超える寄付が寄せられたからである。

そのうちの半額近い一千万円は、加藤馨が泰皐村出身の残留婦人三十二名の帰国支援の活動資金として寄付したものである。さらに加藤は、残留邦人の帰国を支援する「春陽会」に対しても百万円を寄付している。

加藤は、なぜ中島の「個人的な」帰国支援活動に対し一千万円もの大金を寄付したのであろうか——。考えられる理由は、次の二つである。

ひとつは、加藤自身が旧満州に駐留した経験を持ち、極寒の厳しい環境の地における開拓の辛さを知っていたため、その苦労に耐えてきた開拓団の家族を置き去りにした日本政府の非情さに義憤を感じてのことだったのではないか。

二つめは、前述したように加藤にも初年兵の時に旧満州で軍上層部から命を軽んじられた経験があるため、日本政府から置き去りにされた残留婦人たちの不遇な状況に同情するとともに、他人事のように思えなかったことであろう。

いずれにしても、加藤馨の一千万円が中島の帰国支援活動に大きく貢献したことだけは、確かである。というのも、一時帰国していた泰皐村出身の残留婦人たちが中国に戻ってからお礼と感謝の手紙を加藤にたくさん送ってきたからである。日本に帰らせてやりたいという加藤の善意が、彼女たちに通じたのであろう。

なお手紙は中国語で書かれていたため、茨城大学の中国人留学生に翻訳を依頼し、日本文にしてから目を通している。

次のケースは翌平成二年七月に成田空港で起きた盗難事件で被害者となった日系ブラジル人の出稼ぎ労働者に対して、同情した加藤馨が損害金全額を補填する形で寄付した二百十八万円である。

この盗難事件は出稼ぎを終えた日系人夫妻がブラジルへの帰国便を待つ成田空港で、七月十一日に二万五〇〇〇ドル(約二百十八万円相当、当時のレート)を盗まれたというものだ。加藤馨は盗難事件を伝える読売新聞を読んで、母国から遠く離れた日本にまで出稼ぎに来て得た大切なお金を全額失った日系人夫妻に心から同情した。

なんとか力になってあげたいと考えたものの、日系人夫妻の連絡先が分からなかったため、加藤は読売新聞の水戸支局を通じて記事を書いた成田支局に連絡し、被害額を全額寄付したいので日系人夫妻に取り次いで欲しい旨を伝えた。読売新聞側は仲介を引き受けたものの、二人の帰国便が十三日夕と迫っていたため、加藤は新聞社を通じて被害金額に相当する二百十八万円を贈ることにしたのだった。

十三日午前中、日系人夫妻には成田空港で読売新聞(成田支局)を通じて加藤からの励ましの手紙等が添えられた現金二百十八万円が手渡された。そのさい、盗まれたお金はブラジルの自宅の建て替え資金であったことを明らかにしたうえで、加藤からの二百十八万円で予定通り建て替えができる、と二人は涙を浮かべて喜んだという。

日系人夫妻は十三日の夕、帰国の途についた。その後、日系人夫妻からは加藤馨の自宅へコーヒー豆の贈り物が届き、別便で感謝の気持ちを表した暑中見舞いの絵ハガキも着いていた。そこには「いつか再び日本を訪れて、恩返しがしたい」と綴られていた。

一方、加藤の善行は、意外な影響を及ぼしていた。

日系人夫妻の盗難事件を報じた読売新聞の記事を読んだ読者から加藤の自宅へ、被害額全額を寄付した行為を賞賛する手紙が二十通ほど届くが、その中の一通は差出人の住所が拘置所になっていた。その手紙は《傷害事件を起こし、(いまは)拘置されている身》であることを明かしたうえで、記事を読んで感想が次のように綴られていた。

《今回の事件を機に、人に対して思いやりの心を持った人間になれるように一からやり直そういう決意をしました》

加藤馨は予想もしなかった反響に驚くと同時に、もし自分の行いが罪と向き合い更生するキッカケになるのであれば、これほど嬉しいことはないと思った。

このように、加藤の当事者への直接の寄付行為から分かることは、その影響が個人に留まらず社会へ広がっていることである。つまり、加藤が直接当事者に寄付するにしても、それに相応しい個人や個人の活動を選べば、加藤の真意は広く社会へ伝わり、第三者に対しても良い影響を及ぼすことが出来るということだ。

この二つのケースの経験から加藤馨は、社会奉仕事業としての寄付行為の意義を確信した、少なくとも理解を深めたものと思われる。それゆえ、その後の故郷・千木良や水戸市への多額の寄付を決断できたのではないか。

第十六章　戦争体験者からの最後の訴え

加藤馨の日常は、坂巻道子との結婚を機に大きく変わっていく。

その象徴は、加藤の表情から「経営者の顔」が次第に姿を消していったことである。その代わりに見せるようになったのは、平和な日常を楽しむ、どこにでもいる「ご隠居さま」の姿であり、まさに「好々爺」のそれそのものであった。

加藤は、しばしば「外出」を楽しむようになった。

四季の花が咲けば、お花見に出かけ、大好きな川魚が食べたいと毎年遠出をすることも厭わなかった。また、春と秋の年に二回は必ず「国営ひたち海浜公園」(ひたちなか市)の大観覧車に乗りに行くのは、加藤の年中行事になっていた。この大観覧車(海抜一〇〇メートル)からの眺望は素晴らしく、十五分間の浮遊を楽しんだ。道子によれば、加藤はなぜか高い所が好きで春・秋以外にも気が向けば、ふらっと出かけていたという。もちろん加藤の傍には、いつも道子の姿があった。

さらに加藤は、新しい家族への心遣いも忘れない。足の悪くなった道子の母を車椅子に乗せてバラ園に連れて行くことも、彼の楽しみのひとつであった。

加藤馨の周囲には、新しく家族に加わった「坂巻ファミリー」を始めケーズデンキを退職した従業

いつも二人一緒の加藤夫妻(ひたち海浜公園チューリップ園)

員、道子が世話になった友人たちなどが、自然と集うようになった。加藤家からは、取締役を退任してから次男の幸男が参加するようになった。ちなみに長男の修一は当時はまだ代表取締役兼CEO(最高経営責任者)の座にあり多忙を極めていたため、幸男と同じようには「集まり」に参加することは出来なかった。

加藤馨はそれぞれのグループと、時にはグループを超えて集まった人たちとの「ランチ会」を楽しんだ。ランチ会と言っても、加藤にとっては会食そのものよりも会話を、それもありふれた日常の出来事を誰に気兼ねすることなく語り合うことが目的であった。加藤は参加者との自由な会話を楽しみにしていたのだ。会場には、水戸のホテルのレストランなど加藤の行きつけの店が選ばれることが多かった。

道子によれば、加藤は家族や親しい友人、ケーズデンキを退職した後も加藤を慕って訪ねてくる人たちなどと会って話しをしたり、一緒に食事をすることが本当に好きでいつも楽しみにしていた、という。

そして加藤の周囲に集まるのは、何も人間だけではなかった。自宅では、三匹の猫が加藤の傍にいつも居た。娘の忍が拾ってきたメイちゃんとその子供のナナちゃん、道子の友人が浜見台霊園で見つけたニンちゃんの三匹である。さらに冬を跨ぐ寒い時期には、二階のベランダの手すりには毎朝、餌を求めてスズメやメジロ、ツグミ、シジュウカラなどの小鳥が鈴なりになった。というのも、ベランダには加藤が餌箱を設置し、毎朝決まった時間に餌を入れてくれるからだ。とくに冬場の餌が少ない季節には、たとえベランダに雪が積もる厳しい寒さの中でも、それに耐えながら小鳥たちは加藤がベランダに出てくるのを待った、という。

加藤以外の人間がベランダの餌箱に餌を入れても、小鳥たちは決して食べようとしなかったからだ。そのため、加藤が寝坊して餌やりの時間に遅れる時などは、待ちくたびれた小鳥たちの「催促」の鳴き声が近所迷惑になることを恐れ、道子は「小鳥さんたちが待っていますよ」と言って起こすのだった。

さらに加藤は、千木良時代のように「土と親しむ」暮らしも謳歌するようになる。

そのキッカケを与えたのは、鹿嶋市に住む道子の弟、五男・平八郎だった。坂巻平八郎は大阪のオーディオメーカー「オンキヨー」(修理部)を定年まで勤め上げた後は、鹿嶋市に土地を購入して自宅菜園を始めていた。その成果を披露する意味もあって、加藤夫妻を自分が植えたサツマイモの収穫に招待したのである。要は、初めての作物のサツマイモを一緒に収穫しましょうと誘ったのだ。

しかし一行が現地に到着してサツマイモを掘り始めると、極端に曲がったり大きさもまちまちだったり、まさに形も大きさも不揃いなサツマイモのオンパレードであった。そんなサツマイモに加藤はすぐさまダメだしを連発した。故郷・千木良の農家だった加藤家の三男として畑仕事を手伝った経験がある加藤にすれば、しかも彼の几帳面な性格を考慮するなら、義弟の平八郎がサツマイモ作りの素人だと分かっていても、どうしても何かひと言は言わずにいられなかったのであろう。

翌年から加藤馨は義弟のサツマイモ作りの「センセイ」になった。

サツマイモの栽培時期は五月中旬からの苗植えから始まるが、それまでに「土作り」を終えなければならない。サツマイモは陽が良くあたる通気性に富んだ乾燥した土を好むため、土をよく耕して水はけと通気性をよくする必要があるからだ。具体的には幅四五センチ、高さ二〇センチから三〇センチ程度の畝《うね》を作ることである。

そのうえで作りたいサツマイモの種類(いまなら紅はるかや安納芋など)の苗を準備し、株間三〇センチ、深さ一〇センチ程度の楕円形の植え穴を作ってから植え付けを行うのである。植え付けは、おおむね植え穴の底に寝かせるように苗を置いたら、土をかけて押さえつければ終わりである。

加藤の指示に従って植え付けられたサツマイモの苗は順調に育っていき、十月頃の収穫期には道子によれば、商品として市場に出しても通用するほど見違えるほど形も大きさも整った立派なサツマイモになっていた、という。

加藤は、思った通りのサツマイモ作りが出来たことに気を良くしたのか、次は西瓜作りに挑戦した。食べ終わった西瓜から種を集めて綺麗に水洗いなどの処理を施したあと、種まきを行うのだ。加藤の種まきは、土の上に種を蒔いてその上から浅く土を被せるやりかたであった。結果から先に言うと、彼の蒔いた西瓜の種は、見事な小玉に成長した。なお西瓜の栽培の成功がよほど嬉しかったのか、加藤は小玉を抱えて満足そうな表情をした自分の写真を撮らせている。

かくして加藤馨は、日々の「平和な日常」を満喫するものの、だからといって「平和な日常」に埋没していたわけではない。中国残留婦人の帰国支援活動に寄付した以降も、世の中に役に立ちたいという思いから社会奉仕事業として多額の寄付を続けていた事から分かるように、むしろ社会への関心を強めるとともに関与も進んで行うようになっていたからである。

言い換えるなら、日々の「平和な日常」を守るため、相手が国家であろうが何であろうが、誰からも平和な暮らしを邪魔されないために社会にアンテナを張り巡らし、たえずその危険に注意を払ってきていた。それが、社会の平和のために何か役に立ちたいという加藤の思いであったろう。

そして、戦争を体験したことのない政治家、つまり二世や世襲政治家が台頭し、日本の政治の中枢に進出していき、好戦的な雰囲気を醸し出し始めたとき、加藤馨は看過できなくなり、自らの戦争体験を公的な場所で語るようになった。最初の舞台となったのは、平成八(一九九六)年四月に開催されたケーズデンキの第四十九回「創業祭」である。

創業祭では、加藤馨は名誉会長として挨拶に立った。最初に持論である「人間は健康が一番」を訴え、そのためには自己管理が肝要だと指摘した。ただし、そのために禁酒禁煙を勧めたものの固執することはなく、逆に《八十歳以上まで生きられるように、上手に(酒と煙草を)たしなんでほしいものです》とトーンダウンしていた。

そして、次のように言葉を継ぐのだ。

《では、最後に戦争体験者としてのお願いです。それは、再び(日本が)軍国主義に走らないために、万一、言論・出版の統制が行われそうになったら、絶対に反対して欲しいということ。

それに、「絶対的な権力者」というものはウソです。また、神様や仏様なども、みんな人間が作った偶像です。それらは、自分の心の中にいるのです。神頼みの効果というのは、神様の力ではなく、願う人の謙虚な気持ち、純真な気持ちが効果を生むのです。

ですから、いろいろな宗教に惑わされてはいけません。自分が正しい人間として、職業を通じて社

会に貢献しているんだという気持ちを片時も忘れないで暮らしていれば、人生は恐るるに足らないのです》(傍線、筆者)

さらに翌年の創業祭の挨拶では、加藤は「反戦」にもっと踏み込む。

《第二次大戦では、日本は主として中国・アメリカと戦っていましたが、大敗しました。当時の日本は、残念ながら今の北朝鮮と同じような状況でした。天皇を中心とした独裁政権の国で、言論が統制されていたために反対することが出来ませんでした。(戦争に)反対のことを公の場で言うとすぐに逮捕されてしまいました。

当時の日本国民には国政に賛成する発言は出来ても、反対する発言は出来ませんでした。日本がアメリカと戦い始め、負けることが分かっていても、この戦争が間違っていると大声で言えない。そんな情けない時代でした。

そうした時代を経て軍隊から復員し電気屋を始めようとしましたが、水戸の市内はアメリカ軍の焼夷弾の攻撃を受け、約七割が焼失してしまっていました》(傍線、筆者)

このとき、加藤馨は八十歳、名誉会長に退いてから二年後のことである。

しかしその後の創業祭では、なぜか加藤は戦争体験を語ったり、戦前・戦中の政治体制や戦争そのものを批判するようなことはなくなった。創業祭で語る内容としては不適切という批判が社内にあってのことなのか、そしてそれに配慮しただけのことなのか——それらを含めて詳細は不明である。

他に考えられることは、次のような場合であろう。

個人商店だった加藤電機商会が家電量販店グループを形成するまでに成長したことで従業員数は急増し、それにともない加藤が知らない社員も多くなった。当然、いろんなタイプの従業員が集まったし、それによって加藤馨との価値観の共有は難しくなる。つまり、創業期のような打てば響く人間関係は大企業になったケーズデンキでは失われてしまい、創業者としての自分の思いや考えを話しても伝わりにくくなっていると感じたのであろう。有り体に言ってしまえば、いくら話しても無駄だと思い、諦めたのである。

そう加藤が感じる兆候は、たしかに社内にはあった。

社員の健康を願って「禁酒禁煙」を一貫して勧める加藤馨だが、たんに言葉だけではなく社員のモチベーションを考えた方法を採っている。たとえば、加藤は「禁煙賞」を設けて、禁煙の成功者には創業祭での表彰と金一封の授与を約束している。その禁煙賞の主旨は《喫煙が健康上極めて有害であることを深く認識し、禁煙を終生守ることを確約した社員に》対して贈られるというものだ。なお授賞資格は禁煙誓約届書なるものを会社に提出し、その後一年以上の禁煙を守った社員であることだ。

ところが、肝心の受賞者が一人もいない創業祭が散見されるようになる。堪りかねた加藤馨は、五十周年記念の創業祭の挨拶で、次のような苦言を呈した。

《創業祭表彰式の中でひとつだけ残念だなと思うのは、禁煙賞で表彰された方が一人もいないということです。煙草は害こそあって益はひとつもない、軽い麻薬です。喫煙者が肺癌になる確率は吸わない人の十倍です。記憶力など人間としての能力も一割は低下します。私が止めろと言ったから止めるのではなく、煙草を吸うことが自分のために、社会のために、家庭生活のために、いかに害があるかということを自覚して進んで煙草を止めていただきたいと思います》(傍線、筆者)

後段部分は、煙草を吸い始めた若者を諭すような話し方である。それまでも繰り返し喫煙の害を説き、禁煙を勧めてきたことを考えるなら、加藤にすれば自分の言葉、自分の気持ちや本意が社員から理解されなくなってきていると考えても無理はない。つまり、加藤は価値観を社員と共有することが難しい環境になったと理解し、再びゼロから社員に呼びかける覚悟をしたのかも知れない。おそらく一抹の淋しさを感じたのではなかろうか。

その半面、加藤馨を慕う集いの場は賑やかになっていく。店舗の販売員として高い評価を得ていた「スーパー・パート従業員」とも言うべき冨田松枝が、平成十六(二〇〇四)年にケーズデンキを退職して「ランチ会」に参加するようになったり、加藤の周囲にはさらに多くの人たちが集まるようになったからである。

冨田は、退職した理由をこう話す。

「本店も大きくなって、私の仕事もずっと楽しいままだったんですが、ほら何というか。二人の子供も学校(高校)を卒業して大きくなったし、私も「頑張って」という気持ちがなくなったの。自分に「頑張って」という気がないのに、ダラダラと仕事へ行ってたんでは、私は給料泥棒になってしまうと思ったんだ。だったら、もういいやと辞めたの。そういう性格ね、私は。その分(冨田の給料相当額)を誰かに譲ればいいんだから」

一方、冨田の退職を知った加藤馨は、長男で当時社長だった修一を呼んで「(冨田は)長い間、(ケーズデンキのために)よく働いてくれたのだから、退職金を五百万円払ってやってくれ」と頼んだのだった。

修一は冨田の販売員としての働きぶりが職場でも高い評価を得ていたことは承知していたし、その働きぶりを会社として正式に報いたいという父・馨の気持ちも十分過ぎるほど分かっていたものの、ただただ困惑するしかなかった。というのも、ケーズデンキは当時、すでに東証一部の上場企業で創業家出身の社長といえども、何でも自由に出来るわけではなかった。会社は労働基準法等に基づき、労働条件等を具体的な細目にした「就業規則」を作成し、それに従って従業員を働かせていたからだ。

たとえば、退職手当(金)についても、受給資格のある従業員の範囲や、退職金の計算方法・支払い方法及びその時期等も決められていた。

それゆえ、ケーズデンキでも当然、退職金の支払いに関しては就業規則に則って行われるため、創業者とはいえ、馨の意向に応じるわけにはいかなかった。それに修一が困惑したことからも分かるように、そもそもケーズデンキの就業規則は冨田松枝のようなパート従業員を退職金支払いの対象者にしていなかった。ケーズデンキは仮にパート従業員に退職金を支払いたくても、その術を持たなかったのである。

加藤修一は父・馨に対し、就業規則に従うため冨田松枝には退職金を出せない旨を伝えるとともに、冨田の功労に対しては会社として出来ることは最大限行うのでそれで了承して欲しいと返事したのだった。馨は修一の返事に納得したのか、とりたてて反駁するようなことはなかった。

その年の創業祭で、冨田松枝は長年の功労を讃えられ表彰される。そのさい、金一封が贈られた。表彰式が終わったあと、金一封の中身を確認した冨田は、想像した以上の金額の多さに驚かされ、その足で加藤馨を訪ねた。冨田は「私にばかり、(お金を)くれちゃっていたら、その後はどうなんの。(今後は表彰者には必ず金一封を出すことになれば)大変だね」と声をかけた。それまでなかった金一封を自分に出したことで慣例化し、馨の負担が続くのではないかと危惧したのだ。

それに対し、加藤馨は平然と、そして微笑みながらこう言い放つ。

「後にも先にも、これっきりだから」

つまり、金一封は冨田限定なので心配無用というのである。

私は「金一封」の出所を知りたくて修一に会社の関与を問うたところ、彼は「会社からは(金一封には)一銭も出していません。おそらくオヤジが、ポケットマネーから出したのだと思います」と返してきた。

このエピソードから分かるのは、加藤馨にとって社員であろうがパート従業員であろうが、働きに応じて等しく評価されるべきである、という創業以来変わらぬ彼の経営姿勢が堅持されていることである。同時に肝要なことは、その対価がきちんと支払われることであった。会社が本来支払うべきだと考えていても、就業規則で払えないというのなら代わりに払える人間が払えばいいというのが加藤の考えなのであろう。その意味では、加藤自身は報酬の支払い元をあまり重要視していなかったのかも知れない。

次の私の関心事は、加藤馨は退職金として五百万円を支払って欲しいと修一に申し入れたが、冨田にポケットマネーで支払った「金一封」の金額も同額の五百万円であったか、ということである。

金一封は五百万円だったのか——冨田松枝にストレートに訊ねたところ、彼女は否定も肯定もせず「会長(馨のこと)から創業祭の時に、お金をいただきました」と金銭の授受があったことは認めたものの、重ねて金一封の金額を問う私に対しては笑みを返すだけであった。

冨田は竹を割ったような性格で、どんな質問に対しても率直に語るものの、自分以外に関することに対しては慎重になった。とくに相手の立場や気持ちを配慮する場合には、何も話さずに「微笑み返し」で応じ、慎み深さを感じさせた。結局、私は金一封の金額を知ることはなかった。

冨田松枝が参加したランチ会は、それまで以上に賑やかさを増した。

その理由のひとつは冨田の明るい人柄にもあったが、何よりも毎日のように晩酌するほど酒好きな彼女が、ランチ会ではビールをしこたま呑んでは陽気になって騒いだからである。そして酔えば当然、クルマの運転は出来ない。そこで誰かに送って貰わなければならないのだが、その「大役」を担うのは冨田と親しかった道子の弟の平八郎夫婦だった。ただし、その弟夫婦も冨田の行動に手を焼くことはあったようだ。こう言って、道子に愚痴をこぼすことも少なくなかった。

「冨田さんは嫌だよ。(ランチ会などで)すぐに酔っ払ってしまうし、酔っ払うから(送る時に)クルマの中にバッグでも何でも置き忘れてしまう。それを(私が)後で届けなければいけなくなるから、もう大変なんだ」

しかし愚痴をこぼしても、道子の弟夫婦が酔った冨田を送らなくなることは、その後も決してなかった。その意味では、相手に我が儘を通せるのも愚痴をこぼせるのも、それほど仲が良かったからだと言えるのかも知れない。

そんなランチ会の様子は、加藤馨の目にはどう映っていたのだろうか。

道子は、加藤の気持ちをこう代弁してみせる。

「冨田さんはチャランポラン(な性格)で、私もチャランポランでしたから、もう本当に加藤さんは楽しかったんじゃないですか。加藤さんに言わせれば、チャランポランな人間(と接すること)が楽しくてしょうがない。まあ、チャランポランな人間を自然に受け止めてくれたのが、加藤さんでした」

加藤馨にとって、冨田が子供のために一生懸命に働き生きて行く姿と、ランチ会など普段の生活で見せる「チャランポラン」な姿のギャップの大きさが魅力的だったのかも知れない。つまり、自分とは正反対な性格の振る舞いを楽しんだということになる。

一方、加藤の集いは、周辺に止まることはなかった。

加藤には熊本教導学校時代の戦友たちが集う「二・一会」のメンバーの他にも、東日電時代に一緒に勉強した家電店の店主たちの同窓会から生まれた「三楽会」という懇親会のメンバーというもうひとつの顔があった。

三楽会は毎年、桜の季節には東京・上野の精養軒に集まって「花・酒・語る」をテーマに上野の花見を楽しむ会である。メンバーには、家電店の店主以外にも各メーカーから当時の担当者だったOBも参加しており、同窓会時代よりも門戸はさらに広がっていた。その三楽会で加藤は、専売店(系列店)から混売店(量販店)への転換を目指して共に苦労した同志たちと東日電時代を懐かしむとともに、近況を語り合い、そして励まし合うことで喜びを分かち合っていた。彼らもまた、加藤にとっての「戦友」であった。

加藤馨は名誉会長に就任した以降、経営者の「顔」よりも日常の平和を楽しむ好々爺の「顔」を見せるようになった。そして加藤は、社会への関心を強め「社会奉仕事業」に深い意義を見出すようになった。そんな彼にとって、一番の心配事は自分の健康管理、健康の維持であった。

たしかに加藤は、起業して間もなく健康のため「禁酒禁煙」を始めているし、効率的に仕事を進めるため心身に余計な負担をかけない、つまり働き過ぎには十分すぎるほど気をつけてきていた。それでも、人間は加齢に対しては無力である。

加藤も加齢とともに足腰の衰えを自覚するようになるが、彼の外出好きは変わらなかった。年に二回は乗る大観覧車(国営ひたち海浜公園)行きも欠かさなかったし、ランチ会を兼ねた遠出にも厭わずに出かけた。そのさい、加藤は必ずシルバーカーを利用した。彼にとって足腰の衰えをカバーできるものがあれば、それまでと同じように外出することに問題はないのである。ちなみに、シルバーカーは歩行器とは違い、あくまでも長距離の歩行や買い物などをサポートするためのもので、収納カゴや休憩のために椅子としても使える作りになっている。

このような加藤の合理的な考えは、高齢者の中ではむしろ少数派であろう。足腰が衰えたり足が不自由になった場合、どうしても外出を控えがちになるものだが、むしろ加藤は外出に対して積極的になったと道子はいう。

もちろん、加藤の知人や友人たち全員が、彼と同じような行動をとることが出来たわけではない。外出したくても、持病の悪化などで控えざるを得なかったことも少なくなかったはずである。それが加齢、避けられない老化のゆえである。

そのことは、年に一度開催される「一・一会」でも健康上の理由で欠席する戦友が増えてきていたことからも明らかであり、加藤も身近に感じていたはずである。それゆえ、不参加が分かった戦友には、加藤は季節の贈り物を送るとともに励ましの手紙やハガキを出して元気づけたのである。それに対する戦友からの返信には、加藤の気遣いに感謝する言葉と並んで加齢から来る持病の悪化に悩む様子が綴られたものもあった。

なお、加藤が出席を楽しみにしていたもうひとつの集い「三楽会」でも、同じような理由からの欠席者が増えていた。

一方、加藤馨は、兄弟たちに対しても細やかな心配りを見せている。

とくに長兄の操を平成十三(二〇〇一)年六月に九十二歳で亡くして以降、次兄の實と次姉の小松キミの二人に対する馨の心配りは、驚くほど細かなところまで行き届いたものだった。

馨は次兄の實と頻繁に手紙のやり取りを行っているが、そこには必ず初めに實の健康状態を心配する言葉が綴られ、そして励ましの言葉で手紙は終わっていた。というのも、次兄の實は、朝鮮総督府の勤務時代に二度目の応召を受けて中国の戦地を転戦中に毒ガスを浴びて九死に一生を得たものの、野戦病院では十分な治療を受けられるはずもなく完治しないまま帰国させられたため、戦後は後遺症にずっと悩まされてきていたからだ。しかも加齢とともに後遺症はひどくなるばかりであった。

さらに次兄の實は、父の急死で上級学校への進学を諦めなければならなかった馨にとって、家業の農家の手伝いに追われる日々から解放してくれた恩人であった。それゆえ、馨が恩義を感じて、後遺症に苦しむ實の健康状態を心配して手紙の他にも季節の贈り物を贈るなど何かと配慮するのは、至極当然のことであった。

それに対し、次兄の實は後遺症の程度を含む自分の健康状態を知らせるとともに馨の心配りに感謝の言葉を綴る。そのうえで末弟の馨の成功を素直に喜び、そして店頭公開の際に馨から持ち株を譲渡されたことに対し、感謝の言葉を繰り返していた。というのも、譲渡された株と増資の度に買い増した株を元手に行った株式投資で、老後の心配がなくなるほどに資産が出来たからである。

次姉のキミからの返信は、馨の季節の贈り物や健康を心配する便りに対して、和歌の心得がある彼女らしいゆかしい文章に加えて達筆であった。そこからは、静かに余生を送るキミの姿が連想された。かくして親しい人たちが「加齢」という避けられない現実に直面し、それに抗いながら生きる様子は、加藤馨にも「老化」そして「人生の終焉」と向き合わなければならない時が迫っていることを教えるものであった。

平成十八(二〇〇六)年五月五日、加藤馨は八十九歳の誕生日に『回顧録』を完成させている。ただし公開を前提としておらず、二人の息子(長男・修一と次男・幸男)と妻の道子の三人に宛てた書簡に近い形になっていた。

その三人に宛てた文言が、最終頁に記載されている。

《修一も幸男も子供が結婚して独立して暮らす時を迎えました。親は子供が結婚して独立する迄は責任が有りますが(、)其の先は子供に任せて責任は一応無くなりますから(、)結婚後は余り干渉しない方が良いのです。(中略)今迄私は(、)死亡する前に早く回顧録を書こうと思って(い)たのですが出来ず、今日H18年5月5日出来上がりましたので(、)乱筆で読み難いと思いますがよく判讀し何回も見てください。
修一、幸男、様
道子　様》（傍線、筆者。なお、括弧内の文字や句読点は脱字及び読み易くするために筆者が補った）
加藤馨の『回顧録』は六章で構成されており、各章のタイトルは次の通りである。

- 「私の生い立ち」
- 「軍人になって戦場へ」
- 「戦後の生活」
- 「電器店らしくなる」
- 「発展出来る企業へ」
- 「其の他」

各章のタイトルからも明らかなように、加藤の『回顧録』はまさに彼の「個人史」そのものなのである。とくに私が注目したのは、第二章に相当する「軍人になって戦場へ」で太平洋戦争を彼の視点から総括していたことである。

加藤馨は、敗戦当日の国民の様子をこう描写している。

《八月六日に広島に八月九日に長崎に原子爆弾の攻撃を受けて日本は八月十三日に降伏する事になり天皇が八月十五日に録音ばんで十二時に放送をして戦争は終わりました。国民は戦争に負けて残念と言う人は少なく大部分の人々は戦争が終わって良かったと感じて居り私が逢った人の中には負けて残念と言う人は一人も居りませんでした。国民は大本営の発表が無くてもこの戦争は負けと思っていたのですが若し負ける等と公衆の前で言うと治安維持法にふれて逮捕されるので国民は我慢して居りました。如何に今のように言論の自由のない社会がみじめなものかが解ります》(傍線は筆者。なお、洋数字は縦書きに倣って漢数字に直している)

そのうえで、加藤は実際に戦場に立った者として戦争を総括している。

《日本軍は太平洋戦争に三年九ヶ月で完敗しましたが其の主な原因は大きな政治的な問題を除いて直接戦闘に参加した我々の感ずる事は以下のような事です。

一．武器弾薬の性能が余りにも違って劣って居た
　敵は自動小銃、日本は一発ずつしか弾が出ない小銃
　敵は火炎放射器を使い、日本は無い。このため近接戦で日本軍は皆戦死

二．飛行機の精度が違い過ぎ敵は一万米上空から爆弾投下、日本は之を攻撃出来ない
　極地(局地)戦では大量の爆弾を投下して下に居る者を全滅させる
　焼夷弾を大量に投下するので火の消しようがない。全国の主要都市が焼失したのはこの為です

三．アメリカ軍の飛行機は航続距離が長く日本の飛行機は短いので敵の基地を攻撃できない

四．初戦でハワイ空襲が成功したのは敵が日曜で休んで居たからで戦闘で勝ったのではない

五．アメリカ軍は次から次へと新しい飛行機や爆弾を造ったが日本軍は明治三十七—三十八年戦争

後ためて来た旧式の武器が大半を占めて居り工業力が不足のため失った物を補充出来なかった。こんな訳でアメリカ軍と日本軍は対戦では一度も勝った事はなくいつも負けていたが大本営では勝ったように嘘の発表をして国民の戦意の向陽（高揚）を計って居た。

たとえば、南太平洋の小島ガダルカナルの飛行場の争奪戦で日本軍は二万一千人戦死しアメリカ軍は百名戦死者を出して日本軍が敗退したのに、大本営ではアメリカ軍を二万三千人戦死させて撤退したと発表した

六．この為日本ではうその発表を大本営発表と形容され戦後暫く続けて使用されて来た》（傍線、筆者。なお誤字は、訂正すべき字を括弧内に示した）

そして加藤馨は、太平洋戦争の総括を最後に戦死者数を挙げて終えている。

《この戦争で日本は軍人軍属の戦死者　　２３０万人

一般民間人の死者　　８０万人

戦後政府の発表　計３１０万人でした》

加藤馨から見た太平洋戦争は負けるべくして負けた戦争で、初めから勝ち目のない戦争であった。それも確固とした戦略もない軍上層部によって、敵国の戦力の正確な分析もしないで気分で始められた無計画で無謀な戦争であった。つまり戦争とは、国民にとっては「百害あって一利なし」の産物だと加藤は指摘しているのである。

しかし加藤の反戦への強い思いとは裏腹に、社会には憲法改正や核の保有を主張する動きが活発に

なっていた。それと同時に、社会に好戦的な雰囲気が醸し出されるようになったことは、加藤にとって歯がゆい思いだったろう。

加藤が『回顧録』を書き上げてから約五カ月後、筋金入りの改憲論者である安倍晋三が内閣総理大臣に就任した。「美しい国づくり」をスローガンに掲げた第一次安倍内閣の誕生である。

その後も、改憲と核武装を容認する動きは止むことはなかったし、むしろ好戦的な雰囲気が社会に拡散する。具体的に日本国民の憎悪の対象となったのは、隣国の中国と韓国である。両国との政治的トラブルから「嫌中嫌韓」と呼ばれる悪感情が日本国民の間に平成二十二(二〇一〇)年前後から急速に広まっていくのである。とくに平成二十二年九月に尖閣諸島沖で起きた中国漁船衝突事件は、中国各地で反日デモが繰り広げられるキッカケとなった。

それから約半年後、日本は東日本大震災に見舞われる。そして東京電力福島第一原子力発電所事故で日本初のメルトダウンが起きたことは、日本に、いや世界中に強い衝撃を与えずにはおかなかった。マグニチュード九の大地震とそれに伴う大津波は、東北から関東にかけての一帯に甚大な被害をもたらし、死者の数は約二万人にも及んだ。東日本一帯にも店舗を展開するケーズデンキが受けた被害も、決して少なくはなかった。

加藤夫妻が住む柳町の自宅建物も大地震で激しく揺れたものの、幸いにも誰もケガなどすることはなかった。しかし震災がもたらした被害の大きさを考慮するなら、福島および東日本一帯の復興が困難を極めることは、誰の目にも明らかであった。平成二十三年は日本の、日本国民にとって自分たちの将来に危うさを覚えるとともに、巨大な「不安」という暗雲に覆われた一年であった。

年明け早々、加藤馨は深刻な体調不良に悩まされる。

加齢とともに体力・気力の衰えは自覚していたものの、年々異常な疲れが彼を襲っていたのだ。一月の日記には《疲れて一日休み。何も出来ない》《今年は例年以上に体調悪く早く亡りたい》《日中一日中寒むい日で終る。体調は何となく悪るくなって来るように思へる》といった体調不良を訴える記述が少なくなかった。翌二月も体調不良は続き、とくに腰痛に悩まされる様子の記述が増えている。

「病は気から」とは普段からよく使われる諺だが、加藤の状態を考えると「その逆もまた真なり」と思えてくる。じつは加藤には、坂巻道子との再婚前に前立腺を患って入院していたことがある。その後、前立腺癌になったものの、治癒していた。それが、他の部へ転移している疑いが出てきていたのだ。腰痛も、それが原因ではないかと推測していた。それゆえ加藤が《後何月持(つ)のか。今年は人生の最終年だ》といった悲観的な記述をするのも、理解できなくはない。

そんな加藤の沈んだ気持ちを奮い立たせる出来事が起こる。

三月十一日、東北三県を始め東京で「東日本大震災一周年追悼式」が行われた。東京では天皇皇后両陛下の出席のもと、時の首相である野田佳彦が式辞を読み上げた。その式辞に対して、加藤馨は日記に《総理大臣の式辞に感心した》とだけ書いて、どこに感動したかなど内容の詳細に触れていない。

しかしその「感心」は、加藤馨に会長兼CEO(最高経営責任者)だった長男の修一を呼んで役員及び本社の課長以上の幹部に話したいことがあるので、翌日の午後に彼らを一堂に会するように求めさせるほどの力があった。ただ馨は何を話すのか、具体的な内容を修一にも伝えなかった。

当日、本社会議室に集められた幹部たちは「(名誉会長は)いったい何を話されるのか」などと互いに問い質すものの、会長の加藤修一を始め社長の遠藤裕之以下のどの幹部からも「分からない」という言葉が返ってくるだけであった。集まった幹部たちは困惑の表情を浮かべる半面、誰もが内心では「名誉会長は何を話したいのだろうか」と興味津々でもあった。

しかし加藤の話は自らの生い立ちから始まり、戦争中は通信兵として南方の島へ派遣されたこと、敗戦で復員してからは水戸でラジオの修理業を始めたことなど社員なら誰もが知っている内容が淡々と続いたあと、いまは役員を含め会社で働くみなさんのお蔭で会社も順調に発展していますと馨は感謝の言葉を述べるのであった。

そのとき、殆どの役員と幹部たちは改めて自分たちを集めて話す内容でないことに困惑し、加藤馨の真意を測りかねていた。すると話の後半になって、ようやく加藤はこう切り出したのだった。

「いま、世の中で憲法改正のことなどを耳にします。そして軽々しく徴兵や再軍備、戦争の話がされます。しかし実際に戦争を体験した者としては、戦争などあってはならないものなのです。人と人が殺し合う。そして戦地で食糧がなくなると、人間は自分が生きるためにはとんでもないものを食さずにはいられなくなります。そのように、戦争は悲惨で残酷なものなのです。あのような悲惨な事態を二度と起こしてはいけません」

さらに、こう呼びかける。

「みなさん、よく聞いておいてください。戦争は二度と起こしてはいけないものです。あってはならないものなのです」

そして加藤は、最後に「戦争は悲惨だ、絶対に繰り返してはいけない」と何度も何度も呼びかけたのだった。

出席者のひとりは、その時の加藤馨の話から受けた印象をこう回想した。

「本当に切々と「戦争ほど悲惨で残酷なものはありません。戦争は起こしてはいけないものです」と話されたことは、いまも私の心に強く残っています。そして名誉会長の口調から本当はまだまだ口に出せないことがたくさんあるのだろうな、と感じました」

加藤馨が戦争体験を初めて創業祭という公の場で社員に向かって語ったのは、十六年前の平成八

（一九九六）年四月である。そして最後に公の場で話したのが翌平成九年五月だから、本社会議室で話すのは十五年ぶりということになる。加藤馨に十五年間の沈黙を破らせたのは、追悼式での野田首相の式辞だったのである。

では加藤は、野田の式辞のどこに「感心した」のであろうか。

野田の式辞の特徴は、「亡くなられた方々の御霊に報い、その御意志を継いでいくためにも、本日、ここに三つのことをお誓いいたします」と宣言し、明確に「三つの誓い」の実行を約束したことにある。

その「三つの誓い」とは――。

「一つ目は、被災地の復興を一日も早く成し遂げることです」

「二つ目は、震災の教訓を未来に伝え、語り継いでいくことです」

「三つ目は、私たちを取り結ぶ「助け合い」と「感謝」の心を忘れないことです」

私が注目したのは、「二つ目」である。

さらに野田は、前述の文言のあとに続けてこう述べているからだ。

「自然災害が頻発する日本列島に生きる私たちは、大震災で得られた教訓や知見を、後世に伝承していかなければなりません。今般の教訓を踏まえた全国的な災害対策の強化を早急に進めてまいります」

自然災害や大震災を「戦争」に置き換えて考えれば、野田は戦争から得られた「教訓や知見」を語り継ぐ重要性を指摘し、その実行を訴えているのである。それは、二度と戦争を起こさせないためには必要不可欠なことだと言うのだ。

この指摘に加藤は「感心した」のではないか。だからこそ加藤は、翌日の午後に幹部を集めて自らの戦争体験を改めて話すことにしたのであろう。それは同時に、死期を間近に感じるようになった加藤にとって、過去と向き合い、そして残された人生を悔いなく生きることを目指すものであった。

ケーズデンキの本社で幹部たちに話をした当日の日記には、加藤の率直な気持ちが次のように書かれていた。

《連日冬に逆戻りの天気で寒むい。午後、太平洋戦争と大東亜戦争の話しをしにケーズ本社で約一時間十分行う(全部話すには二時間係ると思う)。四十名位のケーズＨＤの本社の人々に話題が残ってくれると良いと思うが》(傍線、筆者)

加藤馨は自分の戦争体験を伝える、そして後世に残すことに大きな意義を見出したようである。社会奉仕事業とともに戦争体験を伝えることが、加藤にとって残された人生を悔いなく生きることなのである。

実際、ケーズ本社で戦争体験を語った以降、加藤は素直に「老い」を受け入れたように見える。日記の中の加藤は、まるで何か吹っ切れたように「老い」を愚痴りながらも、いつも通りの平和な日常を楽しんでいるようだった。

たとえば、二日後の三月十四日の日記には東京の友人に宛てた手紙に《お互いもう九十四歳。人生は終わりたいと思うと書いた》とあり、三月二十一日には《近い人がみんな他界されて話しに行く先も殆ど無くなり、人生の終わりの淋しさを強く感ずる》と書いている。また、五月一日の日記には《常陽下市支店に預金戻しに行く。約百米の距離だが今の自分の体力の限界のように思えた》と体力の衰えにも触れている。

その一方で、道子の弟夫妻と会食を楽しんだり、水戸の偕楽園に最盛期の美しい梅の花を鑑賞に行った様子なども書いているし、四月七日の日記には偕楽園の観梅から《来週の金曜日に六地蔵寺の下枝桜を見に行こうと道子と規めた》と外出に意欲的な様子の記述も見られた。極めつけは、大好きな大観覧車に乗りに行った時の様子を書いた五月八日の日記である。そこには《ひたち海浜公園に行く。久しぶりに広々とした公園の回転車に乗り上から花を見る》と書かれていた。

そこには、「老い」を受け入れて残された人生を淡々と楽しむ加藤の姿があった。

とはいえ、老化に抗える者など誰もいない。その意味では、加藤馨の残された人生とは身体の自由を奪われる日々であり、「死期」を迎える準備の日々でもあった。そんなことは、加藤も重々承知していることだ。分かったうえで加藤は、日常の平和に感謝しながら、そしてそれを守るための努力を惜しまない人生を送ろうとしていたのである。

それでも四年後の平成二十八(二〇一六)年前後には、二十四時間体制で加藤馨を介護するサポートチームが欠かせなくなっていた。介護チームの中心メンバーのひとり、岩下真規は亡くなった忍の中学生時代の同級生で互いを「しのちゃん、まきちゃん」と呼び合う仲良しだった。もともと岩下は音大出身のピアニストで、クラシック系の音楽家であった。ところが、結婚相手の男性がデイサービスなど複数の介護施設を運営する経営者だったため、彼女は家業を手伝う目的で勉強し直して介護士の資格をとった頑張り屋さんでもある。そこがまた、加藤に気に入られた点でもある。

岩下が加藤に行う介護のひとつに新聞の代読があった。

加藤が休むベッドの傍で朝刊を広げると、それを見た加藤が気になったタイトルを指し示せば、その箇所の記事を岩下が読み上げるのである。道子によれば、加藤は岩下の代読という日課を楽しみに待ち、そしてとても喜んでいたという。たしかに美しい女性が傍に居て、新聞であれなんであれ、代読してくれるのは男性として嬉しいものだ。しかし加藤の場合、むしろ代読する岩下の姿に、亡きひとり娘の忍の面影を見ていたのではないだろうか。たしかに忍は、加藤にとって短い間の「ひとり

柳町の自宅の仏間に飾られた父の遺影写真と娘の刺繡の肖像画

娘」に過ぎなかったが、それでも初めての娘と何とかコミュニケーションが取れ始めた矢先に無謀な交通事故で失ったことは、彼の心に深い悲しみと大きな傷を与えていたに違いない。その心の傷を岩下の代読が癒やしてくれたのなら、どれほど彼の心は救われたかも知れない。

そんな加藤馨の思いを、私は想像してしまっていた。

三月に入ってからの加藤の体調は、さらに芳しくない日が続いた。その後は、大好きなマグロの刺身を口に入れてあげても食べられなくなり、食欲も落ちていった。主治医や付き添いの看護師から「もう危ないから(ご家族を)呼んだほうがいいですよ」と道子が最終通告をもらうことも増えた。そして、とうとうその日がやってきた——。

修一夫妻が柳町の生家に泊まり込んだ翌三月十九日の早朝、道子たち三人でベットに横たわる馨を取り囲んだ。そして道子が「加藤さん、道子ですよ。もう朝ですから、朝ご飯を作りますね」と声掛けをしたところ、馨は「おはよう」と返してきた。さらに道子が「修一さんも居ますよ」と言うと、修一の方を向いて「おはよう」と返し、さらに「(修一の妻の)孝子さんもいますよ」というとそれに対しても「おはよう」と返したのだった。

それから、道子が「じゃあ、ご飯を作りますからね」と言って立ち上がると、馨は「スーッ」と大きく吸ってから息を引き取ったのだった。享年百歳で迎えた静かな最後であった。

それから約一カ月後の四月二十五日、東京・帝国ホテルで午前十一時半から名誉会長加藤馨の「お別れ会」が開催された。開始時間前には、すでに入り口の受け付けには百名ほどの行列が出来ていた。会場では参列者一人ひとりに献花用に一輪の花を渡されたあと、献花台に案内された。献花をすませた各人は、隣室に向かった。そこには、創業から六十周年記念パーティまでに撮られた写真の中から故人を偲ぶのに相応しい選ばれた十数点が展示されていた。とくに私が注目したのは、ソニー創業者の盛田昭夫と並んで撮られた写真である。ケーズデンキは、もともとナショナルショップだったからだ。なのに、松下幸之助の写真もなかった。

会場ではピアノの生演奏が行われ、ショパンとラベルの美しいピアノ曲で満たされていた。演奏中のピアニストは、忍の友人で加藤馨の介護士の岩下真規だった。じつは岩下のピアノ演奏は、道子かららのたっての願いであった。道子によれば、どうせ生演奏をお願いするなら、馨はもとより自分たち家族と縁が深く、ピアニストとして活躍した経験もある岩下以外には考えられなかったという。じつはショパンもラベルも、道子のリクエストであった。そして最後のお願いとして、道子はお開きの直前に童謡の「故郷」をリクエストしたのである。

しかし実際に「兎　追いしかの山　小鮒釣りしかの川……」とメロディーが会場に流れ出すと、道子の目から涙が溢れ出て、彼女は立っていられなくなってしまう。道子は、途中から岩下の脇に座ってしまうしかなかった。

こうして様々な思いを呑み込みながら、加藤馨の「お別れ会」は終わったのである。

加藤馨の骨壺は、前妻の芳江や娘の忍が眠る浜見台霊園の加藤家の墓に納骨された。そして柳町の自宅では、二階の寝室と仏間がいまも当時のまま保存されている。仏間では、仏壇を挟んで向かって左手に忍の肖像画、右手には馨の遺影写真が飾られている。あたかも、娘が父親に話しかけるのを待っているかのようである。

あとがき

本書は、私にとって初めての本格的な評伝である。

そして私が加藤馨氏の評伝に取り組みたいと思ったのは、加藤氏との最後のインタビューを終えた二〇〇九年十月二十八日である。そもそもインタビューの目的は、雑誌に連載したケーズデンキ独自の経営手法「がんばらない経営」の単行本化にあたって、創業者である加藤氏に創業の経緯を始め彼の経営理念などの話を聞くためであった。

初めて会った加藤氏は、すでにケーズデンキの経営から退き名誉会長に就任していたものの、それまで私が取材してきた創業者や経営トップと違って相手を変に威圧するようなところもなく、また少しも偉ぶることもなくインタビューの際にはひとりの人間として対峙していただいたように思う。

加藤馨氏は生まれ育ちから軍隊時代、そして創業から大手家電量販店にまで成長した軌跡を淡々と語った。彼の何の気負いもない話しぶりも魅力的であったが、それ以上に印象的だったのは私の質問に対し、率直に「それは、あなたの考え方が間違っている」と指摘したうえでその理由を明確に述べられたことである。いうならば、私のインタビューは叱られながら行われたものである。しかしそれを私は少しも嫌味にも感じなかったし、バカにされたとも思わなかった。なぜなら、加藤氏の挙げた理由は私にも十分得心がいくものであったからだ。

加藤馨氏とのインタビューは、私にとって非常に新鮮で目から鱗の連続であった。それゆえ、単行本化に必要な取材内容が十分に得られたものの、もっと加藤氏自身について話を聴きたいと思うようになっていた。そこで私は、加藤氏に「また、お話をお伺いに来てもいいでしょうか」と問わず語りに聞いてしまっていた。それに対し彼は、笑みを交えながら「ええ、いいですよ。その時は前もって連絡してください」と快諾してくれたのだった。

ただし、問題がひとつ残されていた。

それは、加藤馨氏とのインタビューが実現した後のことである。インタビュー内容をもとに原稿を書いたところで雑誌に掲載するにしても、書き下ろし作品に仕上げたとしても、肝心の出版社にはまだ話もしていなかったし、何も決まっていなかったことだ。すべてが、これからだったのだ。

しかしその後、私が他の仕事に忙殺されてもたもたしているうちに、加藤馨氏は他界されてしまう。そのとき、加藤氏の評伝を書きたいという私の企画は何もしないうちに終わってしまったと思った。それから三年後、私はケーズホールディングス名誉会長に退いていた子息の加藤修一氏と再会する。そのとき、創業者である父・馨氏のことを知らない若い社員が増えていること、つまりケーズＨＤのルーツを若い社員にも知ってもらいたい、また馨氏の経営観や考えを広く伝えたいという希望も述べられた。

そこで私は、創業者の経営観や哲学を広く伝えるためには、それを継続的に行う組織ないしそれに匹敵する志を持つ団体やグループなどの力が必要であることを雑談として話した。ところが、それは現実のものとなる。

二〇二〇年十一月、加藤修一氏が『株式会社　加藤馨経営研究所』を設立されたからだ。その目的は《当研究所は、ケーズデンキ創業者である加藤馨氏の創業精神を研究。加藤馨氏、加藤修一氏が二代にわたって築き上げて来た「がんばらない経営」を正しく理解し、世の中に広めることを目的とする会社》という。もう少し詳しい内容を知りたいと思い、私は翌年の三月に研究所を訪ねた。

研究所の執務室は、加藤馨氏の自宅の二階のオフィスを再利用したものだった。そのため執務室には、馨氏が当時使っていた大きな机や書棚などがそのまま置かれていた。執務室にいると、まるで馨氏がまだ生きているかのような雰囲気に包まれオフィスで元気に働く馨氏の姿が偲ばれた。

壁には、馨氏に授与された数々の表彰状が飾られていた。ひとつひとつの表彰状がどのような理由で授与されることになったのか――などと考えながら賞状をみていると加藤修一氏が問わず語りにこう話し出された。

「オヤジは、昭和四十二年に貰った「中小企業長官賞」を非常に意識していました。私が二十一歳の時でしたが。この賞は会社の経営の仕方を、電気屋として管理をうまくやっているということで国から表彰されたものです。そのことを、オヤジは喜んでいました」

つまり、従業員を安い賃金で働かせることで利益を上げるのではなく、従業員一人ひとりの労働生産性を高める経営、馨氏が目指した効率経営が高く評価されたことを素直に喜んだというのだ。また、労働生産性が向上すれば、それにともない従業員の給料を高くすることも出来るため、まさに会社(経営者)にとっても従業員にとっても良いことだらけである。

ある意味では、馨氏が公言して憚らなかった「会社は株主だけのものではなく、社長以下そこで働く社員のものである」という彼の経営哲学の正しさを「お国」が表彰して認めたということである。

では跡を継いだ修一氏が目指した会社とは、どのようなものか。

修一氏によれば、いろいろ表彰された中でとくに会長兼CEOだった二〇一三年に受賞した「第三回　日本でいちばん大切にしたい会社大賞」実行委員長賞が一番嬉しかった、という。賞の趣旨は《本賞における「人」とは、一従業員とその家族、二外注先・仕入れ先、三顧客、四地域社会、五株主の五者を指します。人を幸せにしていれば結果的に業績も上がるはずです。そんな大切な会社を一社でも増やしたいという思いで顕彰制度がスタートしました》というものだ。なお、この賞の主催者は法政大学及び日刊工業新聞社、あさ出版社の三者である。

修一氏も、父・馨氏と同じ志を持ち続けているというわけだ。それゆえ、加藤馨経営研究所は「その場所(馨氏の自宅)」に存在するだけで、暗黙知として馨氏の考えや生き方などを伝えることを目指しているといえるものである。

そして加藤馨経営研究所が旧柳町本店に設立されたことで、その意義を改めて知らしめるエピソードが生まれる事になる。

研究所設立から約四カ月後、加藤馨氏の命日を一週間後に控えた三月上旬のある日、加藤電機商会時代の社員だった圷道和氏が加藤修一氏を訪ねて来たのだ。

圷氏は第四章で登場した元社員で、加藤電機商会退職で先代・馨氏から辞め方の間違いを厳しく戒められた経験を持つ。しかし退職後も、退職時の蟠りを捨てて分け隔てなく接してくれる加藤夫妻に対し、圷氏は「ずっと恩義を感じていた」という。

「だから」

と言葉を継ぐ。

「旦那さん(加藤馨のこと、筆者註)のお墓参りをしたい、線香をあげたいとずっと思ってきました。(帝国ホテルで開催された「お別れ会」には)行きませんでした。あの場に行けば、どういう人に会うか分からないし、こっちはペイペイ(の社員)でしたからそんな人間が「お別れ会」に行っても申し訳ないと思いましたので、遠慮させていただきました。でも墓参りはしたくて、それだけはずっと頭にありました」

しかし圷氏が墓参り実現のために選んだ方法は、きわめて意外なものであった。

加藤馨氏の住居兼事務所だった旧加藤電機商会根積町店(のちの柳町本店、カトービル)に子息の修一氏を訪ねることにしたのだ。とはいっても、修一氏が住んでいるわけではなく、彼の自宅から不定期に通ってくるのを待つわけだから、偶然頼みというわけだ。圷氏によれば、修一氏が事務所に居る目印はカトービルの前に彼の愛車である高級車が止めてあるか、否かだという。つまり、高級車が止められていれば、修一氏は事務所に居るというわけである。

当然、時間を作ってカトービル前に通ったところで、いつ事務所を訪れるかも分からない修一氏に出会える機会など、そうそうあるものではない。ところが、加藤馨経営研究所設立後、修一氏は週に二日定期的に顔を出すようになったことで、目印にした「高級車」を目にするチャンスが増えることになったのだ。そして馨氏の逝去から四年後、カトービルの前に修一氏の愛車が止まっているのを圷氏は目にする。

さっそく圷氏は、修一氏を訪ね、馨氏の墓参りの希望を伝えた。修一氏は圷氏の申し出を快諾するとともに、翌週の命日に墓参りに行く予定なので圷氏も同行するように誘ったのだった。

こうして圷氏の四年越しの馨氏の墓参りは、実現するのである。

それにしても圷氏は、どうしてこのようなまどろっこしい方法を選んだのであろうか。修一氏の自宅にでも電話すれば、それで済む話ではないか——そんな私の疑問に対し、圷氏はこう思いを語る。

「(修一氏の自宅の)電話番号を知らなかったし、それに直接お会いしてお願いするのが筋だと思っていましたから。それで高級車が止まるのを待っていたら、たまたま止まっていましたので声をかけました。旦那さんの墓参りが出来ましたので、ようやく肩の荷が下りました。旦那さんには、すまないという気持ちをずっと持っていましたからね」

圷道和氏にとって、いくら大手家電量販店に成長してもケーズデンキは、いつまでも自分が働いた根積町店であり、転職後は加藤夫妻に呼び止められてコーヒーをご馳走になりながら雑談を交わした柳町本店なのである。間違ってもケーズホールディングス本社ではないのだ。

それゆえ、加藤馨経営研究所が設立されたことで、圷氏のような古い社員たちにとっては、創業者・加藤馨氏と共に働いた記憶をたえず想起させる場所へと生まれ変わったのではないだろうか。

そんなことを考えながら、加藤修一氏の新しいスタートを祝福していると、加藤氏から馨氏の評伝執筆のオファーをいただいた。私に白羽の矢を立てた理由を訊ねると、馨氏を最後にインタビューしたジャーナリストであること、すでにケーズデンキの著書『「がんばらない」経営』があることを挙げられた。そもそも私は十二年前に馨氏の評伝執筆を考えており、修一氏からのオファーを断る理由は見当たらなかった。二つ返事で応じた私に、修一氏は馨氏が生前書いた『回顧録』が残されていること、さらに研究所には創業以来の資料や馨氏が兄弟を始め交流のあった人たちとの手紙類なども保存されているので利用して構わないと許可していただいた。

正直に言うと、私は当初、修一氏からのオファーを安易に考えていたフシがあった。というのも、私の手元には未使用の馨氏のインタビュー原稿があったし、ケーズデンキについては創業から二〇一〇年頃までの資料は収集済みだったし、日本の家電流通に関する資料も同じ時期は押さえてあったからだ。そこに馨氏の『回顧録』と公開されていない文書・資料を加えれば、まさに「鬼に金棒」だと思ってしまったのである。

しかし取材に着手してすぐに、そのような考えは私の思い上がりに過ぎないことが分かった。馨氏の故郷・千木良を訪ねて、彼の生家周辺や菩提寺など縁の場所を歩けば歩くほど、資料等の活字では分からない当時の厳しい環境が容易に推測できたからだ。水戸も同様であった。将校時代の下宿先・

常照寺から勤務先の航空通信学校まで徒歩で一時間半ほどの距離を歩けば、当時の戦況が悪化する中での苦しい生活環境が想像できた。

つまり、経営者以前の姿、大正・昭和という戦争に突き進む異常な社会に生きることを強いられたひとりの日本の若者としての姿を描かなければ、馨氏の評伝を書いたことにはならないと強く思うようになっていったのである。

ふんどしを締め直して再度、取材と構想を見直すと脱稿まで少なくとも一年以上はかかるのではないかと思われた。とくに「最大の武器」と考えた研究所所蔵の馨氏の膨大な資料の大部分が未整理のままだったことは、私の大きな見込み違いであった。研究所設立から二人のスタッフ、川添聡志氏と高山啓美氏が半ば放置されたままになっていた資料や写真類を始め馨氏の日記やメモまでもテキスト化とアーカイブに取り組まれていたが、それでも依然、道半ばだった。私が取材を始めた頃は設立から約半年なので、資料の全体像がまだつかめていない状態であった。私は二カ月ほど合間を見て水戸に通っては、資料読みに取り組んだものの、なかなか必要な箇所が見つからず、いわば焼け石に水のような有り様であった。

そこで私は、苦肉の策として資料読みの時間を取材に振り替える意味もあって、川添氏に「こういう内容の記述や資料が出てきたら教えてください」と丸投げしたのだ。素人の私が探すよりも、すでに資料整理・調査のプロになっていた川添氏たちに頼った方が早いと考えたからだ。

一見破れかぶれに見えた私の試みは、思いのほか成果があった。

たとえば、川添氏が手紙類を整理していた時に見つけた次兄の實氏からの手紙が、私の疑問を解いたことである。馨氏の父・定一氏が急逝し長兄の操氏とともに家業を継がなければならなかったという説明を私は馨氏本人から聞いていたものの、得心できないでいた。というのも、年齢からいっても次男の實氏こそ操氏と家業を継ぐべきではないかと思っていたからだ。ところが、實氏からの手紙によれば、父親が逝去した時には兵役の年齢にあった實氏は入営が決まっており、朝鮮への出発が控えていたので末っ子の馨氏に後を托すしかなかったのである。

高山氏からも貴重な情報提供を受けた。馨氏の日記のテキスト化をしている最中に、私が知りたかった馨氏が社長以下の幹部を本社会議室に集めて行った反戦スピーチの日時を発見されたことである。馨氏最後の反戦スピーチゆえに、どうしてもその日を特定したかったのだが、肝心の出席者たちがスピーチの内容は覚えていても明確な日時の記憶がなくて困り果てていた時だったので本当に助かった。

このような地道な作業以外でも、加藤馨経営研究所のお二人には大いに助けられてきた。たとえば、家電流通専門誌の編集長を務めた経験のある川添氏からは、ケーズデンキ以外の大手家電量販店の経営者やその経営手法について、あるいは日本の家電流通産業の歩みと現況などをレクチャーしていただいたし、時には適切な取材先の紹介もしていただいた。また、資料収集および整理も、ケーズデンキ関係に限らず広く加藤電機商会設立当時の水戸市内の様子を知る地図や写真類の独自収集なども、執筆するうえでとても参考になった。

証券会社出身の高山氏からはマーケットから見た家電量販店事業や家電流通産業全般を教えていただいた。とくにＩＲ(投資向けの広報活動)に対し、多くの家電量販店の経営者の理解が希薄であるため、マーケットでの適切な評価が得られていないことなど、それまで私の視点に欠けていた部分を補っていただいた。とくにマーケットからの信用を得るためにはＩＲを重視した経営方針が欠かせないという指摘は、改めて得心させられた。

こうしたお二人のサポートによって、本書は十分な完成度を持つことが出来たと言っても過言ではない。お二人に感謝したい。

本書は、加藤修一氏を始め多くの人たちの協力と励ましがあって完成している。途中で新型コロナワクチン接種の副反応及び後遺症に苦しめられ、執筆が思うように進まず焦り、もうダメかも知れないと何度も途方に暮れたこともあった。そんな時でも、私を励まし勇気づけていただいた優しい心遣いに自分を奮い立たせたものである。
そのような人の温かさの中で、私は本書を書き上げることができた。彼らにも、深く感謝したい。

二〇二二年十一月

立石泰則

（本書の装画は銀座ギャラリー「枝香庵」のオーナー、荒井よし枝さんの紹介で日本画家・平野健太郎氏の作品を使わせていただいた）

主な証言及び取材協力者(五十音順・敬称略)

圷　道和／井川留雄／岩下真規／加藤　馨／加藤修一／加藤幸男／加藤道子／加藤純久

川合久太郎／川添聡志／佐久間昇二／高山啓美／冨田松枝／平本　忠

加藤　馨『回顧録』(二〇〇六年)
加藤道子『手記(闘病記)』(二〇一三年)
加藤修一『すべては社員のために「がんばらない経営」』(かんき出版、二〇一一年)
小松きみ子『峠のおちこち』(ふだん記全国グループ、一九八二年)
榎本政市『千木良の変遷』(相模湖町教育委員会、一九六三年)
相模湖町立千木良小学校創立百年祭記念誌刊行委員会編『百年の歩み　相模湖町立千木良小学校』(相模湖町立千木良小学校創立百年祭実行委員会、一九八〇年)
ソニー／広報センター編『ソニー創立五〇周年記念誌「GENRYU源流」』(ソニー株式会社、一九九六年)
盛田昭夫『学歴無用論』(文藝春秋、一九六六年)
創業五十周年記念行事準備委員会『松下電器五十年の略史』(松下電器産業、一九六八年)
松下幸之助『私の行き方考え方　わが半生の記録』(実日新書、一九九二年)
通商産業省編『通商産業省三〇年誌』(財団法人・通商産業調査会、一九七九年)
立石泰則『ヤマダ電機の品格』(講談社、二〇〇八年)
立石泰則『「がんばらない」経営』(草思社、二〇一〇年)
坂上正一編著『風雲家電流通史』(日刊電気通信社、二〇一四年)
深澤大輔「雪国における居住地の住宅車庫に関する研究――乗用車所有の実態と今後：I」(『日本雪工業学会誌』、一九九八年一月)

なお、単行本以外の参考資料に関しては、原則として引用したものは文中でその出典を明記した。

それ以外は、紙数の関係から省略した。

立石泰則
1950年北九州市生まれ．ノンフィクション作家，ジャーナリスト．中央大学大学院法学研究科修士課程修了．経済誌編集者，週刊誌記者等を経て，88年に独立．『覇者の誤算　日米コンピュータ戦争の40年』(日本経済新聞社)により第15回講談社ノンフィクション賞を受賞．『魔術師　三原脩と西鉄ライオンズ』(文藝春秋)により第10回ミズノスポーツライター賞最優秀賞を受賞．
『復讐する神話　松下幸之助の昭和史』(文藝春秋)，『さよなら！ 僕らのソニー』，『君がいる場所，そこがソニーだ』(以上，文春新書)，『増補新版 フェリカの真実　電子マネーからデジタル通貨へ』(草思社)，『戦争体験と経営者』(岩波新書)，『マーケティングのSONY』(岩波書店)など，著作多数．

正しく生きる―ケーズデンキ創業者・加藤馨の生涯

2023年3月24日　第1刷発行

著　者　立石泰則《たていしやすのり》

発行者　坂本政謙

発行所　株式会社 岩波書店
〒101-8002 東京都千代田区一ツ橋2-5-5
電話案内 03-5210-4000
https://www.iwanami.co.jp/

印刷・三陽社　カバー・半七印刷　製本・牧製本

ISBN 978-4-00-061493-1　　Printed in Japan